Der bunte Kontinent
Ein neuer Blick auf Afrika

Herausgegeben von Christoph Plate
und Theo Sommer

Deutsche Verlags-Anstalt
Stuttgart München

»Der bunte Kontinent« entstand in Zusammenarbeit
mit der Deutschen Welthungerhilfe und wurde durch die
Kommission der Europäischen Union unterstützt.

Thomas Brückner hat den Beitrag von Lesego Rampolokeng
übersetzt, Harald Riemann die Beiträge von Ali A. Mazrui,
John S. Mbiti, John Githongo, Mike Nicol, Alan Donovan,
Sylvia Lyall, Chenjerai Hove, Aliyi Ekineh, François Misser
und Klaus Töpfer.

Die Deutsche Bibliothek – CIP-Einheitsaufnahme

Ein Titeldatensatz für diese Publikation ist bei
Der Deutschen Bibliothek erhältlich.

© 2001 Deutsche Verlags-Anstalt, Stuttgart München
Alle Rechte vorbehalten
Satz: Sabon OsF und Frutiger (QuarkXPress) im Verlag
Druck und Bindung: Friedrich Pustet, Regensburg
Diese Ausgabe wurde auf chlor- und säurefrei
gebleichtem, alterungsbeständigem Papier gedruckt.
Printed in Germany
ISBN 3-421-05463-0

Inhalt

Bildnachweis

Karte auf der Innenseite des Einbandes:
Ditta Ahmadi und Peter Palm, Berlin
Alle Fotos im Text stammen von der Fotoagentur Galbe.com
(http://www.galbe.com; e-mail: galbe@kolumbus.fi).
Die Fotografen: Calvin Dondo (211),
Cedric Galbe (39, 76, 175, 224, 273, 289),
Robert Grossmann (123), Zander Edwards (45, 119u., 187),
Marco Longari (217), Tomoaki Nakano (510., 119 o.),
Abdul-Rahim (129, 132, 135, 142, 281u.),
Toby Selander (1630.),
Sami Sallinen (2810.),
Sven Torfinn (101, 163u., 2930.),
Lori Waselchuk (51u., 61, 70, 87, 195, 293u., 299).

Hoffnung für einen Sozialfall?

Afrika ist der Kontinent der Krisen, der Katastrophen und der Kriege – zu Beginn des 21. Jahrhunderts mehr denn je. Afrikas vielbeschworene Renaissance, so sagen die Pessimisten, sei eine Illusion. Wirtschaftsbosse, Chefredakteure und Politiker haben Afrika abgeschrieben. Ein hoffnungsloser Sozialfall, vernachlässigenswert. Als Mitte der achtziger Jahre der Kalte Krieg in Afrika tobte, beklagte die Popband *Latin Quarter*: »its only bad news on Radio Africa«. Damals schien es einfach zu sein, lediglich das Schlimme zu benennen, all die *bad news* und die *sad news*. Wer dafür verantwortlich war, brauchte nicht erst gesagt zu werden: Es war – je nach Standpunkt – der teuflische Kapitalismus oder der kriegerische Sozialismus oder der böse Kolonialismus. In jedem Fall aber immer die anderen.

An Afrika, dem schwarzen Kontinent, und seinen Problemen – dem Hunger, den Seuchen, der von Menschen gemachten unnötigen Not – gibt es nichts zu beschönigen. Daß afrikanische Musik gut klingt und afrikanische Savannen die Herzen vieler Afrikareisender höher schlagen lassen, ändert wenig daran, daß es mit diesem Kontinent rasant bergab zu gehen scheint. Afrika und seine Bewohner müßten, schreibt die britische Zeitschrift *The Economist*, das Selbstvertrauen zurückgewinnen und endlich beginnen, einander zu vertrauen. Afrika ist sehr wohl verantwortlich für die eigenen Probleme. Afrika ist nicht zu helfen, wenn es nicht bereit ist, sich selbst zu helfen.

Aber der schwarze Kontinent ist eben auch ein bunter Kontinent. Diese Vielfalt, die kleinen Hoffnungen, der Versuch, den abgeschriebenen Sozialfall zu konsolidieren, will dieses Buch illustrieren. Dabei bedienen sich die Herausgeber und Autoren nicht der gewöhnlichen Statistiken und des Zahlenmaterials, das bei Drucklegung des Buches sowieso schon wieder veraltet wäre. Die Autoren erzählen vielmehr

Geschichten von der Vielfalt und der Buntheit dieses Kontinents. Der Tuareg in Mali hat ja wenig zu tun mit dem Rapper aus den Ghettos von Südafrika, der sansibarische Fischer fühlt sich dem kongolesischen Rebellen so nahe wie der Norweger dem Sizilianer. Afrika bietet mehr Geschichten als nur jene über den Niedergang und die Hoffnungslosigkeit. Denn dieser bunte Kontinent mit seiner Farbenfreude, mit der ständigen Wiederkehr aus Zerstörung und Wiederaufbau verdient es, nicht vergessen zu werden. Es gibt die differenzierte Sicht, die nach den Ursachen für den beklagenswerten Zustand sucht und dabei auch noch erstaunliche Geschichten erzählt.

Wenn das Buch oft mehr Fragen stellt, als es Antworten gibt, ist das durchaus im Sinne der Herausgeber, die mit diesem Buch Interesse wecken wollen und keine Programme und Rechtfertigungen liefern möchten. »Der bunte Kontinent« will Hinweise geben auf die Ursachen und Anregungen für mögliche Auswege. Den beiden Herausgebern ist mit den vierzig Autoren der Originalbeiträge gemein, daß sie Afrika mögen. Aber sie sind alles andere als optimistisch angesichts dessen, was sie auf ihren Reisen durch den Kontinent sehen, hören und erzählt bekommen. Am wenigsten optimistisch sind die meisten der Afrikaner, die zu diesem Buch beigetragen haben.

Die Mehrheit der Autoren dieses Bandes sind Europäer oder Amerikaner oder in Übersee lebende Afrikaner. Das kann kaum überraschen: Viele der Autoren, die auf dem Kontinent leben, sind mit dem täglichen Überleben beschäftigt. Da fehlt die Muße, sich zurückzulehnen, um über Gegenwart und Zukunft nachzudenken.

In diesem Buch werden umfangreiche Überlegungen darüber angestellt, warum Afrika so ist, wie es ist. Es gibt poetische Ausflüge in die Geschichte, wie sie Georg Brunold anstellt, heitere Analysen eines Wolfgang Kunath, nüchterne Beschreibungen von Mike Nicol. Düstere Geschichten eines Lesego Rampolokeng gehören zu diesem Afrika ebenso wie die Erzählungen des Simbabwers Chenjerai Hove über weise alte Männer oder die irritierende Faszination des Fremden, wie Ilija Trojanow sie erfährt.

Alle Beiträge sind für dieses Buch geschrieben worden. Sie möchten den an Afrika Interessierten Appetit machen auf eine nähere Beschäftigung mit diesem Kontinent. Im Anhang werden Anekdoten berichtet und Hinweise auf weiterführende Literatur und zahlreiche

Internet-Websites gegeben, die für eine Beschäftigung mit dem bunten Kontinent von Nutzen sein können.

Die Deutsche Welthungerhilfe, die diesen Band initiiert hat, bemüht sich mit Dutzenden von Projekten in Afrika, einige der *bad news* in *good news* zu verwandeln. Dem Büro der Welthungerhilfe in Bonn, insbesondere Kerstin Bandsom und Ulrich Post, gebührt Dank für die organisatorische Begleitung dieses Buches. Die Gesellschaft zur Förderung der Literatur aus Afrika, Asien und Lateinamerika mit Sitz in Frankfurt, vertreten durch den Direktor Peter Ripken, hat den Herausgebern immer wieder beratend zur Verfügung gestanden. Die Deutsche Verlags-Anstalt, vertreten durch den Lektor Ulrich Volz, hat die Entstehung des Buches und seine Fertigstellung mit Engagement begleitet.

Die Herausgeber und die Deutsche Welthungerhilfe danken der Kommission der Europäischen Union für die finanzielle Unterstützung des Buches.

Im Februar 2001   *Christoph Plate, Nairobi*
                                     Theo Sommer, Hamburg

Robert von Lucius

Harsche Wettergötter

Flut und Dürre sind die Geißeln des Kontinents

Modjadi wußte, daß sie einen nicht unerheblichen Einfluß auf das Wetter hatte, zudem einen direkten Draht zu ihren Ahnen. Schließlich wird die Regenkönigin im hohen Norden Südafrikas von ihrem Volk seit Generationen verehrt. Verblüfft ob ihrer Kraft aber war sie doch, als ihr Gebet zu Trommeln unerwartet erhört wurde: Statt des erflehten sanften Regens kamen ununterbrochen Regenstürme in Südafrika, in Zimbabwe, in Mosambik. Selbst in den dürren Wüstengebieten Namibias fiel innerhalb einer Stunde zehnmal mehr Regen als sonst in einem Jahr.

Eine Überschwemmung in der Wüste hatte es an der namibischen Küste noch nie gegeben. Aber auch noch nie eine Flut wie in Mosambik, die ein Gebiet von der Größe der Niederlande bedeckte und viele zehntausend Menschen aus ihren Heimen vertrieb, verstärkt durch gleich drei Zyklone innerhalb gut eines Monats, wo sonst vielleicht alle fünf Jahre ein solcher Wirbelsturm das Festland trifft.

Das Bild einer Frau, die, von Wasser umgeben, in einem Baumwipfel gebar, ging um die Welt. Fast zur gleichen Zeit, da Hilfe aus aller Welt kam, um Mosambikaner aus den Jahrhundertfluten zu retten, trafen weitere Hilfeaufrufe von der afrikanischen Ostküste ein, nur etwas weiter nördlich: In Äthiopien und Kenia waren mehr als zehn Millionen Menschen von Hunger und Dürre betroffen. Regen war seit langem nicht mehr gefallen. Und wieder nur einige hundert Kilometer entfernt zerstörten Buschfeuer weite Landstriche Äthiopiens. Sie gefährdeten einen der schönsten und abgelegensten Naturparks Afrikas und mehrere nur dort lebende Tierarten wie den äthiopischen Wolf.

Unterdessen bedrohten Buschfeuer auch Teile der Kap-Halbinsel am anderen Ende des Kontinents, und ein Tornado wütete durch ei-

nen Kapstädter Vorort in einer Gegend, in der es seit Menschenge-
denken Tornados nie gab. Spielt das Wetter in Afrika verrückt?
Berechenbar ist das Wetter trotz aller Vorhersagen, aller Satelli-
tenaufklärungen und Statistiken der Meteorologen in Afrika noch
schwerer als anderswo. Eine Häufung von Katastrophen und unge-
wöhnlichen Naturereignissen wie zum Jahrtausendbeginn aber gab
es bisher kaum auf dem Kontinent. Während in Europa die Dichter
Frühlingsrauschen und Nachtigallgesang, fallende Blätter im Späth-
erbst und graue Winternächte besingen mögen, müssen Afrikas Poeten harschere Töne wählen. Das Wetter in Afrika ist einerseits gleich-
förmiger, weniger von Jahreszeiten abhängig als Europa, andererseits
aber härter. Das Bild Afrikas von palmenbestandenen Stränden und
ewigem Sonnenschein ist zu simpel.

Eine feste Regel gibt es für Afrika ebensowenig wie für Europa.
Die Schwankungsbreite ist ähnlich groß. Zumindest einen wesentlichen Unterschied gibt es zum Norden: Das Wetter wird weniger
durch Jahreszeiten und Temperaturschwankungen geprägt denn durch
den Wechsel von Regen- und Trockenzeiten. Als Kontinent, der fast
in der Mitte vom Äquator durchschnitten wird, hat Afrika mehr tropische Gebiete als andere Kontinente. Klimazonen hängen ab von der
Entfernung vom Äquator, von der Nähe zum Meer, von der Meeres-
höhe, der Vegetation und Besiedlung, von den Winden.

Einfache und durchgängige Regeln für Klimazonen gibt es also
nicht. Immerhin einige: Um den Äquator herum massieren sich Re-
genwälder und tropische Regenfälle, schwül-hohe Temperaturen mit
geringen Schwankungen zwischen Tag und Nacht oder zwischen Jahreszeiten. Weiter nördlich und südlich, fast spiegelbildlich, gibt es
Wüsten und Steppen: im Norden die Sahara und die Sahel, im Süden
die Namib, die Kalahari und die Karoo, zudem weite Grassteppen
von der Serengeti bis zum kamerunischen Hochland. Am Rande des
überwiegend tropischen, heißen oder trockenen Klimas gibt es kleine
Regionen mit gemäßigtem oder gar kühlem Wetter, vor allem im hohen Norden und Süden und in großen Höhen. Schnee in Afrika gibt
es nicht nur auf den Eiskappen des Kilimandscharo oder im Hochge-
birge Lesothos. In kühleren und oft malariafreien Hochlandorten wie
in Nairobi, Windhuk, Harare konzentrieren sich die Europäer, die
weniger anpassungsfähig sind an Klima und Umwelt als Afrikaner.

Wer von Afrika träumt, denkt wohl zunächst nicht an die Wüsten der Sahara, an Kamele, Oasen und Timbuktu. Er träumt auch nicht von undurchdringlichen schwülen Tropenwäldern mit Berggorillas, Lianen und Vögelgezwitscher. Er denkt an die weiten Ebenen Ostafrikas voller Antilopen, Dornenbüschen, Grasland und Baobabs. Wer in seiner Jugend Bernhard Grzimeks »Serengeti darf nicht sterben« gesehen hat, oder Meryl Streep und Robert Redford in »Jenseits von Afrika«, sehnt sich nach dem dichten Gras- und Buschland Ostafrikas, dessen Weite und Farben, dessen scheinbarer Gelassenheit und sanfter Fülle. Diese Savannenregion – sie bedeckt knapp die Hälfte des gesamten Kontinents – ist weniger abhängig als andere von starken Veränderungen des Klimas im Jahresverlauf, von zwei der vielen Geißeln Afrikas: Dürre und Flut.

Auch das Leben der ostafrikanischen Steppen ist geprägt vom Wetterwechsel. Sichtbar wird das in einer der größten Naturschauspiele Afrikas, dem jährlichen Zug von zehntausenden Gnus und Zebras über viele hundert Kilometer hinweg durch die Serengeti, der Regenzeit und den Wasserlöchern folgend.

Dieser sanfte Zeitenwechsel in Ostafrika, das härtere Leben in den Wüsten des Nordens und dem Urwald im Herzen Afrikas: Sie beeinflussen das Leben, das Temperament, die Geschicke, die Gesundheit, das wirtschaftliche Wohlergehen, die Besiedlung, die Kultur, selbst die Literatur und Kunst des Kontinents. Alles scheint verzahnt, ob bei den antiken Hochkulturen im Niltal oder den Jägern und Sammlern im Tropenwald, den Tuareg-Nomaden in der Sahara oder den Hackbauern im Inneren Westafrikas. Selbst das Wetter vor der Küste beeinflußte Geschichte und Besiedlung, etwa die Monsunwinde im Osten, die Araber, Malaien und Perser an die Küsten und auf die Inseln von Madagaskar bis Sansibar brachten und so deren Kultur und Bevölkerung prägten.

Bis zu dreißig Meter hohe Wellen im Südatlantik vor der Küste des südafrikanischen Ostkaps, beim Zusammentreffen von zwei Meeresströmungen, haben dort nicht nur zu verändertem Segelverhalten geführt, sondern auch mehr Schiffe und Seefahrer über Jahrhunderte hinweg stranden lassen als anderswo. Das milde Mittelmeerklima am Kap der Guten Hoffnung sowie die Winde brachten wiederum Portugiesen, Briten und Niederländer und luden sie zum Verbleib ein, so die Geschichte des südlichen Afrika im Guten wie im Schlechten ändernd. Ist es Zufall, daß es Kriege zuhauf gibt in den schwültropischen Regionen Zentralafrikas und Westafrikas von Kongo bis Sierra Leone, aber auch in den trockenheißen Wüsten Sudans, daß aber Länder mit sanfter Savanne auch sanftere Politik und freundlicheren Umgang bescheren, wie in Tansania, Kenia, Sambia oder Kamerun? Vermutlich ja, aber wer weiß das schon mit Gewißheit zu sagen.

Sicher ist der Einfluß des Wetters und der mit ihm zwillingshaft verknüpften Landschaft und Vegetation auf Krankheiten und auf Wohlstand, zumal Afrikas Wirtschaft von Rinderzucht und Landbau geprägt ist. Weit mehr als die Hälfte aller Afrikaner leben von der Landwirtschaft und hängen damit vom Wetter ab für ihr Überleben, nicht nur für ihr Wohlbehagen wie bei den meisten Europäern. Ernährungssicherheit und Wetter sind aufs engste gekoppelt, wie nicht nur die Dürre im Sahel zwischen 1968 und 1973 zeigte, bei der etwa eine Viertelmillion Menschen starb. Zwei Drittel aller Afrikaner finden Erwerb und Leben in der Landwirtschaft. Ihre Nahrung und ihr Broterwerb hängen ab vom Beginn und Ende des Regens, der Saat, Ernte, Verarbeitung, Lagerhaltung beeinflußt.

Malariaverseuchte Gebiete etwa an den Küsten Westafrikas und in Zentralafrika schrecken nicht nur westliche Besucher und damit Investoren ab, sondern treffen die Bevölkerung weit darüber hinaus: Beständige klimabedingte Krankheiten – Malaria, Cholera, Flußblindheit, seltene Fieberkrankheiten wie Ebola – führen zu niedriger Lebenserwartung und Motivation sowie hohen Gesundheitsausgaben und Ausfallzeiten bei Feldarbeitern, Lehrern, Schülern.

Ob an abendlichen Feuern oder am Biertisch in den Städten: Oft ist das Wetter Gesprächsthema, obwohl es am nächsten Tag meist genauso warm oder trocken ist wie am vergangenen, die Schwankungen seltener sind, dann aber heftiger als anderswo. Das Warten auf Regen ist in vielen Ländern des Kontinents symptomatisch für das Warten in Afrika, die gleichförmige Gelassenheit, die im unruhigeren Westen als Apathie verstanden wird. Wenn aber dann in kargen Regionen wie Namibia die ersten Regentropfen fallen und dem Sand einen unnachahmlichen und unbeschreiblichen Duft geben, verändert sich das Lebensgefühl, alles mündet in Aufbruchstimmung. Über wenig wird in Namibia soviel gesprochen wie über den Regen oder dessen Ausbleiben.

Bisweilen wird das Warten unterbrochen. Wachsende wetterbe-dingte Katastrophenmeldungen in Afrika beschäftigen zunehmend nicht nur Journalisten, Versicherungen, Hilfsorganisationen, und sie treffen nicht nur diejenigen, die ohnehin arm und abhängig sind. Es dauerte lange, aber auch Politiker haben inzwischen gemerkt, daß sie nicht mehr nur abwarten und reagieren können. Der Generalsekretär der Organisation Afrikanischer Einheit (OAU), Salim Ahmed Salim, sagte, Naturkatastrophen würden genauso schwer und beunruhi-gend wirken wie Kriege und Konflikte. Es sei »ironisch«, daß Afrika – meist wenig erfolgreiche – Zentren aufgebaut habe zur Verhütung oder Schlichtung kriegerischer Konflikte, den mindestens ebenso zer-störerischen Naturkatastrophen aber kaum Aufmerksamkeit schen-ke. Ist das beständige Auf und Ab des Wetters Afrikanern so vertraut, daß sie es so wenig ändern oder dessen Folgen abfedern zu können glauben?

Die OAU und regionale Organisationen wie die Entwicklungsge-meinschaft des südlichen Afrika (SADC) begannen daher zum Jahr-tausendauftakt, über neue Frühwarnsysteme, Vorsorgen und Ab-stimmungsmechanismen nachzudenken. Offenkundig versagt hatten sie bei den biblischen Fluten in Mosambik, wo es an Warnungen aus dem Binnenland Zimbabwe ebenso fehlte wie an der örtlichen War-nung an die Bevölkerung durch die mosambikanische Verwaltung. Von den technologischen Errungenschaften des Auslands, so sollten sie denken, mag Hilfe kommen. Das aber ist seltener der Fall als ver-mutet.

Für eine beständige und einigermaßen zuverlässige Beobachtung des Wetterverlaufs durch Satelliten ist es erforderlich, daß Regionen zeitversetzt alle vier bis sechs Stunden überflogen und neue Daten erfaßt und übertragen werden. Das geschieht auf der Nordhalbkugel, also auch für Nordafrika. Im Süden aber ist, auch wenn Satelliten-betreiber das offiziell abstreiten mögen, die Datenerfassung und ihre Übertragung seltener. In Lateinamerika und »Schwarzafrika« fehlen finanzielle Mittel und das Interesse an einer teuren beständigen Kon-trolle. Noch gewichtiger als der Mangel an Daten dürfte sich der Mangel an Fachkräften auswirken, die vorhandene Daten analysieren, in einen Zusammenhang bringen und in politische Entscheidungen umsetzen können.

Verschiebungen des Wetters dank der globalen Erderwärmung stellen zudem die Voraussagen in Frage. Alle zehn Jahre werde Afrika, so Klimastudien, um 0,2 bis 0,5 Prozent durchschnittlich wärmer. Mögliche Auswirkungen werden schon durch einen simplen Vergleich deutlich: Paläoklimatologen, die das Wetter in der Vor- und Frühgeschichte erforschen, glauben, die Temperatur in Afrika sei vor etwa 20000 Jahren, als die Binnenseen vor allem in Westafrika sich zurückzubilden begannen, nur um vier bis sieben Grad niedriger als heute gewesen. Was also aus einer anderen Zeit bis heute zwanzig Jahrtausende währte, eine Erwärmung um vier Grad, wird nun vielleicht lediglich ein Jahrhundert dauern.

Das vergangene Jahrzehnt war das wärmste seit Beginn der Messungen, was weitgehend der Verbrennung fossiler Brennstoffe durch Menschen zugeschrieben wird. Schon eine leichte Erhöhung der Durchschnittstemperatur führte dazu, daß die Vermehrung von Stechmücken, die Malaria übertragen, im Hochland von Ruanda deutlich zunahm. Das wirkt sich auf das Gesundheitswesen und mittelfristig auf die Wirtschaftsstruktur aus.

Gewiß kein Zufall ist es, daß wirtschaftliche Kosten von Naturkatastrophen 1998 höher lagen als die gesamte Schadenssumme der Achtziger. In Südafrika, sagen Wetterforscher voraus, werde aufgrund der Erderwärmung der Regenfall an den Küsten um zehn Prozent zu-, im Hochland im Landesinnern um zehn Prozent abnehmen. Bedrohlich an dieser Voraussage ist vor allem: Die Regenfälle werden sporadischer, dafür aber heftiger. So wird weniger Wasser in Dämmen aufgefangen oder in den Boden sickern und mehr kostbares Naß abfließen. Das wird sich nachteilig auswirken auf die Landwirtschaft, die Infrastruktur, die vom Wasser abhängigen Industrien, das öffentliche Gesundheitswesen.

Die größten Extreme in Landschaft, Vegetation und Wetter erlebt Afrika in den Urwäldern im »dunklen Herzen« des Kongo, das düstere Romane von Joseph Conrad bis V. S. Naipaul beeinflußt hat, und in der Wüste. Die tropischen Feuchtwälder des Kongo sind der zweitgrößte Regenwald der Erde und daher auch für das Erdklima von herausragender Bedeutung. Die afrikanischen Urwälder mit

einer Ausdehnung von fünf Millionen Quadratkilometern bedecken
ein Sechstel des afrikanischen Festlandes.

Noch gewaltigere Zahlen gibt es bei den Wüsten. Die Desertifika-
tion, das Voranschreiten der Wüste, hat im Sahel bereits auf einem
Viertel des gesamten Landgebietes Afrikas den potenziellen landwirtschaftlichen Ertrag um ein Viertel gemindert. Der Kampf gegen das
Fortschreiten der Wüste scheint mal aussichtslos, mal hoffnungsvoll.
Ihm widmen sich viele hundert Forscher und Entwicklungshelfer von
Mali über Niger bis in den Sudan. Wissenschaftler sind sich nicht einig, was mehr zur Verwüstung beitrug: das Wetter oder Eingriffe des
Menschen. Obwohl Afrika von mehreren großen Flüssen durchzogen
wird – dem Kongo, dem Nil, dem Niger, dem Tschad, dem Sambesi,
dem Senegal und dem Limpopo – und etwa die Hälfte aller Afrikaner
in deren Einflußbereichen leben, leidet Afrika mehr unter Wassermangel als jede andere Weltregion.

Am sinnvollsten scheint das Streben der Wüstenbekämpfer, wo sie
auf altbewährte Mittel setzen, etwa auf niedrige Steinwälle, die den
Wind brechen und sanft eingreifen, statt sich dem Wetter rabiat ent-
gegenzustellen, auf brennholzsparende Schmiedeöfen oder eine Veränderung der Fruchtfolge. In Burkina Faso gab es vor gut einem Jahrzehnt die *diguettes*, die quer zur Fließrichtung gebauten Steinmauern,
noch nicht; heute bilden sie ein prägendes Landschaftselement auf
dem zentralen Hochland. Sie hemmen nicht nur den Abfluß des Re-
genwassers und erhöhen somit die karge Ernte, sondern stoppen
auch das Vordringen der Wüste. So war es kein Zufall, daß der erste
Leiter des Wüstensekretariats der Vereinten Nationen in Bonn aus
Burkina Faso kommt, einem Land, das aus Not erfinderisch und aktiv ist.

Auf keinem anderen Kontinent ist das Vordringen der Wüste ein
größeres Problem und ein wichtigeres Anliegen als in Afrika. 65 000
Quadratkilometer gingen dort in den vergangenen fünfzig Jahren der
landwirtschaftlichen Nutzung verloren durch Bevölkerungswachstum
und Flüchtlingsbewegungen, unkontrollierte Abholzung und Unacht-
samkeit. Wetterunbill spielt eine zwar große, aber gewiß nicht aus-
schließliche Rolle bei der Desertifikation. Dazu kamen eine verfehlte
Politik im Norden wie im Süden. Jährlich verliert Afrika 1,3 Millionen Hektar Wald, etwa durch die traditionellen Brandrodungen in

Buschgebieten. Oft greifen die Feuer dann auf Waldbestände über. Der hohe Bevölkerungsdruck und die Landflucht, lange Trockenperioden und Übernutzung des Bodens bringen das empfindliche Gleichgewicht durcheinander. Die Bodendecke verkleinert sich, Pflanzen und Gräser verschwinden ebenso wie die biologische Vielfalt. Dieser Zyklus von Dürre, Verarmung und Verwüstung verursacht einer chinesischen Schätzung zufolge jährlich wirtschaftliche Verluste von 40 Milliarden Dollar auf der ganzen Welt: ein Vielfaches der Kosten, die ein wirksames Programm gegen die Wüstenbildung kosten würde. Nicht nur hier wirken Wetter und Menschen, die in Afrika stärker noch als anderswo von ihm abhängen, eher unheilvoll gegeneinander statt miteinander.

Henning Melber

Afrikanische Renaissance

Ideologien und ihre Gegenbewegungen

Afrika war seit der frühen europäischen Reisegeschichte der Schau- und Tummelplatz nicht nur jener selbsternannten Sendboten der Zivilisation, sondern auch eine der prominentesten Projektionsflächen eurozentrischer Weltsicht. Und mit der Plünderung des Kontinents gingen die ideologischen Legitimierungsversuche dieser Ausbeutung einher. Missionare, Forschungsreisende, Händler und andere Abenteurer, später auch die Soldaten, Beamten und Siedler als direkte Repräsentanten der oftmals recht gewalttätig etablierten europäischen Kolonialherrschaft begriffen sich als Träger einer allgemein gültigen Definition von »Kultur« und »Fortschritt«. Ausgestattet mit der erforderlichen physischen Macht (gestützt auf den Gebrauch ihrer militärischen und technologischen Überlegenheit), vermochten sie diese Definitionsgewalt auch anzuwenden und ihr Verständnis den Menschen des Kontinents und deren lebensweltlicher Orientierung aufzuzwingen.

Die deutschen Philosophen der (Spät-)Aufklärung vom Schlage eines Kant und Hegel waren da keine Ausnahme, sondern eher Beleg dieser Behauptung. Für Immanuel Kant war Afrika das in die schwarze Farbe der Nacht gehüllte Gold- und Kinderland, und im Wesen des Afrikaners erinnerte nichts an das Menschliche. So meinte er jedenfalls aus der Perspektive seines Königsberger Studierzimmers aufgrund des Studiums der Reiseliteratur zu Ende des 18. Jahrhunderts schlußfolgern zu können. Für Hegels Verständnis des internationalen Rechts gab Anfang des 19. Jahrhunderts der Entwicklungsstand zivilisierter Nationen die legitime Begründung dafür ab, weshalb die Menschen Afrikas keinen Anspruch auf Selbstbestimmung, staatliche Eigenständigkeit und Souveränität haben sollten. Für sie war statt dessen das Sklavendasein die notwendige historische

Zwischenstufe zur Entwicklung des individuellen menschlichen Subjekts.

Mit dem Zeitalter der bürgerlichen Demokratien und dem damit einhergehenden politischen Emanzipationsverständnis wurden die Sichtweisen zwar differenzierter und unterschiedlicher, aber der »dunkle Kontinent« blieb für viele (nicht nur westeuropäische) Außenstehende auch weiterhin ein mit Vorurteilen behaftetes »Hinterland« menschlicher Entwicklung. Solch diskriminierende Ideologien haben sich bis in die Gegenwart in wesentlichen Sphären des öffentlichen Diskurses erhalten.

So wurde noch am 20. November 1992 im Magazin der *Süddeutschen Zeitung* unter dem Titel »Überlaßt Afrika nicht den Afrikanern« der Kontinent kurzerhand zur »politischen Umweltkatastrophe« erklärt, dessen neuerliche Bevormundung seine letzte Hoffnung sei. Nur in einem unter Kuratel gestellten Afrika sei es möglich, die Kulturleistung einer Zivilgesellschaft zu schaffen. Ähnlich paternalistisch arrogant fiel im deutschen Herbst 1992 auch die parolenhafte Bildzeile eines *Spiegel*-Artikels über Elefanten aus: »Größte Säugetiertragödie des Jahrhunderts im modernen Afrika der Bürgerkriege, der korrupten Regime und der hungernden Millionen«. Wobei im Text mit den Weißen im heutigen Südafrika kurzerhand auch gleich »die Zivilisation vorrückte«.

Mag dies der Lapsus eines mehr im Ressort Fauna versierten Fachjournalisten gewesen sein, dem die Bedeutung sprachlicher Wertigkeiten nicht bis ins ökologische Bewußtsein gedrungen ist, so war die vorweihnachtliche Titelgeschichte in demselben Nachrichtenmagazin ein paar Wochen später mehr als eine verbale Entgleisung. Die Titelseite kündigte das Thema mit »Elends-Kontinent Afrika« an und knüpfte daran die Frage »Rettung durch die Weißen?«. Die mit »Ein schwarzer Holocaust« überschriebene eigentliche Titelgeschichte schließlich beschwört: »Verrückte Krieger und verhungernde Kinder, Anarchie und Elend – das ist das Antlitz Afrikas im letzten Jahrzehnt dieses Jahrhunderts«.

Mit solch einseitig verzerrter Wahrnehmung eines Erdteils und seiner Bewohner wird ein selbstverschuldetes Chaos suggeriert, das letztlich auch entlastende Wirkung für diejenigen besitzt, die historische Mitverantwortung an den vom Kolonialismus geschaffenen gesellschaftlichen Strukturen tragen. Entlastende Ideologie dieser Art überlebt übrigens auch im 21. Jahrhundert. Das bewies im Mai 2000 eine mit »Der hoffnungslose Kontinent« betitelte Umschlagseite des renommierten britischen Wochenmagazins *The Economist*. Gemeint war Afrika. Die Photomontage ließ zur Untermalung des Aufmachers auf der Titelseite aus den Umrissen des Kontinents die von einem eher gelöst wirkenden jungen Mann auf der Schulter getragene moderne Feuerwaffe herausragen. Fast so, als ob es die harmloseste Sache der Welt wäre, mit einem solchen Mordwerkzeug durch die Gegend zu ziehen.

Der mit »Hoffnungsloses Afrika« überschriebene Leitartikel ließ ebenfalls wenig Optimismus erkennen: Niemand könne die Afrikaner für das Wetter verantwortlich machen, hieß es da, aber die meisten Mängel des Kontinents wären weniger Gott als den von Menschen begangenen Taten geschuldet. Diese Handlungsweisen, so konzediert der Kommentar, seien keinesfalls ausschließlich afrikanisch – Brutalität, Despotismus und Korruption existierten überall –, aber afrikanische Gesellschaften wären dafür aus Gründen ihrer kulturellen Beschaffenheit anfälliger.

Das ist starker Tobak und fällt eher in die diskriminierende Kategorie eines platten Rassismus-Stereotyps auf Stammtischniveau, dessen Kolportierung auch aus Motiven der Provokation – feuilletonistische Argumentationsfreiheit hin oder her – einer seriösen Zeitschrift wie dem *Economist* nicht gut zu Gesicht steht. Denn ganz so undifferenziert darf die Komplexität gesellschaftlicher Verhältnisse, deren Ursachen und Folgen, dann wohl doch nicht gesehen und bewertet werden. Schließlich hat dieses Afrika – wie jeder andere Kontinent auch – viele Gesichter und läßt sich keinesfalls nur auf das des lächelnden, jugendlichen Killers reduzieren.

Angesichts jahrhundertelanger Dominanz solch diskriminierender Wahrnehmungen darf es nicht verwundern, daß im Zuge ihrer Emanzipationsversuche die Kolonisierten sich ebenfalls unter Zuhilfenahme der ideologischen Waffe zur Wehr zu setzen versuchten. Die Geschichte afrikanischer (Gegen-)Ideologie begann Anfang des 20. Jahrhunderts mit dem afro-amerikanischen Import des Panafrikanismus durch Marcus Garvey und W. E. B. du Bois. So kann die Gründung der Organisation für Afrikanische Einheit am 25. Mai 1963 in Addis

Abeba durch die 32 Staatsoberhäupter der damals unabhängigen Staaten als symbolischer Ausdruck und Kulminationspunkt dieses panafrikanischen Gedankens bewertet werden. Der war zwischen 1900 und 1945 innerhalb der schwarzen Diaspora entstanden und schlug sich nieder in der Abhaltung sechs panafrikanischer Kongresse während dieser Zeitspanne.

Nach dem Zweiten Weltkrieg wurde diese grenzüberschreitende politische Bewegung durch den erwachenden Nationalismus ergänzt, der die Forderung nach Dekolonisierung und staatlicher Souveränität auch in Form handfester antikolonialer Bewegungen – teilweise unter Inkaufnahme bewaffneter Auseinandersetzungen – artikulierte.

An das Selbstwertgefühl der durch die koloniale Fremdherrschaft gedemütigten, ihrer Identität beraubten Menschen appellierte auch die wohl prominenteste afrikanische Philosophie, die Negritude. Ebenso wie der Panafrikanismus fand diese einen ersten Protagonisten durch den von den westindischen Inseln stammenden Dichter afrikanischer Herkunft Aimé Césaire in der Diaspora – war also genau besehen wiederum Ideologie-Import. Mit Kwame Nkrumah in Ghana und Leopold Sedar Senghor in Senegal machten sich zwei der prominentesten frühen Staatsoberhäupter des nachkolonialen Afrika in den fünfziger Jahren zu den Galionsfiguren des Panafrikanismus und der Negritude. Sie trugen so entscheidend zur Verwurzelung dieser beiden Ideologien in der politischen Ideengeschichte des Kontinents bei.

Während der panafrikanische Gedanke bis heute in seinen Grundaussagen zur Einheit Afrikas und als explizite Gegenbewegung zur externen Dominanz immer wieder Konjunktur hat und Anhänger findet, wurde die Negritude von militanteren Reaktionen auf den weißen Rassismus abgelöst. Die in Südafrika zu Beginn der siebziger Jahre entstandene Bewegung des schwarzen Bewußtseins (»*black consciousness*«), deren Mitbegründer Steve Biko durch Beamte des Apartheid-Regimes auf brutale Weise in Polizeigewahrsam ermordet wurde, war der intellektuell radikalste Versuch schwarzer Selbstfindung unter den identitätszerstörenden Bedingungen rassistischer Fremdherrschaft.

Mittlerweile sind – nach einem halben Jahrhundert Dekolonisierung, die mit den demokratischen Wahlen in Südafrika 1994 für den

Erdteil als weitgehend abgeschlossen gelten kann – die Selbstfindungsprozesse in den Binnenbereich staatlicher Souveränität verlegt. Mit der »afrikanischen Renaissance« gewinnt jedoch ein neues Schlagwort an Bedeutung, das von Kritikern als alter Wein in neuen Schläuchen kritisiert wird. Protegiert wurde der Begriff von Thabo Mbeki, der als Staatspräsident Südafrikas zur Jahresmitte 1999 die Nachfolge des charismatischen Nelson Mandela übernahm und damit oberster Repräsentant eines der wichtigsten afrikanischen Staaten geworden ist. Die afrikanische Renaissance knüpft an Elemente sowohl der Negritude wie auch des Panafrikanismus an. Auch der Ende 1999 verstorbene ehemalige Präsident Tansanias, Julius Mwalimu (»Lehrer«) Nyerere, gehörte zu den Vordenkern, die zur Grundlage eines solchen Konzepts beitrugen. Afrikanische Renaissance kann als Schlachtruf gegen die weitere Marginalisierung interpretiert und als ein Versuch verstanden werden, die selbstbemitleidende Passivität des erduldenden Opfers durch aktive Nutzung der eigenen Handlungsmöglichkeiten zu ersetzen.

Wie den anderen ideologischen Gegenbewegungen, die in Afrika als Antithese zur Bevormundung und Herabsetzung durch die Machtverhältnisse entstanden, birgt aber auch die afrikanische Renaissance die Gefahr der populistischen Verherrlichung und der unkritischen Überhöhung der eigenen Geschichte. So fehlt es noch immer an einer verbindlichen inhaltlichen Zuspitzung dessen, was unter afrikanischer Renaissance eigentlich zu verstehen ist – einmal abgesehen von der Solidarität unter Afrikanern und der Notwendigkeit zur Rückgewinnung der eigenen Geschichte. So konzentrieren sich die derzeitigen Bemühungen der Protagonisten afrikanischer Renaissance ähnlich der Panafrikanismus- und Negritude-Bewegung auf die Reklamierung zivilisatorischer Errungenschaften in der frühen Neuzeit durch Menschen und Gesellschaften Afrikas. Dadurch wird die Neigung zur Romantisierung und zum Klischeehaften dieser Idee erkennbar, die aber wiederum vielen Ideologien weltweit innewohnen.

Aber nicht alle Denkrichtungen des afrikanischen Kontinents sind lediglich als Emanzipationsversuch von der Bevormundung durch die früheren Kolonialmächte befangen. Aufschlußreich sind in diesem Zusammenhang eine ganze Reihe sozialphilosophischer Beiträge, die in der Zeitschrift des *Council for the Development of Social Science*

Research in Africa (Codesria) mit Sitz in der senegalesischen Hauptstadt Dakar Anfang des Jahres 2000 veröffentlicht wurden. Deren teilweise sehr selbstkritische Grundtendenz setzt sich mit der als roter Leitfaden immer wiederkehrenden Thematik der afrikanischen Identität auseinander. Hinterfragt wird die selbstbemitleidende Opferrolle ebenso wie die kulturelle Komposition afrikanischer Identität. So ist das Editorial dieses Heftes mit dem Titel »Das Ende der Monologe« richtungweisend.

Darin vertritt der *Codesria*-Generalsekretär Achille Mbembe die Meinung, daß Identitäten, die sich an Territorien orientieren, in Zeiten der Globalisierung nicht mehr viel zu tun haben mit der Realität. Die geographische Verortung alleine bestimme nicht mehr die Richtigkeit moralischer, intellektueller oder ideologischer Positionen. Die alte Frage danach, von wo aus jemand rede, habe sich überlebt.

Auch die vielbeschworene kulturelle Homogenität Afrikas wird von Mbembe enttabuisiert. So behauptet er in einem eigenen Aufsatz im Bulletin des *Codesria* ganz offen, daß das Konzept der rassischen Einheit Afrikas stets ein Mythos gewesen sei. Er gelangt zu der Schlußfolgerung, es gebe keine afrikanische Identität, die von einem einzigen Begriff her abgeleitet und damit umschrieben werden könne. Auch passe diese Identität nicht in eine einzelne Schublade.

Afrikanische Identität existiert nicht als fest umschriebene Substanz. Sie stellt sich vielmehr in verschiedenen Formen durch eine Reihe von Tätigkeiten ganz praktisch dar. Die inhaltliche Ausfüllung dessen hat auch mit Macht und Definitionsgewalt zu tun. Identitäten sind zweckgerichtet, mobil, veränderbar und instabil. Sie können nicht auf eine rein biologisch begründete Ordnung reduziert werden und haben mehr zur Grundlage als die ideologisch befrachteten Vorstellungen von Blut, Rasse oder Geographie. Auch entziehen sie sich der Reduzierung auf Brauchtum – schon alleine dadurch, daß Sitten und Tradition beständig neu erdacht und erfunden werden.

Die dogmatische Manipulation einer binären Weltsicht, die in der Ära der Bipolarität entstand, reicht nach Mbembe nicht mehr aus. Weder die teleologische Begründung noch der Nativismus und weniger noch der Afro-Zentrismus erlaube den Afrikanern die Erkenntnis, wo Afrika heute zu verorten oder was seine Bestimmung in der Welt sei. Die Korrektheit moralischer Positionen könne nicht mehr länger als Ausrede für ein Nichtstun herhalten. Heute bestehe die Notwendigkeit nicht mehr im Rückzug und der Suche nach vermeintlich authentischen Stimmen, sondern in der Grenzüberschreitung mit dem Zwecke der Schaffung neuer Netzwerke zur Herstellung intellektueller Koalitionen, die der Wissensproduktion in und über Afrika eine universelle Perspektive verleihen. Nur die daraus resultierende Polyphonie könne Afrika aus dem Ghetto befreien, in das es von Afrikanismus und Afro-Zentrismus eingesperrt worden sei.

Im Zeichen afrikanischer Renaissance – gegen die einige der Beiträge wegen der Tendenz zur Mystifizierung polemisieren – wirken kosmopolitische Denkansätze dieser Art erfrischend aufklärerisch. Schade nur, daß sie dem Etikett eines »hoffnungslosen Kontinents« in der kolportierten Vorstellung einer sich überlegen dünkenden westlichen (Geschäfts-)Welt geopfert werden, die einen Erdteil auf dessen Misstände reduziert und die innovativen Alternativen nicht würdigt. Allzu vielen Menschen, die sich gegen diese Mißstände auf die unterschiedlichste Art und an den verschiedensten Orten zur Wehr setzen, wird dadurch unrecht getan. Ein Ende der Ideologien – und damit der Monologe – ist damit leider, hier wie dort, noch lange nicht in Sicht.

Ali A. Mazrui

Kultur und Kommunikation

Globalisierung in Afrika

Was heißt Entwicklung? In welchem Verhältnis steht sie heute zur Globalisierung? Da die Globalisierung für labile Gesellschaften einen zweifelhaften Segen bedeutet, werden wir Entwicklung neu definieren müssen. Ich schlage vor: Entwicklung gleich Globalisierung minus Abhängigkeit.

Aber was ist Globalisierung? Am Vorabend des neuen Jahrtausends haben Geisteswissenschaftler sie auf drei verschiedene Weisen interpretiert: als Kräfte, die den Weltmarkt umgestalten und neue wechselseitige Abhängigkeiten über riesige Entfernungen schaffen. Als Kräfte zudem, die mit aller Macht auf die Datenautobahnen drängen, um sich Zugang zu immer mehr Information zu verschaffen und den Computer und das Internet als globalen Service mobil zu machen. Schließlich als Mächte, die die Welt zu einem globalen Dorf machen – die Entfernungen komprimieren, Kulturen homogenisieren, Mobilität beschleunigen und die Bedeutung politischer Grenzen verringern.

Zu den Strategien, die erforderlich sind, um Abhängigkeit im Zeitalter der Globalisierung zu verringern, gehören größere Bemühungen um den Schutz dessen, was von landeseigenen Kulturen übrig geblieben ist, sowie größere Bemühungen um die Stärkung von Frauen.

Wenn Entwicklung gleich Globalisierung minus Abhängigkeit sein soll und wir Globalisierung bereits definiert haben, was ist dann Abhängigkeit? Abhängigkeit kann entweder übermäßigen Bedarf oder Kontrolldefizit bedeuten. Land B ist von Land A abhängig, wenn Land B Land A mehr braucht als umgekehrt. Oder Land B hängt von Land A ab, wenn Land B weniger Kontrolle über die Beziehung hat als Land A.

Eine Strategie zur Überwindung von Abhängigkeit ist sicherlich die Stärkung originaler Kulturen, eine Indigenisierung. Durch vermehrte Nutzung von einheimischen Techniken, Personen und Herangehensweisen kann auf einen Wechsel hingearbeitet werden. Solche einheimischen Herangehensweisen an die Globalisierung würden eine verstärkte Nutzung afrikanischer Sprachen einschließen, wenn es um das Betreiben von Wissenschaft, Wirtschaft und Jurisdiktion geht. Noch kein Land, das exzessiv eine Fremdsprache gebraucht, ist zur Technologie- und Wirtschaftsmacht ersten Ranges aufgestiegen. Japan ist durch Verwissenschaftlichung der japanischen Sprache in schwindelerregende industrielle Höhen aufgestiegen und hat die Sprache zum Mittel seiner Industrialisierung gemacht. Korea hat seine Sprache weitgehend verwissenschaftlicht und ebenfalls zum Mittel seines rasanten technologischen Aufstiegs gemacht.

Wird Afrika es je zu einem technologischen Aufstieg bringen, wenn es in Vorträgen und Hochschulstudien in so überwältigendem Ausmaß von europäischen Sprachen abhängig bleibt? Kann Afrika der Zukunft entgegensehen, wenn es für seine kulturelle Vergangenheit nicht die angemessene Sensibilität aufbringt? Kultur als Kommunikation und Kultur als Produktion müssen einander näher kommen. Israel hat eine tote Sprache zu neuem Leben erweckt; aus dem Hebräischen ist eine Sprache von moderner Effizienz geworden.

Wenn sich heute zwei japanische Physiker treffen, um ein Problem der Physik zu erörtern, können sie dies auf Japanisch tun. Treffen sich dagegen zwei afrikanische Ökonomen – ganz zu schweigen von Physikern –, um sich über Wirtschaftsfragen auszutauschen, können sie dies auf höherem Niveau meist nur in einer europäischen Sprache tun, selbst wenn sie derselben Sprachgruppe Afrikas angehören. Diese sprachlich-kulturelle Lücke kann verheerend sein, wenn versucht wird, Afrikas Abhängigkeiten zu verringern. Es kann auch den Reifungsprozeß von Afrikas Wissenschaft verzögern.

Im 20. Jahrhundert ist keine Sprache automatisch eine Wissenschaftssprache. Aber jede Sprache ist automatisch eine Poesiesprache. Afrikanische Sprachen müssen gezielt wissenschaftlicher gemacht werden. In der Poesie sollte sich das Augenmerk nicht so sehr auf die Sprache als vielmehr auf die Poeten selbst richten – nicht darauf, die Sprache künstlich noch poetischer zu gestalten, sondern darauf, die Dichter zu natürlicher Produktivität und zu Engagement zu ermutigen. Die Richtlinien zur Verwissenschaftlichung afrikanischer Sprachen und die Unterstützung afrikanischer Dichter und Schriftsteller müssen zusammen verfolgt werden. Kultur als Kommunikation und Kultur als Identität sollten sich in der Literatur treffen. Sprachen, die reich an Metaphern sind, können auch auf den wissenschaftlichen Verstand stimulierend wirken. Fantasie zur Innovation von Wissenschaft steht in engem Verhältnis zur visionären Fantasie der Dichtung.

Seit 1986 haben drei Afrikaner den Nobelpreis für Literatur gewonnen. Der Ägypter Naghib Mahfuz erhielt den Preis für Literatur, die er in seiner Muttersprache Arabisch geschrieben hat. Die weiße Südafrikanerin Nadine Gordimer konnte den Nobelpreis für Bücher entgegennehmen, die sie in ihrer europäischen Muttersprache geschrieben hat. Für den schwarzen Preisträger Wole Sonyika dagegen war es nicht möglich, den Nobelpreis für Literatur in seiner Muttersprache Yoruba zu gewinnen. Soyinka konnte nur durch Zuhilfenahme der Sprache der anderen am Wettbewerb teilnehmen. Europas sprachliche Dominanz über die Kulturen Afrikas südlich der Sahara ist unerbittlicher als beispielsweise über jene der arabischen Welt. Ist dies ein Fall, in dem Kulturen sortiert werden, gegliedert nach Rassen und ihren Kulturen?

Ein Japaner kann für ein in japanischer Sprache verfaßtes Werk den Nobelpreis für Literatur erhalten; ein Asiat für seine meisterhafte Leistung in Bengali, in Urdu oder in Hindi, ein Franzose für den Esprit der französischen Sprache, und ein Ägypter hat den Preis für seinen gelungenen kreativen Umgang mit dem Arabischen bekommen.

Dagegen ist es auf absehbare Zeit ziemlich unwahrscheinlich, daß jemandem für seinen brillanten Gebrauch einer einheimischen afrikanischen Sprache der Nobelpreis für Literatur verliehen wird. Warten wir auf die Modernisierung? Oder darauf, daß sich die Abhängigkeit von selbst auflöst? Bleibt das sprachlich Andere davon ausgeschlossen, als literarisch relevant angesehen zu werden?

Rabindranath Tagore gewann den Nobelpreis 1913, als Indien noch eindeutig von Großbritannien abhängig war. Die Werke, für die er den Preis erhielt, waren in indischen Sprachen, insbesondere Bengali, abgefaßt. Er schuf Literatur aus seinem sprachlichen Bauch. In Afrika dagegen bewohnt der Euro-Andere immer noch das Afro-

Selbst. Wo endet Rasse und wo beginnt Kultur? Es wird behauptet, afrikanische Sprachen seien nicht modern genug. Oder ist Afrika selbst nicht unabhängig genug?

Als Tagore vor dem Ersten Weltkrieg, dem ersten innerzivilisatorischen Krieg, den Nobelpreis für in Bengali geschriebene Literatur gewann, muß das wie ein großer Schritt in Richtung eines Konzerts der Kulturen, einer Partnerschaft der Zivilisationen ausgesehen haben. Auch wenn W. B. Yeats in den Kulissen des Nobelkomitees ein paar Drähte gezogen haben mag und die Tatsache, daß Tagore einige seiner Werke selbst ins Englische übersetzt hat, der Vergabe des Nobelpreises wohl eher zuträglich war, ging von der Preisverleihung zweifellos eine Signalwirkung aus: Sie zeigte, daß hier unterschiedliche Zivilisationen nicht aufeinander prallten, sondern eine gleichwertige Schätzung erfuhren.

Aber seit den Tagen, als Tagore den Preis gewann, hat sich das Zusammenspiel der Kulturen nur zäh und mühsam entwickelt. In fast allen Gesellschaften ist die Hegemonie westlicher Macht und die Omnipräsenz westlicher Zivilisation zu spüren.

In allen Gesellschaften sind die Frauen die Treuhänder der einheimischen Sprachen. Von Generation zu Generation reichen Mütter die Muttersprache weiter. Im Zeitalter der Globalisierung wird eine Sprachrevolution in Afrika durch eine Geschlechterrevolution verstärkt werden müssen.

In den meisten traditionellen Lebensformen südlich der Sahara wird den Frauen gleich dreifach die Rolle einer Hüterin zugeschrieben – als Hüterin von Feuer, Wasser und Erde. Als Hüterin des Feuers hat die afrikanische Frau südlich der Sahara die Aufgabe, für die auf dem Lande wichtigste häusliche Energiequelle zu sorgen: das Feuerholz. Als Hüterin des Wassers sorgt sie dafür, daß stets genug Wasser für die Familie und für Angehörige im Haus ist. Oftmals muß sie dafür eine oder zwei Meilen zum nächsten Fluß oder See zurücklegen, es sei denn, ihr steht ein nahe gelegener Brunnen zur Verfügung.

Die Rolle der Frau als Hüterin der Erde bezieht sich auf ihre doppelte Fruchtbarkeit: auf die Fruchtbarkeit des Leibes – die Frau als Mutter – und auf die Fruchtbarkeit des Bodens – die Frau als Bestellerin des Ackers. In vielen Ländern Afrikas bestellen auch heute noch meistens die Frauen den Boden, ebenso wie sie für Wasser und Feuerholz im Haus Sorge tragen.

Welche Rolle schreibt die Kultur den Männern zu? In Gemeinschaften mit gemischter Landwirtschaft sind die Männer und Söhne für die größeren Haustiere wie Kühe und Kamele verantwortlich. In einigen Kulturen tragen die männlichen Familienmitglieder die Verantwortung für alle Haustiere wie Schafe, Ziegen und so weiter – nur um das Geflügel kümmern sich die Frauen. Die Männer fällen Bäume, und die Frauen verwenden die Äste als Feuerholz. Die Männer arbeiten als Tagelöhner in der Stadt oder in den Minen, während ihre Frauen auf der Farm bleiben.

Eine neue Arbeitsteilung entstand durch die Kolonialwirtschaft: Die Frauen bauten die für die Ernährung wichtigen Feldfrüchte wie Yam – eine Art Süßkartoffel – und Mais an, während die Männer sich um den Verkauf bestimmter *cash crops* wie Kakao, Baumwolle und Kaffee kümmerten. Doch in Orten wie Kericho in Kenia sind es immer noch die Frauen, die zur Erntezeit die Teeblätter pflücken. Für einen effizienten Entwicklungsplan ist es unabdingbar, solche kulturbedingten Besonderheiten zu berücksichtigen.

Aber im Zeitalter der Globalisierung muß die Frau auch Kultur mit Technologie verbinden können. Die Wissenschaft selbst muß zweigeschlechtlich werden. In der Androgynisierung werden sowohl weibliche als auch männliche Eigenschaften einem Phänomen zugeordnet. Südlich der Sahara besuchen nur 67 Prozent aller Mädchen im Schulalter überhaupt eine Schule. Nur 20 Prozent besuchen weiterführende Schulen. Und nur drei Prozent finden den Weg zu Hochschulen und Universitäten.

Von den jungen Frauen, die dann die Universitäten besuchen, studiert nur ein Bruchteil naturwissenschaftliche Fächer und Technologie – gerade eben drei Prozent in einem Land wie Tschad (einer der geringsten Anteile) und bis zu 28 Prozent in Südafrika (der höchste Frauenanteil). Dabei muß aber auch erwähnt werden, daß ein überproportional großer Anteil dieser Frauen in Südafrika keine Schwarzen sind.

Nirgends in Afrika werden die Mädchen ermuntert, Ingenieurwesen oder Hochtechnologie zu studieren. Karrieren in naturwissenschaftlichen Fächern und Technologie werden allgemein als den

Männern vorbehalten angesehen. Im neuen Jahrhundert ist es an der Zeit, mit diesem Aberglauben abzuschließen. Wissenschaft und Technologie in Afrika müssen beiden Geschlechtern offen stehen.

Die Unesco richtet zur Zeit an der Universität von Ghana einen Lehrstuhl für Frauen in Naturwissenschaft und Technologie und einen zweiten an der Universität von Swasiland ein. Die Androgynisierung der Wissenschaften braucht solche Unterstützung. Die Unesco hat auch den *Helena Rubinstein's Award for Women in Science* unterstützt – vier Preise, jeder dotiert mit 20000 Dollar, werden alle zwei Jahre an herausragende Wissenschaftlerinnen aus den Bereichen Medizin, Chemie, Zoologie, Botanik, Physik, Agrarforschung und Umweltstudien verliehen. Die Suche nach exzellenten Frauen geht weiter, auch als Reaktion auf die großen Probleme afrikanischer Gesellschaften, die zu lösen Männer nicht imstande waren.

Die Verbreitung und Lehre technischer und naturwissenschaftlicher Berufe in Afrika sollte zunächst auf die vier traditionellen Hüterinnen-Rollen der afrikanischen Frauen ausgerichtet sein:
– die Frau als Hüterin des Feuers – die Wissenschaft der Energieversorgung: vom Feuerholz zu Petroleum und Naturgas;
– die Frau als Hüterin der Erde – die Wissenschaft der Landwirtschaft mit größerer Erleichterung bei Kreditaufnahme und Ausrüstung der Frauen;
– die Frau als Hüterin des Wassers – die Wissenschaft vom Umgang mit Wasser und die Rolle der Frauen bei der Wasserversorgung;
– die Frau als Hausverwalterin – eine völlig neue Wissenschaft zur Hausverwaltung muß entwickelt werden, um diese effizienter und kostenbewußter zu gestalten und in eine erweiterte Berechnung des Bruttosozialprodukts einer jeden Gesellschaft zu integrieren.

Bei diesen Schritten in Richtung einer Stärkung von Frauen in den Wissenschaften wird auch die Stärkung ihrer Rolle in der Gesellschaft notwendig sein. Was die legislative Ermächtigung betrifft, könnten den Geschlechtern in bestimmter Zahl Sitze vorbehalten werden. Sagen wir, 15 Prozent der Parlamentssitze bleiben den Frauen vorbehalten, und 85 Prozent stehen männlichen und weiblichen Kandidaten gleichermaßen offen.

Phase I: Die Kandidaten wären Frauen, und wählen würden für diesen besonderen Sitz auch ausschließlich Frauen.

Phase II: Die Kandidaten für diese Sitze wären immer noch Frauen, aber es würden Männer und Frauen wählen. Die Kandidatinnen müßten dann für die Anliegen sowohl von Männern als auch von Frauen offen sein.

Phase III: Sie begänne, sobald Parlamentskandidatinnen auf der allgemeinen Wahlliste in ausreichender Zahl vorhanden sind, um Gewinnchancen zu haben, ohne daß Sitze einem Geschlecht vorbehalten bleiben. Dann könnte die geschlechtsspezifische Sitzzuteilung abgeschafft werden, und Frauen könnten auf der allgemeinen Wahlliste kandidieren.

Wenn Entwicklung gleich Globalisierung minus Abhängigkeit ist, wie kann man die Abhängigkeit von der Globalisierung substrahieren? Wir haben zwei Strategien vorgeschlagen, um Abhängigkeit zu reduzieren: die Stärkung der einheimischen Kulturen und die Öffnung der Gesellschaft für beide Geschlechter. Sprache und Wissenschaft stehen auf dem Spiel. In beiden besteht zwischen Fertigkeiten und Werten eine Wechselwirkung.

Isabelle Baumann

Laufwunder

Der Erfolg der Sportler

Sie bevölkern die Endläufe olympischer Mittel- und Langstrecken-
wettbewerbe, sie bewegen sich im Spitzenfeld der großen Stadtmara-
thons. Sie sind eine Macht, obwohl ihre zierlichen Körper und ihre
bescheidene, zurückhaltende Art nicht diesen Eindruck erwecken.
Afrikanische Läufer sind eine Macht dank ihrer immensen Leistungs-
stärke und weil es so viele Spitzenathleten unter ihnen gibt.

Die Läufergarde von den Höhenzügen in Ost- und Nordafrika
rennt mit ihren vielen Medaillengewinnern und Rekordjägern allen
anderen Nationen davon. Ihre sportlichen Erfolge haben sie zu Bot-
schaftern ihrer Heimatländer gemacht. Sie kommen aus Ländern, die
üblicherweise als Bittsteller bei den wohlhabenden Industriestaaten
auftreten: aus Kenia und Äthiopien, aus Marokko, Tansania und
Zimbabwe. Auch Burundi hatte 1996 seinen ersten Olympiasieger
im 5000-Meter-Lauf.

Woher kommen diese »schwarzen Perlen«, diese Wunderläufer,
die den Langstreckenlauf revolutioniert haben und allem wissenschaftlichen Know-how zum Trotz die Sportwelt in Bann halten?

Die Entwicklung von den ersten Erfolgen bis hin zur uneinge-
schränkten Dominanz verlief sehr schnell – zu schnell für die traditionellen Läufernationen in Skandinavien und Großbritannien. Und
einfach zu schnell für den Rest der Welt. Es begann mit den ersten
afrikanischen Olympiasiegern: Abebe Bikila aus Äthiopien und Kip-
choge Keino aus Kenia. In ihren Glanzzeiten hatten diese herausra-
genden Athleten Amateurstatus. Sie waren Helden in ihrer Heimat,
sie liefen für die Ehre.

Damals sprach man nicht offen über die finanziellen Anreize des
Laufens. Doch bald darauf vergaß man dieses Überbleibsel des antiken olympischen Sports. Das wachsende Interesse der Medien und

der Wirtschaft bedeutete einen vielversprechenden Markt. Und so erhielten die Nachfolger Bikilas und Keinos neben dem Ruhm vor allem auch Geld für ihre Anstürme auf die Weltrekordmarken.

Der Kenianer Henry Rono und Said Aouita aus Marokko begeisterten das Publikum nicht nur bei den internationalen Meisterschaften, sondern in den einheimischen Stadien bei großen Sportfesten. Rono stellte 1978 vier Weltrekorde in 80 Tagen auf, Aouita präsentierte in den achtziger Jahren eine Palette von Weltbestzeiten über 800 bis 10000 Meter. Ihre Überlegenheit gab ihnen den Nimbus der Unbesiegbarkeit, und das stärkte das Selbstbewußtsein all der jungen, unermüdlichen Lauftalente in der Heimat, die in kargen Verhältnissen darbten. Der Glaube daran, daß ein Afrikaner durch hartes Training für einen Weißen unbezwingbar wird, wurde zum Selbstverständnis.

Dann begannen die Geschichten zu kursieren über die großen Koffer, die gefüllt waren mit Geld, mit Devisen. Die Geschichten gelangten bis in die kleinsten Dörfer und ärmlichsten Wellblechhütten. Auf einmal, so schien es, gab es eine Chance für Menschen, denen sonst das blanke Überleben Herausforderung genug war. Und diese Chance schien greifbar. Alles, was man brauchte, war ein Paar schneller Beine, eine große Lunge und ein eiserner Wille. Dazu sollte dann noch harte Arbeit kommen. Aber wie hart sind hunderte schnelle Kilometer im Verhältnis zur tagtäglichen Arbeit auf der kleinen Farm?

»In Kenia ackern wir uns ab, egal ob auf dem Feld oder auf der Straße. Das ist das gleiche, nur der Ertrag ist ein anderer«, sagt Moses Kiptanui, einer der kenianischen Ausnahmeläufer. Der Verdienst des erfolgreichen Athleten ist in seiner Heimat unverhältnismäßig hoch. Er hat soviel Geld gemacht, daß er nicht nur die Familie, sondern sein ganzes Dorf aus dem Elend holte. Nur wenige Jahre nach Bikila und Keino ist die neue Generation der kenianischen Läufer schwerreich. Für jeden sichtbar sind ihre außergewöhnlich schnellen Autos, die schönen Häuser und der Landbesitz.

Diese sichtbaren Werte beflügeln viele hungrige Menschen, viel mehr als die sportlichen Leistungen, die oft weder in Bild noch in Ton übertragen wurden. So begannen die Jungen loszuziehen auf endlosen schmalen Pfaden, die sich kreuz und quer durchs Land ziehen, um sich ihren Traum zu erfüllen.

Warum gibt es so viele afrikanische Läufer? Diese Frage beschäftigt

Kenianische Marathonläufer auf dem Hochland bei Eldoret.
Ihr tägliches Trainingspensum beträgt bis zu 15 Kilometer.

die Welt des olympischen Sports. Dort, wo man sich wissenschaftlich mit Sport beschäftigt, wo die Experten fragen und forschen. Bei den mächtigen Verbänden, welche aus der Faszination für den Sport ein Geschäft machen, staunen die Verantwortlichen über die fabelhaften Leistungen und den nicht endenden Strom junger Talente.

Warum also gibt es so viele afrikanische Läufer? »Das ist Teil unseres Lebens, unserer Identität«, sagt Ibrahim Hussein, der dreimal den renommierten Boston Marathon gewonnen hat. Er sagt dies aus tiefster Überzeugung. Aber wer Athleten wie ihn beobachtet, stellt schnell fest, daß sie genauso gut hervorragende Radfahrer, Skispringer oder auch Turner sein könnten. Sie sind klein, leicht und stecken voller Energie.

Aber wer besitzt in Nord- und Ostafrika schon ein Rennrad und fährt damit auf den gefährlichen Straßen, auf denen unendlich viele Menschen ums Leben kommen? Und wer denkt daran, mit Brettern unter den Füßen zweihundert Meter weit von einer Skischanze zu fliegen, wenn das ganze Jahr die Sonne vom Himmel brennt? Nein, es gibt keine alternative Sportart zu dem, was jedes Kind in Afrika perfekt beherrscht, dem Laufen. Laufen ist tatsächlich ein elementarer Bestandteil des Alltags in Afrika. Nur wenige Stunden auf einer kenianischen Straße zeigen, daß hier ein Läufervolk lebt. Menschen laufen zum Markt, zur Arbeit, zur Schule, sei es in Anzügen mit Straßenschuhen oder barfuß. Ohne Eile, aber beständig und leichtfüßig, meilenweit entfernt von der nächsten Behausung. Sie traben neben überfüllten Bussen her oder neben ihren schwerbeladenen Maultierkarren. Wer nicht läuft, kommt zu spät oder gar nicht an.

Aber es wäre falsch zu glauben, daß man nur ins afrikanische Hochland fahren müßte, um überall emsig trainierende Aspiranten auf zukünftige Weltrekorde anzutreffen. Ganz so, als sei alles da: die Höhenlage, das Klima, das Talent und der Wille. Schließlich war es dann doch der Einfluß der modernen Welt, der die enorme Zahl professionell vorbereiteter Topathleten aus Afrika möglich machte.

Die ersten Institutionen, die in Kenia systematisch Training und Wettkämpfe anboten, waren die Schulen. Über Stipendien kamen junge kenianische Talente an amerikanische Colleges. Dort wurden die »Rohdiamanten« für die Wettkämpfe zwischen Colleges geschliffen. In Äthiopien ermöglichte das politische System unter Mengistu

Haile Mariam die Ausbildung von Trainern in osteuropäischen Ländern. In Marokko profitiert der nationale Sport von Führungskräften, die in Frankreich geschult wurden. All diese Kontakte führten zu Geschäften. Denn auf der einen Seite standen die bis in die Haarspitzen motivierten jungen Läufer mit ihrem Talent, auf der anderen Seite agierten Manager und Trainer, Berater und Promoter, die ihr Wissen für den sportlichen Erfolg zur Verfügung stellten und die finanziellen Erfolge witterten.

Innerhalb weniger Jahre, im Laufe einer Dekade, entstanden in diesen Ländern Trainingszentren, in denen sich heute die Weltelite zur gemeinsamen Vorbereitung mit den jungen Talenten trifft. Unterstützung kommt von potenten Geldgebern aus dem Westen. Mittlerweile unterhalten viele Sportartikelfirmen ein eigenes Trainingscamp mit Hotel, Trainer und Physiotherapeut in Kenia. In Marokko unterstützt der Staat einen zentralistisch geführten Trainingsbetrieb. Die Disziplin ist militärisch, das angestrebte Ziel ist der Medaillengewinn oder gar ein Weltrekord. Der Trainingsaufwand ist grenzenlos, und dem Außenstehenden wird schnell klar, daß hier das Prinzip des *survival of the fittest* rücksichtslos angewandt und ohne Fragen akzeptiert wird.

Was wir auf den Laufbahnen und bei den großen Straßenläufen erleben, ist die Auswahl der stärksten, konsequentesten und cleversten Vertreter aus einer Masse an läuferischem Talent. Aber der Markt reagiert zunehmend sensibel. Die Ware wird zum Massenprodukt, die Exklusivität zum Standard. Schon beginnen die ersten Geschäftsleute darüber nachzudenken, wie sie den Preis hochhalten können. Darum werden Restriktionen eingeführt, um die Zahl afrikanischer Läufer bei einzelnen Rennen zu beschränken. Gelder werden nur noch für Topleistungen ausgeschüttet. Das Gros ist austauschbar. Die Kunden müssen sich mit den Helden des Sports identifizieren können, sie müssen Typen sein. Ist das mit Afrikanern schwierig? Die Euphorie hat nachgelassen, bei den Geldgebern und den Sportjournalisten.

Doch diese Information ist noch nicht vorgedrungen in die Dörfer und Hütten des afrikanischen Hochlands. Dort ist auch eine halbierte Preissumme immer noch unvorstellbar viel Geld. Die Euphorie in den vielen Trainingscamps ist ungebrochen. Die Läufer werden weiter jeden Morgen aufstehen und ins Morgengrauen hinauslaufen, grazile Gestalten mit offenen Augen und großen Herzen.

Christiane Averbeck

Küchenschaben und anderes Wild

Die Bedeutung der Tierwelt

»Iiieehh!« Ein Schrei – und dann: »klatsch«. Wieder mußte eine gemeine Küchenschabe ihr Leben lassen. Das ganze Gebäude ist voll von diesen Ekeltieren. Verzweifelt versucht man im eigenen Haus in Uganda alle Winkel und Ecken zu säubern, entweder diese widerlichen Kreaturen zu erschlagen oder sie mit Insektengift zu töten. Für uns sind Küchenschaben eine Plage, die beseitigt werden muß.

Nach einer an deutschen Schulen durchgeführten Umfrage hat die Hälfte aller Schüler Angst oder empfindet Ekel vor Spinnen. Vor Schlangen fürchten sich zwanzig Prozent, jeder zehnte vor Ratten und Quallen. Immerhin fünf Prozent fürchten sich vor Küchenschaben.

Für all diese Tiere scheint nicht zu gelten, was die Organisation *euronatur* als Maßstab nimmt. Die von Prominenten wie Horst Stern, Michael Ende, Barbara Auer und Simone Veil gegründete Gruppe erklärt: »In einem Zeitalter, in dem wir es fertigbringen, Gene zu manipulieren, muß es doch möglich sein, eine Tierart schon um ihrer selbst willen zu erhalten.«

Was für Stadtbewohner in Afrika und Deutschland die Küchenschabe ist, sind dem afrikanischen Landbewohner der sanfte Elefant, die anmutige Antilope und der König der Tiere, der Löwe. Die Ackerbauern klagen, daß ihre Felder von Elefanten, Buschschweinen, Pavianen und Stachelschweinen zerstört und ausgeräubert werden. Rinderzüchter stöhnen darüber, daß ihre Kühe um Weideland, Wasserstellen und Salzlecken mit Impalas, Zebras und Flußpferden konkurrieren müssen. Die Wildtiere zerstörten die Zäune, zertrampelten die Wasserstellen und würden Krankheiten auf Haustiere übertragen. Die Löwen würden ihre Kühe reißen, die Leoparden ihre Ziegen und Schafe. Und von Büffeln und Krokodilen fühlen sich die Menschen auch noch selbst bedroht. Da die meisten Landbewohner in Afrika Subsistenzbauern sind, haben die Wildtiere existenzielle Bedeutung, denn diese Tiere zerstören die Ernten und reißen die Haustiere. Ein ugandischer Bauer, dessen Jahresernte von Buschschweinen zerstört wurde, resümierte anschließend: »Das einzig gute Tier ist der Hase.«

In Europa denken wir nicht gerade an Hasen, wenn es um Afrika und seine wilden Tiere geht. In zahlreichen Tierfilmen sind herrlich weite und unberührt wirkende Landschaften zu bewundern, in denen Herden von Zebras, Gnus und Elefanten stehen. In tropischen Regenwäldern schwingen sich Gorillas und Schimpansen von Ast zu Ast. Hunderttausende Europäer haben, angeregt durch solche Filme, eine Safari nach Kenia oder Tansania gemacht. Dort fahren Deutsch sprechende Einheimische die Besucher in einem Kleinbus durch die Savanne. Abends sitzen die Reisenden gemeinsam beim Gin & Tonic, einem Mixgetränk, das angeblich gegen Malaria hilft, um das Lagerfeuer, Massai-Krieger tanzen traditionelle Tänze, und die Besucher sind sich einig, daß man die wahre Wildnis, das wahre Paradies nur in Afrika findet.

Vielleicht nicht das Paradies, der Garten Eden, aber zumindest die Wiege der Menschheit ist in Afrika zu finden. Nach dem heutigen Stand der Erkenntnisse sind die Hominiden und die Gattung »Homo sapiens« tatsächlich in Afrika zum erstenmal aufgetreten, wahrscheinlich im Umkreis des Ostafrikanischen Grabenbruchs.

Unweit der Serengeti, die durch Professor Bernhard Grzimek und seine Sendung »Ein Platz für Tiere« und »Serengeti darf nicht sterben« berühmt wurde, ist die Olduvai-Schlucht. Dort haben Mary und Louis Leakey Ende der fünfziger Jahre den »Homo habilis« entdeckt, den »geschickten Menschen«, der Werkzeuge herstellte und die älteste bekannte Art unserer eigenen Abstammungslinie darstellt.

Fossile Funde von Tieren sowie Höhlenmalereien unserer Vorfahren aus der Steinzeit bezeugen, wie reich schon vor Millionen Jahren die Vielfalt der afrikanischen Fauna war.

Im ostafrikanischen Uganda, das so groß ist wie die alte Bundesrepublik, ist die Artenvielfalt weit größer als in Europa. Aber um so schwieriger ist es auch, diese Vielfalt zu erhalten. Auf kleinster Fläche findet man in Uganda viele unterschiedliche Lebensräume, von der Trockensavanne im Norden bis hin zum tropischen Regenwald mit den letzten noch lebenden Hochlandgorillas im Süden, vom tropisch schwülen Viktoriasee und dem dort abfließenden Nil im Osten bis hin zum Rwenzorigebirge mit seinen Schneegipfeln im Westen des Landes. Allein ein Sechstel Ugandas ist saisonal von Wasser bedeckt.

In diesen vielen verschiedenen Ökosystemen herrscht eine riesige Artenvielfalt. Bis heute wurden 5406 blühende Pflanzen nachgewiesen, 50 verschiedene Amphibien, 149 Reptilienarten, 992 Vögel und 338 Arten von Säugetieren. Im Vergleich dazu findet man in Deutschland lediglich 3242 blühende Pflanzenarten, 19 Amphibien, 12 Reptilienarten, 273 Vögel sowie 93 Säugetierarten. In Uganda sind 15 Prozent der gesamten Landfläche Schutzgebiet, während in der Bundesrepublik Deutschland lediglich vier Prozent unter Naturschutz stehen.

Schon früh erkannten die britischen Kolonialherren in Uganda, daß die Artenvielfalt geschützt werden mußte. Anfang der fünfziger Jahre wurden die ersten Nationalparks ausgewiesen. Der Murchison Falls Nationalpark allein ist etwa so groß wie das Saarland. Die im heutigen Parkgebiet lebenden Menschen wurden damals unter Zwang und ohne Erklärung aus ihrem angestammten Siedlungsgebiet vertrieben. Die meisten von ihnen mußten sich selbst neues Land suchen. Für den Verlust ihres Landes wurde sie weder mit Geld entschädigt, noch bekamen sie ein neues Stück Land.

Da Parks wie der Murchison Falls Park hauptsächlich von weißen Touristen besucht und von afrikanischen Rangern verwaltet wurden, begannen viele Einwohner zu glauben, daß Parks nur für Weiße gedacht seien. So glaubt heute noch eine alte Uganderin, die aus dem Queen Elizabeth Nationalpark im Südwesten des Landes verjagt worden war, daß die Einnahmen aus den Park-Gebühren weiter an Königin Elizabeth II. in England gingen.

Weil innerhalb der Nationalparks nicht gejagt werden durfte, wurden die Jäger in ihren traditionellen Jagdgründen zu Wilderern. Mit Waffengewalt vertrieb man sie aus dem Gebiet, zahlreiche Wilderer und Wildhüter starben bei Schießereien.

Für viele Ugander war all dies schwer verständlich. Denn es waren doch die weißen Jäger gewesen, die Mitte des 19. Jahrhunderts Gefallen an der Jagd in Afrika gefunden hatten, die das Abenteuer liebten und dem Elfenbein, dem »weißen Gold«, verfallen waren.

Bei Wilderern beschlagnahmtes Elfenbein wird nahe der kenianischen Hauptstadt Nairobi von der Wildschutzbehörde verbrannt.

Der Schotte Walter Bell schoß zwischen 1897 und 1925 mehr als 800 Elefanten, deren Elfenbein er nach Europa verkaufte. Ein anderer berühmter und passionierter Jäger, der amerikanische Präsident Theodore Roosevelt, kam auch zur Jagd nach Uganda. Als er sich zu seiner Jagdrundreise im Jahre 1909 durch Ostafrika aufmachte, hatte er bereits 55 Schutzgebiete in den USA geschaffen, Nationalparks ausgedehnt und nationale und internationale Treffen zum Naturschutz organisiert. Im Rahmen seiner Rundreise schoß er tausend Wildtiere für eine Sammlung in New York. Obwohl Roosevelt wußte, daß es in Norduganda nur noch wenige Exemplare des nördlichen Breitmaulnashorns gab, schoß er neun statt der lizensierten sechs Tiere. Das war die Hälfte aller Nashörner, die Roosevelt jemals gesehen hatte.

Die Jagd war und ist für viele Ugander ein Teil ihrer Tradition. Da sie meistens mit Speeren, Netzen, Fallen und Schlingen der Jagd nachgingen, konnte die Zahl der Wildtiere nicht wesentlich dezimiert werden. Erst durch die Einführung moderner Waffen reduzierten sich die Bestände der Elefanten, Löwen und Zebras. Die meisten Wildtiere wurden allerdings in den siebziger Jahren getötet, als Soldaten aus dem Nachbarland Tansania nach Uganda kamen, um Staatschef Idi Amin zu stürzen. Sowohl die ugandischen als auch die tansanischen Soldaten ernährten sich von Elefantenfleisch.

In den letzten Jahren hat im Naturschutz ein Umdenkprozeß stattgefunden. Nordamerikaner und auch Westeuropäer können es sich, anders als die meisten Afrikaner, leisten, den Schutz zu fordern. Eine Studie von S. Kellert in den USA zeigte, daß zur Jahrhundertwende 70 Prozent der Amerikaner die Nutzung von Wildtieren als richtig ansahen. Ende der siebziger Jahre waren es nur noch 30 Prozent. Gleichzeitig stieg das Bewußtsein für den ökologischen Wert der Natur.

In einer ähnlichen Studie in Deutschland, wurde festgestellt, daß Deutsche eher als Amerikaner bereit sind, sich für den Schutz von Wildtieren einzusetzen. Sie neigen auch zur romantischen Idealisierung von Natur und Wildtieren.

Im Gegensatz dazu zeigt eine Untersuchung bei den San, den Buschleuten Botswanas, daß dort im Laufe der Generationen die Werte der eigenen Kultur verloren gingen. Der Respekt für die Natur, das Gefühl von Vertrauen zu und Verwandtschaft mit Wildtieren, ist dem Trachten nach Ausbeutung und Kommerzialisierung gewichen. Viele Jäger und Sammler jagen zuviel, weil es dafür Geld gibt, mit dem das Überleben gesichert werden kann.

Aufgrund des Drucks westlicher Naturschutzorganisationen und Regierungen ist seit Beginn der achtziger Jahre die Jagd in Uganda verboten. Trotzdem wird weiter gejagt. Die traditionellen Jäger haben die Jagd nie aufgegeben, und sie fürchten weder die angedrohten Gefängnisstrafen noch den Tod bei einer Schießerei. Daß es nicht genug Geld und ausreichend Wildhüter gibt, um alle Parks zu kontrollieren, macht ihnen das Jagen leichter.

In Uganda versucht nun die staatliche Wildschutzbehörde, die Anwohner der Parks an wichtigen Entscheidungen zu beteiligen. Dafür gibt es Gelder aus der Entwicklungshilfe. Ein Umdenkprozeß soll in Gang kommen, um eine größere Akzeptanz der Schutzgebiete zu bewirken. Ein bestimmter Betrag der Parkeinnahmen geht mittlerweile an jene Ugander, die in der Nachbarschaft der Parks leben. Trotzdem profitieren die Anrainer kaum vom Tourismus. Wie sollten sie auch? Nach Uganda kommen jährlich nur 5000 Touristen, nach Kenia dagegen 600000 und nach Tansania immerhin 100000.

Seminare und Aufklärung haben dazu geführt, daß die Schutzgebiete stärker akzeptiert werden als früher. Trotzdem bleiben die Wildtiere, solange man sie nicht jagen und essen darf, für viele Dorfbewohner Ugandas »Küchenschaben«. Wildtiere sind für die meisten wertlos, und die Wertschätzung für die Tiere aus den Überlieferungen der Alten ist oft verloren gegangen. Viele Menschen in der Nachbarschaft der Parks leben am Rande des Existenzminimums. Die romantische Verklärung der Wildtiere ist in ihren Augen ein schwer nachvollziehbarer Luxus.

In 15 Ländern Westafrikas wurden 1996 etwa 35,5 Millionen Tiere – Affen, Antilopen und Warzenschweine, Eichhörnchen und Rohrratten – gejagt und gegessen. Dieser sogenannte Markt für Buschfleisch macht in der Elfenbeinküste immerhin 1,4 Prozent des Bruttosozialproduktes aus, und das, obwohl dort wie in den meisten anderen Ländern die Jagd auf diese Tiere verboten ist.

In Uganda und einigen andern afrikanischen Ländern wird mittlerweile darüber diskutiert, ob es nicht sinnvoll wäre, die Jagd in bestimmten Gebieten wieder zuzulassen. Das mag zunächst unlogisch klingen, wo doch gerade die Jagd zur Ausrottung von einigen Tierarten, wie dem nördlichen Breitmaulnashorn in Uganda, geführt hatte. Es hat sich jedoch herausgestellt, daß durch ein Verbot der Jagd diese nicht unterbunden wird. Erfahrungen im südlichen Afrika zeigen, daß die Erlaubnis zur Jagd den Anwohnern hilft und den Zielen der Naturschützer entgegenkommt.

Die Jagd um der Trophäen willen, um also später einen Büffelkopf oder eine ausgestopfte Gazelle mit nach Hause nehmen zu können, ist zwar umstritten, hat aber auch positive Effekte. Denn nur wenige Trophäenjäger bringen viel mehr Gewinn als Hunderte Fototouristen. So verdient man im ostafrikanischen Tansania mit der Trophäenjagd immerhin zehn Millionen US-Dollar pro Jahr. In Namibia geben 1800 jagende Touristen etwa 20 Millionen US-Dollar pro Jahr aus. Trophäenjagd richtet, wenn sie kontrolliert wird, weniger Schaden an als der Fototourismus.

In einigen Ländern, wie in Kenia mit seinem Massentourismus, können sich Geparden nicht mehr in Ruhe paaren, oder Berggorillas entwickeln Streßsymptome, weil sie von Besuchern belästigt werden. Der Philosoph Hans Magnus Enzensberger, der sich auch in Afrika umgetan hat, sagt: »Der Tourist zerstört das, was er sucht, indem er es findet.«

Uganda zählt zu den ärmsten Ländern der Welt und muß den Naturschutz durch den Tourismus finanzieren. Ohne finanzielle Hilfe aus dem Ausland wäre ein wirksamer Schutz kaum möglich. Uganda versucht unter Schwierigkeiten, eine Balance herzustellen zwischen den Interessen der internationalen Naturschutzverbände und jenen der eigenen Bevölkerung. Denn internationale Organisationen bestehen auf Bedingungen für die Geldvergabe. Und natürlich existieren Welten zwischen einem afrikanischen Subsistenzbauern, der überleben will, und dem deutschen Tierschützer. Der Bauer betrachtet einen Löwen, der fünf Meter vor ihm steht, als Gefahr und nicht als schützenswertes Tier. Der deutsche Tierschützer spendet Geld und kann nicht einmal einer Fliege oder Küchenschabe etwas zuleide tun.

John S. Mbiti

Wenn es Gott und den Wolken gefällt

Die Vielfalt der Religionen

Fährt man an einem Samstagabend nach Soweto in Südafrika, sieht man, daß die ganze Nacht über Gottesdienste abgehalten werden, bei denen gesungen, getanzt, aus der Bibel gelesen, gepredigt und sich um Kranke gekümmert wird. Kommt man an einem Freitag nach Khartoum im Sudan, hört man von den Minaretten der Moscheen herab die Muezzine die Gläubigen zum Gebet rufen. An bestimmten Plätzen in Kampala, Uganda, trifft man auf traditionelle Medizinmänner und -frauen, die Kranke heilen und unerwünschte Geister austreiben. Schlägt man im kenianischen Nairobi eine Zeitung auf, findet man Todes- und Beerdigungsanzeigen mit Fotos der Verstorbenen. Die Anzeigen enden mit Sätzen wie:»Möge Gott ihrer Seele ewigen Frieden schenken« oder:»Gesegnet seien die Verstorbenen im Namen des Herrn« oder:»Om shanti shanti shanti«.

Schätzungen zufolge gab es im Jahr 2000 rund 72,4 Millionen Anhänger afrikanischer Religionen, 394 Millionen gehören dem Christentum an, 339 Millionen dem Islam und dem Judentum. Dem Hinduismus, dem Bahaismus, dem Sikhismus gehören auf dem Kontinent insgesamt 8,5 Millionen Menschen an.

Mit »afrikanischer Religion« ist das religiöse Leben der Eingeborenen Afrikas gemeint, auch Eingeborenenreligionen, traditionelle Religion oder Stammesreligion genannt. Sie ist tief verwurzelt, sie hat Kultur und Weltbild stark beeinflußt. Wenn ihre Anhänger konvertieren, können sie ihre ursprüngliche Glaubensform nicht vollständig aus ihrem Leben verbannen. Allzu fest ist die Religion verwurzelt in Sprache und Brauchtum, in der Geschichte, der Kunst und Psyche.

Es gibt keinen Begründer der afrikanischen Religion. Sie hat ihren Ursprung in vergangener Zeit und entwickelte sich in jedem Volk unterschiedlich. Einzelne Familien und Gemeinschaften werteten ihre

Erfahrungen, die Mysterien von Natur und Leben aus. Im Lauf der Zeit nahmen grundsätzliche Vorstellungen und Rituale Gestalt an – lange vor Christentum und Islam.

Der afrikanischen Religion liegen keine »heiligen Schriften« zugrunde, da die afrikanische Kultur weitgehend mündlich überliefert wird, abgesehen von Ägypten und Äthiopien, wo es eine Schriften-Tradition gibt. Die Religion ist ins Leben des Volkes »eingeschrieben«, und man unterscheidet nicht zwischen Säkulärem und Sakralem. In dieser Tradition versteht sich der Mensch als religiöses Wesen.

Die Menschen leben ihre Religion, wann immer sie als Menschen handeln: auf Reisen, beim Bebauen ihrer Felder, beim Jagen oder Fischen, bei der Partnersuche oder bei medizinischer Behandlung. Auch dient die Religion zur Erklärung der Geheimnisse der Natur. Will man die afrikanische Religion beobachten und studieren, dienen Sprache, Geschichten und mündliche Überlieferungen, Sprichwörter und Weissagungen, Rituale und Zeremonien, künstlerische Ausdrucksformen und Symbole, Mythen und Legenden, heilige Orte und Gegenstände, Werte und Gebräuche, Namen von Menschen und Plätzen und ganz besonders religiöse Texte wie Gebete und rituelle Anrufungen als Quellen.

Bei den Banyoro in Uganda tragen einige Menschen den Namen Byaruhanga, was soviel bedeutet wie »Eigentum von Gott dem Schöpfer«. Der Name verleiht dem Glauben Ausdruck, daß Gott Kinder schenkt, daß diese Ihm oder Ihr gehören und daß Gott der Schöpfer von allem ist.

Sprichwörter sind eine wichtige und wirksame Möglichkeit, um Werte, Moralvorstellungen, Wissen und Weisheit zu vermitteln – besonders in einer Kultur, in der alles mündlich überliefert wird. Die Oromo in Äthiopien sagen: »Der Mund bekommt zu essen, wenn es Gott und den Wolken gefällt.«

In der afrikanischen Religion gibt es viele Glaubensrichtungen und Vorstellungen in bezug auf die Welt und ihr Dasein (Kosmologie). Der verbreitetste Glaube ist der an Gott, den Schöpfer und Erhalter aller Dinge. In jeder Sprache und Gesellschaft gibt es eine Bezeichnung für Gott. Die afrikanische Religion ist zutiefst monotheistisch.

Abgesehen vom Hauptwort für Gott gibt es viele Begriffe, die das Wesen und das Verhältnis zur Welt beschreiben. Gott ist ein persön-

Vielfalt der Religionen: Priester in Addis Abeba (oben) bei einem Fest der äthiopisch-orthodoxen Kirche. Unten: Eine Sangoma, eine traditionelle Heilerin, aus Lesotho unterweist eine Schülerin. In dieser Höhle soll das Mädchen von einem Fluch der Ahnen befreit werden.

liches und spirituelles Wesen, unsichtbar und ewig. Er ist weder männlich noch weiblich. Er ist allmächtig, sieht und weiß alles, regiert das Universum und schafft weiterhin alle Dinge. Oft ergänzen die Menschen Namen, kurze Sätze oder Sprichwörter, um ihre Vorstellungen und Konzepte zum Ausdruck zu bringen. Zum Beispiel sprechen die Bemba in Sambia von Gott als *Kashawaliko*, was bedeutet:»Er, der da war, ehe alle anderen Dinge in die Welt kamen oder geboren wurden«. Dieses eine Wort beschreibt Gott als ewig, noch vor der Welt existierend und niemals sterbend. Weiter beschreiben sie Gott als *Naluntuntwe*, was bedeutet:»Vater/Mutter, Vorfahr, Verwandter aller Kreaturen«.

Die Akan in Ghana geben dem schöpferischen Werk Gottes den Namen *Borebore*, was bedeutet:»Ausgräber, Hauer, Schöpfer, Urheber, Erfinder, Bildhauer, Architekt«. Ähnlich fassen die Akamba in Kenia das Werk Gottes (*Mulungu*) unter dem Begriff *Mwatuangi* zusammen, was bedeutet:»Zerteiler, Verteiler«. Der Name verweist auf Einzelheiten der Schöpfung, auf Gottes Großmut und Gerechtigkeit.

Schöpfung ist das offenkundigste Werk Gottes, und viele Bezeichnungen für Gott besagen einfach Schöpfer, Töpfer und Erzeuger. Es gibt Tausende von Schöpfungsmythen und -geschichten. Bei vielen stehen im Mittelpunkt die Erschaffung der Menschen, ihre ursprüngliche Seligkeit und das Eindringen des Todes in die Welt. Da Gott immer weiter erschafft und seine Hand schützend über alles hält, wird er Lebensspender, Kinderspender, Herrscher, Vorsitzender, Richter genannt.

Betend, singend und tanzend, im Darbringen von Opfern ebenso wie durch das Erflehen von Segnungen können sich die Menschen auf Gott beziehen. Dabei öffnen sie ihren Geist, ihre Herzen und ihren Verstand. Sie bezeugen ihren Respekt, ihre Dankbarkeit, ihre Abhängigkeit und ihre Liebe. Zu früheren Zeiten gab es viele heilige Orte, Tempel und Heiligengräber, aber im zwanzigsten Jahrhundert hat sich ihre Anzahl verringert.

Die afrikanische Religion erkennt andere von Gott geschaffene und ihm untergebene spirituelle Wesen an, darunter Personifikationen natürlicher Objekte und Phänomene wie Berge, Flüsse, Ozeane, Wasserfälle, Erdbeben und Donner. Solche Personifikationen nennt man Gottheiten. Sie sind weder Gott noch menschliches Wesen.

Alle afrikanischen Gesellschaften gehen von der Existenz von Geistern Verstorbener aus. Sie erscheinen sowohl in nächtlichen als auch in Tagträumen. Man nennt diese Geister die »lebenden Toten«. Man glaubt, daß der Verstorbene seiner Familie auch über den Tod hinaus nahesteht. Es werden Maßnahmen zur Erinnerung an den Toten getroffen. Zum Beispiel stellt man symbolisch etwas Essen und Trinken auf den Boden, auf das Grab oder auf kleine Altäre. Oder ein Kind wird nach dem Verstorbenen benannt. In Träumen und Visionen begegnet man dem Verstorbenen. In einigen Situationen wird der Verstorbene gebeten, Gott Wünsche zu übermitteln, da man ihn spirituell näher bei Gott wähnt. In all diesen Handlungsweisen kommt der Glaube zum Ausdruck, daß die lebenden Toten in der spirituellen Welt am Leben und noch immer Teil der Familie sind.

In der afrikanischen Religion wird eine von Gott geschaffene mystische Kraft anerkannt. Man spürt sie konzentriert an heiligen Stätten und in heiligen Objekten. Menschen finden zu ihr in unterschiedlicher Weise Zugang. Beispielsweise benutzen Medizinmänner und -frauen diese Macht neben ihren Heilmitteln und Ritualen für die Behandlung der Kranken und um unerwünschte Geister auszutreiben. Priester, Rituale ausführende Ältere, moralisch aufrechte ältere Männer und Frauen verfügen in größerem Ausmaß über diese mystische Kraft als der Rest der Gemeinschaft. Läuft etwas schief, kommt es beispielsweise zu Krankheit, Kinderlosigkeit in der Ehe, Mißgeschicken, Unfällen oder Versagen, wird das darauf zurückgeführt, daß jemand aus der Gemeinschaft Hexerei betrieben hat. Andererseits werden dieselben Kräfte auch für gute Zwecke mobilisiert, beispielsweise für die Partnersuche, Erfolg bei Unternehmungen – Reisen, Sport, Prüfungen, politischen Wahlen – oder um Diebe fernzuhalten.

Die afrikanische Religion ist lebensfroh. Feste, bei denen viel gelacht, gegessen, getanzt, gesungen und getrommelt wird, dienen dazu, Familien- und Gemeinschaftsbande zu erneuern und zu stärken. Auch bei traurigen Anlässen kommen viele Menschen zusammen, um die Trauer mit den Hinterbliebenen zu teilen und sie ihnen dadurch etwas zu erleichtern.

Das Christentum ist in Afrika tief verwurzelt. Jesus und seine Eltern flüchteten nach Afrika, um den mörderischen Plänen politischer

Herrscher zu entkommen. Der Überlieferung nach hat der Apostel Markus die Kirche im Jahre 42 in Ägypten gegründet. Im Jahre 330 etablierte sich das Christentum als offizielle Religion in Äthiopien nach Kaiser Ezanas Konvertierung. Doch schon lange zuvor gab es Christen im Land. In der Bibel wird die Taufe eines äthiopischen Würdenträgers durch Philippus, einen von Jesu Aposteln, erwähnt (*Apostelgeschichte* 8, 26–40). Das Christentum verbreitete sich in den Sudan, nach Libyen und Nordwesten. Es erblühte und leistete einen wesentlichen Beitrag zum theologischen Gedankengut und dem Klosterleben der Kirche.

Im 7. Jahrhundert entstand in Saudi-Arabien der Islam; rasch breitete er sich über Ägypten und Nordafrika aus, wo er das Christentum nicht nur empfindlich schwächte, sondern in einigen Ländern so gut wie ganz verdrängte. In Ägypten bildet das Christentum weiterhin eine kleine, aber starke Minderheit. In Äthiopien ist es kulturell, statistisch und politisch dominant geblieben und bestimmt das tägliche Leben im Lande außerordentlich.

Zwei der ältesten Kirchen des Christentums sind die koptische Kirche in Ägypten und die äthiopisch-orthodoxe Kirche. Ihr Reichtum an Traditionen, an Theologie, Kunst, Bildung, Liturgie, Heiligen und Spiritualität ist einzigartig.

Während des neunzehnten Jahrhunderts kamen Missionare aus Europa und Amerika und begannen ihre Bekehrungsarbeit systematisch von den Küsten aus landeinwärts zu betreiben. Ungefähr gleichzeitig mit den Missionaren kamen auch Europas Kolonialherren. Diese beiden Mächte sollten Afrika radikal erschüttern und seine Lebensstrukturen grundlegend verändern.

Die Missionarsarbeit (Bildung, Gesundheit und Evangelisierung) ging anfangs nur zäh vonstatten. Doch sobald die Anzahl von Bekehrten wuchs, machten sich auch christliche Afrikaner und Afrikanerinnen daran, den neuen Glauben als Prediger, Evangelisten, Pastoren, Priester, Nonnen und Angehörige christlicher Orden zu verbreiten. Zur selben Zeit übersetzten Missionare und christliche Eingeborene die Bibel in die jeweiligen afrikanischen Sprachen, woraufhin die Anzahl der Christen und Christinnen rasant anstieg. Gegen Ende des 20. Jahrhunderts war die Bibel – vollständig oder teilweise – in 633 afrikanische Sprachen übersetzt.

Die Expansion des Christentums fand nicht nur durch die Bekehrung einzelner statt, sondern auch in Schulen, Kirchen, Hospitälern, sozialen Institutionen und durch theologische Ausbildung. Männer und Frauen, die christliches Gedankengut verinnerlicht hatten, erkannten die Ungerechtigkeiten kolonialer Herrschaft und begannen, gegen sie anzukämpfen. Dabei ließen sie sich vom biblischen Exodus inspirieren, bei dem Gott die Kinder Israels durch Moses aus der Sklaverei in Ägypten befreite.

Kirchen, Gemeinden, christliche Vereine und Hilfsgruppen sind in vielen Teilen Afrikas wie Pilze aus dem Boden geschossen – abgesehen vom nördlichen, dem islamischen Drittel des Kontinents. Kirchliche Veranstalter initiieren alle möglichen Hilfsprogramme, beispielsweise die Fürsorge für Flüchtlinge, die von ethnischen Streitigkeiten und Bürgerkriegen betroffen sind; für Straßenkinder, Hungernde und ältere Menschen in den Städten, Selbsthilfegruppen für Frauen und Aidskranke.

Ein unübersehbarer Aspekt des Christentums sind die Kirchenspaltungen. Die größte Kirche ist die römisch-katholische. Die orthodoxe Kirche ist in Ägypten und Äthiopien heimisch, hat aber auch in anderen Ländern Fuß gefaßt. Die anglikanische (Episkopal-)Kirche ist in den ehemaligen britischen Kolonien stark vertreten. Protestantische Gruppen gibt es zu Hunderten; sie sind eng mit Kirchen in Übersee und Missionsgesellschaften verknüpft. Zu diesen importierten Teilgruppen kommen die von Christen und Christinnen gegründeten eigenen Kirchen, bekannt als Afrikanische Unabhängige Kirchen. Ende 1999 gab es davon ungefähr zehntausend, die jeweils von ein paar Tausend bis zu mehreren Millionen Mitglieder umfassen. Immerhin leisten diese unabhängigen Kirchen mehr für die Integration von afrikanischer Kultur und Christentum als die Missionskirchen.

Zum ersten Kontakt Afrikas mit dem Islam kam es bereits zur Zeit Mohammeds. Nach seinem Tod im Jahr 632 n.Chr. verbreitete sich der Islam als politische und religiöse Macht rasch über den Mittleren Osten und Ägypten hinaus nach Westen und Süden in andere Teile Afrikas. In einigen Gebieten verlief die Expansion schnell und reibungslos, während sie andernorts auf den Widerstand der einheimischen Bevölkerung stieß. Später setzte sich der Islam in Ostafrika fest, vorwiegend entlang der Küste. Zu einer Hochburg des Islam wurde Afrikas Norden, über Marokko hinaus bis zu den südlichen Rändern der Sahara.

Fünf Grundpfeiler tragen den Islam: das Glaubensbekenntnis an einen Gott (Allah) und Mohammed als seinen Propheten, die täglichen fünf Gebete (morgens, mittags, nachmittags, abends und vor dem Schlafengehen), die Pilgerfahrt nach Mekka, das Fasten während des Ramadan-Monats und das Geben von Almosen. Die Präsenz des Islam zeigt sich an den Moscheen, den Rufen der Muezzine zum Gebet, der alljährlich großen Anzahl von Mekka-Pilgern und daran, daß die Frauen Schleier tragen. In einigen Regionen gilt islamisches Recht, die *Sharia*.

Auch der Islam kennt innere Spaltungen, von denen einige bereits kurz nach dem Tode Mohammeds einsetzten. Sie waren nicht nur religiös, sondern auch politisch bedingt, unter anderem durch Machtkämpfe zwischen Herrschern und Führern. Während Europa finsteres Mittelalter durchlief, erbauten muslimische Gelehrte bedeutende Schulen. Besonders in Westafrika errichteten Muslime riesige Königreiche wie beispielsweise das Reich der Musa Mansa in Mali.

Die meisten afrikanischen Muslime sind Sunniten. Die Schiiten bilden eine kleinere Gruppe weitgehend asiatischen Ursprungs. Die Ismaeliten wiederum bilden eine noch kleinere Untergruppe mit dem Aga Khan als ihrem spirituellen Oberhaupt. Ihnen geht es wirtschaftlich gut, sie sind gebildet und führen ein sehr aktives gesellschaftliches Leben. Muslime sind seit vielen Jahrhunderten traditionsgemäß Geschäftsleute. In einigen Ländern, beispielsweise in Ägypten und Algerien, verbreiten islamische Fundamentalisten durch Anschläge und Morde Terror mit der Absicht, islamische Machtansprüche oder andere politische Ziele durchzusetzen. Einige von ihnen rufen gar zum so genannten heiligen Krieg (*Jihad*) auf. Doch solche zerstörerischen Aktivitäten sind in den Lehren des Islam nicht vorgesehen.

Die meisten Muslime führen ein gläubiges, den Lehren des Islam entsprechendes, friedliches Leben in der Gemeinschaft. Zahlreiche Muslime sind Abkömmlinge von Arabern, die in den vergangenen Jahrhunderten eingeborene Völker überwältigten, sich dann unter ihnen niederließen und sich mit ihnen vermischten.

Es gibt noch andere Religionen mit weniger Anhängern, vorwiegend Angehörigen ethnischer Minderheiten. Anhänger des jüdischen

Glaubens waren früher vor allem in den nördlichen Teilen Afrikas vertreten. Viele von ihnen sind in den letzten Jahrzehnten des vergangenen Jahrhunderts nach Israel ausgewandert. Heute findet man noch eine größere Anzahl in Südafrika sowie einige kleine Gemeinden andernorts. Über Tausende von Jahren lebten afrikanische Juden, bekannt als Falashas, in Äthiopien. Doch viele von ihnen gingen Ende des letzten Jahrhunderts nach Israel.

Hindus, Sikhs und Buddhisten kamen meist zu Kolonialzeiten nach Afrika. Sie leben vor allem in Ost- und Südafrika und gelten als ausgesprochen geschäftstüchtig. Es ist sehr selten, daß Afrikaner zum Hinduismus oder Sikhismus konvertieren. Der Buddhismus zieht nur wenige Menschen in Afrika an, von denen einige eine spirituelle Verknüpfung mit dem Christentum erkennen wollen.

Am meisten Austausch gibt es zwischen den Anhängern des Christentums und des Islam. Viele Anhänger der afrikanischen Religion konvertieren zum Christentum oder zum Islam, zumeist freiwillig, einige aber auch unter politischem Druck. Daneben bestehen religiöse Rivalitäten und sogar offene Konflikte, insbesondere zwischen Christen und Muslimen. Der Bürgerkrieg im Sudan, der seit den sechziger Jahren wütet, und die häufigen regionalen Auseinandersetzungen in Nigeria sind Beispiele für Religionskonflikte mit politischem Hintergrund.

Bei nationalen Anlässen werden gelegentlich Gebete von Vertretern der verschiedenen Religionen gesprochen, ebenso bei Festen wie Weihnachten und Ostern oder dem Ende der muslimischen Fastenzeit. Theologen und Akademiker engagieren sich in interreligiösen Dialogen zwischen Christen und Muslimen, Christen und Juden sowie Christen und Anhängern der afrikanischen Religion. Und an einigen Universitäten werden im Fachbereich Religionswissenschaft alle drei Hauptreligionen Afrikas gelehrt.

Iris Hahner

Formbewußtsein und Phantasie

Afrikanische Kunst

»In der Darstellung des Häßlichen übertrifft kein Volk diese West-
afrikaner, welche zum Überflusse die Skulptur so sehr lieben, daß
sie sich gar nicht genugthun können mit den Fratzen ... Um von der
Indezenz derselben nicht zu reden, sind sie in der Mehrzahl hauptsächlich so häßlich, weil sie absolut nichts Stilisiertes an sich haben,
sondern brutal naturnah oder höchstens ins Häßliche übertreiben
wollen. Zum letzteren trägt noch die Ungeschicklichkeit bei, mit der
besonders die Götzenbilder gearbeitet sind ...«

Mit diesem abfälligen Urteil stand Friedrich Ratzel (1844–1904),
renommierter Geograph und Völkerkundler der ersten Stunde, nicht
allein. Er und die meisten seiner Fachkollegen zeigten ebensowenig
Verständnis für die künstlerische Qualität afrikanischer Skulpturen
wie die Forschungsreisenden, Kolonialbeamten und Missionare vor
Ort. Sie sahen sich mit »Teufelsköpfen« und »schreckhaften Fratzen«
konfrontiert, die sie entweder in missionarischem Eifer zerstörten
oder sich als Kuriositäten, Souvenirs oder Ethnographica aneigneten.
Den europäischen Schreibtischgelehrten galten diese Werke, die sich
in den Schausammlungen und Depots der Völkerkundemuseen an-
häuften, als Zeugnisse des »materiellen Kulturbesitzes« und Belege
für den niedrigen Zivilisationsstand primitiver Naturvölker.

Während sich die ethnologische Forschung nur zögerlich mit dem
künstlerischen Aspekt afrikanischer Skulpturen anfreundete, erkannten die Künstler der klassischen Moderne, die Anfang des 20. Jahrhunderts außereuropäische Werke als Inspirationsquelle entdeckten,
die künstlerische Leistung afrikanischer Schnitzer ohne Vorbehalte an.
Maler und Bildhauer wie Picasso und Derain interessierte nicht der
funktionale Hintergrund der Arbeiten oder entwicklungsgeschicht-
liche Theorien, sondern allein die formalen Eigenschaften und die

ungewohnten kompositorischen Arrangements der fremdartigen Arbeiten, die sie in Museen und auf Flohmärkten aufspürten und die ihrer Suche nach neuen künstlerischen Konzeptionen entscheidende Impulse gaben.

So konstatierte William Rubin, der 1984 die inzwischen legendäre Primitivismus-Ausstellung im Museum of Modern Art in New York organisierte, daß Picasso »eine Maske nur wegen der Form ihrer Ohren, des Profils der Nåse oder weil ihm ein Moment ihrer Gesamtdarstellung gefiel«, kaufte. Diese Begeisterung für afrikanische Kunst und die Sammelleidenschaft von Künstlern dauert bis heute unvermindert an, und noch immer sind es »die künstlerische Lösung, die komprimierte, gültige Form, ... das konstruktive Prinzip«, die Künstler wie Georg Baselitz ansprechen.

Afrikanische Werke faszinierten aber nicht nur Picasso und seine Künstlerkollegen, sondern auch namhafte Galeristen wie Charles Ratton und Paul Guillaume und manchen Sammler der damaligen zeitgenössischen Kunst, etwa Josef Mueller, Han Coray oder Eduard von der Heydt. Aus der zunehmenden Zahl an afrikanischen Objekten, die nach Europa gelangten, trugen sie mit sicherem Gespür für die künstlerische Qualität umfangreiche Kollektionen zusammen, die der Anerkennung dieser Werke als Kunst, wenn auch über Jahrzehnte hinweg mit dem Etikett »primitiv« versehen, den Weg ebneten.

Heute gehören afrikanische Skulpturen zu den geschätzten Kunstwerken, die als *arts premiers* (»erste Künste«) in den Louvre und somit in den Pantheon der Globalkunst aufgenommen wurden. Dieser Aufstieg von den Trödelmärkten europäischer Großstädte und völkerkundlichen Schausammlungen über Künstlerateliers und Salons privater Kunstsammler bis in die hehren Musentempel dauerte nicht nur lange; er war und ist auch nach wie vor von zahlreichen Mißverständnissen und Vorurteilen begleitet, die mit der völligen Negierung afrikanischer Werke als »Kunst« begannen und mit der hartnäckigen Behauptung, diese Kunst reflektiere archaische, uralte Schnitztraditionen, noch lange nicht beendet sind.

Diese Einschätzung ist ein Nachhall des evolutionistischen Denkens des 19. Jahrhunderts, das die afrikanischen Völker in einer hermetisch von Zeit und Raum abgeschlossenen Statik verortet, die jegliche Veränderung oder Innovation ausschließt. Was aber für die Völker gilt, muß konsequenterweise auch auf die von ihnen geschaffenen Werke zutreffen: Sie scheinen sich ebenso wie die Völker jeglicher Entwicklung verschlossen zu haben und daher eine unermeßliche zeitliche Tiefe zu reflektieren.

Sieht man von den Felszeichnungen und -gravuren in verschiedenen Gebieten des Kontinents ab, die zum Teil wenige hundert, in Einzelfällen über zwanzigtausend Jahre alt sind, so werden die künstlerischen Leistungen der afrikanischen Völker in erster Linie an deren Skulptur und Plastik – Masken, Statuen und figürliche Gebrauchs- und Repräsentationsgegenstände wie Pfosten, Stäbe, Stühle, Musikinstrumente u. a., aus Holz, Metall, Bein und Terrakotta – gemessen; die so genannten Gebrauchskünste – Wand- und Körpermalerei, Flecht- und Perlenarbeiten, Schmuck und Waffen – finden hingegen nur zögernd Beachtung. Die ältesten dieser plastischen Werke stammen aus archäologischen Grabungen in Zentralnigeria und werden in das erste vorchristliche Jahrtausend datiert. Eine andere bedeutende Fundstätte, die Metall- und Terrakotta-Arbeiten aus dem 12. bis 16. Jahrhundert birgt, liegt im Binnendelta des Niger. Etwa derselben Periode werden die ältesten Holzskulpturen aus dem Siedlungsgebiet der Dogon in Mali zugerechnet. Und auch die sogenannten »Benin-Bronzen«, die während einer britischen Strafexpedition gegen die Hauptstadt des nigerianischen Königreichs Benin im Jahre 1897 erbeutet wurden, sowie die Elfenbeinarbeiten, die in den Raritätenkabinetten europäischer Adliger und wohlhabender Kaufleute aufbewahrt wurden, sind nachweislich mehrere hundert Jahre alt. Die meisten der heute bekannten afrikanischen Werke, die sich in westlichen Sammlungen befinden, sind jedoch frühestens im 19., viele sogar erst im 20. Jahrhundert entstanden und repräsentieren somit lediglich die bekannten Kunsttraditionen der letzten 150 bis 200 Jahre.

In der Regel werden die Werke nach regionalen Stilen, nach ihrer Herkunft von einer bestimmten Ethnie, klassifiziert. Dieser Einteilung liegt die Auffassung zugrunde, daß jedes Volk für sein künstlerisches Repertoire eigene, unverwechselbare Gestaltungskriterien definiert hat, also eine »Stammeskunst« produziert, die sich deutlich von den Werken benachbarter Gruppen absetzt. In diesem Konzept findet der einzelne Künstler lediglich als Handwerker, als ausführen-

Holzschnitzer im Nationalen Kunstmuseum von Ghana in Accra.

de Hand seinen Platz, der sich stoisch an den gesellschaftlichen Vorgaben orientiert und, indem er existierende Werke kopiert, die Kontinuität der künstlerischen Formen wahrt.

Die Unzulänglichkeit dieses Ansatzes, auch wenn er nach wie vor die Präsentation afrikanischer Werke in Ausstellungen bestimmt, ist inzwischen deutlich geworden. Untersuchungen über die ästhetischen Vorstellungen afrikanischer Völker, über Künstlerateliers und Werkstattzusammenhänge und über die Persönlichkeit und Arbeitsweise von Künstlern haben gezeigt, daß die schöpferische Freiheit bei weitem nicht so eingeschränkt war und ist und daß einzelne Künstlerpersönlichkeiten einen sehr viel größeren Einfluß auf die Stil- und Formbildung haben, als bislang angenommen wurde. Zwar müssen die Bildhauer den gesellschaftlich festgelegten formalen Code, der mit einem bestimmten Werktypus verknüpft ist, berücksichtigen; doch innerhalb dieser Vorgaben haben sie die Möglichkeit, ihr kreatives Potenzial einzubringen, zu improvisieren und Variationen oder, wenn es die gesellschaftlichen Umstände zulassen und erfordern, auch völlig neue Formen zu entwickeln. Phantasie und Improvisationsfähigkeit sind oft sogar unerläßlich, um als Künstler anerkannt zu werden. Bei den Yoruba in Nigeria gehören diese Fähigkeiten neben dem Verständnis für die traditionelle Form und Formbewußtsein zu den wesentlichen ästhetischen Prinzipien, die ein Künstler in sein Werk einbringen muß.

Varianten ergeben sich zudem durch portraithafte Züge, die bisweilen in die Werke einfließen, sowie durch subjektive Vorstellungen der Künstler, die sich in ihren Arbeiten manifestieren. So war von Bildhauern der Dan in der Elfenbeinküste und der Ijo in Nigeria zu erfahren, daß sie in ihren Arbeiten geträumte Bilder oder Visionen umsetzen. Und schließlich führten und führen auch fremde Konzepte zu Modifikationen des künstlerischen Repertoires und formaler Gestaltungen. Renommierte Künstler, die von einer Region zur anderen zogen und dort ihre Tätigkeit ausübten, trugen ebenso dazu bei, daß Werke ihrer Heimat und die damit verbundenen Vorstellungen in anderen Gebieten bekannt wurden, wie unterschiedlichste Kontakte feindlicher und friedlicher Natur – Kriege und Unterwerfungen, Handelsbeziehungen oder Umsiedlungen – die Übernahme künstlerischer Konzepte nach sich zogen.

Seit Europäer auf dem afrikanischen Kontinent Fuß gefaßt haben, hinterläßt auch der westliche Einfluß seine Spuren; doch erst seit Beginn des Kolonialismus hat dieser zu einem nachhaltigen Wandel auf dem Gebiet der Kunst geführt. Manche künstlerischen Traditionen sind zum Erliegen gekommen, da die sozialen und religiösen Institutionen, in denen die Werke eingebettet waren, ihre Bedeutung verloren haben. Gleichzeitig sind neue künstlerische Formen entstanden, wie beispielsweise die figuralen Särge von Kane Kwei und seinen Nachfolgern, die den veränderten Ansprüchen der Menschen gerecht werden.

In vielen Gebieten besteht aber weiterhin ein Bedarf an Skulpturen und Masken, etwa für religiöse oder repräsentative Zwecke, die sich am traditionellen Form- und Stilkanon orientieren und die von den Künstlern entsprechend sorgfältig ausgeführt werden, wobei moderne gesellschaftliche Entwicklungen durchaus berücksichtigt werden. Manche Schnitzer haben sich daneben mit der Herstellung von gefälliger, dem europäischen Geschmack angepaßter Touristenkunst, die unterschiedlichste künstlerische Qualität aufweist, eine weitere Einnahmequelle erschlossen; andere haben als Schnitzer traditioneller Werke angefangen und im Laufe ihrer künstlerischen Entwicklung zu Gestaltungsformen gefunden, die sie auf dem internationalen Kunstparkett bekannt machten. Die Arbeiten moderner afrikanischer Künstler, die im Westen ein Publikum gefunden haben, haben keinerlei funktionale Bedeutung im Sinne der traditionellen Werke, doch sind sie diesen mitunter dennoch verpflichtet, wie etwa die Masken von Romuald Hazoumé oder die Skulpturen von Sokari Douglas Camp. All diese Werke, ob sie traditionellen ästhetischen Vorstellungen verbunden sind oder in neue Richtungen weisen, lassen die Kreativität und die Innovationsbereitschaft der Künstler erkennen und zeugen von der stetigen Entwicklung afrikanischer Kunst.

Wolfgang Kunath

Mimbo oder Changaa

Alkohol in Afrika

Getrunken wird immer und überall – das ist eine Binsenweisheit, die in Afrika genauso gilt wie in Europa. Und genauso wie in Europa gibt es die feine (und schnell überschrittene) Grenze zwischen Genießen und Begießen, zwischen Schwips und Rausch, zwischen Vergnügen und Versacken. In vielen islamischen Ländern ist Alkohol verboten, aber Verbote werden oft gebrochen oder nur lässig überwacht:

In Nouakchott, der Hauptstadt der Islamischen Republik Mauretanien ganz im Westen des Kontinents, wissen die Kellner in den Europäer-Lokalen schon, was in den Plastiktüten ist, die die Gäste ihnen, nur mäßig diskret, beim Betreten des Restaurants in die Hand drücken: In der Küche wird die Flasche entkorkt, in ein Plastik-Kühlgefäß umgegossen und so, zusammen mit metallenen Bechern, auf den Tisch gestellt. Anderswo sind es die Armut, der Krieg, der Busch, die weiten Entfernungen oder die miserablen Straßen, die Bier und Schnaps zur Rarität machen. In manchen Ecken des Kontinents ist man jedoch nicht auf industriell gebrauten oder destillierten Alkohol angewiesen – da macht man ihn lieber selbst, schon weil er billiger ist.

Morgens um elf ist im »Cardinal Point« die Welt noch in Ordnung. »Wissen Sie, Mimbo ist bei uns in Afrika so etwas wie Frühstück; das hält man auch am Morgen aus«, sagt der Wirt bestimmt. Die Frau mit dem knallroten Stoffturban nickt dazu, und auch die fünf oder sechs anderen Gäste, die im garagengroßen »Cardinal Point« sitzen und aus Halbliter-Gläsern den weißlich-trüben Mimbo trinken, widersprechen nicht. »Versuchen Sie mal: Koki-Bohnen«, sagt die Frau mit dem Turban und reicht ein warmes Päckchen herüber, das in ein Bananenblatt gewickelt ist, während der Wirt den zweiten Mimbo bringt. »Oder wollen Sie eine Kola-Nuss? Aber die mögt ihr Weißen ja nicht, oder?«

Und wie sieht die Welt abends um elf im »Cardinal Point« aus, wenn der Wirt den x-ten Halbliter Mimbo aus dem plastikummantelten Glasballon durch ein Sieb in die Gläser gießt, um die Fruchtfliegen herauszufiltern? Wenn nicht mehr wie am Morgen der junge, schwache, sondern der reife, starke Mimbo verlangt wird? Wenn auch mal eines dieser kleinen Plastikkissen der Marke »Nikita« für 50 Francs das Stück aufgerissen wird, die aussehen wie Präservativ-Verpackungen und in denen *natural spirit* ist, also hochprozentiger Schnaps, der die Wirkung der Mimbo noch steigert? Vermutlich sieht die Welt im »Cardinal Point« dann auch nicht viel anders aus als an jedem anderen Punkt der Welt, wo statt Mimbo Bier, Wein oder Schnaps getrunken wird: ziemlich feucht und ziemlich blau.

Im Westen Kameruns scheint zumindest der männliche Teil der Bevölkerung ausnahmslos aus Mimbo-Experten zu bestehen. Aber auch Frauen verfügen über solides Fachwissen, und das Gesprächsthema, wie man sich am nettesten einen Mimbo-Schwips antrinkt, scheint unerschöpflich zu sein.

Die paradiesische Eigenschaft der Unerschöpflichkeit teilt das Gesprächsthema mit seinem Gegenstand. Mimbo, der Palmwein, fließt und fließt und fließt durch ein eingetriebenes Röhrchen aus dem Stamm der Raffia-Palme – man muß ihn nur zapfen. Weitere Verarbeitung nicht nötig: Wenn er jung ist, ist er schwach, wenn er alt ist, wird er stark.

Ganz so einfach ist es natürlich nicht. Amabo Lucas Che war auf der Landwirtschaftsschule, und er kennt sich mit der Raffia-Palme und dem Weinzapfen bestens aus. Das Beschneiden der acht bis zehn Meter hohen Pflanze, aus deren staudenartigem, hüfthohen Stamm sich eine Vielzahl dunkelgrüner Wedel löst, ist eine Sache für Könner. »Aber wenn man die Pflanzen gut pflegt, hat man sie ein ganzes Leben lang«, sagt Amabo.

Knapp über dem Boden wird eine Höhlung in den Stamm geschnitten, und nach drei Tagen tritt der Wein aus. Mit einer gummiartigen Masse, die – ein kleines Zusatzgeschenk der großzügigen Natur – die Raffia-Palme selbst produziert, wird der Abfluß eingepaßt und abgedichtet, egal ob er aus einem Kuhhorn oder einem grauen Plastikrohr besteht. Dann braucht man nur den Kanister darunterzustellen, und zwar so, daß es nicht hineinregnet und daß weinsüchtige Nagetiere nicht drankommen. Aus einer »guten Quelle« rinnen sieben bis zehn, manchmal sogar zwanzig Liter am Tag.

Und die Raffia-Palme erfreut den Menschen nicht nur durch unablässige Weinproduktion. Auch anderweitig ist sie ein überaus nützliches Gewächs, das seinen Weg vom Ursprungsland Madagaskar nach Zentralafrika gefunden hat, ohne daß man heute noch wüßte, wie und wann das geschehen ist. Aus den Rispen der langen Wedel kann man nicht nur die Sitzmöbel im Tropen-Look fertigen, auf denen sich die Gäste im »Cardinal Point« niedergelassen haben, sondern auch Dachstühle, Betten, Musikinstrumente, Fischreusen, Matten und Körbe. Der Palmwedel kommt einerseits als pflanzlicher Dachziegel-Ersatz, andererseits, wie in nördlicheren Kulturen, als traditionelles Zeichen des Friedenswillens zum Einsatz. Und wenn die Angebetete die Palmweinflasche entkorkt, die der Freier mitgebracht hat – sozusagen als flüssigen Heiratsantrag –, dann gibt sie damit ihr Ja-Wort.

Aber West-Kamerun ist eben doch ganz von dieser Welt; das Schlaraffenland liegt woanders. Timah Cliford parkt sein Motorrad, indem er es gegen eine starke Stange Zuckerrohr stützt. Klar hat er ein Viertelstündchen Zeit, um bei einem Bier über sein Gewerbe zu reden. Wie? Bier? Hier in Bali, einem der Zentren der Palmwein-Produktion? Ja, auch hier tobt der kamerunische Bierkrieg: Kaum ein anderes Land in Afrika, in dem so viele Marken und Unternehmen miteinander konkurrieren. Timah Cliford bestellt also in der mit Bierreklame dekorierten Kneipe am Hauptplatz von Bali ein »Satzenbrau« – vielleicht war es auch ein »Doppel Munich« oder ein »Goldfassl« – und erzählt von seinem Beruf als Mimbo-Motorradtransporteur.

Das Dorf Bali liegt rund 20 Kilometer von Bamenda entfernt, der Hauptstadt des englischsprachigen Westens im sonst französischsprachigen Kamerun. Wie viele Einwohner mag Bamenda haben? Hunderttausend? Zweihunderttausend? Jedenfalls genug, damit all die Raffia-Palmenzapfer in der Umgebung hier einen Absatzmarkt finden. Das Zapfen ist eine hauswirtschaftliche Tätigkeit, mit der viele Bauern ein bißchen Zusatzgeld verdienen, das – genau wie der Wein in den Kanister – laufend in die Kasse kommt, nicht nur einmal im Jahr wie die Ernte. Viele Kleinproduzenten gibt es, und folglich auch viele Kleintransporteure wie Timah. Mit seinem Motorrad fährt er täglich seine zehn festen Lieferanten an und kauft deren Tagesproduktion auf, zehn Liter für 700 Francs, gut zwei Mark. In Bamenda kann er die zehn Liter für tausend Francs verkaufen, meist an Stammkunden.

An normalen Tagen schafft Timah auf seiner Honda 125 ein ganzes Dutzend 20-Liter-Kanister über die rauhe Piste von Bali nach Bamenda – und zwar in einer einzigen Fahrt. »Wenn es gut läuft, können es notfalls auch fünfzehn, sechzehn sein«, sagt er. Aber wie um Gottes willen lenkt man ein Motorrad, das außer dem Gewicht des Fahrers nochmal 320 Kilo durch die Gegend schaukeln muß? »Ach, wenn du das mal gelernt hast, ist das nicht so schwer.« Bei Regen, wenn die Piste glitschig ist? »Auf dem Rückweg ist die Maschine leicht, da kommt man sogar eher ins Rutschen; beladen hält sie besser die Spur.«

In der Regenzeit aber, wenn die Straße nach Bamenda ein zwanzig Kilometer langes Schlammloch ist und er sich in Plastikjacke und Gummistiefel auf die Honda schwingt, dann zahlt er, wegen des Palmwein-Überangebotes in Bali, seinen Lieferanten nur vier-, fünfhundert Francs, während der Verkaufspreis in Bamenda erfreulich geklettert ist – auf 2500 Francs zum Beispiel, wenn die Straße kaum noch passierbar ist. Der Regen versechs- oder versiebenfacht den Tagesverdienst also. »Kein schlechtes Geschäft«, meint der 50jährige Timah, der vor sieben Jahren den Schreinerberuf aufgegeben hat: »Da war in der Regenzeit immer nichts los, weil niemand baut, wenn es regnet. Aber das mit dem Palmwein läuft das ganze Jahr über.«

So weit wie Kamerun und Kenia voneinander entfernt sind, so sehr unterscheidet sich der Mimbo von Changaa, einem hochprozentigen Gebräu aus der afrikanischen Getreidesorte Sorghum, deren deutscher Name Mohrenhirse lautet. Denn Changaa ist ein Arme-Leute-Gesöff, billig und stark – die richtige Droge für die Slums der Millionenstadt Nairobi. Da das schwarzgebrannte Changaa verboten ist, trinkt man es heimlich. Weil jederzeit die Polizei kommen kann, trinkt man es schnell. Das wäre aber wohl auch so, wenn es nicht verboten wäre: Nicht der Genuß, nicht die Freude am Geschmack oder an der Wirtshausgemütlichkeit ist das Ziel des Changaa-Trinkers, sondern einzig und allein der Rausch.

Changaa ist ein trauriges Getränk, das nichts von der Heiterkeit, der Fröhlichkeit und Geselligkeit hat, die sich mit Mimbo verbindet. »Machozi ya simba«, lautet die poetisch-trostlose Kisuaheli-Bezeichnung: Tränen des Löwen. Es gibt auch einen englischen Namen, der nicht poetisch, sondern nur trostlos klingt: Kill me quick. Tatsächlich trinken sich immer wieder Menschen an Changaa zu Tode.

»Zwei Gläser, und du siehst die Musik auf der Straße«, sagt der Kontaktmann mit einem Anflug von Vorfreude, nachdem die Verabredung mit Moraa für eine Woche später zustande gekommen ist. Moraa heißt nicht wirklich Moraa. Ihren Namen verschweigt sie lieber. Schließlich ist die Form ihres Lebensunterhaltes, das Schwarzbrennen, in Kenia verboten, auch wenn es oft schulterzuckend oder augenzwinkernd geduldet wird.

Moraa war zuerst mißtrauisch, erzählt der Kontaktmann: Warum will ein Weißer sehen, wie sie Changaa brennt? Aber am Ende behielt der Geschäftssinn die Oberhand. Sie ließ ausrichten, daß sie bereit sei und über alles reden könne. Alles – das heißt natürlich vor allem eines: Geld. Für 1000 Schilling, etwa 35 Mark, würde sie alle Zutaten kaufen, den Schnaps brennen und in Flaschen füllen. Der Gegenvorschlag, nur 500 zu bezahlen und ihr das Produkt zu überlassen, gefiel ihr noch besser. Dem Kontaktmann war es gleich, für ihn würde so oder so etwas abfallen: »Zwei Gläser, und du siehst die Musik auf der Straße.«

Moraa lebt in Kibera. Kibera? Warum ist das auf dem Stadtplan von Nairobi nicht zu finden? Der Kibera Drive ist noch eingezeichnet, so geschlängelt, als wäre er eine romantische Uferstraße. Doch südlich davon ist das Papier unbedruckt, wenn man von einer gestrichelten Eisenbahntrasse, dem Motoine River und den Linien der Planquadrate absieht: Ein paar Quadratkilometer Nichts. Dabei sind hier schon bei einer Volkszählung vor zehn Jahren mehr als zweihunderttausend Menschen registriert worden.

Der Grund für die kartografische Schamhaftigkeit ist Armut. Kibera ist einer der größten Slums von Nairobi, eine Großstadt in der Großstadt; so etwas zeigt man nicht gerne her. Oben am Kibera Drive geht es noch, da stehen feste Häuser mit Wasser und Strom, und ihre Besitzer haben Fernsehen und Video und Couchgarnituren. Wer hier oben wohnt, hat es nicht weit zum Bus, hier oben liegen die

Geschäfte, die Gesundheitsposten, die Kirchen, die Betriebe, und wenn es in der Trockenzeit irgendwo in Kibera noch Wasser gibt, dann hier.

Aber wenn man am Rainbow Hotel links einbiegt, vorbei an den Kneipen und Werkstätten, den Wassertanks und Marktständen, dann ist gleich der Asphalt zu Ende. Auf Häuser folgen Hütten, die Kioske und Verkaufstischchen, von denen es hier mehr zu geben scheint als Kunden, werden kleiner und schäbiger, und manchmal sitzt eine Frau bloß hinter einem Häufchen Tomaten. In den Gräben links und rechts der Wege steht stinkendes Abwasser, dürre Ziegen und Hunde durchstöbern die Müllhaufen. Die Lehmbaracken mit den Wellblechdächern stehen so eng, daß die Lastwagen, die die Latrinen leeren, nicht durchkommen. Kein Wunder, daß sich die Leute für ein paar Stunden aus dieser Wirklichkeit verabschieden wollen, auch wenn sie wissen, daß sie mit schwerem Kopf zurückkommen.

Hier unten, ein paar Meter hinter der Moschee mit dem angeschlossenen Krankenhaus, lebt Moraa. Eine Woche hat das Sorghum zum Gären gebraucht. Von einem lehmbraunen Hof, über den Wäscheleinen gespannt sind und in dem jemand Tomatensetzlinge in den blauroten Kimbo-Margarine-Eimern zieht, geht eine Tür zu Moraas Zimmer: gestampfter Boden unter einem Wellblechdach, durch dessen Löcher die Sonne gestochen scharfe Strahlen schickt, roh verputzte Lehmwände mit einem vier Jahre alten Kalender, ein Fenster, davor gleich die Lehmmauer des Nachbarhauses. Die Einrichtung, das ist eine kunstlederbezogene Couch, deren fehlende Füße durch daruntergeschobene Steine ersetzt wurden. Das sind zwei Betten hinter löchrigen Vorhängen, Teile eines alten Büffets und einige Körbe und Kartons.

In den Boden ist ein Loch gegraben, in dem die Hirse während des Gärens lagerte. Moraa hat bereits einen Holzkohleofen geheizt, auf dem ein blaues Metallfaß mit der Aufschrift »Henkel glue« steht; früher war Leim drin. Es ist ein simples Verfahren: Die mit fünf Kilo braunem und fünf Kilo weißem Zucker vergorene Hirsemasse, braun wie Kaffee mit wenig Milch, wird hineingeschüttet, auf das Faß wird ein Bottich mit kaltem Wasser gestellt, an dessen Boden das Destillat abtropft. Damit das Changaa nicht wieder in die Hirse fällt, stülpt Moraa einen aufgeschnittenen Plastikkanister mit der Öffnung nach

Zwei südafrikanische Wirtinnen, die in großen Erdfässern aus Mais Bier brauen.

unten in die gärende Masse. Oben auf dem Kanister fängt ein Topf den heruntertropfenden Schnaps auf.

Wie kommt Moraa zum Schwarzbrennen? Nubische Emigranten haben Changaa in Kenia heimisch gemacht – *Nubian gin* nennt man das Getränk auch. Moraas Vater ist Nubier, von dessen Mutter hat sie es sich abgeschaut. Ist es ein gutes Geschäft?

Moraa, die fünf Jahre zur Schule gegangen ist und kein Englisch spricht, lacht ein bißchen verlegen: Nein, nein, Brennen ist nur so etwas wie Selbsthilfe, um genug zu verdienen fürs Essen und die Schulgebühren. Vier Kinder hat sie, zwischen 16 und drei Jahren. Ihr Mann, ein Berufssoldat, kam vor zwei Jahren bei einem Unfall ums Leben, und da hat sie angefangen mit dem Changaa-Brauen. Sie sagt, sie sei 33 Jahre alt. Wie auch immer, sie sieht viel älter aus in ihrem grünen Kleid und den Sandalen aus Autoreifen.

Die Tür zum Hof bleibt offen; draußen, sagt der Kontaktmann, paßt jemand auf. Nach einer halben Stunde hört man die ersten Tropfen in den Topf fallen. Nach einer weiteren halben Stunden gießt Moraa den Topfinhalt in eine Flasche. »First class« heißt dieser erste Alkohol, *firsticlass* sagen die Kenianer mit ihrer Neigung zum zwischengeschobenen i. Der Geruch von *firsticlass* ruft schon die vage Vorstellung von fürchterlichen Räuschen hervor. »Das ist wie Benzin, man muß es gleich verschließen, sonst verflüchtigt es sich«, sagt der Vermittler, der einen Probeschluck nimmt und rülpst. Moraa nimmt einen Fidibus und zündet ihn an. Es dauert vielleicht knapp eine Minute, bis der Alkohol verbrannt ist und das Papier in Flammen aufgeht.

In den kommenden zwei Stunden werden noch mehrere Liter »Second class« und »Third class« erzeugt. Am Preisunterschied läßt sich der Gehalt ablesen: 200 Schilling kostet die Flasche der ersten, 150 der zweiten und 100 der dritten Güte.

»The problem is money«, sagt der Kontaktmann lapidar: »Wer sich's leisten kann, trinkt fünf Gläser, aber dann geht man hier völlig breit raus.« The problem is money: 35 Schilling, soviel wie eine Flasche Bier, kostet ein Glas voll Changaa der zweiten Sorte, und *firsticlass*, aus naheliegenden Gründen nur in Verschlußkappen ausgeschenkt (»sonst kotzen sie und können nicht mehr laufen«, sagt Moraa), kommt pro Maßeinheit auf 15 Schilling. »Wenn man eine

Flasche mit nach Hause nehmen will, muß man richtig Geld haben«, sagt der Mann, der den Zugang bei Moraa verschafft hat. 200 Schilling, das sind etwa acht Mark. Ein Nachtwächter verdient kaum mehr als das Zehnfache im Monat.

An einem Samstag kommen 30, 40 Kunden, auch Frauen, »die vertragen manchmal mehr als die Männer«. Aber sie bleiben nicht lange, alle passen auf, reden wenig und leise und horchen immer wieder nach draußen. »Danach gehst du irgendwo in eine Kneipe und kaufst dir ein Bier, dann ist es okay«, sagt der Kontaktmann. Ohne Changaa vorweg bräuchte man zuviel Bier, das wäre zu teuer.

The problem is money – das gilt auch für Kenias unterbezahlte Polizisten. Auch wenn kaum einer von ihnen Changaatrinken besonders verwerflich finden würde, es ist verboten. Wenn Moraa erwischt würde und vor Gericht käme, müßte sie zwischen fünf- und zehntausend Schilling Strafe zahlen, ertappte Trinker kommen mit einem Zehntel davon. »Aber sie hat immer Geld da«, sagt der Kontaktmann. Für 300 oder 400 Schilling pro Mann haben die Polizisten dann nichts gesehen.

Peter Baumgartner

Verjagt und entwurzelt

Millionen Afrikaner auf der Flucht

Nach dem Ende des Bürgerkriegs in Liberia 1997 schöpften die ins Nachbarland Guinea geflohenen Menschen Hoffnung. Zögernd begannen sie in ihre Dörfer zurückzukehren, doch die Ruhe dort hielt nicht lange an. Seit dem Frühjahr 2000 machen im Norden Liberias die »Dissidenten«, wie sie sich nennen, von sich reden; sie wollen den einstigen Rebellenführer und heutigen Staatspräsidenten Charles Taylor vertreiben. Die gewalttätigen Gegenreaktionen der für ihr Raubrittertum berüchtigten Armee zwingen die Rückkehrer aus Guinea erneut zur Flucht, entweder weiter südwärts oder, in weit größeren Zahlen, wieder über die Grenze nach Guinea, weil sie dort mit einer besseren Versorgung rechnen können.

Dieses Beispiel zeugt von der Toleranz afrikanischer Staaten bei der Aufnahme von Flüchtlingen. Es zeigt die Probleme und Nebenfolgen der Flüchtlingshilfe, und es deutet schließlich die Schwierigkeiten bei der Repatriierung an.

Wenn von Flüchtlingen in Afrika gesprochen wird, ist meist von Tausenden die Rede. Zahlen machen das Leid summarisch, sie überdecken die Einzelschicksale, jene Brüche und Verwerfungen im Leben der entwurzelten Menschen. Zahlen vermögen auch nicht annäherungsweise wiederzugeben, was das Auseinanderreißen von Familien und Familiengemeinschaften und die ungewisse Zukunft bedeuten. In manchen Ländern Afrikas sind die Menschen zum zweiten und dritten Mal auf der Flucht; in den Flüchtlingslagern Südsudans wächst eine Generation heran, deren Eltern bereits als Halbwüchsige verjagt worden waren.

Wirtschaftliche Not, Hunger oder ökologische Veränderungen zwingen in Afrika Menschen zum Verlassen ihrer angestammten Lebensräume. Die ganz großen Flüchtlingsströme sind aber direkte Folgen von Bürgerkriegen. Die haben in Afrika eine besondere Dynamik: Bei der Eskalation von Gewalt und Gegengewalt durch Rebellen wie Regierungstruppen ist die Zivilbevölkerung schnell und unmittelbar Opfer von Übergriffen. Den Menschen bleibt nur die Flucht aus den Dörfern und Weilern.

Zu Beginn des Jahres 2000 schätzte das Uno-Flüchtlingswerk UNHCR, daß rund 6,2 Millionen Menschen – von 22 Millionen weltweit – in Afrika auf der Flucht seien. Etwas mehr als die Hälfte von ihnen suchte in den Nachbarländern Zuflucht. Der Rest von einer runden Million sind Rückkehrer und sogenannte *internally displaced people*, Vertriebene im eigenen Land. Die Dunkelziffer der intern Entwurzelten dürfte bei insgesamt rund 5,3 Millionen Menschen liegen. Die größten Flüchtlingswellen wurden ausgelöst durch die Bürgerkriege in Mosambik und Angola, im Sudan, in Somalia, Liberia und Sierra Leone, in der Demokratischen Republik Kongo und in Burundi.

Während da und dort in Europa selbst große Ortschaften Sturm laufen gegen die Ansiedlung von drei, vier dunkelhäutigen Flüchtlingsfamilien, ist Afrika ganz anders. Die ungleich größere Toleranz wurzelt in der guten afrikanischen Tradition, Menschen in Not Unterschlupf zu gewähren. Zudem war Afrika seit jeher der Kontinent der Migration, die erst durch das Entstehen von Staatsgrenzen beendet wurde. Das kleine Malawi beherbergte über Jahre hinweg einige hunderttausend Flüchtlinge aus Mosambik, in Guinea mit seinen sieben Millionen Einwohnern lebten im Januar 2000 gegen 500000 Flüchtlinge aus Liberia und Sierra Leone.

Die 1969 geschaffene Flüchtlingskonvention der Organisation Afrikanischer Einheit (OAU) ist von 45 Staaten ratifiziert worden. Sie erweiterte die Genfer Flüchtlingskonvention von 1951, die den Flüchtling als Individuum definierte, das aus Sorge um Leib und Leben sein Land verläßt. Gemäß der afrikanischen Charta sind Menschen als Flüchtlinge anzusehen, die externen Aggressionen, der Besetzung durch einen Drittstaat oder Unruhen zu entkommen versuchen. Diese breitere Fassung war geprägt durch die Erfahrungen in den Befreiungskriegen in Angola und Mosambik sowie im Kampf gegen das Apartheidregime in Südafrika. Die OAU hatte damals, nachdem erste Staaten unabhängig geworden waren, nicht damit gerechnet, daß einst interne Konflikte Millionen von Menschen in die Flucht schlagen würden.

Erleichtert, mitunter erst ermöglicht wird die Aufnahmebereitschaft in vielen afrikanischen Ländern durch das Einspringen der Internationalen Gemeinschaft, die sich dabei einer großen Anzahl von Hilfsorganisationen bedient. Flüchtlingsarbeit ist zu einem Großunternehmen mit Millionenumsätzen geworden. Allein das von der UNO sowie von einzelnen Staaten finanzierte Flüchtlingshilfswerk UNHCR hatte für seine Arbeit in Afrika im Jahr 2000 ein Budget von 300 Millionen US-Dollar. Auf rund 150 Millionen US-Dollar werden die Leistungen der übrigen Hilfswerke geschätzt.

Dabei ist die Flüchtlingsarbeit in Afrika noch billig. Nach Angaben der Menschenrechtsorganisation Human Rights Watch Africa gab die Internationale Gemeinschaft in den neunziger Jahren für einen afrikanischen Flüchtling 0,11 US-Dollar am Tag aus, für einen aus Kosovo dagegen 1,23 Dollar.

Das UNHCR erhielt 1951 ein international anerkanntes Mandat zur weltweiten Flüchtlingshilfe. Es wird von UNO-Organisationen unterstützt und vergibt gleichzeitig einen großen Teil der Betreuungsaufgaben an private Hilfswerke, die sich quer über den Kontinent um Flüchtlinge bemühen und deren Arbeit oftmals effizienter ist als jene des umständlichen UNHCR. Sein Mandat verpflichtet das Hilfswerk, sich vorwiegend um die Menschen zu kümmern, die bei ihrer Flucht Staatsgrenzen überschreiten.

Solchen Flüchtlingen, die im eigenen Land kriegerischen Auseinandersetzungen entkommen wollen und sich in der Nähe von als sicher geltenden Städten niederlassen oder die in den Busch fliehen, geht es in aller Regel schlechter. Das gilt für den rechtlichen Schutz ebenso wie für die Versorgung. Der Zugang für Hilfsorganisationen ist erschwert; oft wird die Hilfe von den Kriegsparteien aus taktischen Gründen gezielt unterbunden. Das war etwa in der Republik Kongo der Fall. Zwischen Sommer 1998 und Herbst 1999 lebten in den unwegsamen Gebieten des so genannten Pools im Süden des Landes schätzungsweise vierhunderttausend Menschen ohne jede Hilfe von außen, ohne Nahrungsmittel oder Medikamente.

Seit einigen Jahren sind Bestrebungen im Gange, diese ungleiche

*Fluchtleben: Kongolesen fliehen vor Kämpfen zwischen Regierungs-
truppen und Rebellen ins benachbarte Sambia (oben). Eine kongolesische Flüchtlingsfrau kocht Fisch im Lager Katuna in Sambia (unten).*

Behandlung zu beenden und ins UNHCR-Mandat auch die *internally displaced people* einzubeziehen.

Zur neueren afrikanischen Geschichte gehören die Bilder von riesigen Flüchtlingslagern: Meere blauer Kuppelzelte, zwischen denen der Rauch von tausend Feuerchen hängt. Die in Scharen fliehenden Menschen können in den wenigsten Fällen für sich selber sorgen. So werden sie in Lagern zusammengefaßt. Die Unterbringung an einem Ort trägt den Bedenken der lokalen Bevölkerung Rechnung, die sich vor den wirtschaftlichen, sozialen und ökologischen Folgen der Masseneinwanderung fürchtet.

Auch wenn Flüchtlinge in Lagern nicht viel mehr als das Lebensnotwendige erhalten, sind sie oftmals besser gestellt als die Menschen in der Umgebung. Um Spannungen zu vermeiden, wird die Bevölkerung ebenfalls versorgt. Die Lagerinsassen werden auch medizinisch besser betreut. Darum hat das Internationale Komitee vom Roten Kreuz im Flüchtlingsspital von Lokichokio an der kenianisch-sudanesischen Grenze eine Abteilung für die lokale Turkana-Bevölkerung eingerichtet.

Die Häufung der gewalttätigen Auseinandersetzungen in Afrika und die steigende Flüchtlingszahl bringt die Flüchtlingshilfe an ihre Grenzen. Außerdem werden die westlichen Regierungen spendenmüde, selbst wenn die Nahrungsmittellieferungen nach Afrika die eigenen landwirtschaftlichen Überschüsse abzubauen helfen.

Die OAU-Flüchtlingskonvention hält in Artikel II fest, daß »aus Sicherheitsgründen ein Asylland die Flüchtlinge in angemessener Distanz von der Grenze des Herkunftslandes ansiedeln soll, soweit dies möglich ist«. Die räumliche Distanz soll die Geflohenen vor Übergriffen aus dem Herkunftsland schützen und das Gastland vor Verwicklungen in den Konflikt bewahren, der die Fluchtbewegung ausgelöst hat. Nach dem Völkermord an der Tutsi-Minderheit vom Frühjahr 1994 in Ruanda zwangen die Bürgermeister in den Dörfern ihre Hutu-Mitbürger zur Flucht. Das war eine Art Politik der verbrannten Erde. Im Strom der rund 1,5 Millionen Flüchtenden befanden sich Soldaten der ehemaligen ruandischen Armee sowie Mitglieder der am Völkermord beteiligen Hutu-Milizen. Gemeinsam mit den Bürgermeistern errichteten die etwa 25 000 Mörder in den Lagern ein repressives Regiment.

Nicht allein die nächtlichen Überfälle der Milizen aus den Lagern heraus nach Ruanda hinein stellten die Flüchtlingshilfe in Bukavu und Goma in der Demokratischen Republik Kongo und in Ngara auf eine schwere Probe. Viele Mitarbeiterinnen und Mitarbeiter von Hilfswerken fragten sich, ob man Mörder mitfüttern dürfe und gerieten in ernsthafte Gewissenskonflikte. So regte sich kaum Kritik, als ruandische Soldaten im Herbst 1996, im Zuge der Rebellion gegen den zairischen Staatspräsidenten Mobutu Sese Seko, die Massensiedlungen auflösten, obwohl das klar im Widerspruch zu den Flüchtlingskonventionen stand. In einem beispiellosen Treck kehrte innerhalb von 48 Stunden eine halbe Million Menschen nach Ruanda zurück.

Flüchtling, Flucht, flüchtig – schon der Begriff deutet auf eine vorübergehende, zeitlich nicht genau definierte Spanne hin. Dieser ephemere Charakter des Flüchtlingsdaseins stellt die Arbeit in den Lagern vor ein Dilemma. An sich böten die Lager hervorragende Gelegenheiten für Schulen, Berufsausbildung und demokratische Erziehung. Doch Einrichtungen dieser Art fördern die Neigung zum Bleiben, vor allem dann, wenn das Gastland wirtschaftlich besser dasteht als das Herkunftsland. Sie sind ein Spiegelbild der Gesellschaft. Mehr noch als am angestammten Ort zählt das Recht des Stärkeren.

Prekär ist in vielen Fällen die Lage der Frauen, die in chaotischen Situationen ungleich stärker gefordert sind, weil sie die Verantwortung für die Kinder tragen. In den Lagerkomitees, welche die Alltagsgeschäfte regeln, sind sie meistens nicht oder nur schwach vertreten. Zu den trübseligen Begleiterscheinungen des Lagerlebens gehören die Vergewaltigungen. In dem 1995 eröffneten Kanembwa Camp in Tansania für burundische Flüchtlinge wurde ein Viertel der Frauen und Mädchen zwischen 12 und 49 Jahren Opfer männlicher Gewalt. Im kenianischen Lager Dadaab wurde zeitweise jeden Tag eine Frau vergewaltigt, meistens auf der Suche nach Feuerholz in der näheren Umgebung.

Das UNHCR hat sich als Motto den schönen Ausspruch des griechischen Denkers Euripides gewählt: »Es gibt keinen größeren Kummer als den Verlust der Heimat.« Die Repatriierung ist mit vielerlei Schwierigkeiten befrachtet, deren Wurzeln zum Teil im langen Verbleiben in den Lagern zu suchen sind. Die Eigeninteressen der Gast-

staaten, die Zusammenballung von Menschenmassen und die mit deren Versorgung verbundenen finanziellen Bürden zwingen zur Suche
nach dauerhaften Lösungen. Die Flüchtlingsgesetze der meisten afrikanischen Staaten garantieren zwar das Asyl, fordern aber mehr oder
minder klar, daß die Flüchtlinge wieder in ihre Heimat zurückzukehren haben. Sambia beispielsweise schließt die Einbürgerung von
Flüchtlingen ausdrücklich aus. Die UNHCR-Statuten skizzieren drei
Möglichkeiten: die freiwillige Rückkehr ins Heimatland, die Integration im Gastland oder die Ausreise in ein Drittland.

Die Wiederansiedlung in einem Drittland fällt in Afrika, gemessen
an den Millionen von Flüchtlingen, kaum ins Gewicht. Außerdem
handelt es sich meist um Risikofälle, um Menschen also, deren Sicherheit weder das Gastland noch das Heimatland garantieren kann.
Häufiger wird die zweite Möglichkeit wahrgenommen, die Integration ins Gastland, obwohl die jeweiligen Gesetze dies nicht vorsehen.
Hier vermengen sich afrikanische Toleranz und das Fehlen von Ein-
wohnerkontrollen. Doch es gibt auch Ausnahmen: So siedelte Tansania in den siebziger Jahren offiziell einige hunderttausend Flüchtlinge
aus Burundi an, Uganda gliederte in den neunziger Jahren Menschen
aus dem Südsudan ein.

In aller Regel drängt der größte Teil der Flüchtlinge von sich aus
auf die Rückkehr in die Heimat. Wenn sich die Lage dort beruhigt
hat, brechen Tausende auf, ohne dazu aufgefordert worden zu sein
und ohne Wiedereingliederungshilfen. Es ist eine Abstimmung mit
den Füßen.

Je länger jemand Flüchtling ist, desto größer sind die Probleme
bei der Repatriierung. Vielerorts haben sich in der Heimat die Be-
sitzverhältnisse geändert. Vor besonderen Hürden sahen sich 1996
viele ruandische Hutu-Frauen gestellt, wenn sie ohne ihre Ehemänner
heimkehrten, weil diese in den Lagern gestorben waren oder weil sie
es wegen ihrer Beteiligung am Völkermord von 1994 vorzogen, nicht
zurückzukehren. Nach damals geltendem ruandischen Recht waren
die Liegenschaften auf den Namen ihrer Männer registriert. In müh-
samen Streitfällen hatten die Frauen ihre Ansprüche gegen Fremde
oder gegen habgierige Familienangehörige ihrer Männer durchzusetzen. 1998 erreichten die ruandischen Frauenorganisationen eine Änderung der entsprechenden Gesetze.

In den langen Jahren der Abwesenheit sind darüber hinaus viele Flüchtlinge für ihre einstige Heimat zu Fremden geworden. In Eritrea sperrte sich die Regierung nach Erlangen der Unabhängigkeit 1993 lange gegen die Rückkehr der gegen vierzigtausend Eritreerinnen und Eritreer, sie sich während des Unabhängigkeitskrieges in den siebziger und achtziger Jahren in die nahe sudanesische Grenzregion geflüchtet hatten. Erst auf gehörigen internationalen Druck begannen 1998 umfangreiche Rücksiedelungen.

Die umfangreichste und sicher erfolgreichste Repatriierungsaktion fand zwischen 1992 und 1994 nach Mosambik statt. Das UNHCR betreute insgesamt 980000 Rückkehrer aus Simbabwe und Malawi und half ihnen bei der Wiedereingliederung in ihre Heimat.

Als der Jesuit Refugee Service 1997 in der kenianischen Hauptstadt Nairobi lokale Mitarbeiter einstellte, verlangten diese Arbeitsplatzgarantien, denn es könne ja sein, daß die Flüchtlingshilfe einmal zu Ende gehe. Welch hoffnungsvolle Fehleinschätzung! Es gehört zur Tragik Afrikas, daß stets neu aufbrechende Auseinandersetzungen andere Menschen zu Flüchtlingen machen.

Die frühere Uno-Hochkommissarin für Flüchtlinge, Sadako Ogata, forderte von der Internationale Gemeinschaft wie von den afrikanischen Staaten ernsthaftere Aktionen, um Konflikte erst gar nicht erst ausbrechen zu lassen. So sollen feinere und schneller wirkende Mechanismen zur Streitschlichtung angewandt und vor allem die wirtschaftliche Entwicklung gefördert werden. An diesen Strategien muß sich die Internationale Gemeinschaft stärker als bisher beteiligen. So wie sich Afrika zu Beginn des neuen Jahrtausends darstellt, ist es allerdings leichter, das Problem und dessen Ursachen zu definieren, als es zu lösen.

Lesego Rampolokeng

»was ist gerechtigkeit? wo ist sie?«

Verbrechen und Gewalt vor dem Altar des Neuen

sobald in südafrika die rede auf kriminalität kommt, möchte man sich am liebsten in den eigenen hintern beißen und wie ein hund immer wieder nach dem eigenen schwanz schnappen. es reicht einfach nicht, zynisch alles nur den besonderheiten von übergangsgesellschaften zuzuschreiben. osteuropa hat eine vorstellung von ihnen, und südamerika als kontinent ist ihnen ebenfalls ausgesetzt. bis tief in die wurzeln.

um aber zu den anfängen zu gelangen, sollten wir vielleicht vom ende her beginnen, dem hiesigen ende.

es war einmal, da wurde diebstahl als wiederaneignung begriffen. und anständigkeit galt als selbstverständlich. werte des lebens aber sind relativ, demzufolge auch die moralischen.

die allgemeine überlegung lautete folgendermaßen: »zunächst einmal sind wir bestohlen worden …«, und deshalb verzieh Soweto gern, stand diebstahl auf der tagesordnung, wenn es nicht sogar beifall klatschte.

man ließ die vororte im norden für jan van riebeecks schuld aufkommen.

damals war es so: durchgeknallte verbrecher kamen für elementare öffentliche dienstleistungen auf, ohne jeden universitätsabschluß. sozialarbeit jenseits politischer ermächtigung, in etwa.

ein »komm zur party & frag nicht nach ihrer rechtmäßigkeit« & auf widersinnige weise war es großartig.

vor allen dingen: es floß kein blut, im wesentlichen jedenfalls nicht.

kommt heut das verbrechen zum zuge, zersprengt den schädel ne kugel. raus quillt … schaum.

es waren einst hirnlose, leben jetzt in einem verängstigten psychotischen neurotischen paranoiden land ... schreckensherrschaft als morgengabe.

nichts vergleichbar der massenhysterie ... erstanden aus der verherrlichung der verwesung.

& nun schlägt einer national therapie vor.

da wir schmerz ernten.

APARTHEID. HASS. WUT. ENTTÄUSCHUNG. das gefühl, von der politischen führung betrogen zu werden.

GROLL dem gepränze jenseits der finanziellen grenze

armut, ungleichheit, völlig verelendete lebensbedingungen, verfaulte machtverhältnisse ...

»VATER UNSER DER DU BIST ...

UNSEREN TÄGLICHEN TOTEN GIB UNS HEUTE«

kümmerliches sein in schreckens/staat/zustand. verfault bis ins mark.

so sehr wir uns auch immer PSYCHOANALYTISCH DARÜBER AUSLASSEN KÖNNEN WIE WIR WOLLEN.

FREIHEIT DER REDE HERRSCHT DANN, WENN DU NICHTS MEHR ZU SAGEN HAST.

zyniker höhnen »das ist die kultur der berechtigten ansprüche.

Das STEHT UNS ZU!!! & das ERNTE syndrom ...«

... & TOD WIRD MILDE GABE.

angeblich sieht man um joburg herum mehr bmw's auf den straßen als irgendwo sonst außerhalb deutschlands.

die meisten wurden gestohlen/entführt/»zurückgeführt«.

SAG MIR WENN ICH MIT DEM VERBRECHEN SCHLUSS MACHE ERNÄHRST DU MICH DANN BESCHAFFST DU MIR EINE FREUNDIN.

KEINE FRAU WÜNSCHT SICH EINEN MANN, MIT DEM SIE SICH DIE HACKEN ABLAUFEN MUSS, UM EINE ZU KRIEGEN, MUSST DU EIN AUTO FAHREN ... UND EIN GUT AUSGESTATTETES DAZU.

EIN 7er BMW IST ZUM PREIS EINER FAHRT IM MINIBUSTAXI IN DIE STADT ZU HABEN.

KLEINE JUNGS, DIE NICHT MAL EIN BETT IHR EIGEN
NENNEN, FAHREN DEUTSCHE LUXUSAUTOS.
meine schwester fährt auch einen, obwohl sie niemals in ihrem
partyleben einen 9bis5job gehabt hat.
ihr freund ist ein wahres genie, wenn es darum geht, anderer leute autos zu knacken und mit ihnen abzuhauen.
meine mutter hat mir meine sauer verdienten deutschmärker ab-
gepreßt, damit der schurke
für den in seinem fall ermittelnden beamten bestechungsgeld zur
hand hatte. & jetzt zieht er durch die straßen und erfreut sich der
gesellschaft meiner schwester, ohne sich im mindesten bei mir be-
dankt zu haben.
verbrechern zu helfen, sie zu begünstigen, ist eine überlebens-
wichtige angelegenheit. wobei schon die frage allein ziemlich rheto-
risch ist. man hat keine wahl.
was beihilfe angeht, nun, es wäre wohl eine ziemlich schwierige
aufgabe, auch nur einen einzigen südafrikaner zu finden, der nicht in
irgendeiner weise mit einem verbrechen in verbindung gestanden hätte. ob vorsätzlich oder nicht, spielt keine rolle, das ergebnis bleibt das
selbe. südafrikas bevölkerung ist KRIMINELL.
der computer, mit dem ich gerade schreibe, erwies sich als gar
nicht besonders großzügiges geschenk, weil der samariter, der für diese gabe verantwortlich ist, keine ahnung von seinem marktwert hier
hatte ...
meine zweite schwester kleidet sich ziemlich anspruchsvoll, putzt
sich heraus mit einer vielzahl an schmuck, italienischen schuhen,
kleidern aus allen winkeln der erde. sie hat gerade erst die ober-
schule beendet.
ihr freund ist dafür bekannt, daß er alle möglichen unerlaubten
schußwaffen mit sich rumschleppt und sie ziemlich begeistert für
eben die zwecke einsetzt, für die sie hergestellt wurden. & dafür bezahlt wird, von den opfern.
sie hat mir erzählt, daß die polizei in die wohnung gekommen sei,
in der sie mit ihrem freund wohnt und dort stereoanlagen, fernseher,
waffen und so weiter sowie im hof ein auto gefunden habe (all diese
dinge standen kurz davor, an dritte »weitergeleitet« zu werden), und
daß sie deshalb

den tüchtigen polizisten über zwanzigtausend rand zahlen mußten, sollten die sie nicht auf staatskosten unterbringen.
doch, wir wurden sehr gut erzogen. im katholischen sinne, natürlich.

GEWALT BEI DEN TAXI-UNTERNEHMEN – TÖTUNGS-
VERBRECHEN – FAHRGÄSTE GERATEN ZWISCHEN DIE
SCHUSSLINIEN

schulmädchen himmeln sozio-psycho-pathen an:
»das beste im fernsehen gestern abend war Moses Sitho ... waaauu,
mädchen, der is cool, der is ›irre‹, auf den steh ich«.
der held dieses traurigen märchens sitzt im gefängnis, weil er 38
frauen umgebracht hat, nicht gerechnet die zahllosen vergewaltigungen und anderen gewalttaten, die er an frauen verübte.
IN EINEM INTERVIEW, DAS SATV FRÖHLICH AUSGE-
STRAHLT HAT, VERSTEIFTE ER SICH DARAUF, DASS ER
DEN FRAUEN BEIGEBRACHT HÄTTE, NICHT IMMERFORT
MIT ANDEREN MÄNNERN RUMZUVÖGELN.

eine frau, die mit einem kerl schnaps getrunken und dann versucht
hatte abzuhauen, ohne dafür »zu bezahlen«, fand man im kornfeld,
und ihre vagina war mit einer bierflasche aufgeschlitzt worden,
der man den hals abgeschlagen hatte.

BLUTFREIE VERBRECHEN ... »JOBS« DER HÖHEREN ETA-
GEN
HINTER DEN ELEKTRISCHEN ZÄUNEN WUCHERT DIE
FÄULNIS. WACHHUNDE RIECHEN DAS.
ganze straßenzüge haben sie eingezäunt, ganze wohnanlagen ...
symbol derer, die es »geschafft« haben
postieren sicherheitskräfte an den toren.

der dichter SANDILE DIKENI behauptet, tuberkulose fordere mehr
opfer als gewalt im Western Cape ... das will ich glauben.
gleichzeitig ist das aber die gegend, in der es bomben regnet.
PAGAD.

wo dreizehnjährige kampagnen des schreckens, der auslöschung, der vergewaltigung lostreten ... (es heißt, vergewaltigung sei eine strategie zur nationalen destabilisierung)

GEFAHRENSIGNALE: IM PARLAMENT REDEN SIE ÜBER IN-HAFTIERUNG OHNE GERICHTSVERFAHREN. ZUR BEKÄMP-FUNG DES TERRORISMUS, SAGT MAN.
da schellen die glocken von hier bis zur politischen hölle.
MANÖVER in den fluren des parlaments, in denen nicht messer blitzen sondern leben verglühen, in unheimlicher geschwindigkeit.
vor kurzem wurde ein richter erschossen, der im Western Cape über einen fall von organisiertem verbrechen zu urteilen hatte. zum opfer gefallen den urelementen der gewalt. was ist gerechtigkeit & wo ist sie?
NEUN KOMMEN IN EINEM BLUTBAD DES BANDEN-KRIEGS AM KAP UM.

es kommt zu faulen KOMMERZIELLEN abwägungen, korruption und verderbtheit beherrschen die höchsten ränge & der präsident erscheint im fernsehen und behauptet »johannesburg ist nicht die welthauptstadt des verbrechens, die statistiken stimmen nicht. die zahlen sind übertrieben.«
klingt verdammt nach ego.
FRAU MIT SCHUSSWAFFEN ZUR HERAUSGABE IHRES GEMÜSEEINKAUFS GEZWUNGEN. so geht das kleine einmaleins der verzweiflung.

zugegeben, es gibt schokoladene geschöpfe in den höchsten kreisen (auch wenn die macht, die einzige macht, über die sie verfügen können, in proportionalem verhältnis zur größe ihres genitals steht),
die vorstädte
im norden haben eine graue farbe angenommen, schwarze ärsche schlurfen und scharwenzeln durch sitzungssäle und betten
jenseits des rassischen rubikons, die wirtschaft ruht seit generationen in immer den selben händen.
mit harry oppenheimers tod betrauerte man den verlust eines großartigen kämpfers für die menschenrechte.

ich wünschte, mein vater hätte das erfahren, bevor er in den gruben eben dieses helden am platinstaub erstickte.
wie tausende andere bergarbeiter.
dies ist die zeit der lauthals verkündeten »politik der zweckmäßigkeit«.

HATTE IHRE INTERNATIONALEN AUSWIRKUNGEN ...
reimt der hard-core aus L. A. »i'mma fuck you up like a jo'burg carjack, nigga ...«
hör ich die glocken läuten. südafrikaner swingen zur todesrockmusik.

WENN ZUSTÄNDE DER ERSTEN WELT AUF DIE DRITTE WELT TREFFEN ZERSTÄUBEN SIE IN MYRIADEN RICHTUNGEN:

SCHLAGZEILEN:
(GEWALT IM PRIVATBEREICH)
MANN TÖTET FRAU MIT FORKE
VATER WEGEN DES TODES SEINES SOHNES VERHAFTET
KIND GETÖTET, WEIL ES INS BETT MACHTE
FRAU ERSTICHT SOHN WEGEN EINER BÜCHSE FISCH

PHEFENI-CHRONIK: weihnachten letztes jahr hat ein mann aus meiner straße seine freundin zerhackt
& sie zu sich ins bett gesetzt & nächtelang neben ihr geschlafen, bis der geruch die nachbarn herbeirief & die tür aufstieß. die polizei fand ihn auf einem baum sitzend & pflückte ihn runter. solche dinge führen dazu, daß die welt alles wilde mit afrika gleichsetzt.

VERBRECHEN AN DEN ORTEN DER MACHT ... DIENEN & SCHÜTZEN? BRUTALITÄT BEI DER POLIZEI

der bankräuber FINGERS RABOTAPI wurde regelrecht hingerichtet, die
POLIZEI STECKTE DIE GANZE ZEIT DAHINTER. sie brachten ihn um die ecke, um zu verhindern, daß ihre bankguthaben in

Gewalt ist an der Tagesordnung: Demonstranten außerhalb des Gerichtes von Viljoenskroon in Südafrika. Im Saal wird gegen einen Weißen verhandelt, der einen schwarzen Arbeiter mit seinem Auto in den Tod riß.

Rechts: Ein Mahnmal in der Nähe von Johannesburg erinnert an die extrem hohe Zahl von Vergewaltigungen im Land.

eine peinliche schieflage gerieten. so jedenfalls behauptet es die öffentliche meinung. viele andere sind ebenfalls diesen weg gegangen.
DER ARM DES GESETZES IST HIER ZIEMLICH KURZ.
180000 angehörige der polizeikräfte stehen vor einer anklage. die vorwürfe reichen von einschüchterung über annahme von bestechungsgeldern bis hin zur heimlichen mitwirkung an einer vielzahl von verbrechen.
DIE POLIZEI MISCHT IN SYNDIKATEN MIT, DIE SICH AUF AUTODIEBSTÄHLE VERLEGT HABEN.
wird an den straßenecken geredet. heutiges motto »verfahren einstellen & taschen füllen«. südafrika muß den weltrekord bei gefängnisausbrüchen halten, vor allem seit kurzem.
KEINE TRENNLINIE MEHR ZWISCHEN DEM POLITISCHEN UND DEM BLOSS KRIMINELLEN.
die schlimmsten kriminellen der welt sind natürlich immer die politiker. vor allem dann, so sieht es hier aus, wenn sie selbst opfer von verbrechen gewesen sind. wenn ihnen die ahnentafel das wissen mitgibt, was es heißt, immer auf der geberseite der eigenen rechte zu stehen.
FEHLENDE(R) WILLE/MITTEL. ODER UNFÄHIGKEIT?
nun, millionen werden rausgeschmissen, unseren führern ein leben in obszöner pracht zu ermöglichen acht millionen noch immer ohne fließend wasser.

DIE KRIMINALISIERTEN. MACHT KRIMINALISIERT.
widerrechtliche festnahme. MEINE ERFAHRUNG.
MEINE KINDHEIT verbrachte ich in anbetung alles verfaulten.
EMBRYONISCHES VERBRECHEN. wie wir uns selbst zerstören. wir eiferten schurken nach. meine generation und ich.

GEWALT GEGEN KINDER
das neugeborene und das kleinkind kennen schmerzen, die ihre eltern nie erfahren haben ...
dreihundertprozentige steigerung bei kindesmißbrauch
KRIMINELLE IM KINDESALTER
TASCHENDIEBE & SCHLÄGER & EINDRINGLINGE SIND GEWÖHNLICH JUGENDLICHE. REVOLVERHELDEN WERDEN IMMER JÜNGER.

mein jüngster sohn, letztes jahr gerade vier, spazierte mit einem spielzeuggewehr in der hand, keine ahnung, wo er das ding her hatte, in den eckladen in unserer straße und versuchte, den laden um eine tüte bonbons zu erleichtern.

vor kurzem jagte die polizei einen mann durch die straßen & stellte ihn schließlich in dem kindergarten, den auch mein sohn besucht.

& dort hat man den mann erschossen, vor den augen der kinder.

letzte woche sind diebe dort eingebrochen und haben das wenige gestohlen, dessen sie habhaft werden konnten.

sie zogen mit babymützchen, strampelanzügen, bettüchern ab …

wir feilen ihnen hier frühzeitig die zähne spitz.

VERBRECHEN IM KLASSENZIMMER & FEUERGEFECHTE AUF DEM SCHULHOF.

bereits am allerersten tag, den mein ältester sohn zur schule ging – er war gerade sechs jahre alt – wurde er von seinem lehrer brutal mißhandelt. kam nach hause & sein hintern war von striemen zerfetzt & blutete.

es ist nichts neues, dass lehrer ihre schüler beleidigen und demütigen.

WAFFEN IM KLASSENZIMMER.

BEWAFFNETE überfallen ständig die schulen und eröffnen wahllos das feuer, entführen lehrer, mädchen, was immer ihre rechnung erfordern mag. schüler erschießen lehrer und schulkameraden, die bildungseinrichtung ist ein schlachtfeld. alle kinder haben einen hang zum verbrechen. wir sind schließlich alle bloß menschliche bestien.

DIE UNSITTLICHKEIT DER APARTHEID HAT UNSER SEIN GEPRÄGT. DIE GESCHICHTE DER APARTHEID BEWIRKTE, DASS DER WETTLAUF UM WOHLSTAND EINE RASSENBASIS BEKAM.

BEIM TOYI-TOYI SIND WIR GANZ GROSS – DAS BEDARF AUCH KEINER GROSSARTIGEN TIEFE.

AUSSER VIELLEICHT EMOTIONALER.

ein gefängnis als »besserungsanstalt« zu bezeichnen ist ein witz, außer vielleicht, wenn man sich in der position befindet, sich derartigen humor erlauben zu können.

WIR HABEN EINE TRAUM-HAFTE VERFASSUNG, DEREN
UMSETZUNG HOHN SCHREIT.
DROGEN FÜR DIE DENKENDEN HIRNE & DIE DER HER-
ANWACHSENDEN.
köpfe wandern aufgeblasen herum, sind ganz high von eingebil-
detem selbstwert. die jugend wird ermutigt, sich selbst zu entwerten,
um mit dem weltzeitgeist schritt zu halten. es scheint, als wäre eigene identitat ganz leicht aufzugeben, wenn man damit gleichzeitig armut hinter sich lassen kann, des geistes, des hirns & die rein körperliche. & FREMDE.

MANDRAX, CRACK ...

LETZTE ZUFLUCHT DES FREMDENFEINDES
in einem zug wurden drei ausländer überfallen. starben alle drei,
einer wurde durch stromschlag getötet, als er versuchte, über das
dach des zuges zu entkommen. vor kurzem startete die bevölkerung
der ALEXANDRA township übergriffe auf »illegale fremde«. das
verrückte dabei ist, daß die opfer dieses schwachsinns jedes mal
schwarze sind.

zahllose beispiele für handlungen, die jeden neonazi-hooligan vor
neid erblassen lassen würden, haben überall im land mehr als nur
ihre häßlichen gesichter gezeigt.

mir ist eben zu ohren gekommen, dass heute
EIN GUTER TAG IN SOWETO war.
KEINE ZERFETZTEN SCHEIDEN KEINE VÄTER DIE IH-
REN KINDERN DEN ANUS ZERMALMT HABEN KEINE GE-
WEHRSALVEN DIE VON DES TAGES ANKUNFT ODER AB-
REISE KÜNDETEN ...

& ZUM ERSTEN MAL WIRD MIR WIRKLICH ANGST UND
BANGE.

das wunder offenbart sich nicht in mandela noch in diesem über-
schnell alternden »neuen süden«, sondern darin, daß es hier immer
noch menschen gibt, die keine verbrecher sind.

John Githongo

Inzest zwischen Wirtschaft, Politik und Bürokratie

Korruption in Afrika

Der Kontrast zwischen der Mühsal im Afrika südlich der Sahara, der wachsenden Armut auf der einen Seite und dem ostentativen Wohlstand vieler politischer Führer auf der anderen hat Radikale zu dem Schluß verleitet, daß die Korruption, die solch frappierende Ungleichheit hervorbringt, dermaßen tief verwurzelt sein muß, daß man sie für einen Charakterzug der Afrikaner schlechthin halten könnte. Die verbreitete afrikanische Tradition, dem Häuptling ein »kleines Geschenk« zu überreichen, bevor er seine öffentlichen Ämter versieht, hat oft als Erklärung dafür herhalten müssen, daß die heutige Korruption direkt der afrikanischen Tradition entspringe.

Korruption kann als eine Handlung definiert werden, die Macht, die aus öffentlichen und anderen Ämtern entsteht, zur Förderung privater Interessen mißbraucht. Während es einst gang und gäbe war, darauf hinzuweisen, daß die systematische Korruption in Afrika verbreiteter sei als andernorts, hält dieses Argument, insbesondere seit der Finanzkrise Asiens von 1997, heute nicht mehr stand. Allerdings muß eingeräumt werden, daß die Art von Korruption, die in vielen Teilen Afrikas vorherrscht – insbesondere in Nigeria, Kenia, dem früheren Zaire, Togo, Kamerun, Gabun –, von besonders destruktivem Einfluß auf die Wirtschaft ist. Während in Asien korrupte Eliten die relativ schnell wachsende Wirtschaft überwacht hatten, war dies in Afrika nicht der Fall. Dafür gibt es Gründe, die eng mit der besonderen Geschichte Afrikas sowie mit der Staatsform verbunden sind, die in den meisten Ländern des Kontinents über das letzte halbe Jahrhundert vorherrschte.

Es gibt in Afrika drei verschiedene Arten von Korruption. *Klein-Korruption* ist so verbreitet, daß ein Großteil der Bevölkerung sie für völlig selbstverständlich hält. Es geht dabei um das Überreichen kleiner Geldbeträge oder Geschenke mit dem Ziel, behördliche Vorgänge zu beschleunigen, auf die im Grunde ohnehin jeder Steuerzahler ein Recht hat, oder um Sanktionen bei geringfügigen Übertretungen zu unterbinden. Für gewöhnlich werden hierbei eher geringe Geldbeträge an Beamte in relativ niedrigen Positionen im öffentlichen oder privaten Sektor gezahlt.

Groß-Korruption wird von höheren Regierungsbeamten oder Personen des Privatsektors in relativ gehobenen Stellungen begangen. Einem Minister ein Schmiergeld in Höhe von hunderttausend Dollar zu zahlen, um den Zuschlag bei einer Ausschreibung zu erhalten, ist Groß-Korruption. Der Kaufmann, der einem hochrangigen Zollbeamten eine erhebliche Summe zahlt, um verschiedene Container mit Waren zoll- und steuerfrei in das Land einführen zu dürfen, fällt in dieselbe Kategorie.

Die destruktivste Art von Korruption kann als *Plündern* bezeichnet werden. Darin verwickelt sind oft Einzelpersonen oder Firmen, die für nie gelieferte Waren und nie geleistete Dienstleistungen kassieren. In Uganda nennt man sie *air supply* (»Luftlieferung«), weil dafür bezahlt wird, nichts zu liefern. Man bezeichnet sie auch als Wirtschaftskriminalität in großem Maßstab. Jedenfalls unterscheidet sie sich von der Klein- wie von der Groß-Korruption und herrscht bedauerlicherweise in all jenen Ländern der Dritten Welt vor, in denen die öffentlichen Institutionen besonders schwach sind. Infolgedessen ist sie in vielen Teilen Afrikas üblich, und ihre Auswirkungen sind besonders tückisch.

Es kommt vor, daß infolge des Plünderns Banken kollabieren, die Inflation steigt oder Wechselkurse abstürzen. Der Antrieb für solches Plündern ist, im Gegensatz zur Groß-Korruption, der Erhalt der politischen Macht. Das Plündern wird unter Anleitung oder mit dem Einverständnis der herrschenden politischen *players* eines Landes vollzogen. Dieses Plündern schließt oft auch das Drucken von Zahlungsmitteln ein: Es werden fiktive Projekte erstellt, bei denen öffentliche Gelder zur Bedienung groß angelegter Verträge an Einzelpersonen gezahlt werden, die nie eine Warenlieferung oder Dienstleistung erbringen. Die Drahtzieher kassieren nicht etwa nur zehn oder zwanzig Prozent – der Schnitt bei solchen Abkommen kann bis zu hundert Prozent betragen, wobei das meiste Bargeld an die oberen Chargen geht. Aus diesen Geldquellen werden in vielen Ländern Afrikas Wahlkampagnen und Privatmilizen finanziert.

Dazu erzählt man sich in Nairobi folgende Begebenheit: Ein Kabinettsminister Kenias stattete einem indonesischen Kabinettsminister während einer Staatsvisite einen Besuch in dessen Haus ab, einer riesigen, teuer möblierten Residenz.

»Woher haben Sie nur das Geld, um dies alles zu finanzieren?« fragte der afrikanische Minister erstaunt.

»Sehen Sie die Straße dort drüben?« erwiderte der indonesische Minister seinem Amtskollegen und zeigte auf eine nagelneue Verkehrsstraße, die durch ein kleines Tal führte.

»Ja.«

»Davon habe ich zehn Prozent einbehalten! Sehen Sie das große Hospital dort drüben?«

»Ja.«

»Davon habe ich zehn Prozent einbehalten! Sehen Sie die Universität dort drüben?«

»Ja.«

»Davon habe ich zehn Prozent einbehalten! So habe ich das Geld für dieses Haus zusammenbekommen.«

Ein Jahr später besucht der indonesische Minister anläßlich einer Staatsvisite den Kenianer in dessen Haus. Der Indonesier ist erstaunt über die Größe und Opulenz des Hauses.

»Woher haben Sie nur das Geld für dies alles?« fragt er.

»Sehen Sie die Straße dort drüben?« erwidert der Kenianer und zeigt auf den Urwald im Tal.

»Welche Straße?« fragt der Indonesier. »Ich sehe keine Straße.«

»Nun, von der Straße habe ich hundert Prozent einbehalten.«

Das Plündern ist immer geplant. Ein Regierungsprojekt ist notwendig, für das Gelder zugewiesen und eingesetzt werden sollen, wohlwissend, daß das Projekt nie verwirklicht werden wird. Setzt man Groß-Korruption mit Totschlag gleich, dann entspricht das Plündern Mord.

Plündern ist im Grunde genommen kannibalistisch, da es denselben Staat, der dazu befähigt, untergräbt und schließlich ganz verzehrt. Es führt zu einem Verschwinden von Steuergeldern, und die an Bargeld reichen, geplünderten Regierungsfirmen kollabieren letzten Endes infolge unbedienter Schuldenberge, mangelhafter Instandhaltung und regelrechten Diebstahls. Bezeichnenderweise ist in den Ländern, wo dies an der Tagesordnung ist, das Nationalgefühl dürftig entwickelt. Die plündernden Politiker verspüren nicht die geringste Verantwortung gegenüber ihrem Land und seinen Institutionen.

Bedeutende Interessengruppen in einer Gesellschaft haben das Gefühl, sie könnten wirtschaftlich und politisch nur durch Plündern weiterkommen. Die Intelligenteren unter ihnen erkennen immerhin, daß sie hier mit zwei schmerzlichen Alternativen konfrontiert sind: Entweder sie plündern weiter und bleiben an der Macht, wenngleich der Staat letzten Endes an all den Verlusten zugrunde zu gehen droht, oder sie hören mit dem Plündern auf und verlieren ihre Machtposition.

Wo die Korruption offenkundig ist und mit den Pfründen schamlos geprotzt wird, befürchten die Eliten, daß sie im Falle eines Machtverlusts vom neuen Regime vor Gericht gezerrt werden. In Ländern mit schwachen staatlichen Institutionen müssen sie sogar um ihr Leben fürchten, sobald ein neues Regime versucht, die eigene Macht zu konsolidieren.

In vielen Ländern Afrikas sind die Regierungsinstitutionen schwach. Parlament, Justiz und Polizei kränkeln. Es gibt keine demokratische Kultur, die menschlichen und technologischen Ressourcen sind weniger weit entwickelt als in der westlichen Welt. Auch ein Umfeld, in dem viele Menschen kein Bewußtsein für ihre Rechte haben, bietet fruchtbarsten Nährboden für Korruption. Darum sollten Politiker und Verfechter der Menschenrechte ein Interesse daran haben, die Korruption zu bekämpfen.

In vielen Dritte-Welt-Ländern mit kleiner Wirtschaft ist die ansässige Finanzelite mächtig, die über relativ bedeutende Einnahmen verfügt. Es gibt zwei Sorten *player*: ausländisches Kapital, also vorwiegend multinationale Firmen, die ihre Interessen in Übersee wahren, und eine einheimische Elite aus Kaufleuten und Landbesitzern, die ihren Wohlstand entweder traditioneller Erbschaft oder guten Beziehungen zu Staatsbeamten verdanken. Solche vitalen Beziehungen können vielgestaltig sein. In Ländern Afrikas, in denen sich, im Gegensatz zu den Ländern Asiens, während der Kolonialherrschaft keine Schicht von Kaufleuten gebildet hatte, war all jenen, die seit der Unabhängigkeit als »die Reichen« betrachtet wurden – Beamte, Politiker, Militärs – gemeinsam, daß sie der staatlichen Machtzentrale nahestanden.

Zum Zeitpunkt der Unabhängigkeit waren lediglich der Staat und das ausländische Kapital die zentralen *players* in den organisierten Wirtschaftssektoren. Wegen ihrer Beziehungen zum Staat, ihrer politischen, administrativen oder militärischen Teilhabe am Staatswesen, bildeten sich neue Eliten heraus. Sie sind diejenigen, die die meisten Verträge mit der Regierung abschließen, denen Finanzinstitutionen problemlos Kredite gewähren. Sie bemühen sich erfolgreich um staatliche Grundstückskontingente, sie unterhalten eine effiziente Lobby, um Steuerkonzessionen und günstige Investitionsreglements zu erreichen.

Nach der Unabhängigkeit verband sich in den meisten Ländern Afrikas das ausländische Kapital schnell mit dem Staat und seinen assoziierten Eliten, beispielsweise durch Ernennung von Personen, die Beziehungen zu hohen Regierungsbeamten unterhielten, oder dadurch, daß man Beamte in Privatfirmen in Schlüsselpositionen brachte. So entstand zwischen Geschäftswelt, Politik und Bürokratie ein inzestuöses Verhältnis.

In einem solchen Umfeld verändert sich der Charakter vitaler nationaler Institutionen wie der Administration, der Justiz und des Polizeiapparates. Es entwickelt sich eine schwer erkennbare Machtstruktur, die ihre Tentakel in alle wirtschaftlichen, politischen und sozialen Sektoren ausstreckt. Hauptziel ist es, den Zugriff der regierenden Elite auf die Staatsmacht und die Möglichkeit zur Anhäufung von Wohlstand zu erhalten.

Ausländische Investoren erkennen solche Schwächen formeller staatlicher Institutionen schnell und setzen alles daran, Beziehungen zu den Beamten in Schlüsselpositionen der informellen Machtstruktur zu knüpfen, um ihre Investitionen abzusichern. In vielen Ländern Afrikas ist deshalb für seriöse europäische Investoren die Qualität des Reglements für Investitionen von wesentlich geringerer Bedeutung als eine solide, für beide Seiten vorteilhafte Beziehung zum Staatsoberhaupt und seinen Verwandten.

Wenn Eliten, die Teil informeller Machtstrukturen sind, an dieser

Korruption partizipieren, verschlimmern sie die wirtschaftliche Ungleichheit. Das liegt zum Teil daran, daß in den Wirtschaftssystemen, in denen solche Eliten gedeihen, die staatlichen Institutionen schwach sind und die Angehörigen der Eliten, einschließlich ihrer Mitarbeiter, über dem Gesetz stehen. Jene, die gute Verbindungen haben, müssen keine Steuern zahlen. Die Polizeibeamten und andere Amtsträger in niederer Position, die auf kleine Vergünstigungen aus sind, wagen nicht, von ihnen Bargeld zu fordern. So trägt der Mittellose und Schwache die Hauptlast der Korruption.

Wirtschaftliche Liberalisierung wurde seit Mitte der achtziger Jahre von Regierungen Afrikas unter der Prämisse durchgesetzt, daß eine Schwächung staatlicher Kontrollen die Willkürentscheidungen der Regierung und infolgedessen auch Korruption und Ineffizienz reduzieren würde. Es gibt jedoch Hinweise darauf, daß die Liberalisierung des Bankwesens und die Privatisierung halbstaatlicher Firmen zu neuen Formen von Korruption und Wirtschaftskriminalität geführt haben. Wirtschaftsreformen ohne eine begleitende Reform der Politik ziehen ernste Probleme nach sich. Der Prozeß gradueller Kriminalisierung von Politik und Staat ist ein üblicher Vorgang; er spielt sich im Herzen politischer und staatlicher Institutionen ab.

Das öffentliche Bewußtsein für Korruption ist unterentwickelt. Die straflose Annahme von Bestechungsgeldern versieht den Korrupten oftmals mit dem Glorienschein eines modernen Helden, eines Robin Hood. In Kenia beispielsweise sind einige der größten Förderer der Kirchen jene, die in den Zeitungen immer wieder mit Korruptionsskandalen in Verbindung gebracht werden.

Die Auswirkung auf die Moral des Landes zeigt sich beispielsweise in der zunehmenden Respektlosigkeit Jugendlicher vor dem Lehrer. In den sechziger Jahren gehörten in den meisten ländlichen Gegenden Afrikas Lehrer, Schulleiter, Häuptlinge und Pastoren zu den angesehensten Führern der Gemeinde. Heutzutage ist es der Korrupte, der durch die Anhäufung materieller Güter scheinbar mehr Erfolg vorzuweisen hat. Das Produkt, das ein Lehrer verkauft – Bildung –, scheint hingegen nicht mehr den hohen Wert früherer Zeiten zu besitzen. Abkürzungen auf dem Weg zum Wohlstand scheinen verlockender. Viele Jugendliche warten lieber auf den einen großen Deal, der dank *connections* Reichtum verspricht.

Die Forderung nach der Bekämpfung von Korruption ist wirtschaftlich wichtig, weil Korruption die Armut vergrößert. Wo Korruption straffrei bleibt, werden korrupte Halunken zu modernen Helden stilisiert. Ein solches Umfeld bietet schillernden Persönlichkeiten wie dem kenianischen Präsidenten Daniel arap Moi und dem zairischen Mobutu Sese Seko hervorragenden Nährboden. Leider sind es diese schillernden Gestalten, die in den meisten Fällen das internationale Bild von der in Afrika vorherrschenden Korruption und den mangelnden Führungsqualitäten afrikanischer Politiker prägen.

Es stellt sich die Schlüsselfrage, ob die Korruption in Afrika überhaupt gestoppt werden kann. Die Antwort lautet: ja, aber nur durch eine holistische Strategie. Die Strategie muß auf vier Prinzipien basieren und geschlossen durchgeführt werden. Es sind dies die Regeln, die *Transparency International* durch seine Arbeit in 77 Ländern weltweit mitbestimmt hat:

Jedes implizite oder explizite Programm zur Bekämpfung von Korruption muß unter einer Führung stattfinden, die einen politischen Willen hat. Es ist schwierig, wirksam gegen Korruption vorzugehen, wenn der Präsident oder Premierminister oberster Nutznießer der Korruption ist. Die unausgesprochene Schlußfolgerung ist, daß in vielen Ländern Afrikas Korruption nicht bekämpft werden kann, solange die heutigen Führungskräfte im Amt sind.

Das zweite Prinzip stellt eine Reform der Institutionen dar. Die Verwaltung muß deutlicher als bisher Rechenschaft ablegen und Transparenz zeigen.

Unangemessene Gesetze, widersprüchliche Dekrete und ähnliches bieten zahlreiche Anreize und Gelegenheiten zu korruptem Verhalten. Das zu ändern ist wesentlich. Unter dem Druck ausländischer Geldgeber wurde in zahlreichen afrikanischen Ländern auch eine Gesetzgebung verordnet, mit der die Korruption wirksamer bekämpft werden soll.

Korruption blüht in Gesellschaften, die nicht offen sind, in denen es keine freie Presse gibt, in denen die Regierung sich hinter drakonischen Geheimhaltungsgesetzen verstecken kann, in denen die Demokratie schwach ist und es nicht Bestandteil der nationalen Kultur ist, daß Politik offen betrieben wird. Trotz der in den vergangenen Jahren vollzogenen Entwicklung hin zu politischem Pluralismus hat sich das Verhalten der regierenden Eliten und staatlichen Verwaltungen in vielen Ländern Afrikas nicht grundlegend verändert. Die erfolgreiche Bekämpfung von Korruption setzt eine Gesellschaft voraus, in der ein Minimum an Offenheit herrscht und demokratische Werte sich immer fester etablieren.

Afrika hat im letzten Jahrzehnt einige der unglaublichsten Korruptionsskandale seiner Geschichte erlebt. Heute ist die Welt besser über Korruption in Afrika informiert als noch vor zwanzig Jahren. Denn heute gibt es in Afrika eine lebendige Presse. Die Korruption der Vergangenheit war teilweise viel schlimmer, aber wir haben nie etwas darüber gehört; wir haben uns lediglich gewundert, warum die Wirtschaft keinen Aufschwung nehmen wollte. Allgemein offenbart die heutige Presse dem ganzen Kontinent sämtliche von korrupten Herrschern und ihren Vasallen begangenen Missetaten, und die lesende Öffentlichkeit schnappt sie interessiert auf. Das fördert die Offenheit ebenso wie ordentliche Wahlen, denn den führenden Politikern ist anscheinend klar geworden, daß sie sich von Zeit zu Zeit wählen lassen müssen. Auch der zunehmende Druck von außen hat positive Wirkung gezeigt.

Mehrere Länder Afrikas führen zur Zeit spezielle Anti-Korruptionsprogramme durch. In Uganda mahnt das Parlament regelmäßig Mitglieder der regierenden Elite ab, die in dubiose Machenschaften verstrickt waren. In Tansania hat der Präsident seine Finanzlage der Öffentlichkeit offenbart. In Mosambik und Nigeria bereiten demokratisch gewählte Politiker mit der Ernsthaftigkeit, mit der sie gegen Korruption vorgehen, »Plünderern« ziemliche Sorgen.

Beim Kampf gegen die Korruption in Afrika hat man es nicht mit nationalen Problemen zu tun, die isoliert von einander angegangen werden können. Vielmehr muß eine Verbesserung der demokratischen Kultur auf dem gesamten Kontinent angestrebt werden, und jedem einzelnen Durchschnittsafrikaner, den wir in Ostafrika *Wananchi* nennen, müssen Machtzugeständnisse gemacht werden, damit er eine transparentere Gesellschaft und rechenschaftspflichtige Führer einfordern kann. Der Kampf gegen die Korruption wird lange dauern; es ist ein edler Kampf, und er ist nicht aussichtslos.

Daniel Stroux

Die »Stimme der Stimmlosen«

Das Internet als Informations- und Frühwarnsystem

Die Revolution wird kommen. Sagen die einen. Die Informations-
lücke vergrößert sich, der Abstand wird unaufholbar. Sagen die anderen. Was wird das Internet für den afrikanischen Kontinent leisten,
was leistet es schon? Die Revolutionierung des Postwesens, eine verbesserte Kommunikation, neue Bildungschancen für den unterprivi-
legierten Kontinent und ein effizientes Frühwarnsystem in Konflikten? Werden die letzten Diktaturen endlich gestürzt, weil die Zivilge-
sellschaften nun ein Medium haben, die Welt in kürzester Zeit über
die Machenschaften ihrer autoritären Herrscher zu informieren und
die internationale Öffentlichkeit aufzustacheln?

Kinshasa, die Hauptstadt der Demokratischen Republik Kongo,
des ehemaligen Zaïre, mit fünf Millionen Einwohnern: »Aton Information Network Services in Kinshasa«, kurz Aton, ist zwar noch
kein Internetprovider, aber es bietet den elektronischen Postdienst, das
e-mail an. Die Mitarbeiter im Service der 1998 gegründeten Firma
verbringen die meiste Zeit damit, handschriftlich gelieferte Manu-
skripte in die Tastatur zu hacken. Im spartanisch eingerichteten Büro
warten Kunden, die entweder ihre Texte tippen und drucken oder per
e-mail ins Ausland versenden lassen wollen. Es sind Geschäftskon-
takte, Briefwechsel mit Freunden und Nachrichten an die Verwandten im Ausland. Jahrelang war der Postweg aussichtslos. Nur wenn
mal ein Freund oder ein Bekannter das Flugzeug bestieg, gab man
ihm einen Brief mit auf den Weg. Das Schreiben bewerkstelligten
dann die Männer mit den Schreibmaschinen auf dem Boulevard, die
dort ihre Dienste anbieten.

Acht Mitarbeiter sind bei Aton beschäftigt, im Kundenservice sind
sie zu zweit. Mehrfach am Tage checken sie die Mailbox, immer wieder ertönt das wohlbekannte Rauschen und Pfeifen für die Anmel-

dung im Netz. 75 Personen in Kinshasa haben hier abonniert – und ihren individuellen «Briefkasten», eine Mappe, in der die *mails* für den Kunden abgelegt werden. Eine Mehrheit von 150 Kunden, vor allem Firmen, gehen vom eigenen Office aus *online*. Aton plant jetzt einen regulären Postdienst via *e-mail* mit der Hafenstadt Matadi am Unterlauf des Kongo. Matadi hat 250000 Einwohner und nur 150 Telefonanschlüsse, aber bereits vier Internetcafés.

In Kinshasa gibt es zwei weitere *provider*, die nicht nur *e-mail*, sondern die ganze Palette des Netzzugangs mit Internet anbieten. Das wird dann teuer: Für 100 Dollar im Monat darf man nach 18 Uhr ohne Unterlaß im Netz surfen, für 24 Stunden Zugang müssen 300 Dollar bezahlt werden. Ein *provider* arbeitet über Satellitenanschluß. Die Grundausstattung für den Kunden kostet allerdings 1200 Dollar, mit Antenne und Software für den Computer. In Kinshasa können sich das nur ein paar hundert Benutzer leisten. Internationale Firmen, von denen es im Kongo nicht viele gibt, Hilfsorganisationen und einige Privatleute sind die Kunden. Der einfache *e-mail*-Anschluß bei Aton kostet dagegen 30 Dollar.

Im Vergleich hierzu ist Internet im ostafrikanischen Kenia um einiges billiger. Dennoch zahlt man für das günstigste Angebot, trotz starker Konkurrenz von mehreren größeren *providern*, immer noch 50 bis 100 Dollar für die 24-Stunden-Nutzung. Im westafrikanischen Nigeria bekommt man einen Anschluß für rund 70 Dollar. Ganz anderes sieht es in Südafrika aus. Zahlreiche *provider* konkurrieren um Kunden. Die Kosten sind vergleichbar mit denen in Europa und den USA. Südafrika beherbergt vier Fünftel der Internet-Anschlüsse des Kontinents. Im Jahr 2000 gab es in Afrika eine Million Internet-Anschlüsse und drei Millionen Nutzer. Das sind weniger als ein Prozent der Menschen auf dem ganzen Kontinent. In Europa oder Nordamerika dagegen nutzt mittlerweile jeder Zweite oder Dritte das Netz.

Daß erst so wenige Afrikaner das Internet als Kommunikations- und Informationsmedium nutzen, liegt zum Teil an den hohen Kosten. Sie liegen weit über dem monatlichen Einkommen der meisten. Hinzu kommt, daß in Afrika ohnehin nur die wenigsten Menschen ein Telefon besitzen. Der Kongo, mit weit weniger als einem Telefon pro hundert Einwohner, zählt nicht nur in diesem Bereich zu den am wenigsten entwickelten Ländern des Kontinents. Laut Statistik wer-

Im teilweise zerstörten Mogadischu in Somalia werden neue Telefonleitungen installiert. Vielerorts haben private Firmen das Geschäft von maroden Staatsgesellschaften übernommen.

den selbst in zehn Jahren viele Afrikaner noch nie ein Telefongespräch geführt haben. Allerdings gibt es in den meisten Ländern inzwischen Mobilnetze. Doch meist reicht der Empfang nicht über die
Hauptstädte hinaus. Einige Mobilnetze haben hinsichtlich der Zahl
der Anschlüsse die örtlichen Telefonbetreiber mit Leitungsnetz bereits übertroffen. Das *leapfrogging*, das Überspringen industriege-
schichtlicher Phasen, wie es in einigen Schwellenländern Asiens stattfindet, ist in Afrika in Ansätzen zu erkennen. Die geringe Kaufkraft
der meisten Afrikaner verzögert eine Entwicklung wie in Asien.

Zudem besitzt in Afrika kaum jemand einen Computer oder ein
Modem. Hinzu kommt in vielen Ländern eine mangelhafte Stromversorgung. In Kenia sind Rationierungen der Stromversorgung an
der Tagesordnung. Benin und Ghana saßen 1998 monatelang im
Dunkeln. In Kinshasa häufen sich die Stromausfälle, weil die Turbi-
nen des einzigen Kraftwerks nicht gewartet werden. Und die meisten
ländlichen Gegenden Afrikas sind von jeglicher Stromversorgung abgeschnitten.

Dennoch gibt es Hoffnung für die ländlichen Gebiete: In Uganda
läuft ein Versuch in einer kleinen Ortschaft auf dem Lande: Ein Generator surrt, der den Computer betreibt und damit den Internetzugang ermöglicht. Die Nutzer sind Farmer, die sich per Internet Informationen über landwirtschaftliche Fragen einholen. Einige Privatleute
und der Arzt im Ort nutzen das Angebot ebenfalls. Diese sogenannten Telecenter, die auch die Möglichkeit zum Faxen und Telefonieren
bieten, sind im Senegal bereits Alltag: In dem westafrikanischen Land
gibt es etwa zehntausend Telecenter, die übers ganze Land verteilt
sind. Doch der Senegal zählt zu den wenigen technologisch besser
ausgestatteten Ländern des Kontinents. Das Internet wird in Afrika
nicht schnell zum Massenmedium werden.

Einen Lichtblick bietet das *Project Africa One*. Verlegt werden soll
ein 32000 Kilometer langes kontinentumspannendes Glasfaserkabel
mit Abzweigungen zu den Küstenländern. Es soll mit den bestehenden Satellitensystemen und den Landtelefonnetzen verbunden werden. Das 1996 in Leben gerufene Projekt hat inzwischen die notwendige private Finanzierung durch zwei internationale Telekom-
munikationsanbieter und soll im Jahr 2002 immerhin 26 Ländern
den Zugang zum Informationshighway kostengünstig ermöglichen.

Das Internet revolutioniert den Kontinent nur schleichend. Es findet in gesellschaftspolitisch relevanten Nischen eine wichtige Verwendung. Im Bereich der Menschenrechte etwa nutzen seit einigen Jahren afrikanische Menschenrechtsgruppen das Internet. Es ist Informationsbeschaffer und Informationsträger zugleich. Regelmäßig verschicken sie ihre Nachrichten an internationale Organisationen wie Amnesty International, an Regierungen, private Lobbyisten in den westlichen Metropolen. Gerade im Falle von Verhaftungen oder drohendem Verschwinden von Oppositionellen kann die internationale Gemeinschaft schnell reagieren.

Autoritäre Regime können die Menschenrechte nicht mehr ungesehen mißachten. Früher wußten nur die Botschaften und Außenministerien Bescheid, aktuelle Nachrichten aus diktatorisch regierten Staaten brauchten Wochen, bis sie an die internationale Öffentlichkeit drangen. Heute schickt etwa die kongolesische Menschenrechtsgruppe *La voix des sans voix* (»Die Stimme der Stimmlosen«) regelmäßig ihre Informationen per *e-mail* in alle Welt. Zwar greift der kongolesische Geheimdienst vermutlich immer mal wieder die elektronische Post ab. Dennoch: die Informationsflut per Internet ist nur mühsam zu kontrollieren.

Auch im Bildungsbereich schreitet das Internet mit Riesenschritten voran. Einige Universitäten des Kontinents, wie etwa in Mosambik oder in Sambia, sind selbst *internet provider*. Das spart Kosten und erlaubt den Unis, dem wissenschaftlichen Personal und den Studenten einen adäquaten Service zu bieten. Auch die schlecht ausgestatteten Unibibliotheken profitieren vom Internetzugang. Der Zugriff auf internationale Publikationen ist endlich gewährleistet. Eine mit 1,2 Millionen US-Dollar von der Weltbank finanzierte »Virtuelle Universität« für Afrika ermöglicht es Berufstätigen aus der Industrie, Abschlüsse durch Partnerschaften mit europäischen Unis zu erhalten. Die Unesco hat ein Pilotprojekt mit Schulen in Kenia und Südafrika initiiert, um diese ans Internet anzubinden.

Für die afrikanische Wirtschaft ist die Nutzung des Internets ebenfalls ein großer Gewinn. Kostengünstig kann das mittlere und kleine Gewerbe auf dem Netz seine Produkte anbieten. Es kann sich über die Produktstandards im Netz informieren, sich weltweit austauschen und günstig Kontakte knüpfen. Hat früher ein internationales

Telefongespräch in Afrika bereits die Wocheneinnahmen eines Klein-
händlers verschlungen, kann er nun per *e-mail* mit Hunderten po-
tenzieller Kunden kommunizieren und deren Produkte ordern.

Die Ausbreitung des Internet in Afrika ist für den Westen wichtig
geworden. Wer Informationen zu Afrika möchte, geht ins Netz. Über
siebzig afrikanische Tages- und Wochenzeitungen sind dort inzwischen zu lesen. Von Europa und den USA aus können Nachrichten
aus Afrika, Webseiten verschiedener Regionen und Länder abgefragt
werden und der Kontakt zu den Hilfswerken gehalten werden. Kontakt zu Wissenschaftlern, Aktivisten oder Journalisten ist möglich.
Afrika ist nicht mehr abgehängt wie früher.

Das Internet greift zudem in so wichtigen Bereichen wie der Konfliktprävention. Mit der beschleunigten Vernetzung wird die Welt
über sich abzeichnende politische Konflikte schneller informiert.
Wird die Information bei regionalen oder internationalen Organisationen adäquat ausgewertet, kann rechtzeitig eingegriffen werden.
Doch oftmals stellt sich weniger das Problem nach verfügbarer Information als nach dem tatsächlichen politischen Willen, aktiv zu
werden. Ob der Genozid in Ruanda 1994 mit einer höheren internationalen Aufmerksamkeit durch das Internet hätte verhindert werden
können, muß bezweifelt werden. Vielleicht aber hätte die öffentliche Meinung mit dem Wissen über eine Vorbereitung des Genozids
1993/94 durch das Netz entscheidenden Druck auf die Entscheidungsträger bei den Vereinten Nationen ausgeübt, und die Welt hätte
dem Völkermord nicht untätig zugesehen.

Viele Hoffnungen sind mit dem Internet verbunden, viele Illusio-
nen werden gehegt, und viele Wirklichkeiten schon gelebt. Noch aber
stößt der Fortschritt auf die harte Realität eines technologisch unter-
versorgten Kontinents. Ganz zu schweigen von der ökonomischen
Realität vieler Menschen, die nicht einmal die Schulgebühren ihrer
Kinder bezahlen können. Ohne die nötige Infrastruktur wie Telefonanschlüsse und Computer wird der Internetboom auf sich warten
lassen. Das Internet ist nur in wenigen Ländern Afrikas ein Wirt-
schaftsfaktor. Der Abstand zwischen Industrie- und Schwellenländern wächst weiter – da gibt es viele Ansatzpunkte für sinnvolle Entwicklungszusammenarbeit und für Investoren.

Georg Brunold

Fata Transsahara

Von Kapstadt bis Tunis ein Kontinent?

An der Südküste des Mittelmeers lebt in fünf Ländern gegen ein Fünftel der Bevölkerung Afrikas, und das Hoheitsgebiet ihrer Staaten umfaßt gegen ein Fünftel der Landmasse des Kontinents. Aber Afrika –
sind da Marokkaner, Tunesier, Ägypter gemeint? Leben sie auf dem-
selbe Kontinent der Tansanier, Kongolesen und Nigerianer, der sich
nach Süden ausdehnt? Hat man dort, südlich der Sahara, wo alles in
gewissem Sinn ganz europäisch, hauptsächlich britisch, französisch
und portugiesisch zu- und hergeht, von diesen – wenn man so sagen
darf – Nordafrikanern schon gehört? Und diese ihrerseits von ihren
schwarzen Zeitgenossen südlich der Sahara?
»Die Araber! Wer mag schon die Araber?« In Addis Abeba ist das
keine Frage. Doch dabei denkt niemand zuerst an die algerischen, tu-
nesischen und libyschen Diplomaten, die in der äthiopischen Hauptstadt, am Hauptsitz der Organisation Afrikanischer Einheit (OAU)
akkreditiert sind. Ebensowenig hätte jemand an Egypt Air gedacht,
Afrikas älteste Fluggesellschaft, mit der ich einst zum erstenmal hier
landete, um freudig zu verkünden, auch ich sei in Afrika, nämlich in
Kairo, wohnhaft. Die Araber – das sind die Saudis im Sheraton und
früher im Hilton, das sind die Nachbarn aus dem Jemen, die man
nicht nur an der eritreischen Rotmeerküste und in Djibouti aus dem
Alltag kennt, sondern auch im christlichen Hochland vereinzelt zu
Gesicht bekommen hat. Und vielleicht haben einige der äußerst dunkelhäutigen Sudanesen, die hier zeitweilig zahlreich vertreten waren,
etwas Arabisches, wenigstens die arabische Sprache, die der äthiopischen Amtssprache Amharisch und dem Tigrinia in der Nordprovinz
Tigre und in Eritrea näher verwandt ist als die allermeisten der übrigen achtzig bis neunzig Sprachen Äthiopiens.

In Nairobi im südlichen Nachbarland fragt man den kleinen Mann meist vergeblich nach dem – laut offizieller Sprechart wenigstens – arabischen Land, das mit Kenia eine gemeinsame, obwohl kurze Grenze hat. Zwar ist so gut wie jedermann geläufig, daß die Luo und andere im Westen des Landes ansässige Volksgruppen nahe Verwandte nicht nur in Uganda haben, sondern eben auch im Sudan, der an Kenias fernen Nordwesten grenzt, bis zu 1500 Kilometer entfernt im Norden und Nordwesten.

Die Massai außerdem und andere kenianische Volksgruppen sind mit den Tubu-Nomaden im Tibestigebirge, 3500 Kilometer entfernt im tschadisch-libyschen Grenzgebiet, näher verwandt als mit der Bantu-Mehrheit im eigenen Land, näher verwandt auch als die Tubu mit den Tuareg, ihren Berber-Nachbarn in der algerischen Sahara, im Norden Malis und Nigers. Doch darum kümmert man sich in Kenia wenig, und an Araber dächte dabei wohl immer noch niemand. Araber sind Yassir Arafat und Saddam Hussein und im Kasino die Libanesen, die man auch in Westafrika nicht unbedingt schätzt, aber überall kennt. In Mombasa an der Küste unten sind es zudem einige schwerreiche Familien jemenitischer Herkunft. In Sansibar und Tansania erinnert vieles an die Sultane aus Oman, die hier von 1698 bis 1964, die letzten siebzig Jahre unter britischer Oberhoheit, die Herrschaft innehatten.

Ebensowenig ist in Ostafrika Islam ein Stichwort, das zuerst an nordafrikanische Küstenstaaten denken ließe, außer vielleicht im Zusammenhang mit Idi Amin an Ghadhafi. Muslime gibt es auch hier, sogar einheimische und nicht nur an der Suaheli-Küste unten, in Kenia gut fünf, in Tansania immerhin 35 Prozent; in Malawi ist sogar der Präsident ein Muslim, der südlichste. Gewiß handelt es sich um ein arabisches Vermächtnis, doch um ein asiatisches, und ist die fremde Herkunft des Islam im Bewußtsein, dann eher in Gestalt von Zuwanderern vom indischen Subkontinent, einst Fußvolk der britischen Kolonisten, darunter Muslime aus Pakistan. Auch der Aga Khan ist ein Begriff, nach dem überall sein Hospital und die von ihm gestiftete Schule benannt sind.

Wo bloß bleibt, von Afrika aus gesehen, das arabische Nordafrika? In Westafrika bekennt sich in zwölf von sechzehn Staaten südlich der Sahara die – meist große – Bevölkerungsmehrheit zum Islam, der nicht nur bis in den Norden Kameruns hinein fast die gesamte aride Landmasse dominiert, sondern bis hinab zur Mano-River-Mündung in Liberia auch die Küste. Die vier Staaten mit christlicher Mehrheit sind Ghana, Togo, Benin und die Kapverden. Es mag scheinen, als wäre Afrikas arabisch-islamischer Norden im Westen tiefer über die Wüsten und den Sahelgürtel nach Süden vorgedrungen. Der Eindruck kommt daher, daß der Kontinent im Westen seine Gewichte nordwärts verlagert, wie auch Afrikas Nordküste westwärts über die Breitengrade ansteigt – bis auf Sichtweite Europa entgegen, ohne daß Andalusien sich weiter nach Süden vorwagt als der Peloponnes und Rhodos. In mancher Hinsicht täuscht dieser Eindruck: Wer aus Kenia kommend in Mogadischu eintrifft – oder aus Addis Abeba kommend in Harare –, findet sich im Nahen Osten wieder. Solange Mogadischu die Hauptstadt eines Staates Somalia war, war die zweite Amtssprache neben Somali Arabisch, ebenso übrigens in der eritreischen Hauptstadt Asmara, und kulturell war Mogadischu seit Jahrhunderten Kairo mindestens so nahe wie die senegalesische Hauptstadt Dakar Casablanca. Wer aus Yaoundé, Kamerun, oder auch aus Abidjan, Elfenbeinküste, kommend in Dakar eintrifft oder in Bamako, Mali, und von dort den Niger hinunter etwas nordwärts zieht, findet sich im Maghreb wieder, und in Nigeria verhilft schon ein Tag Autofahrt von Lagos nach Kaduna zu einem ganz ähnlichen Erlebnis zwischen den Minaretten und maurisch anmutenden Herrschaftssitzen.

Wer seine Flugreise umgekehrt in Kairo antritt, sieht sich in Mali oder Senegal, ganz zu schweigen von Nigerias muslimischem Norden, tief in Afrika, und etwas von Afrika, diesem Kontinent, an den er am Fuß der Pyramiden kaum denken wird, begegnet ihm schon in Marokko. In Mogadischu dagegen betritt er wiederum – vergleichbar fast dem Nachbarland Libyen oder vielleicht im fernen Westen Mauretanien – den Boden eines Mitgliedstaats der Arabischen Liga und wohl erst in zweiter Linie der OAU.

Noch im 14. Jahrhundert, nachdem er zwischen Timbuktu und Gao in Mali den Niger befahren hatte, beschrieb Ibn Battuta den Oberlauf des Nils, den er aus Kairo kannte, dem Zentrum der arabischen Welt, das sich auf afrikanischem Boden befindet. Ein Ägypter allerdings ist im eigenen Bewußtsein nie und nimmer ein Afrikaner, um kein Jota mehr als ein Grieche, Türke, Albaner oder Israeli, selbst wenn sein Vater ein Nubier aus Dongola im Sudan ist. Des Ägypters Ahnen sind die Pharaonen, mit deren ganzer schwerer Fracht, um die er weiß, und er lebt am Mittelmeer. Zur Not ist er ein Araber, aber sein Herz für die Fellachen unter seinen Kompatrioten, für die seßhaften Ackerbauern des Niltals, bringt ihm den Beduinen der arabischen Halbinsel nicht näher. Selbst jene Ehre, die Hauptstadt der arabischen Welt zu sein, auf afrikanischem Boden notabene, nimmt Kairo nur in Kauf um den Preis, daß Damaskus und Bagdad folgerichtig zur ägyptischen Provinz gehörig zu betrachten sind. In gewisser Weise grenzt demnach Afrika an Kuwait, aber das eine Mal, als ich östlich von Suez, in Gaza, auf Reportage nur Visitenkarten mit der Berufsbezeichnung Afrikakorrespondent bei mir hatte, wußte man das keineswegs zu schätzen, im Gegenteil. Es war fast noch schlimmer, als wenn man etwa einem Polen mitfühlend versichert, ja, diese leidigen Folgen und Begleiterscheinungen der Privatisierung einer Staatswirtschaft, das habe sich schon nach Nasser, in Sadats Ägypten, exemplarisch beobachten lassen.

Afrikanisch an Ägypten, unser aller »Mutter der Welt«, ist nur eines: das Wasser, das sie nährt, der Nil – ein spärliches, doch nur um so mehr ein Wunder, was ganz Ägypten während Jahrtausenden geläufig war. Der Nil, bevor Menschen ihn stauten, hat Krokodile zum Mittelmeer gebracht, ist ganz afrikanisch und ein Wunder geblieben, obschon in der zweiten Hälfte des 19. Jahrhunderts europäische Forschungsreisende zu seinen Quellen vorgedrungen sind. Für die heute schon über 65 Millionen und in 25 Jahren neunzig bis hundert Millionen Ägypter ist er außerdem eine Überlebensfrage und daher – wie im Sudan schon seit bald zwanzig Jahren – ein Kriegsgrund, was Ägypten wiederholt verlauten ließ, sollte Äthiopien eines Tages mit dem Gedanken Ernst machen, einen nennenswerten Teil der Ressourcen des Blauen Nil für eigene Zwecke abzuzweigen. In der *Nile Basin Initiative* haben sich die zehn Staaten des Nilbeckens – Ägypten, Sudan, Eritrea, Äthiopien, Kenia, Tansania, Uganda, Ruanda, Burundi und die Demokratische Republik Kongo – auf ein strategische Aktionsprogramm geeinigt, das eine friedliche Zusammenarbeit bei der Nutzung des Nilwassers gewährleisten soll. Seit der Nil nicht mehr am Südhang des Atlas oder aus dem Atlantik – ein Süßwassermeer einst in den einschlägigen Theorien – entspringt und nicht mehr südöstlich durch das Zwergenland fließend den Sudan erreicht, verbindet er Nordafrika untrennbar mit dem schwarzen Süden, und in Entebbe, im Herzen Afrikas, wo sich das ständige Sekretariat der *Nile Basin Initiative* befindet, hält sich Ägypten heute offiziell in Erinnerung.

In Westafrika waren es während etlicher Jahrhunderte andere Ströme, die den subsaharischen Süden mit dem arabischen Norden verbanden, unabsehbare Kamelkarawanen, zu Ibn Battutas Zeiten jährlich etwa 12 000 Tierbewegungen. Sie brachten durch die Wüste Salz in die alten Sahelreiche Ghana, Mali, Songhay und Aïr, transportierten zuweilen auch spanische Marmorgrabsteine über mehr als 2000 Kilometer von der Mittelmeerküste zum Niger. In der Gegenrichtung floß das Gold aus dem legendären Bambuk im Quellgebiet von Senegal und Niger, heute der äußerste Südwesten Malis und Nordwestguinea. Nachdem Mansa Kankan Musa, der Sultan des Mande-Reichs Mali, 1324 bei seinem Hajj schon in Mekka 20000 Goldstücke verteilt hatte, erholte sich von seinem Zwischenhalt in Kairo auch dort der Goldpreis erst nach 12 Jahren. Im Zuge dieses blühenden Handels entwickelte sich Timbuktu, der wichtigste Verkehrsknotenpunkt der Karawanenwege, zum Zentrum der Gelehrsamkeit. Schon Kankan interessierte sich besonders für juristische Abhandlungen.

Leo Africanus, der Anfang des 16. Jahrhunderts Timbuktu besucht hatte, ehe er in Rom als Schützling von Papst Leo X. seine Beschreibung Afrikas verfaßte, berichtete von den Büchern, »woraus man mehr Gewinn zieht als aus jeder anderen Ware, die man verkaufen könnte«, und schon mehr als tausend Jahre zuvor brauchte das im 4. Jahrhundert gegründete Ghana-Reich hinsichtlich seines Kulturniveaus einen Vergleich mit den Karolingern nicht zu scheuen.

Es waren nicht die Araber, die im Mittelalter und in der frühen Neuzeit den Islam durch die Sahara nach Westafrika gebracht hatten. Vielmehr waren die Händler, Diplomaten und Gelehrten der Sahelvölker ihn sich holen gegangen. »Ich folge dem Buch, nicht den Arabern«, sagt heute noch der gebildete Muslim in Conakry, Guinea, obschon er an der Madrasa, der Koranschule, Arabisch lernen mußte. Woran die Mekka-Pilgerfahrt auch in Westafrika erinnert, ist der

Umstand, daß die Beziehungen des subsaharanischen Afrikas zu den Arabern stets über den Kontinent hinaus führten und führen, nach Westasien, woher Afrikas Araber einst gekommen waren. Von Kano, Nordnigeria, gibt es direkte Flüge in die arabische Welt, aber nur nach Jeddah, der Hafenstadt bei Mekka, und allgemein fällt heute auf, daß dem westafrikanischen Islam mehr Zuwendung als dem Norden des Kontinents aus Saudiarabien und aus Iran – das letztere kein arabisches Land – zuteil wird. Die afrikanischen Araber ihrerseits, fern davon, südlich der Sahara die Kultur zu fördern, sind bis auf den heutigen Tag als Sklavenhändler im Südsudan unterwegs, in langer Tradition. Schon Ende des 16. Jahrhunderts fielen sie in Gestalt der marokkanischen Armee Judar Pashas in Songhay ein, ähnlich wie in Europa einst die Normannen, um das Reich im Süden zu zerschlagen und die Schätze Timbuktus zu plündern.

Ausläufer des kommerziellen Transsaharaverkehrs sind bis in die Gegenwart nicht ganz ausgetrocknet. In Bilma im Nordosten Nigers stößt man heute noch auf Salzkarawanen, und die Tuareg-Händler, teils aus Algerien und aus Libyen, in deren Zuständigkeit sie fallen, trifft man von Dakar über Bamako, Ouagadougou und Abidjan bis in den Norden Kameruns in jeder größeren Stadt, ebenso wie in Banjul, Gambia, in Bissao oder Conakry auf die unvermeidlichen Mauretanier, und die Hausa-Händler aus Kano und Katsina im Norden Nigerias bringen ihre Ware über den Äquator hinunter bis nach Port Gentil in Gabun und Pointe-Noire in Kongo-Brazzaville. Bildung wird nach wie vor im Norden gesucht; im Café in Fez, Marokko, sitzen senegalesische Studenten, und auf dem Nasser-Stausee, im Nildampfer von Assuan in Ägypten nach Wadi Halfa im Sudan, unterhält man sich mit Studenten aus Ndjamena, Tschad, die in Kairo an der Azhar, der ältesten Universität der Welt, zusammen mit Indonesiern und Malaysiern studieren und sich zu Beginn der Semesterferien auf ihrer drei- bis vierwöchigen Reise nach Hause befinden.

Afrika hat viele Hauptstädte, weit mehr als die 53 offiziellen. Eine von diesen – aber nicht nur von diesen, sondern eine ganz besondere – ist Ndjamena. Nirgendwo, außer diplomatisch in Addis Abeba, ist soviel afrikanische Diversität vertreten wie in diesem extrovertierten Zentrum wahrhaftiger Kosmopoliten. In der südlichsten arabophonen Kapitale, wo die Administration sich fast wie selbstverständlich der altertümlichen Sprache der Diplomatie, dieses Lateins namens Französisch bedient und wo der Fremde bei der Immigration einen wunderschönen Stempel in den Paß gedrückt erhält mit dem Wortlaut *Service d'exploitation des étrangers*, der nun sein *Visa de transit avec arrêt d'un mois* in altem, beziehungsreichen Stil ergänzt – in dieser einen Stadt am Binnenmeer des Tschadsees werden auch die meisten von Tschads 110 bis 120 Sprachen gesprochen, und diese ihrerseits repräsentieren alle drei großen Sprachfamilien Afrikas. Auf dem Souk, dem Markt von Ndjamena, begegnet Senegal dem sudanesischen Kordofan, findet das kamerunische Streichholz und die gabunesische Seife in libysche Hände. Mindestens dreitausend Kilometer mißt der Einzugsbereich dieses Marktes.

Tschad ist das einzige zentralafrikanische Land mit einer hauchdünnen muslimischen Bevölkerungsmehrheit, wenn überhaupt, und ebenfalls in Ndjamena verfestigt sich eine Grenze, die ostwärts durch den Tschad und darüber hinaus durch den Sudan bis nach Eritrea hinein verläuft: eine Grenze zwischen islamisiertem Norden mit Verkehrssprache Arabisch und hochtropischem »Schwarzafrika«, christlich oder animistisch oder beides, zwischen aridem *Sahel*, einer weitläufigen Welt der Nomaden, und dem *Tchad utile* der Pflanzer im Chari-Becken, im Sudan zwischen dem *Darfur* und *Bahr al-Ghazal* sowie weiter östlich zwischen *Kordofan* und *Upper Nile* mit den viehzüchtenden Niloten des Südsudans. Diese Grenze bedeutete Jahrzehnte des Kriegs: im Sudan mit wenigen Jahren Unterbrechung von 1956 bis heute, in den siebziger und achtziger Jahren im Tschad, wo die ethnische Gewalt ebenfalls endemisch geblieben ist. Auch im Westen, wo diese Grenze sich in den Weiten des Aïr und am Niger-Bogen verwischt, ehe sie entlang dem Nordufer des Senegal-Flusses wieder prägnanter wird, war sie seit den verheerenden Dürren der achtziger Jahre immer wieder Ursprung blutiger Konflikte – in Niger, in Mali und in Mauretanien.

Diese Tragödien sind leider schon fast alles, was von einem Verhältnis zwischen Nordafrika und Afrika südlich der Sahara in den vergangenen Jahrzehnten Gestalt annahm und in der Außenwelt ab und zu eine gewisse Aufmerksamkeit weckte. Aus Wüstensöhnen sind oft Krieger geworden, und nachdem die Dürren teils drei Viertel der Viehbestände vernichtet hatten, rekrutierten sich im Sahel Söldnertruppen nicht nur für die *Polisario-Front* und für Ghadhafis *Islamische Legion*, für den Einsatz nicht nur in den Wirren Tschads und im Südsudan, sondern auch an mittelöstlichen Fronten in Libanon und bis zum Shatt al-Arab im irakisch-iranischen Krieg.

Rückkehrer fanden sich nicht ohne weiteres in den Dienst am väterlichen Erbe ein. Die unermeßlichen trockenen Weiten durchkreuzen außerdem seit bald zehn Jahren Flüchtlingszüge aus dem fernen Süden, auf der Suche nach dem verheißenen Glück nördlich des Mittelmeers, ehe sie am Fuß der Mauer rings um die spanische Stadt Ceuta in Nordmarokko, wenn nicht schon im Norden Mauretaniens oder im Süden Algeriens im Sand stecken bleiben. Von denen, die das längste Wegstück schafften, sind etliche in der Straße von Gibraltar ertrunken.

Noch herrscht also ein gewisser Verkehr zwischen Afrika südlich der Sahara und der arabischen Welt. Gebietsweise nimmt er sogar zu, etwa der Handel mit Gebrauchtwagen zwischen Dubai und Mombasa oder zwischen den somalischen Häfen und der arabischen Halbinsel, wo somalische Schafe und Kamele beliebt sind. In der Aufteilung des Globus, die für die Weltbank gilt, bilden die fünf südlichen Küstenstaaten des Mittelmeers eine Region zusammen mit dem Mittleren Osten. In diesen fünf Staaten auf afrikanischem Boden leben rund 140 Millionen von den rund 750 Millionen Afrikanern, und immerhin sprechen sie mindestens 20 von den mehr als 2000 Sprachen Afrikas. In keinem dieser fünf Staaten ist die Bevölkerung homogen arabisch, und wenn die Tuareg und anderen Berber-Ethnien vom Atlas bis zur nordwestägyptischen Oase Siwa mit den Arabern näher verwandt sind als mit den Bantu, so gilt dies ebenso für zahlreiche andere Volksgruppen im Sahel bis hinunter nach Nigeria und in die Zentralafrikanische Republik.

Doch der spärliche Transsaharaverkehr, der seit der Dekolonisation in den frühen sechziger Jahren immer wieder in Gewalt ausgeartet ist, von Laayoune in der Westsahara bis zur nordwestlichen Grenze des Sudans, hat mehr Brücken eingerissen als neue geschlagen. Die Wüste wächst. Es ist unübersehbar, daß sich von den Verbindungen zwischen arabischem Nordafrika und »schwarzem« Afrika südlich der Sahara, die es doch gab und fast nur deshalb immer noch gibt, nur in poetischer Beschwörung etwas vergegenwärtigen läßt – als märchenhafte Reminiszenz, als Tagtraum, als Luftspiegelung zwischen den Dünen des *Grand Erg Oriental* im tiefen Süden Algeriens.

Oder in den Statistiken der afrikanischen Entwicklungsbank. Im Zeitalter der sogenannten »Globalisierung« tut zwar auch Afrika unablässig Schritte zur Integration. Bei so vielen Staaten erlauben die Möglichkeiten der Kombinatorik eine noch größere Zahl von Wirtschaftsgemeinschaften, überall zwischen Pretoria und Algier. Dem Namen nach existieren davon viele schon, in Süd- und Ostafrika, in Zentralafrika und Westafrika etliche, zum Beispiel die *Mano-River-Union*, worin Guinea, Sierra Leone und Liberia zusammengeschlossen sind. Im Nordwesten gibt es die *Union du maghreb arabe*, in deren Charta geschrieben steht, daß im Einvernehmen der fünf Mitgliedstaaten Libyen, Tunesien, Algerien, Marokko und Mauretanien jedes weitere beitrittswillige Land Aufnahme finden könne. In Tripolis, am Afro-arabischen Gipfel vom Juni 1998, der zuvor übrigens schon in Johannesburg und in Sharjah in den Golfemiraten stattgefunden hatte, wurde eine »Koalition afrikanischer Küstenstaaten und Staaten der Sahara« ins Leben gerufen: Die Mittelmeeranrainer Ägypten, Libyen, Tunesien sowie die Sahelstaaten Sudan, Tschad, Niger, Burkina Faso und Mali sollten in einem gemeinsamen Wirtschaftsrat zueinander finden und eine gemeinsame Zentralbank gründen.

Am nächsten Afro-arabischen Gipfel vom April 1999 in Dakar wurde eine Studie präsentiert, wonach der Güteraustausch zwischen den arabischen Staaten und Afrika südlich der Sahara 1997 ein Gesamtvolumen von 4,2 Milliarden Dollar erreichte. Das entspricht 3,4 Prozent des 125 Milliarden Dollar umfassenden Handelsvolumens beider Staatengruppen mit der EU, wovon 92 Milliarden auf die arabischen und 33 Milliarden auf die afrikanischen Staaten südlich der Sahara entfallen. Das Potential des arabisch-afrikanischen Handels wurde von Experten mit 63 Milliarden beziffert, doch realisiert ist dieses Potential zu einem Fünfzehntel.

Am selben Afro-arabischen Gipfel stand an einem »Tag der Kultur« auch diese zur Debatte, als ein »Schlüsselthema«, hieß es, für die »zukünftige Kooperation«. Namens der Arabischen Liga beklagte Khalil Nahwi, der Sprecher ihrer Organisation für Erziehung, Wissenschaft und Kultur, daß Afrikaner die arabischen Autoren nicht zur Kenntnis nähmen, wie ebensowenig umgekehrt die Araber die afrikanischen. Namens der Organisation Afrikanischer Einheit forderte Marcel Diouf, der Direktor ihrer Abteilung für Erziehung, Wissenschaft und Kultur, daß die Salz- und Goldwege, die einst Afrika mit der arabischen Welt verbanden, wieder zum Leben auferweckt werden müßten. Die Regierungen forderte Diouf auf, informelle Schranken wie »Tabus und Vorurteile« zu beseitigen.

Nicht daß das arabische Nordafrika und Afrika südlich der Sahara sich gegenseitig den Rücken zukehrten. Beide schauen in dieselbe Richtung, den Blick fixiert auf die »westliche Welt« im Norden. Nur die einst spanische Westsahara hält nach afrikanischen Gestaden Ausschau: denen der Kanarischen Inseln. Zwar sei aus dieser westlichen Welt, so Diouf, der Zustrom »kultureller Produkte und Dienstleistungen«, die lokalen Werten abträglich seien, endlich einzuschränken. Aber auch davon dürfte man sich nicht zuviel versprechen, höchstens eine Verstärkung der Tendenz, daß Araber und Afrikaner, wo sie sich nicht bekriegen, einander fliehen, wie sie nach Möglichkeit auch ihresgleichen fliehen. Denn das Elend flieht nach Möglichkeit sich selber. Die allzu weiten, zu beschwerlichen und oft sehr gefährlichen Wege bewahren eine zweifelhafte Attraktivität als Fluchtwege, wenn es gar keinen anderen Weg gibt – aus dem Kontinent hinaus und warum nicht, wie alle übrigen Wege, nach Rom oder heutzutage, vor allem im neuen Jahrhundert, nach Berlin. Zwar sind Algerier in den neunziger Jahren auch schon in die Sahara – in Richtung Afrika geradezu – geflüchtet, doch auf absehbare Zeit dürfte das ein Randphänomen bleiben.

Mike Nicol

Das »dreifache Erbe«

Architektur in Afrika: einheimische, islamische
und westliche Elemente

Das Bild von Hütten mit Strohdächern, die in Gruppen neben einer
Viehkoppel stehen, gibt es immer noch; es spukt in den Köpfen vieler Menschen herum, die den afrikanischen Kontinent nie betreten
haben. In diesem Bild ist die Hütte mit ihren Lehmmauern und dem
Strohdach Symbol für die Bebauung eines ganzen Kontinents: Es beschreibt ein einfaches Volk, gefangen in einem Zeitstillstand ohne
Bedarf an modernem Baumaterial oder komplexem Design, ohne
kulturelle Bestrebungen; eine spirituelle Existenz, die ebenso stumm
wie undogmatisch ist.

Dieses Bild will so gar nicht zu der großen architektonischen Band-
breite passen, die von den Pyramiden bis zu fein stilisierten Moscheen
voller Ornamentik reicht, von prächtigen Kathedralen und Palästen
bis zu Hochhäusern in den Stadtzentren, von sich ausbreitenden Vororten bis zu reglementierten Townships mit Massenquartieren und
willkürlich entstehenden Siedlungen, deren verarmte Bewohner mit
billigem Material täglich neue Baustile schaffen.

Da ein Großteil Afrikas in den Tropen liegt – einer heißen Klima-
zone mit Savannen und Regenwäldern –, lassen sich über weite
Regionen hinweg architektonische Ähnlichkeiten finden, da die Bewohner sich dem landwirtschaftlichen Leben angepaßt haben und
vorhandenes Material für ihre Unterkünfte verwenden – daher das
Bild von der strohgedeckten Lehmhütte. Aber eine Hütte ist nicht
einfach nur eine Hütte, sie steht auch für eine bestimmte Lebensart.
Wenngleich die Pygmäen in Zentralafrikas Hochlandwäldern und
die Buschmänner der Kalahariwüste heutzutage nicht mehr so noma-
disch leben wie ihre Vorfahren, betrachten diese Clans doch noch immer eher ein Territorium als ihr Heim, und die Hütte ist ihnen be-

stenfalls ein Notbehelf auf begrenzte Zeit. Sowohl die Buschmänner als auch die Pygmäen überleben durch die Jagd, und Jäger müssen mobil sein. Für Angehörige dieser Völker bedeutet das Errichten einer Behausung pure Zeitverschwendung, die besser damit genutzt wäre, Nahrung herbeizuschaffen.

So ist die Hütte beispielsweise der Buschmänner aus den Tsodilo Hills ein grob gestalteter, bienenkorbförmiger Bau aus jungen Baumstämmen und Stroh. Die Babinga-Pygmäen in den Wäldern des Kongo bauen ihre Hütten ähnlich, doch verwenden sie für das Dach anstelle von Stroh Blattwerk. Diese Hütten sind schnell gebaut, da das Material dafür überall zur Hand ist. Es ist kein Verlust, wenn der Clan sie verläßt und zu einer neuen Wasserstelle aufbricht. Aber natürlich ist es nicht nur der Drang nach Mobilität, der diese Hütten zu idealen Wohnungen auf Zeit macht, sondern auch das beständig warme Klima, das aufwendige Konstruktionen vollkommen überflüssig erscheinen läßt. Es ist der Hauptgrund dafür, daß bei allen ländlichen Gemeinschaften quer über den Kontinent Hütten aus Lehm und Stroh ausreichen.

Doch eine Hütte ist nicht nur eine Hütte. Die Bienenkorbform umfaßt eine große Vielfalt an Behausungen, für die junge Bäume als Struktur gebendes Gerüst benutzt und dann mit einer »Haut« aus geflochtenen Schilf-, Blätter- und Gräsermatten sowie Tierhäuten oder mit Lehm und Dung bedeckt werden. Diese Hütten sind in der Regel rund oder gewölbt und von den Hügeln von KwaZulu in Südafrika bis zu den Ländern Westafrikas zu finden. Eine Variante davon sind die Häuser der Mousgoums im nördlichen Kamerun, die zwar die Rundform beibehalten, aber ein kegelförmiges Dach aus Lehm daraufsetzen. Ebenfalls in Nordkamerun leben die Kirdi, deren Dörfer dicht gedrängt an den Berghängen stehen. Die Hütten der Kirdi sind rund, aus Stein und Lehm errichtet, mit Strohdächern, auf die sorgfältig aus Hirsestielen gewobene »Hauben« zum verstärkten Schutz gegen Sonne, Regen und Insekten gesetzt werden.

Der Schönheit dieser gewebten Dachhauben der Kirdi entspricht die der Häuser der Dorze im Süden Äthiopiens. Ihre Fertigkeit beim Weben hat den Namen der Dorze zu einem Synonym für bestgewebte Baumwollbekleidung gemacht und ihre Bambushäuser zu einer Touristenattraktion. Das Bambushaus der Dorze ist ebenfalls bienenkorbförmig, kann aber bis zu zwölf Meter hoch sein und besitzt eine Eingangs-»Nase« als Empfangsraum für Gäste, die gewöhnlich mit zwei Bänken möbliert ist. Die gewölbten Wände und Decken dieser geräumigen, luftigen Häuser sind mit einem elegant gearbeiteten Strohdach bedeckt, das der Kuppel den letzten Schliff gibt.

Zwar findet man auf dem gesamten Kontinent runde Lehmhütten, aber die Rechtecksform ist keineswegs ungewöhnlich. Einige der attraktivsten Beispiele finden sich in den Ndebele-Dörfern in den südafrikanischen Provinzen Gauteng und Mpumalanga. Die Wände dieser Hütten werden langsam aus Lehm und Dung errichtet und geglättet. Das Dach ist eine Konstruktion aus mit Kautschuk verbundenen Stöcken und jungen Bäumen, die mit festen Strohbündeln bedeckt werden. Die klaren Linien der rechteckigen Form wiederholen sich in bunten Mustern an den Wänden der Hütten.

Lehm ist das Baumaterial, das als Grundstoff für einige von Afrikas pragmatischsten, aber auch außergewöhnlichsten Bauten dient. Zum Beispiel liegen hoch auf den steilen Abhängen des Bandiagara-Plateaus in Mali die Dörfer der Dogon, die vor Jahrhunderten in diese unwegsame Gegend flüchteten, als das Volk der Fulani den Islam verbreitete. Ihre Dörfer – Erdhütten und Kornspeicher – kleben bedrohlich ausgesetzt an Felshängen und sind dort, wo die Hänge besonders steil abfallen, auf Vorsprünge aus Baumstämmen und Ästen gebaut. Die Häuser der Dogon sind rechteckig mit flachem Dach, ihre Kornspeicher dagegen rund mit kegelförmigem Dach. Oberhalb der Dörfer befinden sich Höhlen im Felsen, in denen die Dogon immer noch ihre Toten beisetzen, indem sie diese an Seilen hochziehen.

Von diesen Höhlen soll eine schützende Kraft ausgehen. Das wichtigste Gebäude im Dorf ist das Toguna, in dem sich die Männer versammeln. Es ist zu erkennen an dem großen Dach, das auf geschnitzten Y-förmigen Trägern ruht, die die acht mythologischen Ahnen der Dogons darstellen. Tagsüber weben hier die Männer und knüpfen Seile oder rauchen einfach nur ihre Pfeife und meditieren. Es heißt, nach Sonnenuntergang hielten die Ahnen Einzug in das Haus, und da keine wichtige Entscheidung ohne Konsultation mit ihnen getroffen wird, versammeln sich hier auch die Stammesältesten, gewöhnlich angeführt vom höchsten Priester.

In der gesamten nördlichen Wüstenregion Afrikas – also in Mali, Niger, Tschad, Algerien, Marokko, Libyen und Sudan – findet man Lehmstädte, die um eine Oase herum errichtet werden und permanent durch Wanderdünen gefährdet sind. Unter diesen baulichen Kostbarkeiten aus Lehmziegeln und -putz sind einige Gebäude von internationalem Ansehen, wie zum Beispiel die Moschee von Jenné aus dem 12. Jahrhundert, die weltweit als ein »Wunder« sudanesischer Architektur angesehen wird. Die Schwesterstadt des berühmteren Timbuktu erlebte ihre Blüte gleichfalls im Mittelalter, als sie zu einem Zentrum des Islam wurde und zu einer florierenden Hafenstadt am Niger, einem Umschlagplatz für Güter aus ganz Afrika. Jenné gilt als die älteste Stadt Afrikas südlich der Sahara und war schon im Jahr 850 ein bedeutender Knotenpunkt. Aber erst im 12. Jahrhundert konvertierte König Koi Konboro zum Islam, riß seinen Palast nieder und erbaute an der Stelle die erste Moschee. Als der französische Reisende M. Caillie 1828 nach Jenné kam, stieß er auf den weitgehend verfallenen Bau und lieferte die erste Beschreibung seiner räumlichen Ausmaße:

»Es gibt in Jenné eine große, aus Lehm errichtete Moschee, überragt von zwei schlanken Türmen. Sie ist von grobem Entwurf, aber sehr groß und den Tausenden von Schwalben überlassen, die hier ihre Nester bauen ... der schreckliche Gestank hat dazu geführt, daß die Gläubigen ihre Gebete in einem kleinen Außenhof abhalten.«

Acht Jahre später war die Moschee wieder aufgebaut, und der französische Journalist Félix Dubois, der die Stadt 1895 besuchte, fand sie »schöner sogar als die Kasbah von Mekka«. Er gab die Maße des Baus mit 55 Metern Breite, 77 Metern Länge und 13 Metern Höhe an und wies auf die Strebepfeiler und hervorstehenden Pfosten hin sowie auf die Erkerspitztürme, die von da an als typisches Merkmal des sudanesischen Stils galten. Er notierte auch, daß die Heiligkeit der Ostseite durch das Fehlen jeglicher Öffnung betont werde und daß der sich anschließende ummauerte Hof als heiliger Platz von islamischen Gelehrten für Studien und Gebete benutzt werde. »Mit ihren Strebepfeilern, die mit Pylonen abwechseln, sowie dem Fehlen von Türen und Fenstern, die ihre uniforme Erhabenheit durch ein Lebenszeichen unterbrechen könnten, erinnert die Ostseite eindringlich an ein Mausoleum«, fügte er hinzu. Dubois' »Pylone« sind vermut-

*Kirchen, Hütten, Paläste: In Lalibela in Äthiopien bereitet man sich
auf das äthiopische Weihnachtsfest vor. Viele Gläubige wandern mehrere Tage zu den Kirchen von Lalibela, um so die Vergebung ihrer
Sünden zu erbitten (oben).*

*Das luxuriöse
Sheraton Hotel in
der äthiopischen
Hauptstadt Addis
Abeba wurde mitten
zwischen die Slum-
hütten gebaut.*

lich die Erkerspitztürme, seither ein Merkmal der dritten Moschee, so wie Lehm und Holz das einzige Baumaterial stellen. Die Große Moschee von Jenné gilt heute als ein architektonisches Wunder, dessen Ästhetik ebenso geschätzt wird wie seine Zweckmäßigkeit.

Während Lehm eine klare Bedeutung als wichtigstes Baumaterial und insofern auch als entscheidender Faktor für Größe und Bauart hat, hat auch Stein nicht nur das architektonische Erbe mitgeprägt, sondern ebenso zur Entstehung der heutigen Lebensformen beigetragen. Die Pyramiden und Tempel Ägyptens sind die bekanntesten Beispiele dieses Vermächtnisses. Sie beeindrucken schon durch ihre Größe und Erhabenheit, aber es gibt noch andere, weniger auffällige Beispiele, wo Stein die Grundlage heiliger Stätten oder Städte bildet, die Autorität über weite Gebiete ausübten. Als etwa im 17. und 18. Jahrhundert Gondar die Hauptstadt Äthiopiens war, baute Kaiser Fasilidas eine Anzahl schloßähnlicher Paläste und begründete damit eine Tradition, die von den meisten seiner Nachfolger über die nächsten Jahrhunderte eingehalten wurde. Sein zweigeschossiger Palast aus rauh behauenem braunem Basaltgestein, zusammengehalten durch Mörtel, hat einen rechteckigen Turm an der Südwestecke und vier kleinere Kuppeltürme sowie Brüstungen mit Zinnen. Mehrere andere Gebäude des »kaiserlichen Viertels« sind im Stil an Fasilidas' Palast angelehnt und verhalfen der Stadt seinerzeit zu einer Eleganz, die ihre Position als ein bedeutendes Zentrum für Verwaltung, Wirtschaft, Religion und Kultur noch stärkte.

Ein anderes Beispiel sind die Ruinen von Groß-Simbabwe, eine Gruppe von Festungskomplexen aus dem 9. Jahrhundert. Ein Hauptelement des Bauwerks sind die riesigen Mauern von einem Meter bis zu acht Metern Dicke, über zehn Metern Höhe und, im Falle der wie eine unregelmäßige Ellipse geformten Außenmauer, über 250 Metern Länge. Diese Mauern wurden ohne Mörtel aus behauenen Steinblöcken errichtet.

Dr. Nnamdi Elleh zufolge, einem der namhaftesten Architekten Afrikas, »ist die Architektur von Groß-Simbabwe einzigartig ... Während die regelmäßig angeordneten Blöcke an eine Seitenlinie der Ziegelarchitektur denken lassen, bestätigen das Fehlen von Mörtel, die Unregelmäßigkeit der Mauern und die charakteristische Anordnung, daß Groß-Simbabwe eine Erwiderung auf ein Bauproblem der

Region darstellt. Wenn Mörtel fehlt, obwohl Lehm, der zu diesem
Zweck hätte verwendet werden können, im Überfluß vorhanden ist,
zeigt dies, daß Simbabwe nicht dem Einfluß der Araber unterstand,
deren Bauwerke an der Küste Ostafrikas äußerst symmetrisch und
starr anmuten.«

Elleh macht darauf aufmerksam, daß die Bauwerke von Groß-
Simbabwe sich der Umgebung anpassen und diese nicht beherrschen
sollten. Er weist auch auf die ständige Verbindung mit den Ahnen
hin, deren Heiligengräber in allen Höfen ein Charakteristikum der
Festungsstadt sind. Elleh leitet aus der Analyse von Groß-Simbabwe
eine Theorie afrikanischer Behausung ab und merkt an, daß das
»afrikanische Haus sich nicht (der Umgebung) aufdrängt, sondern
eher eine Nische findet, einen Platz für sich, in Anerkennung der
Überlegenheit der Erde, des Ewigen und Immerwährenden, das alle
Früchte gebiert und alles zurücknimmt, wenn es dies will. Die Erde
überlebt alles, egal was. Sie ist da, ehe ein Gebäude sich erhebt, und
wird noch da sein, nachdem das Gebäude längst verschwunden ist.«

Während die Blütezeit von Groß-Simbabwe längst vorüber ist und
nur noch der Geist von einst über den Mauern schwebt, geht das Leben in Lalibela in Äthiopien weiter, wenngleich von der einst quirligen, dicht bevölkerten Stadt heute nur noch ein Dorf übriggeblieben
ist. Dennoch ist Lalibela als Achtes Weltwunder bekannt, denn es ist
buchstäblich eine Stadt aus Kirchen, von denen einige in den Stein ge-
hauen, andere in riesigen, geschwungenen Höhlengalerien aus Stein
errichtet sind. Die Kirchen von Lalibela sind reich verziert und großartig, ein Wunder architektonischer Genauigkeit und hingebungs-
vollen Kunsthandwerks. Der Legende nach wurde König Lalibela
(1181–1221), der Kirchengründer, von Engeln in den Himmel gehoben, wo ihm nach einer Besprechung mit Gott befohlen wurde, in
seine Stadt zurückzukehren und Kirchen zu errichten, wie sie der
Mensch nie zuvor gesehen hatte. Er bekam Entwürfe mit, und ihm
wurde gezeigt, wo er bauen sollte und wie die Heiligtümer zu verzie-
ren seien. Zurück auf Erden, wies Lalibela pflichtbewußt die Maurer
und Schreiner an, und die Arbeit ging unter nächtlicher Mithilfe der
Engel eilig voran.

Die buchstäblich aus Stein erwachsenen Kirchen vermitteln einem
mit ihren kunstfertigen Freskenmalereien, den Labyrinthen aus Tun-

neln und engen Gassen, den Krypten, Grotten und Galerien, die alles miteinander verbinden, das Gefühl, daß hier eine übermenschliche Hand gewaltet hat. Das Niveau dieses baulichen Unternehmens, ganz zu schweigen vom kunsthandwerklichen Aspekt, ist zweifellos ehrfurchtgebietend. Bis heute ist Lalibela ein geheimnisvoller, wunderbarer Kultort, an dem Priester und Diakone ihre Aufgabe versehen, wie sie es seit achthundert Jahren getan haben.

Aber die Bedeutung von Afrikas Architektur ist nicht nur eine Frage des Erbes. Wie überall auf der Welt wird auch hier die Vergangenheit genutzt, um hochdynamische, zeitgenössische Lebensstile zu gestalten. Ziegelstein und Zement, Stahl und Glas bestimmen die architektonische Sprache des modernen Afrika gleichermaßen: Diese Materialien sprechen von Städten, von Bürohochhäusern und Geschäftsvierteln in den Innenstädten, von Einkaufszentren und Vororten, von wild wuchernden Siedlungen in den Randgebieten, errichtet aus verrosteten Eisenplatten, Plastik, Karton, alten Türen und Fenstern von der städtischen Müllkippe.

Viele dieser Städte waren einst Zentren, die auf eine jahrtausendealte Geschichte zurückblicken. Zudem sind sie Knotenpunkte eines komplizierten »Wirtschaftsgeflechts«, wie es der Historiker Basil Davidson nennt. Hier kreuzten sich die Handelswege, hier war der Umschlagplatz für Gold, Eisen, Kupfer, Elfenbein, Horn, Salz, Palmöl, und sogar Sklaven wurden über den gesamten Kontinent und weiter östlich nach Indien und in die muslimische Welt verschoben.

Zu jener Zeit galt Timbuktu als Stadt der Bildung und bedeutender Markt für handgeschriebene Bücher. In Benin in Nigeria blühte der Handel mit Kupfer, Baumwolle und Pferden, während die Städte an der langen Ostküste – Mombasa, Kilwa, Sansibar – pulsierende Stadtstaaten waren, die Metalle und Elfenbein exportierten und gegen Baumwolle, Glas, Wein, Weizen und Waffen eintauschten.

Man sollte sich einfach einmal die Namen dieser alten und die der neueren Städte, die sich in den letzten beiden Jahrhunderten zu bedeutenden Wirtschaftszentren entwickelt haben, anhören, denn sie sind weltweit bekannt, ohne daß man mit ihnen unbedingt Afrika verbindet: Kairo, Alexandria, Casablanca, Marrakesch, Timbuktu, Khartum, Nairobi, Mombasa, Daressalam, Dakar, Kinshasa, Luanda, Lusaka, Tunis, Addis Abeba, Kapstadt, Johannesburg, Lagos und

*Westliche Architektur: oben der Blick auf Abidjan in der Elfenbein-
küste, eine der modernsten afrikanischen Großstädte;
unten das Stadion von Abidjan, benannt nach dem Staatsgründer
Houphouet-Boigny.*

Libreville. Die zuletzt genannten Städte fallen vielleicht etwas gegen die anderen ab, aber mit ihren Bürohochhäusern, ihren großen Hotels, die einen Panoromablick über den weiten Ozean bieten, den breiten Schnellstraßen, exklusiven Geschäften und ihrem Ruf, zu den teuersten Städten der Welt zu zählen, spiegeln sie den Facettenreichtum an Lebensformen auf dem Kontinent ebenso wider wie die quirlige Medina in Marokkos alter Stadt Fes. Der einstige Ruhm mancher Städte wie beispielsweise Timbuktu ist schlicht verflogen, während andernorts, etwa in Luanda, die Wirtschaft durch Bürgerkrieg zunichte gemacht wurde. Aber in den meisten Teilen Afrikas passen sich die Städte dem »dreifachen Erbe«, wie der Historiker Ali Mazrui es nennt, weiterhin an: den Hinterlassenschaften von einheimischer, islamischer und westlicher Architektur. Er glaubt sogar, daß die Traditionen noch weiter zurückgehen auf einheimische, semitische und griechisch-römische Einflüsse.

In der Frühzeit entstanden afrikanische Siedlungen, indem sich die Behausungen um die Häuser des Häuptlings, die Stammestotems und Heiligtümer gruppierten, wie es auch heute noch überall in den ländlichen Gegenden des Kontinents der Fall ist. Mit dem Aufstieg der ägyptischen Dynastien entstanden stärker geometrisch geplante Städte, eine Planung, die auch der alten Stadt Benin in Nigeria und den kaiserlichen Städten im Stromgebiet des Kongo ihre Gestalt gegeben hat und später durch islamischen und noch viel später durch westlichen Einfluß weiter ausgeprägt wurden. Der Kunsthistoriker Jan Vansina hebt hervor, daß die Idee geometrisch geplanter Städte so fest in der Architektur des Kongobeckens verankert war, daß man, wenn eine Hauptstadt verlegt wurde – was aus politischen und landwirtschaftlichen Gründen hin und wieder vorkam –, die ursprüngliche Stadt neu errichtete. »Obwohl die Kuba-Hauptstadt nicht für die Dauer angelegt war«, schreibt er, um ein Beispiel zu geben, »wurden die genauen Maße aller Straßen, die Positionen der öffentlichen Gebäude innerhalb und außerhalb der Palastanlage, jedes öffentlichen Platzes und jedes privaten Hauses von den Architekten auf dem Plan vermerkt und aufbewahrt, um ähnliche Effekte zu erzielen, wo immer die Hauptstadt neu errichtet werden sollte.«

Mazruis Theorie zufolge gehören die Städte Nordafrikas und Äthiopiens zu den besten Beispielen für die ältere Variante des dreifachen Erbes, während die modernere sich in Nigeria, Sudan und in geringerem Maße auch in Kenia und Tansania niederschlägt. Südafrika war nur lose an die Handelswege der Frühzeit angeschlossen und unterlag deshalb nur einem schwachen Einfluß semitischer und arabischer Architektur. Die Gebäude und Städte dort sind im Wesentlichen westlich orientiert.

Diese Tradition entstand, als die Portugiesen im 15. Jahrhundert neue Handelswege zu den Gewürzmärkten des Orients suchten, indem sie Afrika umrundeten. Überall dorthin, wo sie an der Küste ihre Festungen und Kirchen hinterließen, folgten ihnen ein Jahrhundert später die Holländer und gründeten, ebenso wie die Engländer, Franzosen und Deutschen, die im 19. Jahrhundert um afrikanische Territorien wetteiferten, neue Küstenstädte wie Luanda, Swakopmund, Lüderitz, Kapstadt, Durban und Maputo. Diese Städte sind heute ein Gemisch europäischer Stile mit einem schwachen Einfluß der langen afrikanischen architektonischen Tradition. Ein Grund dafür ist, daß die einheimische Tradition fälschlicherweise als allein auf Lehm- und Strohkonstruktionen beruhend angesehen wird.

Über den ganzen Kontinent verstreut gibt es aufregende Beispiele moderner Architektur, darunter die Bank of the Economic Community of West African States in Ouagadougou, Burkina Faso, ihre Filialen in Dakar, Senegal, und in Lome, Togo, der Mityana Pilgrims Shrine in Uganda oder einige Privathäuser in Lusaka, Maputo, Kapstadt, um nur einige Städte zu nennen. Diese und viele andere Gebäude zeigen einen Prozeß, in dem sich allmählich aus verschiedenen Ideen eine erkennbare und aufregende Sprache afrikanischer Architektur herausbildet.

Daniel Bax

Afrika Pop

Der globale Siegeszug regionaler Musik

In den sechziger Jahren mauserte sich in den USA eine junge Sängerin namens Miriam Makeba mit einer Reihe von Hits zum Star, die man – nach den markanten Schnalzlauten der Xhosa-Sprache, in der sie sang – schlicht *click songs* nannte. Bei einem ihrer Auftritte bemerkte Miriam Makeba dazu: »Fast überall auf der Welt fragen mich die Leute, wie ich wohl diese eigenartigen Geräusche mache. Das verletzt mich schon etwas, denn diese Geräusche sind meine Sprache. Bei uns zu Hause sind es nur die weißen Kolonialisten, die dazu *click songs* sagen. Ganz einfach, weil sie nicht Nguqoqotwayo sagen können.«

Bis heute ist Miriam Makeba der international bekannteste Star, den der afrikanische Kontinent hervorgebracht hat. Zu ihrem Ruhm verhalf ihr ganz wesentlich, wenngleich unfreiwillig, das Apartheid-Regime in Südafrika, das sie 1960 ins amerikanische Exil zwang. Stets wurde sie deswegen auch als politische Symbolfigur wahrgenommen. 1963 forderte sie in einer emphatischen Rede vor der UNO den Boykott des südafrikanischen Regimes. Prompt wurden in Südafrika ihre Platten verboten und sie selbst ausgebürgert. Erst 1990, als das Apartheid-System abgeschafft wurde, kehrte sie nach dreißig Jahren wieder in ihr Geburtsland Südafrika zurück – auf persönliche Einladung Nelson Mandelas.

Seit den späten siebziger Jahren war es zunehmend ruhiger um sie geworden. Doch 1987 kehrte Makeba auf die großen Bühnen zurück, als Stargast bei Paul Simons ebenso gefeierter wie umstrittener *Graceland*-Tournee. Der amerikanische Liedermacher hatte sich für sein gleichnamiges Album Mitte der achtziger Jahre nach Südafrika begeben, auf der Suche nach vergessenen Verbindungen zwischen amerikanischen Rock 'n' Roll-Traditionen und der populären Musik

Südafrikas. Dieses Projekt hatte Paul Simon einen unverhofften zweiten kommerziellen Frühling beschert: Sieben Millionen Mal verkaufte sich sein Album *Graceland* weltweit und führte damit nicht zuletzt auch zur Wiederentdeckung – oder überhaupt erst zur Entdeckung – südafrikanischer Musik im Westen. Die Gruppe *Ladysmith Black Mabazo* jedenfalls verdankt Paul Simon jene Popularität, durch die sie weltweit Hunderttausende von Platten verkaufen konnte und einen *Grammy* gewann.

Anti-Apartheid-Organisationen allerdings monierten, daß Paul Simon mit seiner Arbeit, absichtlich oder unbewußt, die Sanktionen gegen Südafrika unterlaufen habe. Daß gerade Miriam Makeba, die als eine der ersten diese Sanktionen gefordert hatte, Paul Simon mit ihrer Präsenz auf der Bühne gleichsam Absolution erteilte, wirkte da wie eine Anwort auf die Kritiker.

Im Rückblick betrachtet, markierte *Graceland* einen Wendepunkt in der Wahrnehmung afrikanischer Musik in der Welt, die Mitte der achtziger Jahre einen Durchbruch auf breiter Front erlebte. War es zuvor allenfalls einzelnen gelungen, sich auch in Europa und den USA einen Namen zu machen – Nigerias provokantem Afrobeat-Erfinder Fela Kuti etwa oder Kameruns Saxophon-Legende Manu Dibango –, so gelangten nun plötzlich Musiker aus allen Ecken des Kontinents ins Rampenlicht der Weltöffentlichkeit: Khaled aus Algerien, Mory Kanté und Salif Keita aus Mali oder die Sängerin Cesaria Evora von den Kapverden. Viele afrikanische Künstler begannen erst in den achtziger Jahren die Europäer als mögliches Publikum in Betracht zu ziehen. Unter dem Sammelbegriff »Weltmusik« brachten sie ihre Werke in die Plattenregale der westlichen Welt. Auch wenn der Begriff aufgrund seiner Beliebigkeit durchaus umstritten war, so hat er sich doch als Türöffner, gerade für afrikanische Künstler, bewährt.

Nicht nur Paul Simon fungierte als Geburtshelfer dieses Trends. Auch der britische Sänger Peter Gabriel hatte sich für sein Album *So* in Afrika Inspiration und Unterstützung geholt. Im Senegal traf Gabriel auf Youssou N'Dour, einen lokalen Star, den er später auch zu seiner Welttournee einlud. Anfangs war das Publikum noch etwas irritiert ob des exotischen Gastes, der da im afrikanischen Gewand neben Gabriel auf der Bühne stand. Doch inzwischen hat sich Youssou N'Dour von seinem Mentor emanzipiert, und sein Name ist auch außerhalb Afrikas ein Markenartikel. Seinen größten Erfolg feierte Youssou N'Dour 1994 mit *Seven Seconds*, einem Duett mit Neneh Cherry, das sich weltweit zwei Millionen Mal verkaufte. Es war die Hit-Single seines letzten Albums *Wommat – The Guide*, das in seiner genau kalkulierten Mischung aus gebremster Exotik und glatter Produktion konsequent auf den westlichen Pop-Markt zugeschnitten war.

Seinen Status als Superstar des Kontinents hat Youssou N'Dour freilich schon lange vor seinem Aufbruch in den Mainstream des Westens begründet. Ende der siebziger Jahre machte er, damals noch ein Teenager, mit seiner Band *Etoile de Dakar* den *Mbalax*-Stil salonfähig, eine Mischung aus lokalen Rhythmen und kubanischen Arrangements. Kubanische Modetänze wie Rumba und Mambo waren damals in ganz Westafrika populär, und die Hafenstadt Dakar bildete schon seit Anfang des Jahrhunderts das Einfallstor, durch das sich das karibische Tanzfieber im gesamten Hinterland ausbreiten konnte.

Youssou N'Dour begann seine Karriere in einem Tanzclub, der den bezeichnenden Namen *Miami* trug. Von der reinen Nachahmung war er bald zu einer Synthese aus kubanischer Instrumentation mit lokalen Rhythmen gelangt: So entstand der *Mbalax*-Stil, und auf diese Weise etablierte Youssou N'Dour den Sound der Straße und des dörflichen Senegal, der *Sabar* genannten Feste, erst zu Hause, um ihn später, in einer verdünnten Version, auch dem Westen – beziehungsweise vom Senegal aus gesehen dem Norden – schmackhaft zu machen.

Vergleichbares gelang Khaled, dem anderen Superstar des Kontinents. Auch der Algerier schaffte den Aufstieg aus der Kassettenkultur Afrikas in die Profiabteilung der Popmusik. Khaled gilt als der »König des *Rai*«, wie die Musik genannt wird, die zu Beginn des Jahrhunderts im Dunstkreis von Bordellen und Spelunken der algerischen Hafenstadt Oran geboren wurde und in den achtziger Jahren von einer frischen Generation junger Sängerinnen und Sänger, den *Chebbas* und *Chebs*, in ganz Algerien verbreitet wurde. Ihre Musik war im wesentlichen eine Mischung aus orientalischem Gesang und westlichem Sound, und ihre Lieder handelten von Liebesschmerz und Lebenslust. Damit trafen sie den Nerv einer Jugend, die gegen die drückende Moral ihrer Gesellschaft aufbegehrte und eine kleine Rock 'n' Roll-Revolution startete.

*Der Saxophonist Manu Dibango aus Kamerun
bei einem seiner Auftritte in Abidjan.*

Ende der achtziger Jahre dann schwappte die erste Welle des *Rai* auch übers Mittelmeer, und nach und nach setzte der große Exodus ein, der fast alle Chebs und Chebbas nach Frankreich verschlagen sollte. In Algerien wurde es, nachdem das Land allmählich in einen schmutzigen Bürgerkrieg glitt, vielen schlicht zu gefährlich, wählten die Islamisten sie doch zur Zielscheibe ihres Terrors. Die Furcht war berechtigt: Mehrere populäre Sänger, die in Algerien geblieben waren, fielen in den neunziger Jahren Anschlägen zum Opfer.

Seit er nach Frankreich übergesiedelt ist, veröffentlicht Khaled nur noch dort. Damit hat er konsequent auf das große Geschäft umgesattelt und sich von der schnellen *Rai*-Produktionsweise mit ihren billigen Synthie- und Drum-Maschinen-Klängen emanzipiert. Statt sich wie früher in Algerien mit einer Flasche Wein im Studio einzuschließen, um abends eine Kassette fertig zu haben, brachte er den *Rai* auf Hi-Fi-Niveau und mischte ihn nach Lust und Laune mit Pop, Rap und Reggae.

Khaleds erster Hit *Didi*, 1992 aufgenommen und vom amerikanischen Produzenten Don Was mit einem fetten Baß-Beat unterlegt, hallte in den Diskotheken des Westens und in der gesamten arabischen Welt nach und ging bis nach Israel und Indien. »Ich bin in Indien so bekannt wie Michael Jackson«, bemerkt Khaled nicht ohne Stolz. Aus einem lokalen Stil, der in Algerien selbst lange Zeit verpönt war, entwickelte sich in Frankreich der *Pop-Rai*: eine Fusion, die arabisch klingt, aber modern verpackt ist und die sich sogar weit über die Grenzen Frankreichs hinaus als exportfähig erwies. Für den *Rai* ist Khaled damit, was Bob Marley für den *Reggae* war: der erste globale Star eines zuvor rein regional verwurzelten Genres.

Khaled und Youssou N'Dour sind heute die erfolgreichsten Künstler des afrikanischen Kontinents, zumindest im Westen. Es war ein entscheidender Startvorteil für ihre Karriere im Rest der Welt, daß beide aus Ländern stammen, die ehedem französische Kolonien waren. Frankreich spielt für afrikanische Musiker schon seit geraumer Zeit eine zentrale Funktion als Sprungbrett nach Europa. Für Musiker aus dem Senegal oder Algerien war der Weg nach Paris aufgrund der historischen Bande und der steten Migration schon immer naheliegend; schließlich existiert dort eine Szene im Exil, an die man sich wenden kann und bei der man sich nicht erst einführen muß.

Außerdem bietet Paris mit modernen Studios und günstigen Aufnahmemöglichkeiten vielen Musikern Gelegenheiten, die sie in Afrika nicht vorfinden. So avancierte Paris in den achtziger Jahren zur heimlichen musikalischen Hauptstadt Afrikas.

Zugute kam es der afrikanischen Musik, daß in Frankreich zu jener Zeit auch eine größere Offenheit gegenüber den tropischen Klängen herrschte als anderswo. Weil der französische Rock chronisch schwächelte, trafen die Musiker aus dem Süden auf weniger lokale Konkurrenz. In Paris war es deswegen leichter, im dortigen Pop-Mainstream Fuß zu fassen. So erklärt sich, daß manche inzwischen beinahe schon als musikalische Botschafter Frankreichs vereinnahmt werden. Youssou N'Dour sang 1998 den Eröffnungssong der Fußball-WM in Frankreich. Und mit dem Stück *Aicha* gelang Khaled ein Jahr zuvor der weltweit erfolgreichste Hit in französischer Sprache. Das Beispiel zeigt, wie sehr die Grenzen zwischen afrikanischer Musik und französischem Pop verschwimmen.

Großbritannien dagegen hat bis heute keine vergleichbare Rolle für die Entwicklung der afrikanischen Musik gespielt. London, die Hauptstadt der musikalischen *Hypes* und wechselnden Moden, hat sich als ein zu schwieriges Pflaster erwiesen für ausländische Musiker, um sich dauerhaft zu etablieren. Allenfalls eine kleine Szene von Enthusiasten trägt durch Platten-Labels, Zeitschriften oder Radio-Sendungen dazu bei, der afrikanischen Musik im Westen eine Nische zu schlagen. Der Effekt ihrer Arbeit beschränkt sich aber auf vergleichsweise kleine Connaisseur-Zirkel von Liebhabern der Weltmusik.

Was durch europäische Kanäle gefiltert als Weltmusik im Westen reüssiert, ist aber nicht unbedingt identisch mit dem, was in Afrika immens populär ist. Natürlich hat der Erfolg afrikanischer Musiker im Westen einen nicht zu unterschätzenden Einfluß auf das Musikgeschehen des Kontinents. Aber er spiegelt nur einen Teil der Realität. Denn auch wenn Youssou N'Dour aus dem Senegal stammt und Khaled aus Algerien: von Afrika aus gesehen zählen beide Länder eher zur Peripherie der afrikanischen Musik.

Statt dessen galt Kinshasa lange Zeit als die Musikhauptstadt des afrikanischen Kontinents und Kairo als die trendsettende Kapitale des arabischen Pop-Stils. Man könnte sogar sagen: Erst durch den Umweg über Europa haben der *Rai* aus Algerien und der *Mbalax* aus

*Der Musiker Nbady Kouyaté in Guinea beim
Spiel auf der Kora.*

dem Senegal in ganz Afrika jene Bekanntheit und Bedeutung erlangt, die sie heute genießen. Tatsächlich hat Ägypten in der arabischen Welt jene Stellung inne, welche die USA für Europa besitzen: als Vorbild und kulturelles Epizentrum, das durch seine Musik- und Filmindustrie den Geschmack der gesamten Region prägt.

Südlich der Sahara dagegen war vor allem der Kongo tonangebend. In der ehemals belgischen Kolonie, die 1960 ihre Unabhängigkeit erlangte, mischten lokale Tanz-Orchester schon ab den fünfziger Jahren kubanische Rhythmen mit lokaler Folklore. Die Synthese nannte man in Afrika schlicht *Rumba*, in Europa wurden die Klänge aus dem Kongo als *Soukous* bekannt: Perlende Gitarren über swingenden Rhythmen, sich über mehrere Dekaden hinweg zum Dauerbrenner in Radio, Bars und Discotheken entwickelten. »Die kongolesisch-zairische Rumba kommt bei allen Nationalitäten, allen ethnischen Gruppen und sozialen Klassen vom Senegal bis nach Madagaskar an«, schreibt Graeme Ewens in seinem Buch »Die Klänge Afrikas«. Keine andere Musik hat in ganz Afrika einen solch starken Einfluß ausgeübt und im gleichen Maße andere lokale Genres beeinflußt.

Zu den überragenden Stars des Sokous zählte der legendäre Franco, der 1989 an Aids starb. Als aktueller König des Genres gilt Papa Wemba, ein Konkurrent ist sein Kollege Sam Mangwana. Obwohl sich auch ein relevanter Teil der Soukous-Szene im Laufe der achtziger Jahre nach Paris verlagerte, wurde der Musik in Europa nie jene große Aufmerksamkeit zuteil, die sie unter Afrikanern erfährt. Die Popularität bei einer so großen wie eingefleischten Fan-Gemeinde läßt es aber für viele Musiker vielleicht auch nicht sonderlich erstrebenswert scheinen, sich auch noch nach einer weißen Hörerschaft zu strecken. Schließlich sind solche Bemühungen nicht immer von Erfolg gekrönt. So manche prominente Figur der afrikanischen Musik hatte da Pech. Wie etwa King Sunny Ade, der König der *Fuji*-Musik: Trotz seines Vertrags bei einer großen westlichen Plattenfirma hat er sich außerhalb seiner Heimat Nigeria bisher nur ein kleines Publikum erobern können.

Das liegt auch daran, daß eben nicht jede Musik aus Afrika im Westen auf das gleiche Interesse stößt. Die afrikanischen Musiker, die auf der Suche nach Anerkennung im Westen sind – und das sind beileibe nicht alle –, müssen dafür Kompromisse in Kauf nehmen und sich bis zu einem gewissen Grad an den Geschmack ihres potentiellen Publikums anpassen. Viele Plattenfirmen stellen ihren afrikanischen Künstlern westliche Produzenten zur Seite, die den Geschmack westlicher Hörer besser kennen – oder manchmal auch nur besser zu kennen glauben. Nur wenigen afrikanischen Musikern ist eine Karriere zu eigenen Bedingungen vergönnt gewesen. Youssou N'Dour ist ein Beispiel dafür. Nach einem anfänglichen Mißerfolg bei einem großen Musikkonzern hat er seine letzten Platten allesamt auf eigene Faust produziert und ist damit sehr gut gefahren. Von den Erlösen seiner Karriere hat sich Youssou N'Dour im Senegal ein kleines Imperium errichtet. Er besitzt das bestausgerüstete Studio Westafrikas, *Xippi* genannt, und mit seinem *Jololi*-Label protegiert er Talente wie den Sänger Cheikh Lo, der in die Fußtapfen seines Gönners tritt. Während der allerdings im Westen nur alle paar Jahre mit einem neuen Album an die Öffentlichkeit geht, hat er im Senegal seit *Wommat* ganze vier Kassetten veröffentlicht, jedes Jahr eine. Für die Arbeits-pausen besitzt er mit dem *Thiossane* in Dakar einen eigenen, florierenden Nachtclub. Den ungeschliffenen Hardcore-Mbalax, den er dort zum Besten gibt, enthält er seinen westlichen Hörern allerdings vor.

Der Versuch, Publikumsgrenzen zu überschreiten, bedeutet immer eine heikle Gratwanderung. Es gibt im Westen ein großes Bedürfnis nach eher traditionellen, möglichst »authentischen« Klängen. Das erklärt etwa die Popularität der Musik aus Mali – der erdige Blues eines Ali Farka Touré oder die warmen pentatonischen Melodien einer Oumou Sangaré wirken wie Balsam für die Seelen gestreßter Großstadtbewohner. Die Bedürfnisse dieser Mittelschichts-Klientel aber bestimmen, welche Musik überhaupt in Europa veröffentlicht wird. Gerade wenn sie zu modern klingt, zu wenig exotisch, dann hat afrikanische Musik wenig Chancen, im Ausland Anklang zu finden.

Darum bleiben manche musikalische Moden strikt auf Afrika begrenzt. Zum Beispiel breitet sich *HipHop* in Afrika derzeit wie ein Lauffeuer aus. Doch nur wenige *Rapper* haben es bishergeschafft, auch außerhalb ihres Landes Gehör zu finden. Und in Südafrika ist ein neuer Stil namens *Kwaito* populär, eine Mischung aus heftigen *dance beats* und Gesang.

Alan Donovan

Das Gesicht des Kontinents

Mode und Models

Zu den schönsten Produkten, die Afrika zu bieten hat, gehören seine handgewebten, bunt bedruckten Stoffe. Die Menschen in Afrika und auf der ganzen Welt haben dieses traditionelle Kunsthandwerk wiederentdeckt und zur Grundlage einer eigenen Mode gemacht.

Zu Beginn des vergangenen Jahrhunderts entdeckten die Künstler der Moderne Afrikas Skulpturen und Textilien für sich. Viele von ihnen, beispielsweise Matisse und Picasso, besaßen umfangreiche Sammlungen afrikanischer Stoffe. Afrikas Einfluß auf die Kunst der Moderne ist in ihren Werken nicht zu übersehen – besonders bei Matisse, dessen Bakuba-Gobelin-Sammlung 1930 im New Yorker Museum of Modern Art ausgestellt wurde. Die komplizierten Applikationen auf den Gewändern der Könige von Bakuba, ihrer Frauen und Höflinge sowie auf den fein gewebten Gobelins, die als Knieunterlagen dienten, spiegeln sich in den Werken von Matisse wider. Jeder Gobelin ist einzigartig und ein echtes Kunstwerk. Was auf den ersten Blick wie ein chaotisches Muster wirkt, ist in Wahrheit der konforme Ausdruck einer allgemein gültigen Ästhetik. Nur wenige Kunstkritiker zollten der Virtuosität dieser Webarbeiten Anerkennung. Andere beklagten, daß solche Meisterwerke in Galerien und auf Auktionen für ein paar hundert Dollar verschleudert werden, während bemalte Suppendosen Millionen einbringen.

Inzwischen wird die anmaßende Haltung gegenüber den künstlerischen Bemühungen Afrikas zunehmend in Frage gestellt. Die Modedesigner der westlichen Welt lassen sich für ihre neuen Kollektionen von afrikanischen Stoffen inspirieren, gewagte geometrische Muster, deren Ursprung zweifelsohne auf Afrika zurückgeht, sind inzwischen von den Laufstegen Europas nicht mehr wegzudenken. Da die Nachfrage nach afrikanischen Mustern und Stoffen in Afrika selbst zurückgeht, tragen Europa und Amerika, wo diese bedeutende traditionelle Handwerkskunst auf wachsendes Interesse stößt, eine gewisse Verantwortung für deren Rettung.

Heute vollzieht sich in Afrika eine Renaissance nahezu ausgestorbener Kunsthandwerke. So unterweisen alte Frauen, die sich noch an die geheimen Rezepte zur Herstellung der tiefblauen Farbe aus der Indigowurzel erinnern, neu entstandene Künstlergruppen, die sich beispielsweise in Nigeria gebildet haben, in dieser Kunst. Nike Seven etwa hat sich mehrerer hundert arbeitsloser Jugendlicher angenommen, um ihnen die uralte *Adire*-Technik beizubringen, die im Exportgeschäft zunehmend gefragt ist. In den Webereien, wo in letzter Zeit zumeist synthetische Stoffe hergestellt werden, besinnt man sich wieder auf Baumwolle oder Rohseide, aus der zum Beispiel auf Madagaskar edle Leichentücher gefertigt werden.

Naturfasern wie Baumwolle sind im heißen Klima Afrikas natürlich wesentlich angenehmer zu tragen als synthetische Materialien wie Polyester. In Nigeria sind die wallenden Gewänder, die den klimatischen Bedingungen weitaus besser entsprechen – hergestellt aus auf schmalen Webstühlen handgewebten Baumwollbahnen –, wieder wesentlich beliebter als die Anzüge, die besonders nach der Erlangung der Unabhängigkeit des Landes hoch im Kurs standen. Die Stoffe sind für die Yoruba eine Art Sonntagstracht, wobei ein besonders schönes Gewand nicht nur seinem Träger, sondern auch dem Weber Ansehen einbringt, ähnlich wie bei der Haute Couture in Europa.

Während des Zweiten Weltkriegs, als es an europäischen Importwaren mangelte, begann man mit der Herstellung von Spitzenstreifen in Anlehnung an die vielbewunderte feine europäische Spitze, die zu Beginn des Jahrhunderts auch in Afrika Einzug gehalten hatte. Wie in vielen Ländern Afrikas gab es auch in Nigeria eine traditionelle »höfische« Kunst. Könige und reiche Adelige beauftragten begabte Künstler, gemusterte Stoffe und anderen Schmuck für den königlichen Träger zu entwerfen. Es gab sogar eine »Perlenzeremonie«, bei der, ähnlich dem Ritterbrauch in England, der *Oba* (König) einem seiner Untertanen eine Perle für seine Dienste überreichte. Diese königlichen Perlen bestanden aus verziertem, geschliffenem Jaspis oder Achat, die sich in Nigeria finden, später wurden sie durch die von portugiesischen Kaufleuten eingeführte Koralle ersetzt. Ganze Tuniken sowie Handschmuck und andere königliche Insignien wurden aus diesen Perlen hergestellt, zum Teil so schwer, daß dem Herrscher in vollem Pomp zwei Höflinge stützend zur Seite stehen mußten. Diese antiken Jaspis- und Achatperlen werden heute auf den Märkten Afrikas für einen Hungerlohn verhökert und von der internationalen Modeindustrie, in völliger Unkenntnis ihrer königlichen Herkunft, vereinnahmt. Es besteht die Gefahr, daß auf diese Weise unbezahlbare Erbstücke einfach verschwinden, ohne daß ihre Geschichte je niedergeschrieben wurde.

Die bekannteste Textilie Afrikas ist wohl das prächtige *Kente*-Gewand der Ashanti-Könige. Auch in diesem Kleidungsstück tritt der Hauptunterschied zwischen dem von Männern und dem von Frauen gewebten Tuch klar zutage. Männer nehmen ihren tragbaren Hand-Webstuhl mit außer Haus und gesellen sich zu ihren Kollegen aus der Weberzunft. Die Frauen sitzen vor ihren fest installierten, viel breiteren Webstühlen im Haus, wo sie die Kinder und den Herd im Auge haben. Muß eine Frau das Haus einmal verlassen, bedeckt sie ihren Webstuhl mit Fetischen und Zauberamuletten, um Konkurrentinnen einen neugierigen Blick auf ihre Arbeit zu erschweren beziehungsweise um sie abzuschrecken.

Viele der Seidengewänder der Ashanti-Könige von der früheren Goldküste, dem heutigen Ghana, sind aus importierten Seiden hergestellt, die man aufwendig Faden für Faden trennt und in den vibrierenden Farben des *Kente* neu verwoben hat. *Kente* gilt als eine der schwierigsten, arbeitsintensivsten Webtechniken der Welt. Die einzelnen Streifen werden in sehr komplizierten Mustern gewebt und dann zu jenem prächtigen *Kente*-Stoff zusammengefügt, der Künstler und Designer auf der ganzen Welt inspiriert. Alte Exemplare sind heute nur noch selten zu finden, modernere aus Viskose hingegen auf allen Kleidermärkten.

Die Globalisierung afrikanischer Textilien mag manchen Puristen empören, eröffnet den Künstlern aber zweifellos neue Märkte. Die Weber stehen vor dem Problem, für ihre neuen Kunden etwas Nichttraditionelles herstellen zu müssen. Doch das liegt im Wesen der Mode, die sich mit der Zeit wandelt, und die afrikanische Modeindustrie ist stets um Neuerungen in der Gestaltung von Textilien und Schmuck bemüht. Dennoch kehren viele Weber zum »Guten und Wahren« zurück und verzichten auf synthetische Färbetechniken.

In vielen Ländern Afrikas, besonders dort, wo man vom Tourismus lebt, wird das neu gewonnene Vertrauen in die Kreativität afrikanischer Mode genutzt. Die Organisation *African Heritage* in Nairobi begann, nach afrikanischen Models Ausschau zu halten, um 1971 die ersten panafrikanischen Kreationen zu präsentieren. Zu der Zeit – nur acht Jahre, nachdem das Land unabhängig geworden war – stammten die meisten Models aus Europa oder Asien. Für das *African Heritage Cultural Festival* wurden aktiv Afrikanerinnen als Models gesucht. Die erste Frau wurde in den Hotels von Nairobi präsentiert und ging dann auf Tournee, um in Europa und den USA für Kenia als Reiseland zu werben. Im ersten Teil der Show wurde ein Überblick über den Textilmarkt Afrikas geboten, während sich im zweiten Teil führende Modedesigner präsentierten, die schon bei wichtigen Wettbewerben, wie beispielsweise beim *International Smirnoff Fashion Award*, Preise gewonnen hatten.

Das einzige Model Kenias, das zu der Zeit außer Landes arbeitete, war Irene Mugambi. Heute ist sie Reiseleiterin bei der angesehenen Firma *Abercrombie and Kent*. Irene war nach England gegangen und hatte als Gelegenheitsmodel gearbeitet, was damals eher ungewöhnlich war. Afrikanische Models waren zu der Zeit in den meisten Ländern Europas unbekannt, abgesehen vielleicht von Frankreich, wo Models aus dem frankophonen Afrika bereits seit Jahrzehnten auf den Laufstegen zu sehen waren und durch ihr exotisches Äußeres viele Designer inspirierten. Nachdem Irene 1972 nach Nairobi zurückgekehrt war, kreierte sie einen Großteil der ersten Kollektion für die *First African Heritage Night* und war danach mehrere Jahre lang das führende Model dieser Show. Im Laufe der Jahre haben viele schöne Frauen an den *African Heritage Nights* teilgenommen, die zum jährlichen kulturellen Event in Nairobi geworden sind und von dort aus auf Tournee in andere Länder gehen.

Das berühmteste aus Afrika stammende Model ist zweifellos Iman. Ihr Name ist ein Synonym für afrikanische Schönheit und Afrika selbst. Ihren ersten Auftritt hatte Iman auf der *African Heritage Night* in der Massai Lodge bei Nairobi. Peter Beard, der bekannte amerikanische Fotograf, der in der Nähe von Karen Blixens ehema-

Modenschau des Hauses Alphadi in Abidjan, Elfenbeinküste.

ligem Haus lebt, war sofort von ihrer stolzen Eleganz begeistert und bat darum, sie in den Trachten und mit dem Schmuck des *African Heritage* fotografieren zu dürfen.

Diese Bilder haben Iman zu so etwas wie einer lebenden Legende gemacht. Noch vor ihrer Ankunft in New York wurde sie in den Schlagzeilen als die »schönste Frau der Welt« gepriesen, die bis dahin am *Lake Turkana* angeblich Ziegen gehütet hatte. Diese Meldung entpuppte sich allerdings bald als Ente. In Wahrheit entstammt Iman einer Diplomatenfamilie, hat ein Universitätsstudium absolviert und spricht fließend mehrere Sprachen.

Gleich an ihrem ersten Abend in New York speiste sie mit Diana Vreeland, der Hohepriesterin der Mode und Chefredakteurin von *Vogue*. Die Druckmaschinen wurden angehalten, und das erste Foto von Iman erschien in der nächsten Ausgabe von *Vogue*. Alles Weitere ist Geschichte. Später kam es dann zu der Traumhochzeit von Iman und einer anderen lebenden Legende, dem Musiker David Bowie.

Nach wie vor ist Iman bei den führenden Designern sehr gefragt, wenngleich die Modemogule nicht mehr ganz so atemlos auf den Moment warten, wenn sie mit ihrem sagenumwobenen Blick, dem unglaublich langen Hals und den hohen Wangenknochen wie eine Priesterin den Laufsteg betritt. Für Iman hatten die Designer ihre elegantesten und extravagantesten Entwürfe reserviert – sie führte sie mit der ihr eigenen Grandezza vor und ließ andere Models neben sich wie Komparsinnen aussehen.

Ein anderes, ebenfalls einer *African Heritage Night* entstammendes Model ist Khadija, die für Modezar Yves Saint Laurent über den Laufsteg ging. Khadija Adam war einmal zur Miss Kenya gekürt worden und hatte beim *Miss Universe Contest* den Titel Miss Africa errungen. Außerdem hatte man sie zur »fotogensten« aller Teilnehmerinnen erkoren. Wieder war Peter Beard der Fotograf, und als Yves Saint Laurent, der von jeher eine Vorliebe für afrikanische und schwarze Models hatte, die Bilder sah, nahm er Khadija sofort unter Vertrag. Sie wurde ein weiterer Fixstern auf den Laufstegen von Mailand, New York und Paris und als Covergirl ebenso beliebt wie für Katalogaufnahmen.

Peter Beard hat noch viele andere *African Heritage*-Models fotografiert, darunter auch Fayel Tall, eine bildschöne Malinesin, die umgehend nach Europa geholt und von Avedon, Penn und anderen führenden Fotografen abgelichtet wurde. Sie trat unlängst in Videoclips mit Janet Jackson auf und nimmt seit einiger Zeit in Hollywood Schauspielunterricht. Außerdem war da Catherine Karl, fast ein Jahrzehnt hindurch das Starmodel *der African Heritage Shows.*

Inzwischen nimmt diesen Platz die atemberaubende Äthiopierin Epiphany ein; sie posierte auf der Millenium-Tournee, mit der sich *African Heritage* in zwanzig Hotels Kenias präsentierte. Die Tournee wurde zum Teil von der Weltbank gesponsort, über das Gesundheitsministerium, das vor allem auf eines der ernstesten Probleme Afrikas, die Ausbreitung von Aids, aufmerksam macht. Die Weltbank finanziert die Aufstellung eines Riesenbildschirms, auf dem die überwältigenden Bilder aus »African Ceremonies«, dem Buch von Carol Beckwith und Angela Fisher, gezeigt werden, während darunter auf Bühnen und über beleuchtete Schwimmbecken führende Laufstege Models, Tänzer und Musiker Trachten und Mode Afrikas vorführen.

Heute werden Designer-Wettbewerbe wie der *Smirnoff International Fashion* Award in Nairobi und anderen Städten Afrikas ausgerichtet. Der *Smirnoff Award* ist das größte internationale von Studenten aufgeführte Mode-Ereignis der Welt. Jedes Jahr suchen sich Manager von Smirnoff und die Firma Rowland (zuständig für die globale Koordinierung) ein Thema und entwickeln zusammen mit führenden Modedesignern ein Programm. So soll jungen Designern ein Forum geschaffen werden, auf dem sie ihre Entwürfe den Medien und internationalen Designern präsentieren können. Die Jury setzt sich aus Führungskräften der nationalen und internationalen Modebranche zusammen. Den Gewinnerinnen winken Stipendien an verschiedenen Hochschulen für Design, Bargeld sowie die Gelegenheit, ihre Kreationen in der Endrunde internationaler Wettbewerbe vorzustellen, an denen Kandidaten aus über dreißig Ländern teilnehmen.

In Afrika, besonders in Südafrika, schießen seit einiger Zeit die Modelagenturen und -schulen wie Pilze aus dem Boden. Der führende Pay-TV-Sender *M-Net* organisiert, zusammen mit der Modelagentur *Elite*, den *Face of Africa*-Wettbewerb, immer auf der Suche nach neuen Gesichtern und Models. Den Gewinnern winken ein Dreijahresvertrag mit *Elite* – das entspricht einem Einkommen von

Modenschau des nigerianischen Hauses Alphadi in Abidjan.

ungefähr 150000 Dollar –, dazu neue Garderobe und andere Preise. Die Gewinnerinnen sowie die vier Teilnehmerinnen an der Endausscheidung haben Gelegenheit, an der *Model Look Competition* und weiteren von *Elite* veranstalteten Wettbewerben teilzunehmen. Koordiniert werden diese Wettbewerbe von *Jan Malan Productions* in Johannesburg, wo man bestrebt ist, Supermodels aus Afrika in die ganze Welt zu schicken.

Die Kenianerin Emma Too gewann gleich im ersten Jahr den Titel für Ostafrika. Der Wettbewerb, der erste im Zeitalter von Internet und globalen Fernsehübertragungen, löste einige Kontroversen aus. Hauptgegenstand dabei war die Ansicht, daß das afrikanische Schönheitsverständnis angeblich vom europäischen unterdrückt werde – in Afrika gelten fülligere Frauen mit breiten Hüften als schön, ganz im Gegensatz zu den »Bohnenstangen«, nach denen europäische Designer verlangen. Dem wurde entgegengehalten, daß sich die Länder Afrikas in Sachen Mode den Herausforderungen aller anderen Länder stellen müßten und daß die Norm der internationalen Modeindustrie nun einmal das hochgewachsene, schlanke Mannequin mit endlosen Beinen sei – wie etwa die 17jährige bildschöne, 1,86 m große Oluchi Onweagba aus Nigeria, die 1998 den ersten Preis gewann und seitdem die Titelseiten vieler Modemagazine sowie riesige Plakate am New Yorker Broadway schmückt.

Die Modenormen ändern sich, und seit einigen Jahren ist eine Hinwendung zu größerer Vielfalt bei den Gesichtern und Erscheinungen der Models festzustellen. Die Designer suchen nach neuen Bildern, und die Vorstellungen von Schönheit werden infolgedessen auch weiterhin ständig neue Formen annehmen.

Gewiß gibt es Menschen, die Mode als närrisch und frivol betrachten und Models als glorifizierte Gewinnerinnen von Schönheitswettbewerben, als Teilnehmerinnen einer Fleischbeschau, bei der Frauen sich erniedrigen, indem sie sich mit Tand und Flitter schmücken. Doch das Bedürfnis, den Körper zu verschönern, ist so alt wie die Ursprünge des Menschen, und Schmuckstücke gehören zu den ältesten erhaltenen Artefakten. Gewiß wurzeln Vorstellungen von Mode und Schönheit in den alten Traditionen Afrikas.

Thomas Moesch

Unbeholfen in Richtung Freiheit

Gefährliches Pflaster für Medien

»Wir stellen die Lügen der Regierung bloß, wir verteidigen die Bürgerrechte und die Demokratie. Das paßt der Regierung nicht. Mit dieser Art Radio gefährden wir unser Leben.«

Moustapha Thiombiano aus dem westafrikanischen Sahelstaat Burkina Faso weiß, wovon er spricht. Er selbst konnte sich einmal nur durch einen Sprung über die Mauer der US-Botschaft in Burkina Fasos Hauptstadt Ouagadougou retten. Ein Überfallkommando hatte ihm aufgelauert, erzählt der 53jährige Besitzer des unabhängigen Hörfunksenders *Horizon FM*, einem der ersten staatsfernen Radios auf dem Kontinent.

Thiombiano ist sich sicher, daß die Regierung des autokratischen Präsidenten Blaise Compaoré hinter diesem Angriff steckte. Abwegig ist diese Vermutung nicht, wie das Schicksal von Thiombianos Freund und Kollegen Norbert Zongo zeigt. Der hatte wegen Korruption und Mordvorwürfen im Umfeld des Präsidenten recherchiert. Im Dezember 1998 wurde seine verbrannte Leiche im Wrack seines Autos gefunden. Der Mord an dem bekannten Journalisten sorgte weltweit für Aufsehen. Die Proteste nach seinem Tod zwangen Präsident Compaoré, eine unabhängige Untersuchungskommission einzusetzen. Die kam im Mai 1999 zu dem Schluß, daß Zongo von Mitgliedern der Präsidialgarde umgebracht worden war.

Robert Ménard von der Menschenrechtsorganisation »Reporter ohne Grenzen« erläuterte die Untersuchungsergebnisse auch in Radio *Horizon FM*. Ménard wurde daraufhin ausgewiesen, *Horizon FM* durfte sechs Wochen lang nicht senden, angeblich wegen nicht bezahlter Schulden.

Die Statistiken von »Reporter ohne Grenzen« (RoG) oder dem »Weltverband der Zeitungen« (WAN) wiesen Afrika 1999 als den für

Journalisten gefährlichsten Kontinent aus. RoG registrierte 13 Fälle, in denen Mitarbeiter von Medien im Zusammenhang mit ihrer Arbeit ums Leben kamen, davon allein 10 im Bürgerkriegsland Sierra Leone. WAN ermittelte sogar insgesamt 17 Todesfälle. Zu Anfang des Jahres 2000 saßen in Afrika nach Angaben von WAN 13 Journalisten wegen ihrer Arbeit im Gefängnis, weltweit waren es 80, über die Hälfte davon in Asien. Im Frühjahr 2000 kritisierte RoG 22 der 53 afrikanischen Staaten wegen ihres Umgang mit Journalisten und Medien: Ägypten, Algerien, Angola, Äquatorial-Guinea, Äthiopien, Burkina Faso, Dschibuti, Gabun, Kamerun, Kenia, DR Kongo, Libyen, Mauretanien, Nigeria, Ruanda, Sambia, Sierra Leone, Simbabwe, Sudan, Swaziland, Togo und Tunesien.

Nach westlichen Maßstäben völlig frei von staatlicher Gängelung sind die Medien nur in Südafrika und Namibia. Am schwersten haben es regierungsunabhängige Medien in Kriegs- und Bürgerkriegsländern. Die hohe Zahl von Toten in Sierra Leone ist nur die Spitze des Eisbergs. Angola ist ein anderes Sorgenkind der auf Medien spezialisierten internationalen Menschenrechtsorganisationen. Die politische Situation hat sich durch das Wiederaufflammen des Bürgerkriegs erneut verschärft. Trotzdem gibt es in dem früheren sozialistischen Einparteienstaat sechs unabhängige Zeitungen und sieben Radiostationen. Allerdings erklärt die Regierung von Präsident dos Santos Journalisten, die ihre Politik gegenüber der Rebellenorganisation *Unita* von Jonas Savimbi kritisieren, gern zu Staatsfeinden. Im Herbst 1999 traf es Rafael Marques. Er hatte in einer Wochenzeitung und im katholischen *Radio Ecclesia* dem Staatschef Korruption vorgeworfen und die Schuld an der Misere des Landes zugewiesen. Wegen »Beleidigung des Präsidenten« verschwand er sechs Wochen in den Zellen der Kriminalpolizei. Am 31. März 2000 verurteilte ihn ein Gericht zu sechs Monaten Gefängnis und 14000 US-Dollar Geldstrafe.

In der benachbarten Demokratischen Republik Kongo, dem früheren Zaïre, haben die unabhängigen Medien mit ähnlichen Problemen zu kämpfen. Der seit Ende der neunziger Jahre immer wieder aufflammende Bürgerkrieg macht es Journalisten fast unmöglich, neutrale Informationen zu bekommen. In der Hauptstadt Kinshasa gibt es ein knappes Dutzend größere unabhängige Zeitungen und einige

Radio- und Fernsehstationen. Wegen des Krieges können die Journalisten nicht reisen, schon gar nicht in die Rebellengebiete. »Wir verlassen uns auf Berichte von Informanten, die sich per Telefon bei unseren Mitarbeitern in Europa melden«, erzählt Dorothée Mamba Mputu, Reporterin beim privaten Fernsehsender *RTKM*.

Die Regierung behandele die Medien nur so lange freundlich, wie deren Berichterstattung auf ihrer eigenen Linie liege. Über das, was passiert, wenn sich ein Redakteur nicht fügt, sagt die junge Reporterin lieber nichts. Das steht um so deutlicher in den Berichten von Menschenrechtsorganisationen. *Amnesty International* stellte nach einem Besuch im August 1999 fest, daß jeder, der Kritik äußert, damit rechnen muß, verhaftet, gefoltert oder sonstwie unmenschlich behandelt zu werden. Die Fortschritte bei den Menschenrechten, die die Opposition seit 1990 dem damaligen Präsidenten Mobutu abgetrotzt hatte, seien seit der militärischen Machtübernahme Laurent Kabilas im Frühjahr 1997 kontinuierlich abgebaut worden, heißt es in dem Bericht. Im Januar 2001 ist Kabila selbst einem Anschlag zum Opfer gefallen.

Das Beispiel Kongo zeigt auch, wie sich eine Krise auf die Medien in den Nachbarländern auswirkt, zumal wenn deren Regierungen selbst Akteure der Krise sind. Journalisten aus Uganda und Ruanda berichten, daß alles, was mit dem Krieg zu tun habe, ein heißes Eisen sei. »Wenn du Ärger haben willst, dann schreibe über die Armee«, faßt David Oumar Balikowa seine Erfahrungen zusammen. Der stellvertretende Herausgeber der in Ugandas Hauptstadt Kampala erscheinenden Tageszeitung *The Monitor* lobt einerseits die erheblichen Fortschritte, die seine Heimat seit den Tagen der Diktatoren Idi Amin und Milton Obote gemacht hat. Jeder könne heute jederzeit eine Zeitung gründen und darin auch den Präsidenten kritisieren. Doch Balikowa fragt auch: »Kann es Pressefreiheit ohne politische Freiheit geben?« Damit spielt er darauf an, daß sich politische Parteien in Uganda nicht an Wahlen beteiligen dürfen. Dem im Ausland vielgepriesenen Präsidenten Yoweri Museveni wirft Balikowa vor, die Freiheit der Presse in Uganda als demokratisches Feigenblatt für den Westen zu mißbrauchen. Und wie in den meisten afrikanischen Ländern schweben auch in Uganda noch aus der Kolonialzeit stammende Gesetze wie ein Damoklesschwert über den Medien. Diese

Gesetze bedrohen Vergehen wie Beleidigung, Verleumdung oder die Verbreitung von Falschinformationen mit harten Geld- und Haftstrafen.

Balikowa selbst war einmal kurzzeitig inhaftiert worden, weil er in seiner Zeitung das Foto einer nackten Frau veröffentlicht hatte, die von Männern in Armee-Uniformen drangsaliert wurde. Angesichts solcher Erfahrungen würden vor allem jüngere Kollegen die Finger von politischen Themen lassen.

Nicht immer sind die Regierungen allein schuld am schlechten Verhältnis zu den unabhängigen Medien. Vor allem Zeitungen versuchen oft, mit möglichst reißerischen Meldungen Marktanteile zu gewinnen. Das Publikum ist klein, die meisten Menschen in Afrika können entweder nicht lesen oder sich keine regelmäßige Zeitungslektüre leisten. Auch der Anzeigenmarkt ist in der Regel klein. Die Privatwirtschaft leidet unter der in vielen Ländern desolaten Wirtschaftslage, staatliche Betriebe inserieren aus politischen Gründen oft nicht in kritischen Zeitungen. Die Journalisten sind dementsprechend schlecht ausgerüstet und haben kaum finanzielle Mittel für eigene fundierte Recherchen. Gute Archive sind kaum zu finden, Telefonanschlüsse gibt es nur wenige, oft funktionieren sie nicht, Ferngespräche sind teuer. Der Computer bahnt sich nur langsam den Weg in die Redaktionsstuben; ein eigener Internet-Zugang ist für die meisten afrikanischen Journalisten noch ein schöner Traum.

Was ihnen bleibt, sind Meinungsartikel. Zeitungen überbieten sich gern in möglichst scharfer Kritik an den Regierenden oder versuchen, Skandale aufzudecken. Unter diesen Bedingungen landet dann auch schnell so manches Gerücht auf der Titelseite. Andererseits kann eine solche Zeitungslandschaft aber auch Ort einer in Deutschland kaum gekannten vehementen politischen Debatte sein.

Bestes Beispiel für die guten und schlechten Seiten der afrikanischen Presse ist Nigeria. Das bevölkerungsreichste Land des Kontinents ist schon seit Jahrzehnten für seine vielfältige Presse bekannt. Nigerianische Journalisten haben sich nie den Mund verbieten lassen. Viele haben sogar unter dem äußerst brutalen Militärdiktator Sani Abacha (1993–1998) keine Selbstzensur üben wollen und dafür mit dem Leben oder langer Haft bezahlt. Seit der Rückkehr zur Demokratie im Frühjahr 1999 können Nigerias Zeitungen wieder ohne direkte Repression arbeiten, und viele tun es so hemmungslos, daß einige sie schon wieder für eine Gefahr halten: »Die Presse ist extrem sensationslüstern, maßlos und zügellos«, kritisiert der Sozialwissenschaftler Yahaya Hashim aus der nordnigerianischen Metropole Kano, »das verschärft die Spannungen im Land.« Doch auch Hashim betont, daß die Presse die wichtigste Institution im Kampf für die Demokratie war: »Wir müssen damit leben und haben lieber so eine Presse als eine, die nicht frei ist.«

Dabei sind auch in Nigeria Journalisten keineswegs immer selbstlose Vorkämpfer des freien Wortes. Wie fast überall in Afrika werden sie äußerst schlecht bezahlt, oft bekommen sie monatelang überhaupt kein Gehalt. Vieles, was den Weg in die Zeitung oder den Sender findet, ist deshalb nichts anderes als Lohnschreiberei. Hinzu kommt, daß auch die Verleger meist branchenfremde Unternehmer sind. Mit der Herausgabe einer Zeitung verfolgen sie in erster Linie politische oder ethnische Interessen. Sie unterstützen die politischen Kräfte, die ihren sonstigen wirtschaftlichen Interessen am dienlichsten scheinen.

Auch afrikanische Journalisten und Verleger sind nicht zufrieden damit, die neue Freiheit ohne eine solide berufliche Qualifikation und wirtschaftliche Basis leben zu müssen. Ein Versuch, die Probleme zu lösen, ist das Medieninstitut für das südliche Afrika (MISA), ein Zusammenschluß von 11 Landesgruppen mit einem regionalen Sekretariat in Namibias Hauptstadt Windhuk. Im MISA haben sich Journalisten, Herausgeber, Verleger und Manager kleiner, unabhängiger Medien organisiert. Gemeinsam werben sie für eine Reform veralteter Pressegesetze, protestieren gegen Zensur und staatliche Übergriffe und bieten Fortbildungsprogramme an.

Ein spezieller Fonds berät die Mitgliedsunternehmen in wirtschaftlichen Fragen und vermittelt günstige Kredite. »Durch uns können die einheimischen Medienpraktiker ihrer Stimme Gehör verschaffen; das ist glaubwürdiger, als wenn allein ausländische Menschenrechtsorganisationen Verstöße gegen die Pressefreiheit kritisieren«, erklärt die Direktorin von MISA, die Südafrikanerin Jeanette Minnie. Und sie ergänzt stolz: »Die Regierungen mögen uns nicht, aber sie respektieren uns.« Noch lebt MISA ausschließlich von der Hilfe ausländischer Stiftungen und Organisationen, darunter auch deutsche.

Doch schon bald will das Netzwerk einen eigenen Informationsdienst auch vermarkten.

In Ostafrika entsteht derweil mit dem Ostafrikanischen Medieninstitut EAMI in Kampala (Uganda) ein Nachahmer. Der Weltverband der Zeitungen arbeitet zusammen mit »Reporter ohne Grenzen« an einem »afrikanischen Netzwerk für die Presse« auf Internet-
Basis, über das auch Verstöße gegen die Pressefreiheit angeprangert
werden sollen. In Deutschland wollen der Bundesverband der Zei-
tungsverleger (BDZV), der Verband Deutscher Zeitschriftenverleger
(VDZ), die IG Medien und der Deutsche Journalistenverband (DJV)
gemeinsam eine »Stiftung für Demokratie und Pressefreiheit« gründen, die Medien in armen Ländern unter anderem Zugang zu modernen Kommunikationstechniken verschaffen will.

Theo Sommer

Hoffnung im Herz der Finsternis?

Afrika kann geholfen werden

Geben wir es ruhig zu: Afrika liegt den Deutschen fern. Von den
Älteren mag sich der eine oder andere eines Großonkels erinnern,
der einst am Kilimandscharo eine Pflanzung besaß. Wer in den drei-
ßiger Jahren zur Schule ging, sammelte jene bunten Bilder von Aska-
ri-Uniformen aus den ehemaligen deutschen Kolonien, die Vaters Zi-
garettenschachteln beilagen. Das Jungvolk sang »Heia Safari«, wobei Lettow-Vorbecks Feldzug und Lützows wilde, verwegene Jagd
schon damals im Nebel der Geschichte ineinanderflossen. Und noch
in den fünfziger Jahren nickte hier und dort in den Kirchen eine kleine
Negerstatue mit dem Kopf, sobald man am Ende des Kindergottes-
dienstes seine Opfergroschen in die Sammelbüchse steckte.

Der Versailler Vertrag sprach dem Deutschen Reich 1919 seine
afrikanischen Kolonien ab, ein halbes Jahrhundert, ehe Briten und
Franzosen, Belgier und Portugiesen ihre überseeischen Besitzungen in
die Unabhängigkeit entließen. Die Negerstatuen aus den Kirchenfoy-
ers sind aus der Mode gekommen. Schwarze traten den Deutschen
nach dem Zweiten Weltkrieg nur als amerikanische Soldaten gegenüber – bis die ersten Asylbewerber aus Afrika als Küchenhelfer in unseren Restaurants auftauchten.

Der Schwarze Kontinent ging in dem Begriff »Dritte Welt« unter
und wurde, pflichtschuldigst, mit Entwicklungshilfe bedacht. Im übrigen hielten sich sämtliche Bundeskanzler an das Wort Bismarcks:
»Meine Karte von Afrika liegt in Europa.«

Literatur und Film nährten noch ein Quentchen verklärender
Nostalgie: Hemingway, Tania Blixen, John Huston, auch Professor
Grzimeks »Serengeti darf nicht sterben«, Hardy Krügers Filmberich-
te von seiner Farm und die ARD-Serie »Unter der Sonne Afrikas«.
Tätiges Mitleid schlug sich in Spenden für die Deutsche Welthunger-

hilfe und andere Hilfswerke wieder. Doch erst als mit der Ausbreitung des Fernsehens die Welt zum Dorf schrumpfte, füllte sich das Bild Afrika mit alltäglicher Wirklichkeit. Auf einmal galt wieder der zweitausend Jahre alte Satz des römischen Historikers Plinius: »In Afrika gibt es dauernd etwas Neues.«

Das wenigste davon ist erbaulich gewesen. Afrika flackerte als Kontinent der Apokalypse über die Bildschirme: eine unendliche Geschichte von Dürre und Hungersnot, Krankheit und Korruption, Terror und Tyrannei, Schulden und Schuld. Das vielhunderttausendfache Morden in Ruanda – schreckliches Echo des Holocaust und grausiger Abklatsch der *killing fields* in Kambodscha – entsetzte, empörte, erschütterte 1994 die Welt. Und auch seitdem reißen die Schreckensnachrichten nicht ab. Zumal Schwarzafrika auf fatale Weise zwischen Stamm und Staat, Ausgleich und Ausrottung, Modernisierung und Archaisierung hin- und hergerissen ist.

In vierzig Jahren Unabhängigkeit hat der Kontinent achtzig Militärputsche erlebt, bei denen über zwei Dutzend Regierungs- und Staatschefs umgebracht wurden. Seit 1970 sind in Afrika mehr als dreißig Kriege gezählt worden – Kriege zwischen Staaten, aber vor allen Dingen Konflikte innerhalb der Staaten: Bürgerkriege, Stammesfehden, ethnische Auseinandersetzungen, religiöse Konfrontationen. Im Jahr 2000 waren es in Afrika mehr als in irgendeinem anderen Erdteil. Konflikte, die jährlich über tausend Tote kosteten, tobten in Angola, den beiden Kongos, Eritrea, Äthiopien, Ruanda, Somalia und dem Sudan.

Zugleich erschütterten bewaffnete Auseinandersetzungen minderer Intensität die Länder Burundi, Djibouti, Senegal, Sierra Leone, Tschad und Uganda. Von den weltweit 22 Millionen Flüchtlingen, die aus ihren Heimatländern vertrieben worden sind, leben über 6 Millionen in Afrika; weitere Millionen sind Flüchtlinge im eigenen Land. Alle Friedensbemühungen aber, ob für den Kongo oder Burundi, für Sierra Leone oder den Sudan, sind nach vielversprechenden Ansätzen immer wieder steckengeblieben.

Und Krieg ist nicht die einzige Plage Afrikas. Die phänomenale Korruption der herrschenden Eliten läßt sich an den stupenden Summen ablesen, die raffgierige Herrscher auf Schweizer Nummernkonten verschoben haben: über eine Milliarde Dollar der kongolesische

Diktator Mobutu, 670 Millionen der nigerianische General Abacha. Wobei die Regel gilt: je rohstoffreicher ein Land, desto schamloser die Korruption.

Hinzu kommt die verheerende Wirkung der Aids-Pandemie. In Afrika leben 13,2 Prozent der Weltbevölkerung, aber 69 Prozent aller HIV-Infizierten der Erde. Besonders betroffen sind Botswana, Simbabwe, Sambia und Südafrika. Dort ist fast ein Drittel der Bevölkerung an Aids erkrankt, und zwar nicht nur Prostituierte, Wanderarbeiter und Soldaten, sondern auch Lehrer, Gesundheitsfürsorger und vor allen Dingen Frauen. Mehr Menschen sterben heute an Aids als durch Kriegseinwirkung. Die durchschnittliche Lebenserwartung in den betroffenen Regionen ist auf das Niveau von 1950 zurückgefallen: 45 anstelle der seitdem erreichten 60 Jahre.

In vielen Ländern ist zudem ein fortschreitender Staatszerfall zu beobachten. Die politische Gewalt ist zersplittert; das staatliche Gewaltmonopol wird von rivalisierenden Kräften privatisiert, die Institutionen werden ausgehöhlt; die gesellschaftliche Infrastruktur verkommt. Wo nicht überhaupt totale Herrschaftslosigkeit Einzug hält, triumphiert die Mißherrschaft, die *bad governance*. Dabei lassen sich die unbefriedigenden Zustände nicht länger auf die Sünden der ehemaligen Kolonialherren schieben. Prominente Afrikaner wie Nelson Mandela in Südafrika oder Ugandas Präsident Museveni räumen unumwunden ein, daß die Ursache der Misere längst in der Unfähigkeit und dem Mißmanagement vieler afrikanischer Staatenlenker zu suchen ist.

Es kann unter solchen Umständen nicht verwundern, daß Afrika auch wirtschaftlich nicht auf einen grünen Zweig kommt. Afrika ist die Dritte Welt der Dritten Welt geworden. Ghana und Südkorea hatten 1960 das gleiche Pro-Kopf-Einkommen von 250 Dollar pro Jahr. Heute liegt das südkoreanische Einkommen pro Kopf achtmal höher, Afrika hinkt der Entwicklung Asiens weit hinterher – trotz vierhundert Milliarden Dollar Entwicklungshilfe in den zurückliegenden dreißig Jahren, was ein Drittel aller überhaupt vergebenen Entwicklungshilfe darstellt. Mit heute fast achthundert Millionen Einwohnern – noch einmal: 13,2 Prozent der Menschheit – erwirtschaftet es nur 1,2 Prozent des Weltsozialprodukts. Gleichzeitig ist sein Anteil am Weltexportvolumen von 3 Prozent in den Sechzigern auf knapp

1,5 Prozent gesunken. Der Kontinent, der vor 1960 Nahrungsmittel exportierte, ist heute ein Importeur, in vielen Fällen ein Nahrungshilfe-Empfänger. Rund dreihundert Millionen Menschen leben von weniger als einem Dollar am Tag. Bis zum Jahre 2025 wird die Bevölkerungszahl auf 1,2 Milliarden anwachsen, bis 2050 auf 1,8 Milliarden. Aus dieser Prognose erklärt sich die Vorhersage, daß in Afrika als einzigem Erdteil während des 21. Jahrhunderts die Armut ansteigen wird.

Ist der »dunkle Kontinent« also nach wie vor das »Herz der Finsternis« – so der Titel von Joseph Conrads Kongo-Roman? Es gibt Lichtblicke. Eine Reihe afrikanischer Staaten hat im zurückliegenden Jahrzehnt Wachstumsraten von über vier Prozent geschafft. Dies reicht nicht aus, um rasch Anschluß zu gewinnen, aber wenigstens sind die negativen Raten der achtziger Jahre überwunden. Über dreißig Länder haben mittlerweile makroökonomische Reformen in Angriff genommen, viele überhaupt zum ersten Mal. Sie umfassen die Liberalisierung der bisher gültigen Handelsvorschriften und Investitionsregeln, Zollsenkung, Subventionsabbau, Privatisierung von Staatsbetrieben und Währungsstabilisierung.

Wichtiger noch: Die Demokratie greift um sich. Auf der Weltkarte der Freiheit war 1990 noch fast ganz Afrika als unfrei ausgewiesen; damals gab es nur sechs Staaten mit einem demokratischen Mehrparteiensystem. Im Jahre 1994 zählte die Weltbank zehn solcher Staaten, weitere zwanzig bewegten sich auf eine liberale, pluralistische Ordnung zu. Nach der jüngsten *Freedom House*-Zählung gelten jetzt 32 der 53 afrikanischen Staaten entweder als demokratisch oder doch wenigstens teilweise frei. Das mag zu rosig gesehen sein. In Robert Mugabes Simbabwe ist eher eine gegenläufige Tendenz festzustellen. Doch unleugbar hat die Demokratisierung mit der Abschaffung der Apartheid in Südafrika zu Beginn der neunziger Jahre und der Ablösung der Militärherrschaft in Nigeria im Juni 1999 zwei Riesenschritte vorwärts getan.

Es gibt also Hoffnung für Afrika – Grund genug für uns, nicht in dem Bemühen nachzulassen, dem Nachbarkontinent im Süden aus seiner Misere, seiner Schlußlichtposition, seiner Randlage herauszuhelfen. Es fehlt nicht an frommen Beteuerungen und nicht an besten Absichten. Es fehlt – national, europäisch, international – nicht einmal an finanzieller, technischer, karitativer Unterstützung; an Bereitschaft zum Schuldenerlaß; an vernünftigen, fundierten Ratschlägen. Wenn Afrika sich helfen lassen will, wird ihm geholfen werden. Dies setzt freilich voraus, daß es die Bedingungen schafft, unter denen Hilfe allein wirksam geleistet werden kann: Respektierung der Menschenrechte; Eindämmung der Korruption; demokratische Politik, Presse- und Meinungsfreiheit; maßvolle Militärbudgets – kurzum *good governance*, anständiges Regieren.

Ein verkrüppeltes Afrika, arm, krank, radikalisiert – das wäre das letzte, was sich Europa leisten könnte. Es liegt im Interesse der Alten Welt, daß die »Afrikanische Renaissance« gelingt, von der neuerdings so viel die Rede ist. Auch die Deutschen, denen Afrika nur noch eine blasse Erinnerung bedeutet, bestenfalls ein flüchtiges Urlaubserlebnis, können sich dabei nicht abseits halten. Was immer sonst unsere Prioritäten sind – der Ausbau der Europäischen Union, das Heranführen Osteuropas an die Brüsseler Gemeinschaft –, eine afrikanische Apokalypse würde über all das einen düsteren Schatten werfen.

Michael Bitala

Kein Massaker fürs Fernsehen

Vom Umgang der Medien mit Katastrohen

Sind neunzig tote Afrikaner für das deutsche Publikum interessant? Müssen es dreihundert sein? Fünfhundert? Vielleicht siebentausend? Oder gar zweihunderttausend? Nun, in Afrika gelten andere Regeln als im Rest der Welt. Zweihunderttausend Tote interessieren niemanden. Mit siebentausend Toten erreicht man nur die Liebhaber des Kontinents. Dreihundert oder fünfhundert sind ein Thema. Und neunzig finden sofort ihren Platz in den Medien. Aber eins nach dem anderen.

Im November 1999 häufen sich die Meldungen, daß in Somalia, in Äthiopien, im Norden Kenias und auch im Südsudan eine Katastrophe bevorsteht. Seit Jahren hat es dort nicht geregnet. Im Süden Somalias sei es besonders schlimm, Dutzende von Kindern stürben pro Woche, meldet das Internationale Rote Kreuz. Kaum ein Journalist reagiert. Der einzige Tote, der es zu diesem Zeitpunkt in einige deutsche Tageszeitungen bringt, ist ein nordkenianischer Hirte. Der hatte seine Kühe an demselben Wasserloch getränkt, an dem auch Paviane ihr Revier haben. Die Affen hatten den Mann zu Tode gesteinigt.

Ein paar Wochen später, im Januar 2000, bringt ein mutiger Mitarbeiter der Christoffel-Blindenmission ein selbstgedrehtes Video aus dem Kongo mit. Aus einem schwer zugänglichen Gebiet, in dem Bürgerkrieg herrscht, in dem die Einwohner an Pest, Cholera und Meningitis leiden. Der Film zeigt, wie sich zwei Volksgruppen gegenseitig abschlachten. Siebentausend Menschen sollen schon tot sein. Sie zünden sich gegenseitig die Strohhütten an, schießen sich Pfeile und Speere in den Bauch oder zermetzeln sich mit Macheten. Das geschieht zwar schon seit ein paar Monaten, aber erst dieser Amateurfilm bringt einige Journalisten dazu, in den Kongo zu fahren. Tausende von Zeilen werden geschrieben – daß es dort eine Katastrophe gibt, daß sich die Völker auch mit Hilfe fremder Söldner umbringen, jener Soldaten aus Uganda, die den Landstrich besetzt halten. Diese lassen sich von beiden Seiten als Mörder anheuern. Pro Getöteten verlangen sie einen Dollar.

New York Times, Washington Post, Time Magazine, Spiegel und *Süddeutsche Zeitung* drucken lange Berichte über diese Massaker – und es geschieht nichts. Es gibt keinen internationalen Protest, nicht mal einen Aufruf, das Gemetzel zu beenden. Im Gegenteil: Deutschland unterstützt weiterhin den Kongo-Besetzer Uganda und dessen Mörder mit sechzig Millionen Mark jährlich aus dem Entwicklungshilfe-Etat.

Ist der Kongo schon hoffnungslos verloren? Sind nicht einmal mehr siebentausend Tote einen internationalen Aufschrei wert? Ein Fernseh-Kollege aus Deutschland gibt die Antwort: »Das Thema ist nicht sexy genug fürs Fernsehen. Gemetzel live ist zu gefährlich zu filmen, kein Gemetzel ist für den Zuschauer zu langweilig.« Deshalb: kein Massaker fürs Fernsehen, kein Massaker für die deutsche Öffentlichkeit.

Es dauert gerade mal zwei Wochen, da hat das deutsche Fernsehen sein »sexy« Thema: In Mosambik sitzen die Menschen in Todesangst auf den Bäumen. Nach einer Flutwelle steht das Wasser schon bis unter die Baumkronen. Dreihundert Menschen sollen bereits ertrunken sein, genaue Zahlen kennt keiner, weil das Überschwemmungsgebiet riesengroß ist. Aber es gibt dramatische Fernsehbilder: wie die Menschen aus den Ästen fallen und in den milchkaffeefarbenen Fluten versinken; wie eine junge Frau, die soeben ein Kind in einer Baumkrone zur Welt gebracht hat, von einer südafrikanischen Hubschraubercrew von den Ästen gezogen wird. Diese Aufnahme löst einen Spendenrekord in Deutschland aus. Die Bundesregierung handelt, Bundeswehrsoldaten treffen in Mosambik ein, helfen beim Evakuieren und bei der Nahrungsverteilung. Sie bleiben so lange, bis der deutsche Außenminister mit ein paar Fernsehreportern die Truppe besucht hat. Danach ist Mosambik vergessen. Kein Bericht, keine Sequenz, nichts mehr.

Was passiert aber, als das Wasser endlich zurückgeht? Ziehen die Dorfbewohner wirklich Hunderte von Leichen aus dem Schlamm, wie während des Hochwassers spekuliert worden war? Sterben wirklich Tausende an Cholera, wie es tagelang schon im Frühstücksfernsehen prophezeit wurde? Und wird Mosambik durch die Katastrophe wirklich um Jahrzehnte zurückgeworfen, wie zu Beginn der Flut immer wieder behauptet wurde? Das deutsche Fernsehpublikum erfährt keine Antworten auf diese Fragen. Es gibt im April 2000 Wichtigeres: Hunger und Dürre am Horn von Afrika, in Somalia, in Kenia, im Südsudan und in Äthiopien. 16 Millionen Menschen seien vom Tod bedroht, warnt das Welternährungsprogramm der Vereinten Nationen.

Dabei hat sich seit November 1999, seit den ersten Warnungen, die Situation nicht wirklich dramatisch verschlechtert. Es ist der WFP-Chefin Catherine Bertini nun lediglich gelungen, ein paar Fernsehjournalisten in das Gebiet zu fliegen, um auf die drohende Katastrophe aufmerksam zu machen. Und deren Bilder erschrecken die Welt. Zeigen sie doch völlig ausgemergelte Kleinkinder, denen die Fliegen in den Mund kriechen oder die letzte Flüssigkeit aus ihren Augenwinkeln saugen. Da hilft es auch nichts mehr, darauf aufmerksam zu machen, daß auch ohne Dürre und Hunger im Süden Äthiopiens 20 von 100 Kindern sterben, bevor sie fünf Jahre alt werden. Daß, so schrecklich es auch ist, diese Bilder zu jedem Zeitpunkt gedreht werden könnten.

Im April 2000 erlebt das deutsche Publikum etwas, das so nur selten vorkommt. Die Bilder der sterbenden Kinder lösen einen Schlüsselreiz aus. Bei den Hilfsorganisationen, den Medien, bei den Politikern und den Zuschauern. Denn solche Aufnahmen gab es schon mal, 1984 war das, und damals starben in Äthiopien rund eine Million Menschen an Hunger. Da die Bilder genauso aussehen wie damals, dauert es auch nicht lange, bis eine kleine englische Hilfsorganisation auf der Suche nach noch mehr Spendengeldern, nach noch drastischeren Formulierungen einfach aus der Gefahr eine Realität macht: So wird aus der drohenden Katastrophe am Horn von Afrika eine schon eingetretene. Und die internationalen Medien übernehmen die Formulierung. Der Korrespondent einer Nachrichtenagentur ist empört darüber, daß sein Chef in Deutschland aus all seinen Berichten das Wort »drohende« herausgestrichen hat. Als er sich beschwert, bekommt er die wütende Antwort: »Sehen Sie denn die

Fernsehbilder nicht? Das ist eine Katastrophe in Äthiopien!« Ähnlich ergeht es den TV-Reportern, die vor Ort sehen, daß die Menschen im Südosten Äthiopiens zwar arm dran sind, aber noch keineswegs die von allen berichtete Hungerkatastrophe erleiden. Sie müssen Schrekkensbilder finden, haben doch ihre ansonsten seriös arbeitenden Nachrichtenredaktionen schon längst eine gemeinsame Aktion mit Hilfsorganisationen gestartet. Da passen keine relativierenden Berichte mehr, da filmt man dann tote Kühe, die Nomaden an den Straßenrand gelegt haben, um die Situation möglichst dramatisch darstellen zu können. Man verzichtet sogar auf ein so klares Zitat wie das der WFP-Chefin, die erklärt: »Das hier ist keine Hungerkatastrophe.«

Unvorstellbar, was passiert, wenn in Äthiopien wirklich einmal eine schwere Hungersnot ausbricht. Welche Übertreibungen müssen dann gebraucht werden, um das von den Hungerbildern übersättigte deutsche Fernsehpublikum ein weiteres Mal zum Spenden zu bewegen?

Kaum jemand erfährt auch, daß die Situation im Norden Kenias und im Süden Somalias dramatischer ist als in Äthiopien. In Deutschland will man im April 2000 Berichte aus Äthiopien, denn allein schon der Ländername steht für Hungerkatastrophen. Der Boom der Berichte hält bis Anfang Mai an, bis das Land eine neue Offensive gegen den Nachbarn und Kriegsfeind Eritrea startet. Danach ist es mit der Spendenbereitschaft, mit dem Bedarf an Hungergeschichten vorbei. Wer Krieg führt, braucht keine Spenden, ist die allgemeine Überzeugung – auch wenn die Menschen im Süden des Landes weiterhin von einer Katastrophe bedroht und für den erneuten Ausbruch der Kämpfe nicht verantwortlich sind.

Nun ist Afrika ein Kontinent, auf dem es viele Katastrophen gibt, wo in vielen Ländern Krieg geführt wird, wo die Menschen, wenn sie Glück haben und nicht getötet werden, ihre Heimat verlieren und nichts mehr zum Essen finden. Burundi ist so ein Staat, ein winziges Land am Tanganyika-See. Dort herrscht seit Jahren Bürgerkrieg, zweihunderttausend Menschen sind schon getötet worden. Zweihunderttausend. Das ist die Einwohnerzahl einer großen deutschen Stadt. Doch das Schlachten findet weitgehend unbeachtet statt. Als sich Nelson Mandela, der ehemalige Präsident Südafrikas, im Mai

2000 aufmacht, um endlich Frieden zwischen den Kriegsparteien zu stiften, denkt man sich, daß das ein Thema sein müßte. Eines, das die Aufmerksamkeit der internationalen Medien erregt. Aber selbst in den großen Tageszeitungen interessiert sich niemand wirklich für das Thema. Ein kurzer Bericht, das wars. Zu kompliziert dieser Konflikt, zu klein und unbedeutend das Land.

Aber im Frühjahr 2000 gibt es noch andere Katastrophen. An einem Samstagabend läutet das Telefon. »Fahr sofort nach Uganda«, heißt es, »die Fernsehkollegen sind bestimmt schon unterwegs.« Dort haben sich in einem abgelegenen Dorf neunzig Menschen in einer Kirche verbrannt, Anhänger einer katholischen Sekte. »Das ist doch ein spannendes Thema. Das interessiert die Menschen«, sagt der Redakteur in Deutschland, »das machen wir ganz groß.«

Michael Franzke

Schmalspur

Verkehrswesen und Transportmittel

Schon eine der ersten Szenen in »Jenseits von Afrika« macht neugierig auf mehr: Der Großwildjäger Dennys Finch Hatton (Robert Redford) geht neben dem langsam fahrenden Zug Mombasa – Nairobi her, lädt einen Elefantenstoßzahn auf einen der Waggons und sieht dabei zum ersten Mal seine spätere Beute Karen Blixen (Meryl Streep), die, gerade per Schiff aus Europa gekommen, auf dem Weg nach Nairobi ist.

»Jenseits von Afrika« dürfte mehr Menschen auf Afrika neugierig gemacht haben als viele andere Filme und Bücher. Für Romantiker ist vieles noch wie früher: die wunderschöne Landschaft, die Tiere, der gemütliche Bummelzug. Er verkehrt immer noch zwischen Kenias Hauptstadt Nairobi und der Hafenstadt am Indischen Ozean. Abfahrt jeden Abend gegen 19 Uhr. Dann startet auch der Gegenzug in Mombasa. Beide begegnen sich bei eingleisiger Strecke auf dem kurzen zweispurigen Ausweichstück. Man braucht eine Platzkarte, zumindest in der ersten und zweiten Klasse mit Schlafwagen; in der dritten ist es weniger streng, aber voller. Zum abendlichen Dinner wird per Gong gerufen. Gegessen wird in zwei Durchgängen, weil der Speisewagen bei vollem Zug zu klein ist. Serviert wird immer noch von Kellnern mit weißen Handschuhen, aber das berühmte Silberbesteck ist im Laufe der Jahre durch Andenkenjäger abhanden gekommen. Die zweite Dinner-Runde ist beliebter, weil man länger sitzen bleiben kann, bei einem guten Whisky draußen die Nacht vorüberziehen läßt.

Dieser Zug ist typisch für viele Entwicklungen in Afrika. Früher galt er als Glanzleistung englischer Ingenieurkunst. Als Verbindung zwischen dem Hafen Mombasa und Kampala sollte er die »Perle Afrikas« versorgen, wie Churchill Uganda nannte. Im Jahr 1900 hat-

ten die Eisenbahnbauer mit ihren indischen Hilfsarbeitern – afrikanische Handwerker gab es damals kaum – nach vielen Rückschlägen
etwa die Hälfte der 1200-Kilometer-Strecke geschafft und erreichten die Massai-Ebene, 1600 Meter hoch gelegen. Von dort ging es
steil bergab in den ostafrikanischen Graben. Die Ingenieure wußten,
welch hartes Stück Arbeit sie vor sich hatten, und legten zunächst ein
großes Material- und Versorgungslager an, das heutige Nairobi.

Nostalgiker freuen sich, daß vieles unverändert geblieben ist. Aber
was gut für den Tourismus ist, muß nicht für das moderne Afrika tau-
gen. Die Schmalspurbahn ist zu langsam, sie braucht fast zwölf Stunden für das fünfhundert Kilometer lange Stück; der Schienenweg ist
schlecht gewartet, die Lokomotiven sind zu schwach, die Waggons
für Passagiere und Fracht zu klein und eng. Der Schienenverkehr
könnte die schlecht ausgebaute und notorisch überlastete Fernstraße
Nairobi-Mombasa, die Tausende überladener, schlecht gewarteter
Lkws aus den Nachbarländern Uganda, Ruanda, Tansania, Burundi
oder Kongo-Zaîre benutzen, deutlich entlasten.

Kenia ist mit 2700 Kilometern Schienennetz und Stichbahnen zu
wichtigen Industriezentren vergleichsweise passabel ausgebaut. In anderen Ländern gibt es gar keine oder nur kurze Strecken, beispielsweise im großen Äthiopien lediglich ein 780-Kilometer-Stück zwischen der Hafenstadt Djibouti und der Hauptstadt Addis Abeba. Da
die meisten Bahnen Anfang des letzten Jahrhunderts gebaut wurden,
funktionieren sie heute mehr schlecht als recht. In manchen Ländern bestehen verschiedene, nicht miteinander verbundene Teilstücke
(Kongo–Zaîre, Mosambik). Dort, wo Eisenbahnen privatisiert wurden (u. a. Botswana, Elfenbeinküste, Ghana, Kamerun), scheint es
besser zu klappen. Wo sie noch im Staatsbesitz sind, etwa die Verbindung zwischen Tansania und Sambia (Tanzania-Zambia-Railway
=*Tazara*) drängen Kreditgeber wie Weltbank oder Europäische Union auf Privatisierung, bevor sie zum wiederholten Mal neues Geld
zur Instandsetzung und Modernisierung geben. Für Touristen, die ein
Stückchen Afrika »erfahren« wollen, sind sie ein lohnendes Abenteuer, aber wirtschaftlich betrachtet ein ziemliches Desaster.

Es ist auffallend, wie viele Menschen in Afrika zu Fuß gehen:
Schulkinder in Gruppen quer durch den Busch, Massai auf ihren langen, schlanken Beinen in flirrender Hitze auf dem Weg nach nir-

gendwo. Zu den Hauptverkehrszeiten marschieren lange Menschen-Kolonnen auf dem Weg zur Arbeit ins Stadtzentrum, wegen des starken Verkehrs meist im Gänsemarsch. Sie hausen in slumähnlichen Vierteln ohne Strom, Wasser und Kanalisation weit außerhalb, wo es billiger ist. Sie laufen morgens und abends eine Stunde und länger, weil sie es sich kaum leisten können, bei ihrem kleinen Verdienst als Putzfrau oder Kindermädchen (*Aya*), als Nachtwächter (*Askari*) oder Tagelöhner einen Bus zu bezahlen.

Falls überhaupt einer fährt. In allen afrikanischen Ländern gibt es zu wenig öffentliche Verkehrsmittel, Straßen- oder U-Bahn sind auch in den Millionenstädten unbekannt. Der Personenverkehr wird von Kleinbussen aufrechterhalten. In Ghana nennt man sie *Trotro*, in Ostafrika *Matatu*: Sie sind laut, bunt und zahlreich. Früher waren es VW-Busse, heute sind es die preiswerteren japanischen oder koreanischen Modelle. In Ostafrika gehören sie meist indischen oder reichen afrikanischen Geschäftsleuten, in Westafrika libanesischen Händlern, die sie an Afrikaner vermieten.

Die können nur dann Geld damit verdienen, wenn sie möglichst viele Personen möglichst schnell auf festen Routen von A nach B transportieren. Das bedeutet: Sie stopfen zu viele Passagiere in die Fahrzeuge, fahren wie die Henker, überholen links und rechts, halten in der zweiten und dritten Reihe, betrachten Verkehrsampeln und Überholverbote als persönliche Behinderung. Polizisten werden »stille Teilhaber«, die bei Verkehrskontrollen etwas zugesteckt bekommen. Einige Fahrgäste sind davon überzeugt, daß die *Touts*, die Schaffner, die Matatus mit Absicht so voll stopfen, damit Taschendiebe, an deren Einnahmen sie beteiligt sind, leichteres Spiel haben.

So halten viele afrikanische Staaten auch im Verkehr Negativrekorde. In Kenia kommen auf je tausend zugelassene Kraftfahrzeuge zwölf Tote pro Jahr, in Europa sind es nur drei. Dafür gibt es viele Gründe: schlechte Straßen, verkehrsuntüchtige Fahrzeuge, lasche Polizeikontrollen, »gekaufte« Führerscheine. Hinzu kommt, daß es außerhalb der Großstädte kaum funktionierende Rettungssysteme gibt, Krankenhäuser auf dem Land selten und schlecht ausgestattet sind.

Wir im »reichen Norden« betrachten vieles als selbstverständlich: Züge im Stundentakt auf Hauptstrecken, tägliche Flugverbindungen zu wichtigen Städten, nahezu überall öffentliche Verkehrsmittel. Man

Fortbewegung auf afrikanisch: oben gewöhnlicher Taxiverkehr in einem Vorort von Maputo in Mosambik, unten der Busbahnhof von Kampala in Uganda.

braucht sich vor Reiseantritt nicht zu erkundigen, ob Flüsse oder Brücken während der Regenzeit passierbar sind. Das alles gilt nicht für den »armen Süden«. In Ländern der sogenannten Dritten Welt ist Reisen oft noch ein Abenteuer, das sorgfältig geplant werden muss.

Halbwegs zuverlässige Zahlen über »Transportmittel« (Straßen, Eisenbahnen, Flugverbindungen) sind kaum zu bekommen. In Länderarchiven finden sich Formulierungen wie »das Straßennetz ist stark verbesserungsbedürftig«, »weitgehend unzureichend«, »ein von der Weltbank finanziertes Modernisierungsprogramm ist geplant«, »eine Verbindungsstraße ist mit Hilfe der Europäischen Union in Arbeit«. Im Klartext: Straßennetz und Verkehrswesen sind oft in miserablem Zustand, von einigen südafrikanischen Ländern wie Südafrika, Namibia, Botswana und Simbabwe abgesehen.

Ein besonders krasses, aber anschauliches Beispiel ist das ehemalige Zaïre und heutige Kongo-Kinshasa. Das Land ist riesig, ungefähr so groß wie in Westeuropa das Gebiet von Stockholm bis Sizilien. Von den rund 50 000 Kilometern Asphalt-Straßen aus der belgischen Kolonialzeit sind nur 2 500 Kilometer übriggeblieben, der Rest kaum befahrbare Pisten. Zum Vergleich: allein im »kleinen« Deutschland gab es (1998) 231 000 Straßen-Kilometer, davon 11 300 Kilometer Autobahnen bei 49 Millionen zugelassenen Kraftfahrzeugen.

Die Natur hat inzwischen den Größenwahn früherer Jahre korrigiert. Mobutu hatte sich in seinem Geburtsdorf Gbadolite, weit abgelegen im Norden, den größten seiner vielen Paläste, einen Flughafen – ausreichend für die *Concorde* – und eine mehrspurige Autobahn bauen lassen. Das alles hat sich der Dschungel inzwischen wiedergeholt, aber weitgehend auch die restliche Infrastruktur des Landes.

Kongo-Kinshasa hat immerhin 5 138 Eisenbahnkilometer (BRD 1996: 10 000 km), aber nur 858 Kilometer elektrifiziert, im Süden des Landes. Das ist nicht viel für ein Binnenland, das seine vielen Natur- und Bodenschätze wie Kupfer, Kobalt, Kaffee, Holz auf langen Wegen transportieren muß. Die Banguela-Bahn ist wegen des jahrzehntelangen Bürgerkrieges in Angola nicht benutzbar. Mehrere Strecken-Teilstücke können wegen unterschiedlicher Spurbreiten nicht miteinander verbunden werden. So bleibt der Weg via Sambia-Eisenbahn zum tansanischen Hafen Daressalam oder in die südafrikanischen Häfen Durban und East-London. Auf der wichtigen einheimischen *Voie Nationale* müssen alle Güter zum Atlantikhafen Matadi im Wechsel Eisenbahn–Schiff–Eisenbahn transportiert werden, weil der große Kongo-Fluß wegen Stromschnellen streckenweise nicht schiffbar ist.

Es sind ohnehin kaum noch Schiffe zu sehen auf den großen Flüssen, da Ersatzteile fehlen oder Fabriken keine Fracht mehr produzieren. Der Kongo ist über 4 500 Kilometer lang, aber inzwischen ist das alte Sprichwort »Ist der Fluß tot, ist das Land tot« Wirklichkeit geworden. Ähnliches gilt auch für Nil, Niger oder Sambesi, für große Binnengewässer wie Lake Victoria oder Malawi-See. Für Touristen sind alte Raddampfer auf dem Tanganjika-See, die zwischen Burundi, Tansania, Kongo-Zaïre und Sambia verkehren, oder Fähren aus der Zeit der Jahrhundertwende zwischen Kinshasa und Brazzaville ein Erlebnis, aber für Industrie und Handel sind sie ein Alptraum.

Erstaunlich ist, was noch alles fährt und nicht untergeht. Es erfordert schon ein bißchen Mut, mit Fischern auf ihren *Pirogen* im Niger-Delta vor der afrikanischen Westküste rauszufahren. Es ist romantisch und interessant zu sehen, was alles mit den *Dhows*, den altertümlichen Segelschiffen, entlang der ostafrikanischen Küste von Somalia bis Sansibar transportiert wird. Langfristiges Planen ist schwierig. Wegen der vielen Unruhen weiß man nie, ob Schiffsverbindungen auf dem Kivu-See zwischen Ruanda und Ost-Kongo noch funktionieren, zwischen welchen Orten die Tanganjika-Dampfer verkehren, ob Flugverbindungen nach Kinshasa oder Sierra Leone bestehen.

So sind im Kongo oder im Südsudan einige Gebiete nicht mehr per Straße erreichbar, nur noch per Boot oder mit kleinen Flugzeugen. Damit sind einzelne Landstriche derart von der Außenwelt abgeschnitten, daß Geld seinen Sinn verliert und man wieder zum Tauschhandel übergeht. In fast allen Ländern wird zwischen asphaltierten All-Wetter-Straßen und nicht befestigten, nur gestampften »Pisten« unterschieden, die in der Regenzeit häufig unpassierbar sind. So bekommt man auf die Frage, wie weit ein Ort entfernt sei, selten eine Kilometer-, meist eine Zeitangabe: »ungefähr vier bis sechs Stunden« oder »in der Regenzeit zwei Tage«. Diese »Entfernungsangabe« ist sinnvoll, denn sie besagt etwas über den Zustand der jeweiligen Straße, und der ist wichtiger als die reine Entfernung.

Wäre das Straßennetz nicht so schlecht ausgebaut, würde vermutlich der innerafrikanische Handel besser funktionieren, gäbe es mehr Transportkapazität. Dann brauchten Hilfsorganisationen im Katastrophenfall keine Zeit damit zu verlieren, zunächst ihre eigene Logistik aufzubauen. Das UN-Ernährungsprogramm (WFP) unterhielt in Äthiopien mit 350 Lkws zeitweise die größte private Transportflotte auf dem Kontinent. Nicht immer taugt freilich für Afrika, was in der Welt modern, gut und teuer ist. Hilfsorganisationen kommen meist mit den neuesten und größten Lkws, beispielsweise ins gebirgige Eritrea. Aber 30-Tonnen-Brummis sind für die Straßen zu schwer und für die engen Kurven zu lang. Es müssen nicht nur kleinere Modelle her, am besten auch ältere, die die einheimischen Mechaniker kennen und für die es Ersatzteile gibt.

Was Models bei uns in teuren Kursen lernen, können viele Afrikanerinnen von klein auf: mit ruhigem Kopf zu gehen. Schließlich ist der Kopf ein weit verbreitetes Transportmittel in Afrika. Auf ihm wird Brennholz und Wasser, Gemüse und Kleidung balanciert, auf dem Rücken meist noch ein Baby getragen. Fast immer sind es Frauen, die Lasten schleppen, gelegentlich auch Esel, aber selten ein Mann. Diese Rollenverteilung mag früher ihren Sinn gehabt haben, als die Männer noch für die Jagd, den Schutz vor wilden Tieren oder für den Krieg mit Nachbarstämmen zuständig waren. Frauen kümmerten sich um Hütte und Kinder, um Essen und Brennholz. Diese Aufgabenverteilung ist durch den sogenannten »Fortschritt« schon lange überholt. Übrig geblieben ist, daß Frauen die tägliche Arbeit besorgen, weite Strecken für Feuerholz und Wasser laufen, die Familie zusammenhalten und durchfüttern, während die Männer auf dem Dorfplatz rauchend und trinkend die Welt diskutieren und selten eine Arbeit finden. Frauen sind, wie in Le Monde Diplomatique zu lesen ist, die »bessere Hälfte Afrikas«, unbestritten die fleißigere. Sie zahlen dafür einen hohen Preis: In Europa werden sie, statistisch gesehen, 81 Jahre alt, in Teilen Afrikas nur 54.

Ansonsten wirkt Afrika auf manche wie ein großes Museum, in dem vieles zu besichtigen ist, was sich vermutlich schon vor der Erfindung des Rades bewegt hat, Salzkarawanen in der Sahara oder Nomaden-Umzüge von einem Weideplatz zum nächsten. Noch heute werden beachtliche Lasten auf schwergängigen, zweirädrigen Handkarren transportiert, ersetzen Esel nicht vorhandene Wege und Geländefahrzeuge. In manchen Ländern gibt es Fahrradtaxis (in Uganda *Boda boda* genannt), in Benin und Togo sind es Mopeds mit einem Einkaufskorb vorne und einem kleinen Sitz hinten. Auf beiden wird zur Not ein Sarg balanciert, wenn es sonst keine Transportmöglichkeit gibt, wie im Bürgerkriegsland Sierra Leone.

Während sich bei uns Kinder und Erwachsene mit Tretrollern aus Leichtmetall vergnügen, dienen sie im hügeligen Ruanda als Transportmittel. Grob aus Holz zusammengezimmert, geht es mit zentnerschweren Lasten in halsbrecherischem Tempo ohne Bremse bergab, bergauf muß jeder Meter hochgewuchtet werden, körperliche Schwerstarbeit zu geringem Tagelohn. Afrika ist auch der Kontinent der Gegensätze. So gibt es in Nigerias quirliger Wirtschaftsmetropole Lagos, ganz Millionen- und Weltstadt, zwar mehrspurige Autobahnen, aber häufig kein Taxi, weil Benzin fehlt. Und das in einem Land, das selbst Öl fördert, siebtgrößter Produzent der Welt ist.

TÜV-geprüft, TÜV-genervt lernt man, daß Autos, vor allem in Bürgerkriegsländern wie Somalia oder Sudan, zum Fahren nicht viel brauchen, nur einen Motor, vier Räder und ein Lenkrad. Es geht ohne Nummernschild, ohne Beleuchtung, ohne Türen, ein abgesägter Barhocker ersetzt den Fahrersitz. In Eritrea, früher italienische Kolonie, fahren heute noch kleine Fiat-Topolino als Taxen, die fast fünfzig Jahre auf dem Buckel haben; bei uns gibt es sie nur noch in Museen oder alten Filmen zu sehen. In Asmara, Addis Abeba oder Bangui erinnern Verkehrsschilder, die bestimmte Straßen für Pferdefuhrwerke sperren, an die Ochsengespanne der ersten Siedler in Kenia oder Südafrika.

Der Himmel über Afrika gilt als weit und schön. Aber er ist chaotisch. Neben dem Linienverkehr sind viele Chartermaschinen unterwegs, veraltet, kaum gewartet, mit Piloten, die schlecht Englisch sprechen. Sie kommen meist aus dem Ostblock (Rußland, Rumänien, Bulgarien) und werden über Agenturen in London vermittelt. Ob UN- oder private Hilfsorganisationen, wer zum Flüchtlings- oder Lebensmitteltransport Flugzeuge braucht, chartert »Osteuropäer«, die konkurrenzlos billig sind.

Der Luftverkehr, Afrikas wichtigste Verbindung zum Rest der Welt, wird nach Expertenmeinung in den kommenden Jahren um dreißig Prozent wachsen. Darauf sind manche Flugplätze und Luft-kontrollzentren, schon heute mangelhaft ausgestattet, kaum vorbe-reitet. Das zwingt afrikanische Fluggesellschaften, sich weltweit Part-ner zu suchen, um durch Kooperation konkurrenzfähig zu bleiben oder es zu werden. Obwohl der Kontinent von Kairo bis Kapstadt nicht nur rund achttausend Kilometer lang, sondern von Addis Abe-ba im Osten bis Dakar im Westen fast ebenso breit ist, überqueren ihn nur wenige afrikanische Fluggesellschaften. Manchmal gilt für »querrüber« noch die alte Faustregel aus der Kolonialzeit: zuerst mit einer der vielen Verbindungen nach Europa und dann zurück ins Ziel-Land.

Auch viele Häfen wie Dakar, Abidjan oder Lagos an der West-küste, Djibouti, Mombasa, Daressalaam an der Ostküste müssen drin-gend modernisiert werden, um dem erhofften Wirtschaftsaufschwung gewachsen zu sein. Die größten schlagen nur zwischen 15 Millionen Tonnen (Durban/Südafrika) und 6 Millionen Tonnen (Dakar/Sene-gal) pro Jahr um. Zum Vergleich: Der Hamburger Hafen rangiert in Europa nach Rotterdam und Antwerpen und kommt auf einen Jah-resumschlag von 71 Millionen Tonnen. Allein mit Containern wer-den 26 Millionen Tonnen umgeschlagen; damit ist Hamburg aber weltweit nur die Nummer 7. Für die wachsende Containerschiffahrt müssen die Hafenbecken ausgebaggert und vertieft werden, braucht man moderne Krananlagen zum schnellen Be- und Entladen und ein Hafen-Management, das in den »Blechbergen« jede Fracht wieder-findet.

Bis jetzt fließt der Güterstrom ziemlich einseitig von Europa nach Afrika: Baumaterial, Maschinen, Autos, Elektrogeräte, Textilien, Lebensmittel und Getränke. Da es Container in verschiedenen Grö-ßen und für jeden Zweck gibt, könnte der Export von Agrar- und Gartenbauprodukten (Gemüse, Blumen, Früchte) dringend benötig-te Devisen bringen. Wegen des günstigen Klimas braucht man keine Treibhäuser, aber es mangelte bisher an Transportmöglichkeiten (Kühl-Lkws, Kühlhäuser an Flug-/Seehäfen) Jetzt könnten mit Kühl-containern die Produkte,»direkt vom Lande frisch auf den Tisch« kommen.

In Europa wurde mit dem Schengen-Abkommen unbeschwertes Reisen ermöglicht, Schlagbäume und Grenzkontrollen abgeschafft.

In Afrika ist das Reisen dadurch schwieriger geworden. Für Afrikaner, weil alle ein Schengen-Visum brauchen, das schwer zu bekommen ist. Für Europäer, weil die Afrikaner sich revanchiert und ebenfalls die Visum-Pflicht eingeführt haben. Doch als Weißer bekommt man sein Visum vergleichsweise leicht, muß nicht, wie viele Afrikaner, eine Einladung, einen Arbeitsplatz, ein Bankguthaben und ein Rückflugticket vorweisen.

Urlauber müssen sich, trotz der geschilderten Probleme, keine Sorgen machen, aber manche Länder sollten sich um mehr Urlauber sorgen. Der Tourismus ist weltweit zur größten Branche geworden, hat die höchsten Zuwachsraten. Aber der Reisemarkt ist sensibel, reagiert sofort auf Unruhen (Kenia), auf Anschläge (Ägypten), auf Unglücke und auf Infrastrukturmängel. Der Anteil afrikanischer Länder am weltweiten Tourismusboom ist viel zu gering. Manche Regierungen versuchen, mit überhöhten Landegebühren und Spritpreisen die Einnahmen wettzumachen, die sie durch ausbleibende Touristen verloren haben.

Natürlich kennt auch Afrika Luxus und moderne Zeiten: Man kann im Heißluft-Ballon über die Serengeti in Tansania, die Massai Mara in Kenia oder über den Krüger-Nationalpark in Südafrika fliegen, mit Kleinflugzeugen in Namibia oder Botswana auf Fotosafari gehen, kann in bettelarmen Ländern wie Äthiopien und Eritrea in Luxushotels absteigen, in exquisiten Lodges und Zeltcamps für fünfhundert Dollar pro Tag mit eigenem Butler Löwen und Elefanten beobachten, mit dem Luxuszug *Blue Train* von Südafrika an die Victoria-Fälle in Simbabwe reisen. Wem das alles nicht reicht, kann auf den 5895 m hohen Kilimandscharo steigen. Wozu auch immer man sich entschließt, wozu auch immer der Geldbeutel reicht – es lohnt sich, nach Afrika zu reisen, wenn man den Kontinent nicht nur als »Freiluft-Zoo vor Europas Haustür« betrachtet.

Mabiala Mantuba

Die afrikanische Teilung

Widersinnige Grenzen gefährden die Stabilität

Eine englische Redewendung sagt, daß gute Zäune eine gute Nachbarschaft sichern. Derjenige, der seine Ruhe haben will, verschließt seine Tür, um vom Nachbar nicht gestört zu werden. Wie kann man dieses Urbedürfnis des Menschen nach sozialer und territorialer Abgrenzung seines Lebensraums mit den Herausforderungen des Miteinanderseins der Menschen vereinbaren, die heute im sogenannten globalen Dorf leben?

Die Zäune oder die Grenzen in Afrika wirken widersinnig – allerdings nur, wenn man sie als Ursache von Konflikten zwischen afrikanischen Staaten wahrnimmt. Irgendwann sind die traditionellen Grenzen auf dem Kontinent durch die heute geltenden internationalen Grenzen ersetzt worden. Diese Teilung Afrikas führte zu Problemen. Sind die Grenzen nicht unsinnig, wenn sie durch ethnische Gebiete schneiden und damit die Stabilität der Staaten und die wirtschaftliche Entwicklung des Kontinents gefährden?

Wie war das mit den afrikanischen Grenzen, bevor die Kolonialisten hier ankamen? Es ist bekannt, daß die Grenzen zwischen zwei Dörfern in den Agrargesellschaften deutliche Kennzeichen waren. Die ersten Einsiedler, die ihren Fuß auf ein Stück Land gesetzt hatten, erklärten sich zu Grundbesitzern. Die ethnische Grenze oder die Abgrenzung eines Staatsgebildes – sei es ein Königreich oder ein Häuptlingsgebiet – war, um einen Begriff von Igor Kopytoff zu gebrauchen, eine Pendeltür zwischen Volksgruppen.

Überall auf der Welt markierten die natürlichen Grenzen – insbesondere die Flüsse und die Seen – nicht Trennungslinien, sondern Kulturkreise, zwischen denen sich Handelswege entwickelten. Dies gilt für den Nil, für Euphrat und Tigris, fürs Mittelmeer, für den Indus und den Ganges und für den Amazonas, aber auch für den Niger und den Kongo. Ein Lied von Kallé und Bombénga mit dem Titel »Ebalé ya Kongo« (Der Kongo-Fluß), zeigt, daß der Kongo-Fluß niemals eine Trennungslinie gewesen ist. *Ebalé ya Kongo, Edjali lopango te, Edjali ndé nzéla. Mitema ndoki bakoti songi-songi, Bakaboli Kongo babosani Afrika.* Das heißt übersetzt: »Der Kongo-Fluß ist kein Gehege, sondern ein Durchgangsweg. Böse Menschen mit Hexenherz kamen als Konfliktstifter. Sie haben den Kongo zerstückelt und Afrika vergessen.«

Die Grenzen, die in Afrika vor der Kolonialzeit existierten, wurden nicht wie im römischen Imperium aus Stein gesetzt. Juristisch wurden die traditionellen Grenzen ignoriert, da sie nirgendwo schriftlich fixiert waren.

Die Teilung Afrikas reicht weit zurück. Schon am 30. Januar 1786 hatten Frankreich und Portugal ein Abkommen geschlossen, um ihre Herrschaftsgebiete abzugrenzen. Zwischen 1845 und 1884 wurden von den Kolonialmächten neun Konventionen über territoriale Besitzergreifungen unterzeichnet. Auf der Konferenz, die vom 15. November 1884 bis 26. Februar 1885 im Berliner Hotel Radziwill in der Wilhelmstraße 77 stattfand und unter der Präsidentschaft von Reichskanzler Bismarck stand, ging es um die Handelsbeziehungen im Kongobecken, die Regulierung der Schiffahrt auf Kongo und Niger sowie um die weitere Aufteilung der afrikanischen Küsten. Verschiedene Historiker haben bestritten, daß Afrika auf der Berliner Konferenz wie ein Geburtstagskuchen aufgeteilt worden sei. Aber wenn die Teilung Afrikas auch nicht auf der offiziellen Tagesordnung stand, war sie doch Gegenstand der Verhandlungen.

In den Beschlüssen kann man die Doktrin des Hinterlandes erkennen, nach welcher jegliche an der Küste etablierte europäische Macht spezielle Ansprüche auf das Landesinnere besaß und die Grenzen ihrer Besitzungen soweit ausdehnen konnte, bis sie mit denen eines anderen Einflußgebietes zusammentreffen.

Der Imperialismus wird von dem Sozialwissenschaftler Joseph Schumpeter definiert als »die objektlose Disposition eines Staates zu gewaltsamer Expansion ohne angebbare Grenze«. In Berlin hatten sich die Signatarmächte entschlossen, alle künftigen Probleme auf rechtlichem Wege zu schlichten und gewaltsame Expansionen zu vermeiden, die zu Konflikten zwischen den Kolonialmächten führen könnten. Gewalt sollte nur gegenüber den Eingeborenen angewandt werden, um sie zu unterwerfen. Grenzkommissionen wurden eingerichtet, um die von Diplomaten beschlossenen astronomischen und trigonomischen Grenzen zu markieren, durch Pfosten, gerodete Schneisen oder Zäune.

Die nach der Berliner Konferenz entstandenen Grenzen waren nicht immer Trennungslinien zwischen Staaten, sondern markierten Einflußsphären der Kolonialmächte. Das *Afrique Occidentale Française* (Französisches Westafrika) oder das *Afrique Equatoriale Française* (Französisches Äquatorialafrika) waren Einflußgebiete Frankreichs. Im Jahre 1919 wurden die ehemaligen Provinzen Deutsch-Ostafrikas – Burundi und Ruanda – zum Schutzgebiet Belgiens erklärt.

Natürlich hatte diese Aufteilung Folgen für die Menschen. Die Teilung geschah ohne Rücksicht auf die Kulturgeschichte der afrikanischen Bevölkerung. Auch wenn es den Kolonialmächten in Ausnahmefällen gelungen war, die Grenzen genau an der Trennlinie zwischen zwei Ethnien zu ziehen – etwa zwischen Algerien und Marokko, Algerien und Tunesien, Äthiopien und Kenia –, hat man in anderen Fällen keinen Wert auf die ethnische Zugehörigkeit der Afrikaner gelegt.

Die Teilung ethnischer Gruppen durch Grenzen führte dazu, daß die Grenzbewohner kein Verhältnis hatten zur kolonialen Zentralverwaltung. Die Grenze war eine Pendeltür, und man wußte sich schon der Verpflichtungen als Staatsbürger – zumal als Steuerzahler – zu entziehen.

Bei Volkszählungen, bei Zwangsarbeits- oder Rekrutierungsmaßnahmen konnte die Kolonialverwaltung nicht auf die Grenzbevölkerung zählen. Saisonal wurden billige Arbeitskräfte auf der anderen Seite der Grenze rekrutiert, die dann hin und her pendelten. Bilaterale Grenzkommissionen mußten feststellen, daß viele arbeitssuchende Einwanderer nicht in ihr Heimatland zurückkehrten. Im Jahre 1954 hatte eine Konferenz über die Probleme der Einwanderung an der Grenze zwischen Uganda und Ruanda festgestellt, daß von den siebzigtausend ruandischen Immigranten, die von 1948 bis 1954 nach Uganda kamen und in Baumwollplantagen arbeiteten, zwanzigtausend Menschen einfach dort blieben.

Die koloniale Besitzergreifung und die Bildung von Einflußsphären fügte auch solche Kulturen, Ethnien und sogar Staaten zusammen, die zuvor nichts miteinander zu tun gehabt hatten. Volksgruppen, die zweitausend Kilometer voneinander entfernt lebten – wie in Belgisch-Kongo, in Angola oder im Sudan –, mußten sich einer Zentralverwaltung unterwerfen und sollten sich als Bürger eines modernen Staatsgebildes fühlen. Dieses willkürliche Zusammenfügen von Menschen verschiedener Kulturen und Lebensgewohnheiten macht es heute so schwer, ein starkes Nationalbewußtsein zu entwickeln.

Es wird oft behauptet, die heutigen Grenzen Afrikas seien ein ungutes Erbe der Kolonialzeit. Diese Grenzen seien nach europäischen Interessen gezogen und ohne die Afrikaner bestimmt worden. In seinen Anmerkungen zum Kolonialismus und zu Grenzkonflikten Afrikas stellte der sowjetische Afrikaexperte Gromyko fest, daß 44 Prozent der Grenzen Afrikas Parallelen und Meridianen folgen, 30 Prozent bestehen aus geraden Linien, Bogen oder Kurven, wobei 26 Prozent Naturgrenzen seien.

Bei der Unabhängigkeit wurden die Einflußsphären, die durch wirtschaftliche Integration gekennzeichnet waren, von Kolonialmächten in Staaten unterteilt, die vorher Provinzen mit Verwaltungsgrenzen gewesen waren. So wurden aus dem französischen Westafrika 8 Staaten: Mauretanien, Senegal, Mali, Benin, Niger, Guinea, Obervolta (heute Burkina Faso) und die Elfenbeinküste. Das Französische Äquatorialafrika hatte vier Staaten hervorgebracht: Kongo-Brazzaville, die Zentralafrikanische Republik, Gabun und Tschad. Das belgische Afrika hatte drei Staaten ins Leben gerufen: die Demokratische Republik Kongo, Ruanda und Burundi. Im anglophonen Afrika hatte die Föderation für Mittelafrika zu drei Staaten geführt: Malawi, Sambia und Simbabwe. Die Umwandlung von Einflußzonen zu autonomen Staaten steigerte sicher die Loyalität der Bevölkerung gegenüber der Zentralverwaltung, aber die Zerstückelung schwächte auch die Ökonomien dieser neuen Staaten.

Die afrikanischen Führer erklärten nach der Unabhängigkeit die kolonialen Grenzen als sankrosankt, so wie es von der Organisation Afrikanischer Einheit (OAU) definiert worden war. Dieses Prinzip der Unverletzbarkeit existierender Grenzen ignorierte allerdings jene Grenzkonflikte, die es schon vor der Kolonialzeit gegeben hatte, wie den zwischen Somalia und Kenia. Es ignorierte auch den Wunsch einiger afrikanischer Führer, die kurz vor der Unabhängigkeit als Chefs der Befreiungsbewegungen gefordert hatten, daß die koloniale Grenzziehung zu korrigieren sei, um den Erwartungen der afrikanischen Bevölkerung zu entsprechen. Doch nach Gründung der OAU waren solche Überlegungen, dem Zeitgeist entsprechend, kein Thema mehr.

Um Grenzkonflikte zu vermeiden, wurden weiterhin Abkommen unterzeichnet, und Grenzkommissionen traten zusammen. Doch die Grenzen wurden immer dann zum Streitfall, wenn es um Rohstoffe ging, um Öl, Gold, Diamanten und andere Kostbarkeiten im Grenzgebiet. Das ist der Fall für jene Konflikte zwischen Mali und Burkina Faso, zwischen Kamerun und Nigeria, zwischen Guinea und Guinea-Bissau, zwischen Guinea-Bissau und Senegal sowie zwischen der Demokratischen Republik Kongo und den Anrainerstaaten Uganda, Ruanda und Burundi. Gerade dort, wo die Grenzkonflikte aus wirtschaftlichen Interessen oder durch die psychologische Disposition eines Führers entstehen, wird gerne als Erklärung angegeben, daß die Afrikaner unfähig seien, gewaltlos miteinander zu leben.

Es wäre freilich nicht gerecht, nur eine negative Einstellung zu den afrikanischen Grenzen zu haben. Dort entwickelt sich immer ein blühender Parallelhandel, der zwar nicht offiziell registriert, aber lebenswichtig für die Menschen ist. An der Grenze entfaltet sich eine neue Welt, in der es zu jungen Existenzen kommt. Offiziere und hohe Staatsbeamte, Industrieunternehmer und Zöllner sowie die vielen Kleinhändler sind alle in dieses Grenzsystem integriert, in dem es natürlich in erster Linie um Schmuggel geht. Der grenzüberschreitende Verkehr versorgt die eine wie die andere Seite mit Textilien und Seife, mit einfachen Konsumgütern, die aufgrund verzerrter Wechselkurse im einen Land billiger sind als im anderen.

Der Schweizer Politologe Jean Ziegler sieht in der Globalisierung nicht nur eine neue Tendenz zur Trennung der Kontinente oder eine neue Form von europäischen Ethnozentrismus, sondern auch für Afrika eine neue Einsamkeit, die eine Chance für die afrikanische Selbstfindung darstellt.

Afrika gilt immer noch als der Kontinent der Grenzkonflikte, der Bürgerkriege, als Ort mangelnder politischer Stabilität und staatlicher Ordnung. Das sollte sich ändern. Die Grenzen sind dafür aber

An einem Kiosk in Bujumbura, der Hauptstadt von Burundi.
Zahlreiche Produkte werden aus den Nachbarländern in das vom
Bürgerkrieg gezeichnete Land geschmuggelt.

nicht wichtig. Es wäre unrealistisch, heute zu denken, daß eine zweite Berliner Konferenz die schwelenden Grenzkonflikte lösen könnte. Eine afrikanische Renaissance kann nur das Ergebnis starker regionalen Integration sein.

Auf wirtschaftlicher Ebene erfordert Integration den Aufbau zwischenstaatlichen Industrieunternehmen, die grenzüberschreitend Bodenschätze ausbeuten und deren Produkte der Entwicklung der beteiligten Staaten dienen sollen. Auf politischer Ebene scheint die Integration komplizierter zu sein. Nkrumahs Projekt einer Kontinental-Regierung mit einer kontinentalen Armee (1964) und weitere Einheitsmodelle von Cheikh Anta Diop (1960) oder Edem Kodjo (1985) finden wenig Echo. Das Zusammenfügen einiger Staaten bleibt eine Grundvoraussetzung, um Afrika zu entwickeln.

Ein wenig Hoffnung mag den Afrikanern erlaubt sein, daß auch sie eines Tages frei und ohne Visum von einem Land ins nächste reisen können. Dann wird Afrika im globalen Dorf angelangt sein.

Norbert Cyffer

Babylon in Afrika

Der Kontinent der zweitausend Sprachen

Wer in Afrika auf einem Flughafen landet, mit dem Taxi zum Hotel fährt, später auf der Post seine Briefe aufgibt, wird dabei problemlos in englischer oder französischer, in einigen Ländern auch in portugiesischer Sprache zurechtkommen. Doch wenn man sich in die Randbezirke einer Hauptstadt begibt oder diese gar verläßt, werden die sprachlichen Barrieren bald offensichtlich. Dort verstehen die Menschen kaum noch europäische Sprachen; man unterhält sich in Swahili, Yoruba, Shona oder Bambara.

Tatsächlich sprechen nur zehn oder fünfzehn Prozent der Menschen in Afrika hinreichend die ehemalige Kolonialsprache, obwohl in den Grundschulen diese vielerorts immer noch die einzige Unterrichtssprache ist. Der nigerianische Erziehungswissenschaftler Babs Fafunwa wies auf den Zwiespalt hin, in dem sich Afrika befindet: »Es ist allgemein anerkannt, daß ein Kind am besten in seiner Muttersprache lernt. Doch von allen Kontinenten und Völkern der Welt wird nur in Afrika dem Kind Erziehung in einer ihm fremden Sprache angeboten.«

Afrika mit seinen etwa zweitausend Sprachen – die Zahlen variieren zwischen 1500 und 2500 – ist der Kontinent mit den meisten Sprachen. In Afrika südlich der Sahara lebt etwas mehr als zehn Prozent der Weltbevölkerung, aber im selben Gebiet wird ein Drittel der Sprachen der Welt gesprochen.

Gibt es in Afrika überhaupt Sprachen? Dieser Frage begegnet man immer wieder, etwa in der deutschsprachigen Presse, die seriöse eingeschlossen. Unterschwellig wird suggeriert, daß Englisch, Französisch oder Portugiesisch die wahren Sprachen Afrikas seien. Wenn es um die afrikanischen Sprachen geht, spricht man lediglich von Dialekten oder Idiomen. Damit will man wohl ausdrücken, daß die Sprachen, von denen viele nicht verschriftet sind, an sich keine echten Sprachen darstellen und darum in ihrer Funktions- und Ausdrucksfähigkeit begrenzt sind.

Das durch nichts begründete Vorurteil gibt es, seitdem Wissenschaft sich mit außereuropäischen Sprachen beschäftigt. Bereits im 19. und im frühen 20. Jahrhundert, als man die Strukturen der sogenannten klassischen Sprachen für den Idealtypus hielt, verbreiteten auch anerkannte Sprachwissenschaftler dieses Lügenmärchen, leider mit weitreichenden Folgen. Daß sich die Kolonialherren diese Auffassung zu eigen machten, ist leicht nachzuvollziehen. Dabei sind afrikanische Sprachen genauso komplex und regelhaft wie jede andere Sprache in unserer Welt.

Die Vielfalt der Sprachen ist auch ein deutlicher Hinweis auf die Vielfalt der afrikanischen Kulturen. Ihre unterschiedlichen sprachverwandtschaftlichen Beziehungen sind Zeugen weitreichender historischer Prozesse in der Vergangenheit. Nur wenige dieser Ereignisse können wir historisch nachvollziehen, etwa die Migration der Bantu sprechenden Völker vom westlichen zentralen Afrika nach Südafrika.

Aufgrund von sprachwissenschaftlichen Kriterien werden die afrikanischen Sprachen in vier übergreifende Sprachfamilien (mit jeweils differenzierten Unterteilungen) gegliedert: *Afroasiatisch* (früher als »Hamitosemitisch« bekannt), wie Arabisch (Nordafrika, Sudan), Amharisch (Äthiopien), Tigrinya (Eritrea), Hausa (Nigeria, Niger). Die zweite Familie nennt man *Niger-Kongo*. Sie schließt die Untergruppe der Bantusprachen sowie Swahili (Ostafrika), Yoruba (Nigeria, Benin), Igbo (Nigeria), Bambara (Mali und benachbarte Länder) und Fulfulde (die Sprache der Fulani, verbreitet vom Senegal bis nach Zentralafrika) ein. Die dritte Gruppierung wird als *Nilosaharanisch* bezeichnet; zu ihr gehören das in Kenia und Uganda gesprochene Luo, Kanuri (Nigeria, Niger, Tschad) und Songhay (Niger, Burkina Faso, Mali). Die letzte Familie ist jene der in Namibia und Botswana gesprochenen *Khoisan*-Sprachen.

In den meisten afrikanischen Staaten werden mehrere Sprachen gesprochen. Nigeria ist mit etwa vierhundert Sprachen das Land mit den meisten Sprachen. Unter Berücksichtigung der Bevölkerungszahl hat Kamerun mit etwa 250 Sprachen die größte Sprachendichte. Länder mit nur einer dominierenden Sprache sind in der Minderheit: Somalia (Somali, mehr als 80 Prozent), Rwanda (Kinyarwanda, fast 100 Prozent), Burundi (Kirundi, ca. 75 Prozent), Lesotho (Sesotho, ca. 85 Prozent) und Swaziland (Siswati, ca. 90 Prozent). Viele Afrikaner sprechen mehr als eine Sprache. Oft sind sie in drei oder vier Sprachen kompetent – in der Muttersprache, der Nachbarsprache, der regionalen Verkehrssprache und der ehemaligen Kolonialsprache.

Amharisch (Äthiopien)und Tamajeq (die Sprache der Tuareg, in Niger und Mali) besitzen eigene ältere Schriftsysteme. Jüngere eigenständige Schriften sind in Westafrika (bei den Bamun und den Vai) belegt. Die anderen Sprachen verwenden ein angepaßtes lateinisches Alphabet. Sprachen, die im Kontaktbereich zur arabischen oder islamischen Welt standen, wurden früher mit modifizierten arabischen Schriftzeichen geschrieben, etwa Hausa, Kanuri, Bambara, Fulfulde.

In Gebieten, in denen überregionale Kontakte mit anderen Sprachgemeinschaften notwendig waren, konnten sich einige Sprachen stark ausbreiten, wie das Hausa in Nordnigeria, Niger, Nordghana und in den Handelszentren West- und Zentralafrikas, das Swahili in Ostafrika, das Bambara in Mali. Unabhängig von ihrer verwandtschaftlichen Zugehörigkeit haben Sprachen das Lexikon und die Grammatik anderer Sprachen stark beeinflußt. Zum Beispiel hat das Arabische in mehreren semantischen Domänen einen großen Einfluß auf Sprachen des Sahel und östlichen Afrika ausgeübt, so in der Religion, in der Erziehung, beim Recht, Handel und Verkehr. Hier zwei Beispiele: Buch heißt auf Kanuri (Nilosaharanisch) *kitawu*, auf Swahili (Niger-Kongo) *kitabu*. Nachricht heißt auf Hausa (Afroasiatisch) *labari*, auf Kanuri *lawar* und auf Swahili *habari*. Auch Varianten des Arabischen sind in die Kontaktzonen wie die Sahelregion und nach Ostafrika eingedrungen. Dort, wo keine indigene Sprache als Verkehrssprache zur Verfügung stand, entwickelten sich neue regionale Sprachformen, wie die Pidginsprachen in den Küstenregionen Westafrikas. Ihr Vokabular basiert auf einer kolonialen oder einer afrikanischen Sprache. In einigen Gebieten nahm Pidgin den Status der Erstsprache an und wurde als Kreolisch zur Muttersprache. Da die neue Sprache in allen Lebensbereichen voll ausdrucksfähig sein mußte, kam es zu einer Bereicherung des Wortschatzes und der grammatikalischen Strukturen, etwa in Sierra Leone auf Grundlage des Englischen und auf den Kapverdischen Inseln auf Grundlage des Portugiesischen. Auf afrikanischen Sprachen basieren das Sango in Zentralafrika, auf Arabisch das Nubi in Ostafrika oder das Kituba in Kongo. Während der Kolonialzeit war die Kolonialsprache – Englisch, Französisch, Portugiesisch und Deutsch oder Spanisch – in den jeweiligen Einflußzonen dominant. Unterschiede gab es in der Einstellung zu den afrikanischen Sprachen. Das britische System des *indirect rule* begünstigte auf regionaler Ebene in der Erziehung und der lokalen und regionalen Verwaltung auch die Förderung afrikanischer Sprachen. Der französische Zentralismus und die portugiesische Politik der Assimilierung drängten die Rolle afrikanischer Sprachen auf die Familie oder den informellen Sektor zurück. Dagegen förderten christliche Missionen afrikanische Sprachen, besonders dort, wo der Grundschulunterricht von Missionaren gehalten wurde, wie im Kongo.

Nach Erlangen der Unabhängigkeit – seit 1957 – wurde die koloniale Sprachpolitik meistens fortgeschrieben. In einigen früheren britischen Kolonien wie in Nigeria wandte man sich von den eigenen Sprachen noch weiter ab und verfolgte das Prinzip des *straight for English*, also Englisch als einzigem Medium auf allen Ausbildungsebenen. Das geschah in der Befürchtung, daß sonst durch die Betonung sprachlicher und ethnischer Vielfalt innere Konflikte entfacht werden könnten. Eine Ausnahme bildete das ehemalige Tanganyika, das ab 1963 mit Sansibar zu Tansania vereinigt wurde. Hier wurde Swahili von der führenden *Tanganyika National Union (TANU)* als Ausdruck der nationalen Identität bezeichnet und später in der Verfassung als nationales Kommunikationsmedium verankert.

Dazu hat entscheidend beigetragen, daß die soziolinguistischen und politischen Voraussetzungen für diesen entscheidenden Schritt äußerst günstig waren. Swahili war bereits in Ostafrika als überregionales Verständigungsmittel durch vorkolonialen Handel, islamische und christliche Missionierung und koloniale Politik weit verbreitet. Mit der Sprache wird keine dominierende ethnische, politische oder religiöse Macht assoziiert, und es gibt in Tansania, anders als im benachbarten Kenia, keine dominanten ethnischen Gruppierungen, die ihre eigenen Interessen durchgesetzt hätten. Im Nachbarland Kenia nimmt das Swahili zwar auch eine wichtige Rolle ein, aber hier haben größere Völker wie die Gikuyu und die Luo seine

Aufwertung in der Vergangenheit immer wieder zu blockieren versucht.

Relativ selten beteiligten sich die Eliten an der Diskussion um die Sprachenfrage in Afrika. So propagierte der nigerianische Schriftsteller Wole Soyinka in den siebziger Jahren Swahili als einheitliche *Lingua Franca* Afrikas. Der kenianische Schriftsteller Ngugi wa Thiong'o schreibt seit vielen Jahren anstatt in Englisch nur noch in seiner Muttersprache Kikuyu.

Bei der Suche nach dem besten Weg, die nationalen Sprachen in Bildung, Medien und Politik einzubeziehen, gibt es verschiedene Möglichkeiten: a) man bevorzugt eine exoglossische Sprachpolitik, das ist die Anerkennung der Kolonialsprache als einziger offizieller Sprache, so geschehen in Angola und Kamerun; b) man wählt eine endoglossische Sprachpolitik und damit eine oder mehrere afrikanische Sprachen zum nationalem Medium, so geschehen in Tansania und Ruanda; c) man entscheidet sich für eine Kombination von endoglossischer und exoglossischer Sprachpolitik, wie etwa in Nigeria, Ghana und Senegal.

Das Hausa, das von mehr als vierzig Millionen Menschen in Westafrika gesprochen wird, ist hinsichtlich seiner Ausbreitung mit dem Swahili durchaus vergleichbar. Allerdings ist die Zahl derjenigen, die Hausa als Muttersprache sprechen, beachtlich höher. Darüber hinaus wird Hausa stark mit dem Islam assoziiert, da die Islamisierung Nordnigerias im 19. und 20. Jahrhundert weitgehend vom Hausa-Gebiet ausging. Trotzdem haben auch die christlichen Missionen in Nordnigeria bis in die Gegenwart stark zur Ausbreitung des Hausa beigetragen. Vor allem durch die Assoziierung des Hausa mit dem Islam und mit der politischen Macht im Land ist der öfters unterbreitete Vorschlag, in Gesamtnigeria das Hausa als offizielle Sprache zu implementieren, mit größter Skepsis aufgenommen worden.

Einen Sonderfall in der afrikanischen Sprachenlandschaft bildet Amharisch, das seit langem in Äthiopien als Sprache der politischen Macht etabliert war, während andere Sprachen chancenlos blieben. Obwohl die neue Verfassung von 1992 den Föderalismus in Äthiopien hervorhebt und eine Liberalisierung der Verwendung äthiopischer Sprachen vorsieht, bleibt Amharisch als nationales und regionales Kommunikationsmittel weiter im Vormarsch.

In Südafrika fand während des Apartheidsregimes ebenfalls eine Förderung der im Land gesprochenen afrikanischen Sprachen statt. Aber hier ging es weniger darum, den Respekt für die unterschiedlichen Sprachen und Kulturen zu dokumentieren, als vielmehr darum, die trennenden Merkmale zwischen den afrikanischen Völkern hervorzuheben.

Mitte der siebziger Jahre setzte in der Sprachenfrage ein Umdenken ein, zunächst im ehemaligen britischen, später auch im ehemaligen französischen Afrika. Es wurde immer deutlicher, daß bei Programmen wie *straight for English* besonders in ländlichen Gebieten die Lernerfolge aufgrund der schlechten Infrastruktur im Bildungssektor und der unzureichenden Kompetenz der Lehrer in der Kolonialsprache wenig zufriedenstellend waren. Man folgte nun dem von der Unesco propagierten Motto »Ein Kind lernt am besten in seiner Muttersprache«. So wurde in Nigerias Bildungsprogramm von 1977 festgeschrieben, daß der Grundschulunterricht in den ersten Jahren möglichst in der Muttersprache oder der nächsten Verkehrssprache stattfinden soll. Die Umsetzung erwies sich aber oft als schwierig. Es fehlten geeignete Fachkräfte und Lehrmaterialen. Das größte Hindernis war der Argwohn der Vertreter weniger privilegierter Sprachen, die unberücksichtigt bleiben sollten.

Sind nun einsprachige Länder in bezug auf Konflikträchtigkeit gegenüber den mehrsprachigen Ländern im Vorteil? Die Vergangenheit hat gezeigt, daß dieser Aspekt keinen Einfluß auf das Konfliktpotential haben muß. So sind mehrsprachige Länder wie Ghana und Senegal relativ frei von ethnischen Konflikten geblieben, während die einsprachigen Länder Ruanda, Burundi oder Somalia mit heftigen politischen, aber auch ethnischen Auseinandersetzungen konfrontiert waren.

Kritiker mögen einwenden, daß die nun einmal etablierten Kolonialsprachen als neutrales, staatsübergreifendes Kommunikationsmedium besser geeignet seien, auch als Medium auf allen lokalen, regionalen und nationalen Ebenen Verwendung zu finden. In vielen Fällen wird das auch so gehandhabt, insbesondere in urbanen Zentren, in denen die Sprachenvielfalt stark ausgeprägt ist und eine gemeinsame Sprache unerläßlich ist. Auf der anderen Seite ist die Kolonialsprache nur selten Muttersprache.

In vielen Ländern wird mehrgleisig verfahren. Auf der einen Seite wird die Kolonialsprache als nationales und internationales Medium weiter verwendet, andererseits werden die Muttersprachen in den Grundschulen als Unterrichtsmedium stärker verankert. Um die Voraussetzungen für die Verwendung der Sprachen in Domänen, in denen sie vorher nicht gebraucht wurden, zu schaffen, waren wichtige Vorarbeiten notwendig: die Entwicklung einer einheitlichen Rechtschreibung, die Schaffung von einheitlichen Terminologien, die Ausbildung von Lehrern sowie die Produktion von geeigneten Lehrbüchern. Sprachplanung setzte im britischen Afrika bereits zu Beginn des 20. Jahrhunderts ein und wurde nach der Unabhängigkeit mehr oder weniger intensiv fortgesetzt. Sprachplanung wird in der Regel von Sprachwissenschaftlern der Universitäten in Afrika betrieben, staatliche Stellen koordinieren die Aktivitäten.

Viele Sprachen im subsaharanischen Afrika sind international, sie werden in mehr als einem Staat gesprochen. Willkürliche Grenzziehungen der Kolonialmächte haben Völker und ihre Sprachen künstlich getrennt. Sprachplanung für grenzüberschreitende Sprachen könnte nun von den beteiligten Staaten gemeinsam durchgeführt werden, um die Ergebnisse für die gesamte Sprachgemeinschaft nutzbar zu machen. Trotz einiger Versuche, zu gemeinsamen Lösungen zu kommen ist der Erfolg meistens ausgeblieben. Offenbar waren und sind politische Hindernisse, unterschiedliche Bildungssysteme und divergierende Sprachpolitik zu groß, um eine Harmonisierung der sprachplanerischen Aktivitäten zu erreichen. Eine positive Ausnahme bildet das Swahili in Ostafrika.

Viele Sprachen sind ausgestorben oder werden in Zukunft aussterben. Unter dem Druck großer Sprachen, wie Hausa in Nigeria oder Arabisch im Sudan, sind zahlreiche Sprachen verschwunden. Die Sprachenlandschaft ist einem permanenten Wandel unterworfen. Das ist freilich nicht nur ein Phänomen des 20. oder 21. Jahrhunderts und auch kein typisch afrikanisches Merkmal.

Hans Hielscher

Plage der Region statt Schule der Nation

Das Militär und die Macht

Abidjan, 24. Dezember 1999. In der Metropole der Elfenbeinküste herrscht am Vortag des Weihnachtsfestes fröhliches Treiben. Zwar hat es in den Wochen zuvor erhebliche innenpolitische Spannungen gegeben, aber nun drängen sich Tausende in den bunt geschmückten Straßen und Geschäften im Zentrum der Stadt. Sie suchen letzte Geschenke, kaufen Lebensmittel für die Feiertage, entspannen sich in Cafés. Plötzlich schrecken Schüsse die Menschen auf. Ein Überfall? Ein Manöver? Oder nur Fehlzündungen von Fahrzeugen?

Schlagartig ist die entspannte Stimmung verflogen. In den Einkaufsstraßen rasseln Rolläden nieder. Marktfrauen packen ihre Ware zusammen. Die Leute auf den Bürgersteigen beginnen zu laufen – jetzt nichts wie nach Hause. In den Slums scharen sich die Menschen um Rundfunkapparate. In den vornehmen Vierteln greifen sie zum Telefon. Gerüchte und Beobachtungen werden weitergegeben: Der Flughafen sei geschlossen worden. Soldaten sollen Straßensperren errichtet und Ministerien besetzt haben. Bald bestätigt das Radio, was die meisten Ivoirer, die Einwohner der Elfenbeinküste, ohnehin annehmen: Das Militär hat die Macht übernommen. Um das Vaterland zu retten, erklärt General Robert Guéï, hätten die Streitkräfte das Regime des Präsidenten Henri Konan Bédié gestürzt. Nach der Rede sendet *Radio Abidjan* patriotische Lieder.

Der entmachtete Bédié ist indessen aus seinem Palast in die gleich nebenan liegende Residenz des französischen Botschafters geflohen. Er hat Kontakt mit Paris aufgenommen. Seinen Aufruf zum Widerstand verbreitet *Radio France International*. Paris versetzt seine 550 an der Elfenbeinküste stationierten Soldaten in den Alarmzustand. Weitere Fallschirmjäger werden zu einer Basis im Senegal geschickt, sie sollen bei Bedarf in Abidjan landen.

Doch die Lage entspannt sich, als die Putschisten über *Radio Abidjan* erklären, sie würden die Sicherheit der zwanzigtausend Franzosen an der Elfenbeinküste garantieren. Nun darf Bédié mit Hilfe der einstigen Kolonialmacht ausfliegen – ein Mohr hat seine Schuldigkeit getan. Paris weiß, daß Bédié nach sechs Jahren an der Macht verbraucht ist, er ist korrupt und unpopulär. Die Mehrheit der Ivoirer haßte die korrupte Führungsclique und empörte sich über den Präsidenten. Weil er anstehende Neuwahlen kaum gewinnen konnte, hatte Bédié seinen stärksten Herausforderer mit einem schmutzigen Trick kaltgestellt: Mit der Begründung, daß dessen Eltern nicht von der Elfenbeinküste stammten, schloß er den Oppositionspolitiker Alassane Ouattara von der Teilnahme an den Wahlen aus.

Mit ihrem Putsch, so behaupten die Militärs, wollten sie dem Land wieder Frieden bringen. Doch zum patriotischen Handeln kamen auch eigennützige Motive: Bédiés Regierung hatte der Polizei und der Gendarmerie Gehaltserhöhungen bewilligt, nicht aber der Armee. Und General Guéï war zwei Mal von Führungsposten gefeuert worden, nämlich als Sportminister und als Armeechef. Von seinem Dienstherrn Bédié hatte er nichts mehr zu erwarten.

Nach seiner Machtübernahme demonstrierte der 58jährige, den seine Soldaten *Le Boss* nennen, daß er es mit dem »Aufräumen« im Land selber ernst meint. An einem Wochenende packte Guéï Schaufel und Besen an und entfernte zusammen mit der Bevölkerung Abfälle von Abidjans Straßen. Doch bald darauf begann seine Popularität im Volk nachzulassen. Guéï entpuppte sich als machtlüsterner Militär, der nicht mehr von seinen Privilegien lassen wollte und selbst aus dem Amt gejagt wurde.

Der weihnachtliche Putsch in der Elfenbeinküste machte weltweit Schlagzeilen: Es war der letzte Militärcoup im 20. Jahrhundert, und er kam über ein Land, das in seiner 38jährigen Existenz keinen einzigen Staatsstreich erlebt hatte – eine Besonderheit in Afrika. Die Geschichte des Kontinents seit der Unabhängigkeitswelle in den sechziger Jahren ist geprägt von Putschen und Putschversuchen. So erlebte Ghana zwischen 1966 und 1981 nicht weniger als fünf Militärcoups. In Nigeria folgten der ersten Machtübernahme durch Offiziere 1966 zehn weitere Militärputsche oder Putschversuche. Insgesamt jagten Soldaten im unabhängigen Afrika bis zur Jahrtausendwende weit

über siebzig Mal Regierungen aus dem Amt. Diese Form von Machtwechsel konnte kaum überraschen auf einem Kontinent mit großer
Armut und willkürlich gezogenen Kolonialgrenzen. Doch die Anzahl
der Coups verblüffte trotzdem, denn die neuen Länder verfügten
durchweg über nur kleine Armeen.

Dabei hat Militarismus in Afrika keine Tradition. Zwar verbanden viele Völker Afrikas das Erwachsenwerden mit kollektiver Wehr-
haftigkeit. »Man wurde ein Krieger, wenn man fähig war, das Vieh
und das Land zu verteidigen oder im gemeinsamen Kampf den Clan
zu schützen«, schreibt der Historiker Ali Mazrui. Aber eine gut
organisierte Armee wie unter dem legendären Zulu-König Shaka war
im vorkolonialen Afrika eher die Ausnahme. Später hätten »Kolonialismus und Christentum« Afrika »nicht nur demilitarisiert, sondern
auch entmannt«, urteilt Mazrui. Gerade deshalb wertet der kenianische Akademiker mit Wohnsitz in den USA die bewaffneten Erhe-
bungen wie den Maji-Maji-Aufstand gegen die Deutschen vor dem
Ersten Weltkrieg und die Mau-Mau-Rebellion gegen die Briten nach
dem Zweiten Weltkrieg als prägende Spielarten des modernen afrikanischen Nationalismus.

Afrikas moderne Staaten verstanden sich als Demokratien. Nach
dem Abzug der Kolonialmächte erwarteten die Bürger von ihren ge-
wählten Regierungen bessere Häuser, Schulen, Hospitäler und Jobs
für alle. Das aber war in den unterentwickelten Ländern kaum möglich. Von der neuen Freiheit profitierte nur eine einheimische Elite.
Sie tummelte sich vorwiegend in der Politik, weil es in den ehemaligen Kolonien kaum private Industrie gab und die Plantagen nach wie
vor Ausländern gehörten.

Anstelle von Weißen sahen sich viele Afrikaner nun von schwarzen
Landsleuten ausgebeutet. Unter Berufung auf die enttäuschten Massen
putschten Militärs schon im »Jahrzehnt Afrikas«, den sechziger Jahren, in 14 Ländern. Die Bevölkerung feierte die Soldaten als Befreier –
bis sich herausstellte, daß die Obristen trotz ihrer diktatorischen
Macht und unbürokratischer Entscheidungen Probleme so wenig lösen wie die Zivilisten. Und entgegen dem Versprechen, bald wieder in
die Kasernen zurückzukehren, fanden die selbsternannten Kreuzritter
gegen die Korruption Gefallen an ihrer Rolle und klammerten sich an
die Macht. Auch der General Guéï tat das in der Elfenbeinküste.

Äthiopische Soldaten feiern einen Sieg über die Armee von Eritrea.
Gleichzeitig begehen sie den Jahrestag des Sturzes von Diktator
Mengistu Haile Mariam.

»Das Militär als korporativer Interessenverband verliert den Respekt vor zivilen Institutionen«, analysiert Rainer Tetzlaff. Es weigere sich, das »Privileg, über die Staatskasse zu verfügen, wieder aufzugeben«. So wirke jede Militärherrschaft »langfristig als Entwicklungshindernis«; denn sie »blockiert gesellschaftliche Lernprozesse und die Institutionalisierung von ziviler, rationaler Politik«. Zivile Politik sucht Kompromisse. Ihre Macher schließen Bündnisse, intrigieren gegeneinander, zahlen Bestechungsgelder – solche Vorgänge sind unschön, doch üblicherweise unblutig. Konflikte unter Offizieren aber werden sehr schnell mit der Waffe ausgetragen: Jeder Putsch trägt einen Gegenputsch in sich, lehrt die Erfahrung. Den Militärcoups folgen Säuberungen. Im günstigen Fall wird die gestürzte Führungsclique verjagt, im ungünstigen läßt der Sieger Tausende Angehörige der Ethnie des Verlierers umbringen.

Durch Grausamkeit zeichneten sich besonders von der Kolonialzeit geprägte Feldwebeltypen aus, wie Idi Amin in Uganda und Jean Bedel Bokassa in der Zentralafrikanischen Republik. Dabei bestätigten die beiden Militärherrscher als unfreiwillige Clowns alle Vorurteile gegenüber Afrika: Amin liebte Schottenröcke und protzte mit seinen britischen Orden. Bokassa trat wie Ludwig XIV. auf und ließ sich wie sein Vorbild Napoleon zum Kaiser krönen.

Ins Schreckenskabinett der per Putsch an die Macht gekommenen Afrikaner gehören auch der langjährige Kongo-Herrscher Mobutu Sese Seko und der Nigerianer Sani Abacha. Die beiden gelernten Soldaten plünderten ihre Länder schamloser aus als alle anderen Herrscher auf dem Kontinent. Bis heute versuchen Anwälte, die ins westliche Ausland verschobenen Mobutu- und Abacha-Milliarden zu finden und zurück nach Afrika zu bringen.

Den geldgeilen, machtbesessenen Militärs stehen allerdings auch patriotische Soldaten gegenüber: Thomas Sankara in Burkina Faso wollte als Staatschef nach seinem Coup 1983 nicht anders leben als die Bevölkerung. Er fuhr deshalb einen Mittelklassewagen und lebte in einem bescheidenen Haus – bis ihn Armeekameraden in einem Gegenputsch umbrachten.

Um solche unangenehmen Erfahrungen auszuschließen, ließ Ghanas Jerry Rawlings nach seinem erfolgreichen Putsch potentielle Rivalen öffentlich erschießen. Dem Flieger-Offizier wird dennoch zuge-

standen, daß es ihm in seiner Regentschaft primär um das Wohl seines Landes gehe. Deshalb gehört Rawlings ebenso wie der autoritär,
aber väterlich regierende ugandische Präsident Yoweri Museveni zu
Afrikas Hoffnungsträgern. Auch Museveni begann als Guerilla-Sol-
dat. Ebenso Äthiopiens Regierungschef Meles Zenawi und Eritreas
Präsident Isaias Afewerki. Doch die Waffenbrüder im siegreichen
Feldzug gegen den roten Diktator Mengistu Haile Mariam stürzten
ihre Länder 1998 in einen Krieg, bei dem um hunderttausend Soldaten starben und Millionen Zivilisten ihr Heim verloren. Der sinnlose
Waffengang riß die hoffnungsvollen Wachstumsländer Äthiopien
und Eritrea weiter in die Armut.

Der Krieg zwischen den beiden ostafrikanischen Staaten erhärtet
einmal mehr die These, daß Militärs zu militärischen Lösungen neigen. Außerdem wird Soldaten unterstellt, sie würden mehr für Rü-
stung ausgeben als Zivilregime. So veranschlagte Pierre Buyoya in
Burundi 1999 fast ein Drittel des Staatsbudgets für die Sicherheit.
Freilich muß der Tutsi-Major weniger äußere Feinde fürchten als
vielmehr die Hutu-Mehrheit im eigenen Land.

»Afrikanische Führer fühlen sich berufen, ihr eigenes militärisches
Establishment aufzubauen«, schreibt Nigerias gewählter Präsident
Olusegun Obasanjo. Der zum Zivilpolitiker bekehrte Berufssoldat,
der sein Land von 1976 bis 1979 als Juntachef regiert hatte, warnt
gleichzeitig vor »diesem unproduktiven Weg«: Konzentration auf
militärische Angelegenheiten lenke nur ab vom »wichtigen Ziel der
Entwicklung der Wirtschaft und des Nationalbewußtseins«.

Daß die Streitkräfte junge Menschen unterschiedlicher Herkunft
gezielt zu Staatsbürgern erziehen – wie etwa in Israel –, ist aus Afrika nicht bekannt. Im Gegenteil. Statt Schule der Nation sind die Armeen Plage der Region. Die Bürger würden Soldaten als »unifor-
mierte Raubvögel« erleben, die »quer durch Afrika Chaos schaffen
und Menschenleben vernichten«, lamentiert der Ökonomie-Profes-
sor George B. N. Ayittey. Der aus Ghana stammende Autor beklagt
den Niedergang der Streitkräfte in Afrika seit der Unabhängigkeit.

Kein Wunder: Wo Staaten zerfallen, lösen sich auch Armeen auf.
In rechtsfreien Räumen gibt es keinen Unterschied mehr zwischen
Soldaten und Gesetzlosen. So entstand im vom Bürgerkrieg geplag-
ten Sierra Leone der Begriff *sobel*, zusammengesetzt aus den Worten

soldier und *rebel*. Die Kalaschnikow-Maschinenpistole wurde Produktionsmittel eines »Lumpenmilitariats«, dessen Entstehen der Historiker Mazrui schon in den siebziger Jahren beschrieben hatte: Ab-
gerissene Horden von Halb-Analphabeten »fordern ihren Anteil an
Macht und Einfluß«.

Die zu Weihnachten 1999 an die Macht gekommene Armee der
Elfenbeinküste unterschied sich allerdings vom Lumpenmilitariat in
Sierra Leone und anderen afrikanischen Krisenregionen. Der Staatsstreich in Abidjan führte nicht zum Staatszerfall. Aber lösen konnten
die Militärs keines der Probleme des Landes: Die Elfenbeinküste litt
weiter unter wirtschaftlichem Verfall, in den Kasernen rumorte es immer mal wieder wegen nicht eingetroffener Sold-Zahlungen, und die
Soldaten waren gegenüber den Bürgern viel aggressiver als früher. In
Anspielung auf das Wappentier des Staates erschien das Pariser Magazin *Jeune Afrique* im Juli mit einer Titelgeschichte unter der Schlag-
zeile »Cote d`Ivoire – *l'éléphant malade*«: der kranke Elefant.

Sylvia Lyall

Sterben und erben

Das Geschäft mit dem Tod blüht

Der Leichnam von Samuel Ndirangu, 56, lag in der Leichenhalle von Nairobi und verweste allmählich, während seine Angehörigen und Freunde darüber stritten, wer ihn beerdigen sollte. Vor seinem Tod war Ndirangu Hotelier gewesen. Zu seinem Besitz gehörten Grundstücke und Häuser, deren Wert auf fast sechshunderttausend Mark geschätzt wurde, eine für afrikanische Verhältnisse ansehnliche Summe.

Die Beerdigung war um elf Wochen verschoben worden, da eine Frau aufgetaucht war, die behauptete, die zweite Frau des Verstorbenen zu sein und drei Kinder von ihm zu haben. Sie verlangte einen Großteil der Hinterlassenschaft, und der Fall wurde vor Gericht gebracht. Denn Ndirangus Mutter und ihre drei Brüder beanspruchten ebenfalls einen Teil des Besitzes – mit der Begründung, der Verstorbene habe bis zu seinem Tod ihren Lebensunterhalt getragen, und jetzt wollten sie weiter versorgt werden.

Seine legale Ehefrau, die er auf dem Standesamt geheiratet und mit der er sechs Kinder hatte, ging vor Gericht, um die Ansprüche der entfernteren Familienmitglieder abzuwehren, und hoffte, daß sie als einzige bevollmächtigt würde, ihren Ehemann zu beerdigen. Ndirangu war nämlich gestorben, ohne ein Testament zu hinterlassen, doch er hatte bestimmt nicht geahnt, was für ein Rechtsstreit um seine Hinterlassenschaft entbrennen sollte; ein Streit, der die Familie auseinanderzureißen drohte.

Der Fall Ndirangu ist typisch in Kenia, und er ist nur die Spitze eines Eisbergs in Afrika. Viele Menschen nutzen das Fehlen eines Testaments, um an Liegenschaften und Konten von Verstorbenen zu gelangen. Sie präsentieren dann Frauen und Kinder, die in Falschaussagen bezeugen, mit dem Verstorbenen verheiratet gewesen zu sein. Bruder streitet gnadenlos gegen Bruder; Schwester und Mutter, ja sogar Onkel und Tante ringen um das Erbe. Dabei verwechseln die Menschen Begräbnis und Erbschaft. Sie glauben, wenn sie den Verstorbenen begraben, haben sie ein Anrecht auf die Erbschaft, und der Streit schleppt sich dahin.

Das Gesetz schreibt nicht automatisch demjenigen, der den Toten beerdigt, den hinterlassenen Besitz zu. Das Ganze geht auf ein falsches Verständnis des Gewohnheitsrechts zurück. Dieses Recht gibt denjenigen, die einen Verwandten begraben, automatisch das Anrecht auf dessen Hinterlassenschaft. Doch nach dem Gesetz ist die Begräbnisstätte genauso irrelevant wie die Person, die sich um die Beerdigung kümmert, insbesondere in den seltenen Fällen, in denen ein Testament vorliegt. Das Erbfolgerecht wird herangezogen, um Erbstreitigkeiten zu klären, bei denen die Ehefrau oder der Ehemann, die offiziell mit dem Verstorbenen verheiratet waren, als Hauptkläger auftreten; in allen Fällen muß die Versorgung der Kinder gewährleistet werden. Nach kenianischem Recht werden Gewohnheitsehen anerkannt, also solche, die man als »wilde Ehen« bezeichnen würde, da die Heirat weder auf dem Standesamt noch nach traditionellem Ritual vollzogen worden ist.

Jedes Jahr registriert das oberste Gericht Kenias Tausende von Familienfehden über Erbschaften und gerät dadurch in großen Rückstand, denn diese Fälle sind sehr kompliziert. Es kommt mitunter sogar zu Exhumierungen, wenn das Gericht entschieden hat, welches Familienmitglied das Recht auf das Begräbnis hat, und der Leichnam nun an anderem Ort wieder bestattet werden soll.

Wie ein Ungeheuer hat sich eine neue Kultur in den Toten- und Begräbnisriten in Kenia und anderen Ländern breitgemacht. Dieser Wandel, Geldgier genannt, sorgt bei Jung und Alt gleichermaßen für Verwirrung. Den meisten Afrikanern ist es völlig fremd, ein Testament aufzusetzen. Sie haben nicht den Mut, sich mit ihrem Tod zu befassen. Zudem glauben viele, daß schon allein der Gedanke an den Tod diesen heraufbeschwören könnte. Die wenigen, die ein Testament machen, hinterlegen es bei Anwälten oder Banken, und trotzdem können Streitigkeiten über die Authentizität dieser Schriften entbrennen. Der Glaube an die Existenz von Geistern ist in ganz Afrika verbreitet, in einigen Gemeinschaften aber stärker ausgeprägt als in anderen. Und dieser Geisterglaube sorgt für weitere Komplikationen.

Denn die lebenden Toten sind die Geister, die normalerweise am wichtigsten für die Familie sind. Sie werden als Teil der Familie betrachtet. Man glaubt, daß sie ganz in der Nähe ihres ehemaligen Hauses leben. Es müßte also überall Myriaden menschlicher Geister geben. Die meisten Afrikaner halten den Tod nicht für das Ende des Lebens, sondern für den Start in eine andere Existenz, in welcher der Geist des Toten weiter existiert und imstande ist, in die Geschicke der lebenden Familienmitglieder einzugreifen. Man glaubt, daß der Geist sich in der Nähe des toten Körpers oder der Heimstatt aufhält, um zu sehen, ob die Lebenden ihn mit angemessenem Respekt verabschieden. Daher rührt auch die Sorge, der Geist verfolge die Lebenden und beschere ihnen womöglich Mißgeschicke, wenn das Begräbnis nicht angemessen ausfällt.

Beerdigungsriten sind von Ort zu Ort verschieden. Beim Stamm der Luo in Kenia müssen sich die nächsten Angehörigen das Haar scheren, und einige ihrer alltäglichen Tätigkeiten, etwa das Putzen, haben so lange zu ruhen, bis die Begräbnisriten beendet sind. Das kann einige Wochen dauern. Das Scheren des Haars ist ein Symbol der Trennung; es zeigt an, daß sich ein Angehöriger von der Familie getrennt hat. Es ist auch ein Hinweis auf den Glauben daran, daß der Tod das Leben nicht zerstört; das Nachwachsen des Haars steht dafür, daß immer wieder neues Leben entspringt.

Das Ruhenlassen von Tätigkeiten wie Putzen bedeutet Respekt gegenüber dem Geist, der, da ganz in der Nähe, nicht gestört werden soll. Kommt es in der Familie zu Krankheit und Mißgeschick, kann der Grund dafür bei den lebenden Toten zu suchen sein, wenngleich in einigen Fällen eher Zauberei und Hexerei dafür verantwortlich gemacht werden. Insofern ist es sehr wichtig, die korrekten Rituale zu vollziehen, um die Geister nicht zu verärgern.

Im allgemeinen sind die Geister der Verstorbenen ihren Familien wohlgesonnen, solange man sich ihrer erinnert und sie mit Respekt behandelt. Dennoch müssen Geister auch als Erklärung herhalten, wenn etwas schiefläuft. Deshalb geben die Leute viel Geld aus, um sicherzugehen, daß angemessene Begräbnisrituale abgehalten werden, daß der Geist in aller Freundschaft verabschiedet wird und sich zu den anderen Geistern in der Unterwelt gesellen kann.

Das ganze Dorf ist von dem Tod betroffen. Tag und Nacht kommen Besucher ins Haus des Verstorbenen, um ihr Beileid zu bekunden, und sitzen im Hof beieinander, nachts um ein Feuer herum. Gewöhnlich wird die Bewirtung der Besucher von gesammeltem Geld sowie aus der Hinterlassenschaft des Verstorbenen bestritten.

In einigen Kulturen, wie bei den Luo, Luhya und Kisii, werden die Begräbnisrituale als Fest angesehen. Hier werden für die Besucher Kühe und Ziegen geschlachtet, während in anderen Gesellschaften, beispielsweise bei den Kikuyu, Kamba und Meru, der Tod durch Weinen, Singen, Tanzen und Beten begangen wird.

Indem sie ihn ritualisieren, befreien sich die Menschen von der Schwere des Todes, tanzen ihn weg, streifen ihn ab und erneuern ihr Leben, nachdem einer der Ihren von ihnen genommen wurde. Das Vollziehen dieser Riten befähigt die Menschen, ihr Leid und ihren Kummer über den Tod zu verarbeiten.

Aus den verschiedenen Ritualen und Gebräuchen hat sich ein lukratives Geschäft mit dem Tod entwickelt. Immer neue Wirtschaftszweige entstehen und machen den Tod zu einer sehr teuren Angelegenheit. Sobald jemand stirbt, versammelt sich ein Komitee, um Geld aufzutreiben und der Familie die finanzielle Belastung einer Beerdigung etwas zu erleichtern.

Die Kosten des Todes umfassen gewöhnlich die Bezahlung des Beerdigungsunternehmens, die Einbalsamierung der Leiche, den Sarg, ein neues Totenhemd, die Totenfeier. Die Kirche läßt sich für ihre Trauergottesdienste auch bezahlen. Ein Zeitraum von über einem Monat kann verstreichen, ehe die Beerdigung stattfindet. Das hängt ab vom Status des Verstorbenen, von eventuellen Familienstreitigkeiten und davon, ob womöglich entfernte Verwandte aus dem Ausland eine lange Anreise haben. Das Warten auf die Verwandtschaft lohnt sich immer, denn sie beteiligt sich in der Regel an den Kosten.

Auch für die Transportindustrie ist der Tod sehr einträglich, denn es werden Leichenwagen, Laster und Busse gemietet, um den Toten und seine zahlreichen Freunde und Verwandten, in vielen Fällen über Hunderte von Kilometern, zum Anwesen der Familie – oft auf dem Lande – zu befördern. Das ganze Geschäft ist so lukrativ, daß zahlreiche Kundenschlepper aktiv geworden sind. Sarghersteller und Totengräber feilschen vor den Leichenhallen in Nairobi und Kisumu um die Preise.

Ein Sargmacher in Sambias Hauptstadt präsentiert sein Angebot vor dem städtischen Leichenschauhaus.

Der Tischler Njoroge wa Kamau gründete das Umash-Beerdigungsinstitut in einem Vorort von Nairobi. Er verdiente seinen Unterhalt mit der Herstellung von Särgen, kaufte später einen Leichenwagen dazu und konnte beobachten, wie das Geschäft wuchs. »Die Zukunft von Sargherstellern in Kenia ist gesichert, denn die Menschen müssen nun einmal sterben. Also können wir dieses Geschäft betreiben, solange wir es vermögen«, sagt Kamau. Kamau besitzt inzwischen vier Lastwagen und einen Toyota mit Vierradantrieb. Die meisten seiner Kunden stammen aus Ost- und Zentralkenia. Er berechnet zwischen dreihundert und fünfhundert Mark für einen Leichentransport über eine Distanz von bis zu 120 Kilometern.

Njoroge wa Kamau stellt Särge aus Harthölzern her, aus Eiche etwa oder Mahagoni. Dabei kopiert er auf Anfrage originalgetreu den Sarg des bekannten Politikers Jaramogi Odinga. »Als ich hörte, daß die Familie Jaramogi 7353 Mark für einen importierten Sarg ausgab, kopierte ich das Design. Es wurde bei den Reichen und Berühmten sehr beliebt«, erzählt er. Die Preise der Umash-Särge bewegen sich zwischen 1470 und 2300 Mark.

In Afrika hat im Verständnis der Menschen jeder Tod seine besondere Ursache. Immer rankt sich eine Geschichte um die Hintergründe des Todes; zumeist geht es um undurchsichtige Geschäfte oder um einen möglichen Mord. Sobald der Tote ein Prominenter ist, wird der Tod in Kenia zum nationalen Diskussionsgegenstand. Bei manchem unerwartet verstorbenen Politiker wird die Todesursache mit »politischer Mord« angegeben, ganz gleich, unter welchen Umständen es zu dem Tod gekommen ist. Aus dieser Sitte der Anschuldigungen und Gegenklagen hat sich eine regelrechte Autopsiemanie entwickelt. Manche dieser Autopsien, mit der die Todesursache geklärt werden soll, finden im Ausland statt, obwohl sie durchaus im Lande durchgeführt werden könnten. Staatliche wie auch private Pathologen sind bestrebt, angebliche finstere Machenschaften ans Licht zu bringen. Die Autopsieberichte werden von den Angehörigen dann oft ignoriert und der Vorwurf des politischen Mordes einfach wiederholt.

Außerdem ist da noch das Geschäft mit den Todesanzeigen. Im Durchschnitt gibt es in jeder Tageszeitung in Kenia zwei Seiten mit Todesanzeigen. Neben einem Foto des oder der Verstorbenen steht ein Text, in dem seine oder ihre gesellschaftliche Stellung gepriesen wird. Hatte der Verstorbene einen Universitätsabschluß oder eine gesellschaftliche Position mit Prestige, ist er auf dem Foto im Examensfeier-Talar oder in Uniform zu sehen, was seine Errungenschaften zu Lebzeiten demonstrieren soll. Die Namen von Angehörigen in höheren Positionen werden in der Anzeige genauso mit allen Titeln abgedruckt wie die von Angehörigen, die im Ausland leben oder studieren, selbst wenn diese mit dem Verstorbenen nur entfernt verwandt sind. In den meisten Fällen sollen diese Details den sozialen Status der Familie veranschaulichen. Ungefähr dreißig Todesanzeigen erscheinen in vier Tageszeitungen zu einem Durchschnittspreis von etwa hundert Mark pro Tag. Eine Todesanzeige kann über Wochen täglich erscheinen und zu jedem Jahrestag wiederholt werden.

Das Sammeln von Geld, *fundraising* oder *harambee* genannt, ist schon beim kleinsten Mißgeschick in der Familie üblich. Alle sollen geben. Nicht erst ein Todesfall, sondern schon eine bevorstehende Operation kann als Grund genügen, um die Mitwelt zum Spenden aufzufordern, denn die wenigsten haben eine Versicherung für solche Fälle. Journalisten, die für eines der führenden Medienunternehmen in Nairobi arbeiten, wird von ihrem Gehalt ein Geldbetrag für einen Fonds für »die trauernden Hinterbliebenen« abgezogen. Wenn der Angehörige eines Mitarbeiters stirbt, erhält er aus diesem Fonds 650 Mark für die Bestattungskosten.

Es ist üblich, unter Kollegen im Büro *fundraising cards* herumzureichen, um Geld für einen Verstorbenen zu sammeln, selbst wenn es sich nur um den Freund eines entfernten Verwandten handelt. Man spendet ohne großes Getue. Eine größere Angelegenheit, manchmal eine Angelegenheit nationalen Interesses ist es, wenn der Verstorbene prominent war und von ebenfalls Prominenten riesige Geldsummen gespendet werden. Dadurch werden oftmals sogar noch eventuell anfallende Krankenhauskosten des Verstorbenen gedeckt, obwohl die Familie diese durchaus selbst bestreiten könnte.

Angestellte in vielen Firmen können sich für eine Beerdigung zwei Tage frei nehmen, und nur wenige Arbeitgeber würden es wagen, dieses Recht in Zweifel zu ziehen. Einige Firmen haben sogar in ihren betriebsinternen Regelungen spezielle Vorkehrungen für Todesfälle und Beerdigungen getroffen.

Hartnäckig hält sich in Afrika der Glaube, daß ein Mensch auf dem Lande begraben werden muß, in der Erde seiner Vorfahren. Wenn der Tod in der Stadt eintritt, muß der Leichnam zu seiner Familie in das Dorf gebracht werden, damit diese ihn beerdigen kann. Stirbt jemand im Ausland, wird der Leichnam per Flugzeug nach Hause überführt, da die Familie darauf besteht, ihn im Land ihrer Ahnen beizusetzen.

Diese Beisetzung in der Heimat ist eine kostspielige Tradition, an der sich aber wahrscheinlich so schnell nichts ändern wird. Hinter dieser Gewohnheit verbirgt sich der Glaube, daß ein Mensch nach seinem Tod bei seinen Leuten begraben werden muß, damit er in Frieden ruhen kann. Andernfalls spukt der Geist des Toten umher und bedrängt die Hinterbliebenen, weil sie nicht für ein anständiges Begräbnis gesorgt haben.

Die Kosten für den Transport eines Toten von Europa oder den USA nach Kenia betragen bis zu viertausend Dollar. Ein typischer Fall ist jener der 22jährigen Joyce Njoki, die am 19. Dezember 1997 im Haus ihres Freundes in Stuttgart tot aufgefunden wurde, einen Tag bevor sie nach Kenia reisen wollte, um ihre Mutter zu besuchen. Noch ehe ihre Mutter Patricia Wanjiru alles für den Transport der Toten nach Kenia veranlassen konnte, um sie dort beizusetzen, wurde Joyce in Deutschland begraben. In einem Brief der kenianischen Botschaft in Bonn mit Datum vom 16. Januar 1998 wurde Mrs. Wanjiru mitgeteilt, sie habe bis zum 23. Januar die Summe von 15 000 Mark für die Überführung der Toten zu entrichten, sonst würde diese in Deutschland beerdigt. Trotzdem wurde die Tote bereits am 21. Januar beigesetzt.

Dies veranlaßte den Anwalt der Familie, einen Brief an den kenianischen Außenminister zu schreiben, in dem er gegen die Unfähigkeit der deutschen Behörden protestierte, die der Mutter nicht genug Zeit eingeräumt hatten, die Überführung ihrer toten Tochter zu veranlassen. »Es kann gar nicht genug betont werden, von welch großer Bedeutung das Begräbnisrecht in Kenias Kultur ist. Von daher ist es ein grobes Versäumnis Ihres Ministeriums, zugelassen zu haben, daß der tief verankerte Glaube unserer Mandantin von einer ausländischen Behörde aus Bequemlichkeit mit Füßen getreten wurde«, schrieb er und betonte, daß das Ministerium die Rechte von Mrs. Wanjiru aggressiver hätte verteidigen müssen. Der Anwalt fügte hinzu, seine Mandantin sei fest entschlossen, dafür zu sorgen, daß der Leichnam ihrer Tochter zur Beerdigung nach Hause überführt würde.

In Kenias Hauptstadt Nairobi gibt es über zwanzig eingetragene Bestattungsinstitute. Zusätzlich sind in den Randgebieten viele von ihnen aus dem Boden geschossen. Die Institute in Nairobi konkurrieren heftig untereinander und geben sich illustre Namen wie Umash, Montzuma, Pernunia, Omega, Gelena und De monte. Der älteste private Leichenwagen gehört dem Lee Funeral Service und gilt als der beste im Land.

Beerdigungskosten können eine Familie tief in Schulden treiben, und viele verkaufen lieber ihr Hab und Gut, um ihren Lieben ein anständiges Begräbnis zukommen zu lassen, als womöglich vom spukenden Geist des Toten bedrängt und von der Gemeinschaft verachtet zu werden. Noch hat es keine Regierung gewagt, in den tiefsitzenden Aberglauben rund um den Tod und das Geschäft, das damit gemacht wird, einzugreifen.

In Afrika, wo der Tod schnell zuschlägt, seit der Kontinent den Verheerungen von Kriegen, Hungersnöten und Seuchen wie Aids ausgesetzt ist, wird das lukrative Geschäft weiter blühen, bis man in den Gemeinschaften einsieht, wie notwendig es ist, in Sachen Tod pragmatischer vorzugehen und einige Traditionen zu ändern.

Michael Franzke

»Liebe tut dreimal weh«

Die Beschneidung von Frauen – Tradition und Mythos

»Sie haben mich frühmorgens abgeholt. Frühstücken durfte ich nicht. Erst später begriff ich, warum ich nichts essen durfte. Nach der Beschneidung hat man sehr große Schmerzen, die zum Erbrechen führen können. Die Frauen haben mich festhalten müssen, bevor eine alte Frau die Klitoris entfernte. Ich bin in Ohnmacht gefallen wegen der schrecklichen Schmerzen.«

Maria aus Tansania ist 42 Jahre alt und Mutter von sechs Kindern. Sie hatte »Glück«, weil sie ohnmächtig wurde. Dennoch kann sie, wie die meisten Frauen, die grausame Prozedur und die Schmerzen nicht vergessen. Zwischen 85 bis 115 Millionen Frauen sind weltweit betroffen, so schätzt die Weltgesundheitsorganisation WHO. Und jedes Jahr kommen rund zwei Millionen hinzu. Die Befürworter der Beschneidung, meist Männer, verteidigen sie im Namen von Kultur, Tradition und Religion. Aber mehr und mehr betroffene Frauen sagen klipp und klar, worum es geht: um weibliche Genitalverstümmelung, die Sexualität und Gebären zur Qual macht.

Bisher war diese Problematik weit weg, spielte sich irgendwo in der sogenannten Dritten Welt ab. Aber durch Flüchtlinge, Immigranten und Asylanten ist die Frauen-Beschneidung auch nach Europa und Deutschland gekommen. Sie ist kein Modethema mehr, sondern Realität. Sollen/müssen wir uns einmischen? Sollen/müssen wir die Beschneidung bekämpfen? Oder sollen wir – andere Länder, andere Sitten – einfach weggucken? Wie sollen Richter in Europa verfahren? Sollen sie Beschneidungen als »Beweis kultureller Identität« oder als schwere Körperverletzung bewerten? Fragen, auf die es keine einfachen Antworten gibt.

Maria aus Tansania wurde, was nicht häufig vorkommt, auf ihre Beschneidung vorbereitet. Sie wußte, es war nicht nur ein großer Tag für sie und ihre Familie – die Beschneidung war ein Fest für das ganze Dorf. Tagelang wurde gesungen, getrommelt und getanzt, tagelang zogen ältere, beschnittene Frauen durch das Dorf, besuchten die Familien mit beschneidungsreifen Mädchen, meist im Alter zwischen sechs und zwölf Jahren. Für Zweifel gab es da wenig Anlaß. Schließlich waren die älteren Schwestern und Cousinen auch beschnitten und stolz darauf. Man möchte so sein wie sie, möchte dazugehören. Von ihren Schmerzen haben sie vermutlich nichts erzählt.

Und auch als Erwachsene haben sie geschwiegen, haben sich nicht beklagt, weil die anderen es auch nicht taten. So hielt auch Maria lange den Mund: »Am schwersten war für mich meine erste Entbindung. Es war eine schwierige Geburt, ich mußte genäht werden. Das hat sich bei der Geburt meiner anderen fünf Kinder wiederholt. Für mich ist dies das schlimmste Erlebnis, welches eine Frau durchmachen muß.«

Das Thema Frauen-Beschneidung war lange ein Tabu. In den betroffenen Ländern ist es von einem Schleier des Geheimnisses umgeben, eingebettet in einen Mythos aus Tradition, Kultur und Religion. In Europa wurde es lange als »Nichteinmischung in fremde Traditionen« achselzuckend zur Kenntnis genommen. Erst als Frauenorganisationen den verharmlosenden Begriff »Beschneidung« im Klartext »Verstümmelung der weiblichen Geschlechtsorgane« nannten, erregte dieser Brauch öffentliche Aufmerksamkeit.

Am weitesten ist die Beschneidung (Zirkumzision, Inzision, Circumcision) in Afrika verbreitet, in 28 der 54 Länder: von Ägypten, Äthiopien, Somalia und dem Sudan im Osten entlang der Sahara über Nigeria und Kamerun bis Mauretanien und Senegal im Westen. Hinzu kommen einige arabische und asiatische Länder. Mal wird sie nur von einigen Volksgruppen innerhalb eines Landes praktiziert, mal sind über neunzig Prozent der Frauen verstümmelt wie im Sudan oder in Somalia.

Es gibt sehr unterschiedliche Formen mit sehr unterschiedlichen Folgen. Bei der Sunna oder sunnitischen Beschneidung wird nur die Vorhaut der Klitoris oder die Klitorisspitze abgetrennt. Aber diese milde Form wird selten praktiziert.

Am weitesten verbreitet ist die Klitoridektomie, die etwa in Ägypten, in Saudi-Arabien und im Sudan praktiziert wird. Dabei werden die Klitoris und die kleinen Schamlippen teilweise oder vollständig amputiert.

Dann gibt es die Exzision. Auch hier werden die Klitoris und die Schamlippen teilweise oder vollständig entfernt. »Das wird relativ häufig damit verbunden«, so die Ärztin Dr. Sabine Müller vom Berliner Familienplanungszentrum, »daß mit einem scharfen Gegenstand auch die Vagina ausgeschabt wird. Das Ausschaben der Vagina macht späteres Gebären fast unmöglich.«

Die schwerwiegendste Form der Beschneidung ist die pharaonische Beschneidung mit Infibulation: Entfernung der Klitoris, der kleinen Schamlippen, das Ausschaben der großen Schamlippen und das Zunähen. Zugenäht wird nach den Erfahrungen der Ärztin nicht mit chirurgischen Methoden: »Die großen Schamlippen werden mit Akaziendornen und anderen nicht geeigneten Gegenständen geschlossen. Die Vagina wird völlig verschlossen, es bleibt nur eine winzige Öffnung übrig, durch die Urin und Menstruationsblut ausgeschieden werden können, mit mehr oder weniger großen Problemen.« Diese Genitalverstümmelung wird häufig in Somalia praktiziert. Die Mädchen bleiben bis zur Eheschließung als Beweis ihrer Jungfräulichkeit »verschlossen«, werden in der Hochzeitsnacht von ihrem Ehemann »geöffnet«, oft mit einer Schere oder einem Messer.

Die Zeremonie wird von alten Beschneiderinnen, von Hebammen, Barbieren oder Medizinmännern vorgenommen, meist ohne Betäubung. Mehrere Frauen halten die Mädchen fest. Meist wird die Verstümmelung traditionell durchgeführt, wie bei den Vorfahren, mit rostigen Rasierklingen oder Glasscherben, mit stumpfen Messern und Scheren, manchmal sogar mit Deckeln von Konservendosen. Die Schmerzen müssen furchtbar sein. Einige sterben durch Verbluten, an Wundstarrkrampf oder Blutvergiftung. Diejenigen, die überleben, leiden wochenlang, viele ihr ganzes Leben.

Es gibt keinen medizinischen Grund für die Beschneidung, darin sind sich alle Fachleute einig. Bleibt die Frage, warum sie dennoch durchgeführt wird. Für die Medizinerin Sabine Müller liegen die Gründe auf der Hand: »Eine Frau, die derart verstümmelt ist, wird keinen Geschlechtsverkehr haben, die Jungfräulichkeit ist jederzeit nachprüfbar; sie wird die eheliche Treue halten, weil jeder Verkehr mit höllischen Schmerzen verbunden ist. Und es gibt die Mythen:

Eine beschnittene Frau ist sauber, ist schön, ist so, wie ihre Mutter, ist besonders fruchtbar, besonders wertvoll, kann kein Aids bekommen.« Mythen, die vorwiegend von Männern geschaffen wurden. Die Phalanx der Befürworter verbat sich jede Kritik und Einmischung von außen, vor allem von Weißen, denen »kultureller Imperialismus« vorgeworfen wurde, Unverständnis für andere Kulturen und ein Angriff auf afrikanische Identität. Doch von dieser Sichtweise rückten inzwischen viele ab, vor allem Frauen in den betroffenen Ländern. So gründeten afrikanische Frauenorganisationen schon 1984 im senegalesischen Dakar das *Inter African Committee*, das später seine Zentrale nach Addis Abeba an den Sitz der Organisation Afrikanischer Einheit verlegte.

Aber man brauchte Verbündete, und so wurde ein Verbindungsbüro in Genf errichtet. Damit war das Interafrikanische Komitee mitten in Europa vertreten, am Sitz derjenigen UN-Organisationen, die mit Rat und Tat weiterhelfen konnten: Weltgesundheitsorganisation WHO, Kinderhilfswerk UNICEF, Menschenrechtskommission oder Internationales Komitee vom Roten Kreuz.

Andere Verbündete fanden sich eher zufällig. Christa Müller begleitete vor einigen Jahren ihren Mann Oskar Lafontaine, damals saarländischer Ministerpräsident, ins westafrikanische Benin. Sie wurde von der dortigen First-Lady um Unterstützung gebeten, sagte spontan zu und gründete *Intact*, die »Internationale Aktion gegen die Beschneidung von Mädchen und Frauen«. Mit viel Engagement sammelt sie Geld, um Initiativen in afrikanischen Ländern zu unterstützen. Die wollen Hilfe zur Selbsthilfe leisten. *Intact* wird in Afrika nicht direkt tätig: »Wir halten es nicht für richtig, daß jemand aus der westlichen Kultur kommt, sich direkt einmischt, daß weiße Frauen den Menschen dort erklären, was richtig und was falsch ist.«

Auch die Schwedin Karin Manzone beim »Interafrikanischen Komitee« in Genf weiß, daß man behutsam vorgehen muß, daß es keine schnellen Erfolge geben kann und daß es Generationen dauern dürfte, bis sich jahrtausendealte Traditionen durch verändertes Denken abschaffen lassen: »Es ist wichtig, daß wir religiöse Führer finden, die bereit sind, den Leuten zu erklären, daß nirgendwo im Koran die Beschneidung gefordert wird. Aber wenn es um Tradition geht, wird es schwierig. Denn Tradition stirbt schwer.«

Die Verbreitung der Frauenbeschneidung geht nach Ansicht der Religionswissenschaftlerin Ursula Spuler-Stegemann auf einen mißverstandenen Islam zurück. Der Prophet Mohammed soll, um den Männern und Frauen die Lust zu lassen, zu einer Beschneiderin gesagt haben: »Schneide wenig ab.« In den vier großen islamischen Rechtsschulen werde aber ganz unterschiedlich mit dem Thema umgegangen. In vielen Rechtsgutachten würden erst späteren Deutungen zufolge hygienische Gründe genannt. In den muslimischen Ländern Türkei, Pakistan und Iran etwa sind Beschneidungen nicht üblich.

Viele Experten sehen einen Zusammenhang zwischen der zunehmenden Verbreitung des Islam und der Beschneidung – und den Teufelskreis aus Armut, mangelnder Schulbildung und fehlender Aufklärung. So ist für die Krankenschwester Jane Sarich, Anfang zwanzig, die Beschneidung selbstverständlich. Sie ist eine Pokot aus dem Norden Kenias. Die Pokot leben weit weg von großen Städten, von Touristen, von Zeitungen und Fernsehen. Sie sind Nomaden, Viehhirten, die meisten können nicht lesen und schreiben. Was man weiß, weiß man von Eltern und Großeltern, von Onkeln und Tanten. Man macht es genau so, ohne zu fragen. So gebieten es Tradition und Respekt. Für Jane ist die Beschneidung »ein Muß in unserer Gesellschaft«. Aber sie beobachtet, daß sich die Tradition langsam verändert, und zwar durch Mädchen, die zur Schule gegangen sind, was immer noch eine Ausnahme ist. »Für sie ist die Beschneidung kein Muß mehr. Doch in der Gemeinschaft werden sie nicht respektiert. Andererseits: Pokot-Jungen, die zur Schule oder aufs College gegangen sind, heiraten auch unbeschnittene Mädchen, sie kümmern sich nicht um die Tradition.«

Oft wird die Beschneidung mit dem ungeheuren Druck der Tradition in den ahnenhörigen Gesellschaften Afrikas erklärt und gerechtfertigt. Diesem Druck können oder wollen sich nur wenige entziehen. Ein seltenes Gegenbeispiel erzählt die Frau eines Gynäkologen aus der sudanesischen Hauptstadt Khartum.

»Mein Mann und ich trafen alle Vorbereitungen für die traditionelle Feier und luden unsere Familien und Freunde ein. Die traditionelle Beschneiderin, die wir engagiert hatten, wurde instruiert, nur so zu tun, als führe sie die Operation durch. Die Beschneiderin wurde gut bezahlt für ihre Gefälligkeit und ihr Schweigen. Wir gaben unseren Töchtern etwas Äther zu riechen, damit sie nicht wußten, was vorging, denn Mädchen in dem Alter können kein Geheimnis für sich behalten. Sie glaubten, sie wären operiert worden. Das war der einzige Weg, wie wir sie schützen konnten. Natürlich haben wir ihnen alles erzählt, als sie älter wurden.« So blieb diesen Mädchen erspart, was ein somalisches Sprichwort sagt: »Liebe tut drei mal weh. Bei der Beschneidung die Liebe der Eltern, bei der Hochzeit die Liebe des Mannes und bei der Geburt die Liebe zu Kindern.«

Im westafrikanischen Burkina Faso suchen Beschneidungsgegner nach neuen Wegen. Sie wollen »Täter« und Eltern zunächst überzeugen und erst, wenn das nicht gelingt, bestrafen. Inzwischen ist die Beschneidung gesetzlich verboten. Aber die Kehrseite der Medaille: bei Problemen zögern die Beteiligten, auch Mütter, ärztliche Hilfe in Anspruch zu nehmen. Sie haben Angst vor Bestrafung, die Todesfälle nehmen zu.

Bislang schwiegen betroffene Frauen aus Scham. In Kamerun bewerten Beschneidungsgegner es als großen Erfolg, daß immer häufiger Betroffene bei Diskussionen erzählten, was sie durchgemacht haben. »Es war ein langer Weg. Doch der bedeutende Schritt, heute in Kamerun offen über die Beschneidung von Frauen zu sprechen, ist uns gelungen«, triumphiert Gladys Viban, stellvertretende Vorsitzende der Kamerun-Sektion des Interafrikanischen Komitees.

Die Beschneidungsgegner haben in letzter Zeit viel Unterstützung bekommen, vor allem aus den USA. Per Gesetz soll es Ländern, in denen die Frauen-Beschneidung praktiziert wird, erschwert werden, Geld von der Weltbank oder vom Internationalen Währungsfond zu bekommen. Die einflußreichen US-Vertreter in diesen Gremien sollen sich gegen Kredite für solche Länder stark machen.

Auslöser für diese Gesetzesinitiative des Kongresses war der vieldiskutierte Fall einer jungen Frau aus dem westafrikanischen Togo. Fauziya Kassindja war 1996 in die USA geflohen, um sich ihrer Verstümmelung zu entziehen. Nach 16 Monaten Haft und zahlreichen Prozessen akzeptierte vergangenes Jahr ein Berufungsgericht diesen Fluchtgrund und gewährte ihr Asyl.

Die Weltfrauenkonferenz 1995 in Peking hat die Beschneidung als Menschenrechtsverletzung verurteilt. Allerdings hat die Diskussion dort gezeigt, daß man sehr behutsam vorgehen und an vielen Fronten kämpfen muß: gegen Tradition und Mythos; gegen Angst und Vorurteile der Männer; gegen Mütter, die ihren Töchtern ja nichts Schlimmes antun wollen, es aber nicht besser wissen; gegen die Phalanx der Beschneiderinnen und Medizinmänner, die sich als Hüter der Tradition verstehen; gegen religiöse Führer und Konservative, die die kulturelle Identität gefährdet sehen.

Mit Flüchtlingen und Asylsuchenden ist das Problem längst nach Europa gekommen. Um dem Ausmaß in der Bundesrepublik auf die Spur zu kommen, hat *Terre des Femmes* eine bundesweite Fragebogenaktion gestartet, um ein Bild von der Lage in Deutschland zu bekommen. Die Organisation fordert Asylrecht für Frauen, denen in ihren Heimatländern die Beschneidung droht. Aus England und Frankreich weiß man, daß dort zehn- bis zwanzigtausend Mädchen betroffen sind. Christa Stolle, *Terre des Femmes*-Geschäftsführerin: »Entweder werden Kinder auf Heimaturlaub in die Herkunftsländer ihrer Eltern geschickt, damit dort der Eingriff vorgenommen werden kann; manchmal werden traditionelle Beschneiderinnen eingeflogen, oder Ärzte in Europa machen es gegen ein nicht geringes Entgelt.«

Aufklärung und Umdenken werden lange brauchen. Zunächst muß bei den Eltern das entsprechende Problembewußtsein geschaffen werden. In der Kultur, aus der sie kommen, gehört die Beschneidung zum guten Ton – in der Kultur, in der sie jetzt leben, ist sie strafbar. Sie wohnen in der Fremde, in der Diaspora, oft in Ghettos. Das schweißt zusammen, man hält sich an gemeinsamer Sprache, an Religion und Tradition fest.

In einigen europäischen Ländern (Frankreich, Großbritannien, Schweden oder Norwegen) setzt man nicht nur auf Aufklärung. Zur Abschreckung hat man entsprechende Gesetze erlassen. Für Richter dürften derartige Prozesse ein schwieriger Balanceakt werden. Wo hört die Tradition auf, wo fängt die Körperverletzung an?

In Frankreich wurden zunächst nur Strafen auf Bewährung erlassen. Die Justiz wollte sich nicht einmischen, gab zu bedenken, es handele sich um Tradition, Kultur und Religion. Inzwischen haben französische Richter einen Lernprozeß durchgemacht und urteilen sehr hart.

Der Bonner Gynäkologe Henning Drebenstedt sieht wenig Chancen, selbst in Deutschland lebenden beschnittenen Frauen zu helfen.

Nach der Entbindung bestehen die meisten darauf, wieder vernäht zu werden, sonst würden ihre Ehemänner rebellieren und die Frauen müßten die Prozedur eventuell zu Hause über sich ergehen lassen.

Auch Sabine Müller vom Familienplanungszentrum in Berlin sieht wenig Möglichkeiten, den Frauen nachträglich beizustehen: »Die Reparaturmaßnahmen beschränken sich leider darauf, daß man die Hautbrücke öffnen kann, die die Vagina verschließt, um der Frau wenigstens ein Leben ohne Harnweginfekte, ohne Menstruationsblutstauung, ohne Schmerzen beim Geschlechtsverkehr zu ermöglichen. Aber man kann aus ihr kein glückliches, erotisches, sexuell empfindendes Geschöpf mehr machen.«

Unicef, das Kinderhilfswerk der UNO, ist froh, wenn sich Prominente wie das somalische Model Waris Dirie in ihrem Buch »Wüstenblume« gegen die Beschneidung wenden. Aber es dürfte noch sehr lange dauern, bis Frauen nicht mehr in der typischen Zwangslage sind, wie sie eine somalische Mutter beschreibt: »Was immer ich tue, es ist falsch. Als Mutter möchte ich meinen Töchtern die Qual der Beschneidung ersparen. Wenn ich das tue, werden sie von ihren Freundinnen gehänselt; sie werden keinen Mann finden oder in der Hochzeitsnacht zurückgeschickt. Dann leiden sie später auf andere Art.«

Chenjerai Hove

Die Erben der Weisheit

Über das Verhältnis der Generationen

Das Volk der Shona in Simbabwe hat den Spruch geprägt: Ein Kind ist ein König. Das Bedeutende an diesem Spruch ist, daß die Unschuld des Kindes es ihm erlaubt, mit Königen zu speisen, während es naive, aber klare und ungezwungene Lebensbetrachtungen anstellt. Dasselbe tut Shakespeares Narr, der als solcher tiefere Betrachtungen über das Leben offenbart. Dadurch wird der Narr zum Weisen. Das Kind wird zum Weisen. Junge und Alte treffen sich zum Tanz, der nur von den Göttern beaufsichtigt wird.

In Afrika sind die Kleinen, die man großzieht, ein Traum, keine Last. Einen Lehrer nennt man in Simbabwe *Dambansvana*, was soviel heißt wie: der, der die Kinder großzieht, indem er mit ihnen spielt. Der Lehrer ist die Fleischwerdung jenes Traumes, der uns alle am Leben erhält.

Natürlich respektiert man das Alter. Ein alter Mensch hat ein Reservoir an traditionellem Wissen, das die Menschen für die Zukunft rüstet. Alle Sprichwörter stammen daher. Sprichwörter werden eingeleitet mit: »Wie schon die Alten sagten ...«. Es bedeutet, der Weisheit und den Erinnerungen älterer Menschen Beachtung zu schenken und sie zu schätzen. Denn ältere Menschen bestätigen Erinnerungen. Sie sind ein Teil der Erinnerung. Sie sind die Erinnerung selbst. Und diese Erinnerung trägt bestimmte Geschichten und geschichtliche Dramen weiter in die Zukunft.

Das Wissen und die Erinnerungen der Alten sind nicht für sie selbst bestimmt, sondern für andere, für die Jungen. Die Alten sind eine Vereinigung von Vergangenheit und Gegenwart und eine Projektion in die Zukunft, die sie den Jungen überlassen.

Wenn ein älterer Mensch sich schlecht benimmt und seine Rolle als Vermittler von Wissen, Weisheit und Erinnerung vernachlässigt, sagt man, er verhalte sich wie ein Kind. Denn ein Kind kann zwar schlau sein, aber Schlauheit ersetzt nicht Erinnerung und Weisheit.

Wir können über Leben und Tod als zwei verschiedene Dinge reden, aber wenn ältere Menschen in Afrika über den Tod sprechen, meinen sie im Grunde eine andere Lebensform. Der Tod bedeutet ihnen nur den Übergang von einer Lebensform in eine andere. Aus dem Grund sagt mein alter Onkel auch dauernd, der Tod scheine ihn vergessen zu haben. Seine Generation ist verschwunden, und er muß darüber lachen, daß die Jungen sterben und ihn zurücklassen. Er steht schon lange mit dem längst überfälligen Tod, seinen Freunden und Vorfahren in Verbindung. Das Gleichgewicht von Leben und Tod verdient Respekt. Sterben bedeutet, ein Leben zurückzulassen, nicht aber zu erlöschen.

Solange mein Vater lebt, bin und bleibe ich der Sohn meines Vaters. Bei Diskussionen führt er das Wort, es sei denn, er bietet dem Jüngeren an, die Debatte zu führen, während er darüber wacht, daß der Jüngere in der Kunst der Redegewandtheit und des Diskurses gut geschult wird. Die Alten sagen: Ein Mann, der nicht die Gabe zum Reden hat, wird unverheiratet sterben. Worte sind das Transportmittel der Weisheit, die es einem ermöglicht, durchs Leben zu gehen und seinem Schicksal Form zu geben. Worte sind die Lösung für alles Bewegliche und all das, was sich bewegen soll. Ohne Worte ist man dem Untergang geweiht, denn sie bedeuten den Zugang zu all den komplizierten Winkeln des Lebens.

Es gibt im Leben Wissensströme. Wissen aus der Vergangenheit, aus der Gegenwart, aus der Zukunft. Das Wissen von Fremden wie den Europäern und das Wissen der Älteren. Konfrontiert man die Alten mit einer neuen Form des Wissens, suchen sie die Jungen auf. Sie sagen: Dieses Wissen ist mir zu hoch, nur ein Junger kann so etwas wissen. Wir sind alt und kennen vielleicht nicht alle Wissensströme.

Dann kommen die Jungen mit ihren anderen und kulturell verschiedenen Erfahrungen und unterrichten die Alten über neue Wissensformen. Die Kuh trinkt vielleicht eines Tages aus dem Euter ihres Kalbes, sagen sie. Auf diese Weise werden die Jungen bei der Mischung der Wissensströme nicht ignoriert. Genau wie sich Flüsse an einem Punkt treffen, treffen auch die Flüsse des Wissens an einem Punkt zusammen. Das Zusammenfließen von Wissen ist der Treffpunkt von Flüssen der Weisheit, die niemals austrocknen, der Jungen und Alten, ein Treffpunkt von Generationen.

Man kann mit Sicherheit sagen, daß der Generationenkonflikt zwischen Jung und Alt keine Erfindung Afrikas ist. Hier wußten die Jungen, wo die Quelle des Wissens war, und die Alten wußten, daß die Quelle der Weisheit nicht versiegen durfte. Sie gaben großzügig, und die Jungen fügten sich bescheiden in ein angespanntes, aber gesundes Verhältnis, das garantierte, daß jeder in der Gemeinschaft seinen Beitrag leistete. Niemand kann ausgegrenzt werden. Ein Narr, der Fragen stellt, ist bald keiner mehr. Einen schweigsamen Narren erwartet ein einsames Grab, denn selbst die Vorfahren werden ihn ignorieren, wenn er in ihre Welt tritt.

Für die meisten Afrikaner bedeuten die Jungen eine Investition in die Zukunft. Sosehr wir auch mit anderen aus anderen Teilen der Welt beeinflußt und verwoben sind, das kniffelige Verhältnis zwischen Jung und Alt ist noch intakt. Wenn die Eltern den Sohn oder die Tochter zur Schule schicken, investieren sie in die Jugend, damit diese sich später einmal um sie kümmern. Die abscheulichste Geschichte, die man afrikanischen Eltern erzählen kann, ist die, daß man sie ins Altersheim bringen wird. Widerlich! Das wäre, als würde man eine Wissensbank in ein Altersheim stecken, wo das Wissen nie genutzt würde; als handele es sich um eine alte Blechbüchse, die niemand mehr braucht.

Gleichzeitig müssen wir über die Angst vor der Unfruchtbarkeit sprechen. Ein unfruchtbarer Mann findet keine Ruhe. Eine unfruchtbare Frau findet erst recht keine Ruhe. In der Tradition der Shona wurde, wenn die Frau unfruchtbar war, von den Schwiegereltern eine jüngere Schwester der Ehefrau gebracht, um zu sehen, ob diese schwanger wurde. Wurde die neue Frau nicht schwanger, war für alle klar, daß die Unfruchtbarkeit dem Mann zuzuschreiben war. War das der Fall, ließ die Familie des Mannes einen seiner jüngeren Brüder nachts herein, um die Frau zu schwängern. Natürlich mit stillem Einverständnis der Frau. Dies war ein so streng gehütetes Geheimnis, daß der, der es ausgeplaudert hätte, eine ernsthafte Gerichtsverhandlung vor den Ältesten mit hoher Geldstrafe riskiert hätte.

Die Angst vor Kinderlosigkeit war so groß, daß man ohne Kinder keine Zukunft sah. Ein Mann, der starb, ohne Kinder zu hinterlas-

Zwei Generationen – in Kadoma in Simbabwe.

sen, galt als jemand, den keine Harmonie mit den Vorfahren verband. Um in die Welt der Vorfahren zu gelangen, mußte ein Mann Kinder haben, die dann durch ihn Gott verehrten. Was ist ein Vorfahr ohne Nachfahren, die durch ihn Gott ehren? Gäbe es keine Menschen auf Erden, so die Logik, gäbe es keinen Gott. Gott ist da, weil es Menschen gibt, die ihn ehren. Es gibt Vorfahren, weil es Jüngere auf Erden gibt, die sich zu ihnen bekennen.

Die Furcht vor Unfruchtbarkeit ist in Afrika eine große Belastung. Onuora Nzekwu, der in der Anthologie *African Writing* veröffentlicht, schildert die Trauer von Udezue, dessen Frau Ogorri nach vier Ehejahren immer noch nicht schwanger war. »Alle Mädchen, die zur selben Zeit wie seine Frau geheiratet hatten, waren schwanger, nur Ogorri nicht. Ein Kind nach dem anderen kam zur Welt. Doch Ogorri war immer noch nicht schwanger. Ihre Unfähigkeit, mit den anderen Schritt zu halten, erfüllte sie mit Enttäuschung und Scham. Die meiste Zeit versteckte sie sich im Haus, und das Erscheinen in der Öffentlichkeit, wenn sie es denn nicht vermeiden konnte, wurde ihr zur Qual.«

Die Angst der Afrikaner vor Unfruchtbarkeit ist zugleich die Furcht, daß die Ehegatten möglicherweise unfähig sind, die Kräfte von Vergangenheit, Gegenwart und Zukunft zu verbinden, die Vereinigung von Jung und Alt zu vollziehen. Überall in Afrika gilt Unfruchtbarkeit als ein solcher Fluch, daß die Ehepaare nichts unversucht lassen, Kinder zu bekommen. Adoption gibt es nicht. Das Kind muß vom eigenen Blut sein, damit man zu den Vorfahren gelangen kann und Jung und Alt sich vereinigen.

Die Jungen in Afrika gelten als komplexe Mischung aus Gegenwart und Zukunft; als Traum und Sehnen der Alten, als Wille, die Welt weiter neu zu gestalten. Jeder Alte ist dafür verantwortlich, daß sein Kind materiellen Wohlstand erbt, zusammen mit dem Wissen darum, wie er erworben wurde und gemehrt werden kann.

Verhält sich ein älterer Mensch wie ein Narr, kann er von anderen Alten kein Mitleid erwarten. Mitgefühl gibt es für die Kinder: Oh, wie unglücklich sind sie, solche Narrheit und Armut an Ideen und Weisheit zu erben. Alter bedeutet meistens Weisheit, insofern ist es besser, beides, sowohl Wohlstand als auch Weisheit, zu haben, um den Wünschen und Sehnsüchten für die Zukunft gerecht werden zu können.

Ein Mann in Armut und ohne Weisheit gilt als Verkörperung wahrer Armut. Der Dichter war in den meisten Gemeinschaften Afrikas arm, aber er verfügte über Weisheit. Also war er eigentlich nicht arm. Materielle Armut ist besser als Armut an Weisheit. Viele ältere Leute verbringen die Zeit damit, unter Bäumen zu sitzen, Gott zu preisen und an die Zukunft zu denken.

Die Geschichte lebt ewig fort. Am Ende der erzählten Geschichte muß der traditionelle südafrikanische Geschichtenerzähler zu einem Schluß kommen. Doch zuvor stirbt er, und es ergeht der Aufruf, daß ein anderer Erzähler die Geschichte fortsetzen möge. Jüngere voller Energie und mit heißem Blut müssen die Geschichte der Weisheit, die ihnen von den Alten hinterlassen wurde, fortführen. Und diese Alten sind Historiker und Dichter. Die Jungen sind die Erben dieses Wissens und dieser Weisheit, aus denen sie die Kraft gewinnen, weiterzumachen. Dichtung, Erinnerung, Geschichte und sogar die Landschaft sind ein Aufenthaltsort der Lebenden und der Toten, der Jungen und der Alten, eine Vereinigung von Vergangenheit, Gegenwart und Zukunft.

Durch die Begegnungen zwischen den Kulturen kommen die Jungen vielleicht auf neue Gedanken, wollen sein wie Mike Tyson oder ein anderer amerikanischer Star. Doch bis zum Sonnenuntergang des Lebens kommen sie zurück zu den Alten. Sie blättern im Buch des Wissens und der Weisheit, das die Alten zusammengetragen und in ihrer Erinnerung bewahrt haben.

Sowohl Junge als auch Alte sind ein Traum. Das Blut in ihren Adern ist ewig und hat seinen Ursprung im Zeitalter der Schöpfung. Das Verhältnis zwischen Jung und Alt ist eine Auslegung von Leben und Tod. Die Jungen verkörpern das Leben, und die Alten verkörpern ein Leben in anderer Form, einen Traum, eine Sehnsucht, mit den Ahnen und Gott zu leben.

Harald Ganns

Lokomotive Afrikas?

Südafrika muß zuerst die eigenen Probleme lösen

10. Mai 1994. Im weiten Rund des Amphitheaters vor den *Union
Buildings* in Südafrikas Hauptstadt Pretoria haben sich Staats- und
Regierungschefs, zahllose Minister aus Ländern aller Kontinente,
weltliche und kirchliche Würdenträger, aber auch viele alte Kämpen
der Anti-Apartheid-Bewegung versammelt, mehrere tausend Menschen aus vielen Nationen. Es ist ein farbenfrohes Bild, dem die
freundliche Spätsommersonne Wärme und Glanz schenkt. Sie alle
sind gekommen, um einen der wichtigsten Momente des zu Ende ge-
henden Jahrtausends mitzuerleben und einer der wahrhaft großen
Persönlichkeiten unserer Zeit ihren Respekt zu erweisen: Nelson
Mandela, der erste vom ganzen südafrikanischen Volk frei gewählte
Präsident, wird seinen Amtseid leisten, Südafrika eine neue Zeitrech-
nung beginnen.

Keiner, der sich an diesem denkwürdigen Morgen zu den Klängen der neuen südafrikanischen Nationalhymne erhebt, wird je vergessen können, wie weiße Generäle der Armee des früheren Apart-
heid-Staates gemeinsam mit den Führern der Befreiungsbewegung
die musikalische Vereinigung vollziehen durch die Verbindung des
alten afrikanischen Freiheitsliedes *Nkosi si kelele Africa* mit der
Hymne der Burenrepublik *De Stem*. Nach den langen dunklen Jahren eines Unrechtsregimes, nach mehreren Jahren schwieriger und in-
tensiver Verhandlungen über eine staatliche Neuordnung, nach demokratischen Wahlen in einer Stimmung des Aufbruchs gibt es neue
Hoffnung für Südafrika, Hoffnung aber auch für die Region und für
den gebeutelten Kontinent, Hoffnung auf Frieden und Demokratie.

In der Euphorie des Augenblicks gab es große Erwartungen. Mochten auch viele Nachbarn mit der Vorstellung von Südafrika als Ord-
nungsmacht in der Region sehr gemischte Gefühle haben, hofften sie

doch auch auf positive Rückwirkungen des südafrikanischen Potentials auf ihre eigene Entwicklung. Und die außerafrikanische Welt machte keinen Hehl daraus, daß sie nun endlich einen Partner heranwachsen sah, dem man einen Teil der Verantwortung für die Probleme Afrikas überlassen konnte.

Verfügt die Republik Südafrika über die zur Ausübung einer Führungsrolle notwendige Position der Stärke? Ist die neue Staatsstruktur gefestigt und stabil? Kann die südafrikanische Wirtschaft die in sie gesetzten Hoffnungen erfüllen und über die eigenen Grenzen hinaus Wachstumsimpulse geben? Verfügt Südafrika außenpolitisch über die erforderliche Erfahrung, um die ihm zugedachten Aufgaben erfüllen zu können?

Friedlicher Übergang, Versöhnungsparolen, das einprägsame Bild von der *rainbow nation*, vor allem aber die allgegenwärtige Symbolfigur Nelson Mandela ließen für kurze Zeit vergessen, daß Südafrika für lange Jahre eine gespaltene Nation bleiben würde. Die neue Regierung bemüht sich zwar, ethnische Bezüge und insbesondere den Gebrauch rassischer Kategorien aus der Zeit der Apartheid zu vermeiden oder wenigstens zurückzudrängen. Die enormen sozialen und wirtschaftlichen Unterschiede zwischen den Bevölkerungsgruppen der Schwarzen, Weißen, Farbigen und Asiaten bestehen jedoch fort.

Das Land ist heute weitgehend frei von jener politischen Gewalt, welche die Szenerie seit dem Massaker von Sharpeville im Jahr 1960 beherrscht hatte. Die wachsende Unzufriedenheit der ärmeren Bevölkerungsschichten über ausbleibende Verbesserungen ihres Lebensstandards und der weitgehend unangetastete Wohlstand der Privilegierten dienen aber als Nährboden für eine ausufernde Kriminalität mit einer erschreckenden Gewaltbereitschaft. Hinter nüchternen Zahlen läßt sich erahnen, wie sehr die südafrikanische Gesellschaft in ihrer ethischen Substanz angegriffen ist: 1998 kamen auf 100000 Einwohner 52 Morde, 63 Mordversuche, 104 Vergewaltigungen, 1883 Fälle von schwerem Raub, 567 Hauseinbrüche und 234 Autodiebstähle. Damit nimmt das Land weltweit einen fragwürdigen Spitzenplatz ein.

Tiefe Sorge löst auch die Tatsache aus, daß Südafrika nach wie vor mit tief verwurzeltem Rassismus leben muß. Wer hätte auch erwarten können, daß die Apartheid, die so lange Staatsdoktrin war, über Nacht aus den Köpfen verschwinden würde? Nelson Mandela beschreibt in seiner Autobiographie, wie selbst er gegen diese Irrlehre nicht immun blieb: beim Besteigen eines Flugzeuges in Addis Abeba habe er instinktiv auf dem Absatz kehrt machen und die Maschine wieder verlassen wollen, als er im Cockpit nur schwarzes Personal sah!

Schwerwiegenden Defiziten steht eine Reihe wichtiger Faktoren gegenüber, auf die das neue Südafrika mit Stolz verweisen kann: Das Land kann heute als stabile Demokratie gelten, die vor allem seit Durchführung der zweiten allgemeinen Wahlen bewiesen hat, daß sie die Herausforderungen dieses schwierigen Systems meistern kann. Südafrika hat sich eine als vorbildlich geltende neue Verfassung gegeben, die am 4. Februar 1997 in Kraft trat und die Verpflichtung zur Wahrung der Menschenrechte festschreibt. Es hat sich ein gut funktionierendes Mehrparteiensystem entwickelt, trotz der überwältigenden Mehrheit des *African National Congress* in der Nationalversammlung. In die Parteienlandschaft ist nach den Wahlen von 1999 erfreuliche Bewegung gekommen. Die Entstehung neuer Parteien oder die Bildung neuer Allianzen liegt in der Luft.

Südafrikas Justiz, während der Apartheidzeit wohl die einzige staatliche Autorität, die sich den Ruf einer gewissen Unabhängigkeit bewahrt hatte, ist dieser Tradition trotz aller Anfechtungen treu geblieben. Dies wird besonders deutlich an der Tätigkeit des 1994 mit Sitz in Johannesburg nach dem Vorbild des deutschen Bundesverfassungsgerichtes eingerichteten Verfassungsgerichtshofs, der sich mit der Prüfung und Genehmigung der neuen Verfassung und zweier Provinzverfassungen sowie mit einer Grundsatzentscheidung zur Unzulässigkeit der Todesstrafe auch gegen erhebliche Widerstände profiliert hat.

Südafrikas Regierung hat seit dem Neubeginn 1994 für manche Überraschung gesorgt, je nach Standort im Positiven wie im Negativen. Trotz – oder gerade wegen – der komfortablen Mehrheitsverhältnisse hat sie populistischen Forderungen nach revolutionären Veränderungen aus Sorge vor langfristig negativen Folgen nicht nachgegeben, auch aus Sorge um das Ansehen des Landes. Es liegt auf der Hand, daß in einem Land mit der dunklen Vergangenheit Südafrikas alle Substanzentscheidungen einer Regierung für lange Zeit strittig sein werden, das Abwägen zwischen kurzfristigen Bedürfnissen und dem langfristig Erforderlichen voller Risiken ist.

*Kann Südafrika Verantwortung für die Probleme des Kontinents über-
nehmen? Hutu-Milizionäre in einem Lager bei Bujumbura in Burundi.*

Die Hoffnungen auf Südafrika als kontinentaler Führungsmacht gründeten sich nicht zuletzt auf dem Ruf des Landes als Wirtschaftsriese. Die Rohstoffreserven sind immens: bei Mangan, Chrom, Platin, Vanadium, Gold und Aluminiumsilikat verfügt das Land mit 40 bis 80 Prozent über die weltweit größten Reserven. Hinzu kommt eine in den Jahren der Isolierung systematisch aufgebaute verarbeitende Industrie, die Anfang der neunziger Jahre immerhin 25 Prozent des Bruttoinlandsprodukts erwirtschaftete. Technologische Entwicklungen in der Medizin oder bei der Waffenproduktion befördern das Land an die Weltspitze. Außerdem verfügt Südafrika über ein beispielhaftes Finanz-, Banken- und Versicherungssystem. Die Tatsache, daß Südafrika traditionell Hunderttausenden von Einwanderern aus den Nachbarstaaten Arbeitsmöglichkeiten bot und deren Überweisungen wichtige Beiträge zum Wirtschaftswachstum in ihren Ländern darstellten, trug zu dem verbreiteten Gefühl bei, Südafrika sei eine Kuh, die sich auch von anderen melken lassen könnte.

Aber diese wirtschaftliche Stärke war vordergründig, beruhte sie doch lange Zeit auf zwei unnatürlichen Faktoren: der weitgehenden Isolierung von der Außenwelt und dem Schutz vor hartem Wettbewerb, außerdem auf der Ausbeutung der Bevölkerungsmehrheit. Schon in den achtziger Jahren geriet das Land in eine ernste Wirtschaftskrise: das durchschnittliche Wachstum sank auf nur knapp über ein Prozent, der Außenhandel stagnierte, der Kurs des Rand verfiel, die Staatsverschuldung erreichte eine Rekordmarke.

Mit dem staatlichen Neubeginn ging zunächst eine Verschärfung der wirtschaftlichen Probleme einher. Die Wirtschaftspolitik sollte helfen, die wirtschaftlichen und sozialen Ungerechtigkeiten der Vergangenheit zu ändern. Es wurde ein modernes Arbeitsrecht entwikkelt. Die *Affirmative Action* – bevorzugte Berücksichtigung bisher benachteiligter Bevölkerungsgruppen bei Neueinstellungen – sowie des *Black Empowerment* – stärkere Teilhabe eben dieser Bevölkerungsgruppen am Wirtschaftsbesitz – kosten sehr viel Geld, und es ist zu fragen, wie Südafrika sich dem internationalen Wettbewerb und den harten Bedingungen der Globalisierung stellen soll.

Dies ist das Dilemma südafrikanischer Wirtschaftspolitik: Die Erwartungen jener, die unter den Bedingungen eines Dritt- oder gar Viertweltlandes leben, sollen erfüllt werden, das heißt, Beschäftigungsprogramme sollen aufgelegt, Kredite aufgenommen, Infrastrukturprogramme begonnen und *deficit spending* betrieben werden. Andererseits soll das Land Mitakteur in der globalisierten Wirtschaft werden, Haushaltsdisziplin walten lassen, Investitionsanreize schaffen, die private Wirtschaft weitgehend von staatlichen Regulierungen freihalten und Währungsstabilität anstreben. Unter der Führung von Thabo Mbeki hat sich die Regierung bisher meist für eine disziplinierte Wirtschaftspolitik entschieden. Dies hat ihr Kritik aus den eigenen Reihen eingetragen. Der Beifall für die Wirtschaftspolitik kommt dagegen vor allem aus Kreisen der Privatwirtschaft und der ausländischen Investoren.

Die jüngere Entwicklung der südafrikanischen Wirtschaft mit ihren eindrucksvollen makroökonomischen Daten, die Zuversicht der Wirtschaft, aber auch viele nicht zu unterschätzende Verbesserungen des Lebensstandards der schwarzen Bevölkerung – Wohnungsbau, Strom- und Wasseranschlüsse, Telefonnetz – scheinen der Regierung recht zu geben. Dagegen steht eine erschreckende Entwicklung auf dem Arbeitsmarkt mit einer Arbeitslosigkeit, die je nach Definition bei 25,2 bis 37,5 Prozent liegt. Überhaupt noch nicht abzusehen sind die Auswirkungen der Aids-Pandemie auf die südafrikanische Gesellschaft und Wirtschaft. Mit einer Infektionsrate von etwa 10 Prozent der Gesamtbevölkerung, und etwa 20 Prozent in der Gruppe der 15- bis 49jährigen, mit täglich etwa 1700 Neuinfektionen und 250000 Todesfällen allein 1999 werden alle Prognosen obsolet. Die Frage nach der künftigen Kraft Südafrikas und seiner Befähigung zur Führungsmacht hängt daher entscheidend von der weiteren Entwicklung bei der Aids-Bekämpfung ab.

Das neue Südafrika war 1994 mit der Bereitschaft angetreten, regional, kontinental und auch international Verantwortung zu übernehmen. Dies galt für die Regierung Mandela, erst recht aber für Thabo Mbeki, dem eine besondere Vorliebe für Außenpolitik nachgesagt wird. Deutlich wurde dies durch eine Häufung von Vorsitzen in internationalen Organisationen: *United Nations Conference on Trade and Developement – UNCTAD –* seit Mai 1996, *Southern African Developement Community – SADC –* seit August 1996, *Non Aligned Movement – NAM –* seit September 1998 sowie die Übernahme des neu geschaffenen Vorsitzes im Commonwealth seit November 1999.

Sehr rasch sollte sich allerdings zeigen, daß der neue Akteur auf internationaler Bühne noch nicht in der Lage war, frische Impulse zu geben und zu Konfliktlösungen Entscheidendes beizutragen. Im Gegenteil: Bei dem Versuch, das Abacha-Regime in Nigeria zu einer demokratischeren Regierungsführung zu bewegen, gerieten Südafrika und auch Mandela selbst durch undiplomatisches Vorgehen zunehmend in Bedrängnis. Die Bemühungen um Vermittlung im ehemaligen Zaïre scheiterten nicht nur, sondern führten zu einer Aufwertung des im Januar 2001 ermordeten Präsidenten Kabila. Die umstrittene Aufnahme der Demokratischen Republik Kongo in die *SADC* führte zu ernsthaften Konflikten innerhalb dieser vormals soliden Regionalorganisation.

Grund für die Anfangsschwierigkeiten waren Fragen des diplomatischen Handwerks, aber auch der Substanz. Die südafrikanische Diplomatie war seit Jahrzehnten in einer Ausnahmesituation gewesen: weitgehend isoliert, auf der internationalen Bühne nie in einer der vorderen Reihen, stets nur mit der Verteidigung der eigenen Position beschäftigt. Zu den Vertretern der alten Garde kamen nun im Schnellverfahren von Vertretern einer Befreiungsorganisation zu außenpolitischen Repräsentanten umgeschulte ANC-Kader, denen das neue Parkett trotz zum Teil beachtlicher Auslandserfahrung zunächst fremd sein mußte. Darüberhinaus fehlt es Südafrika aber auch an den nötigen materiellen Voraussetzungen, um eine regionale Führungsmacht zu sein. Die Streitkräfte sind in ihrem derzeitigen Zuschnitt für Auslandsmissionen, insbesondere im Rahmen von friedenserhaltenden oder friedensschaffenden Operationen der Vereinten Nationen nur bedingt einsatzfähig. Auch ist für Südafrika schnell die Grenze des Möglichen erreicht, wenn die Finanzierung größerer außenpolitischer Aktivitäten vorwiegend aus eigenen Ressourcen erfolgen soll. Das größte Handicap für alle Bemühungen Südafrikas, außenpolitisch eine Führungsrolle zu übernehmen, sind aber die weiter bestehenden Vorbehalte und das tiefe Mißtrauen auf dem afrikanischen Kontinent gegen den früheren Erzfeind.

Angesichts aller dieser Schwierigkeiten ist es bemerkenswert, daß es Südafrika trotzdem gelungen ist, außenpolitisch einige wichtige Akzente zu setzen: in Afrika bei der diskreten Steuerung der Konzipierung des Abkommens von Lusaka zum Konflikt in der Demokratischen Republik Kongo, aber auch bei der Initiative der Präsidenten Mbeki und Obasanjo aus Nigeria, Putschregimen die Anerkennung durch die Organisation der Afrikanischen Einheit OAU zu versagen und generell für die Durchsetzung von Demokratie und guter Regierungsführung auf dem Kontinent zu arbeiten. Im internationalen Bereich engagierte man sich für Menschenrechte, eine internationale Strafgerichtsbarkeit und die Ächtung des Waffenschmuggels.

Ist Südafrika die neue regionale Führungsmacht, gar die Lokomotive, die der Kontinent Afrika so sehr braucht ? Wegen der mannigfachen Probleme und Widerstände, die das Land am Kap zunächst einmal selbst zu lösen und zu überwinden hat, kann Südafrika das erst einmal nicht sein. Es gibt aber wenig Zweifel, daß kein anderer Kandidat in Sicht ist, der für eine solche Rolle ähnlich gute Voraussetzungen mitbringt.

Aliyi Ekineh

Der wackelnde Riese

Nigeria – entzweites Land ohne Seele

Nigerias Nachteil ist, daß es aus viel mehr verschiedenen und miteinander nicht verwandten ethnischen Gemeinschaften besteht als alle anderen Länder, selbst in Afrika. Jede dieser unterschiedlichen Gemeinschaften hat eine eigene Sprache, eigene geographische Grenzen, eigene Traditionen und Kulturen und natürlich eigene Interessen. Falls Nigeria als experimentelles modernes Babylon gedacht war, kann man den Versuch als gescheitert ansehen.

Abgesehen davon gibt es in Nigeria viele traumatische Zwischenfälle und Konflikte. Es gibt blutige Militärputsche, Religionsstreitigkeiten, grausame Willkür und brutale Unterdrückung. Nigeria gehört heute zu den unsichersten Länder der Erde.

Die üblen Dinge, die im Nigerdelta passieren, wo der Ölreichtum des Landes gefördert wird, sind Folge eines Konflikts, der in Nigeria seit 1945 schwelt. Nigeria wurde zu Beginn des 20. Jahrhunderts von Großbritannien geschaffen. Die Engländer vereinigten über zweihundert ethnisch und sprachlich verschiedene Gruppen miteinander und gründeten Nigeria. Die wichtigste Vereinigung war die Verschmelzung von Nord und Süd im Jahr 1914.

Die Einwohner des Landes wurden dazu nicht nach ihrer Meinung gefragt, geschweige denn nach ihrem Einverständnis. Es geschah sogar ganz ohne ihr Wissen. Das heißt freilich nicht, daß es irgendeinen Unterschied gemacht hätte, wenn sie dazu befragt worden wären. Die Vorväter waren damals noch der Steinzeit viel zu nahe, als daß sie die Bedeutung einer solchen Fusion überhaupt begriffen hätten.

Nach dem Ende des Zweiten Weltkriegs entschloß sich Großbritannien, Nigeria zu räumen und sich selbst zu überlassen. Aber zuvor wurde dem Land eine neue Form gegeben. Südnigeria wurde in eine westliche und eine östliche Region unterteilt. Die Demarkationslinie zwischen den beiden Regionen war der Niger. Aber dieser Fluß fließt nicht als ein Strom bis zum Atlantischen Ozean, sondern mäandert ungenau ins Meer.

Die Menschen im Nigerdelta wurden zur »Minorität« erklärt. Der Begriff bekam einen festen Platz in Nigerias politischem Sprachgebrauch. Schon bald wurde ernsthaft über ein »Minoritätenproblem« debattiert. Mit anderen Worten: Die Menschen im Nigerdelta wurden in ihrem eigenen Land nicht nur zur »Minorität« ernannt, sondern auch noch als ein Problem angesehen. Der Begriff Minorität wird oft für eine Gemeinschaft benutzt, deren Angehörige über verschiedene Teile eines Landes verstreut und meistens keine Einheimischen sind. In Großbritannien gibt es drei Regionen: England, Schottland und Wales. Die Bewohner keiner dieser Regionen werden als Minorität, geschweige denn als Problem eingestuft.

Nach 1945 wurde im Nigerdelta Öl entdeckt. Zu der Zeit hatten die Kolonialbehörden den Norden aufgebaut, um dort Führer zu rekrutieren, welche nach der Unabhängigkeit die Macht übernehmen könnten. Entzweit, schwach und verängstigt, konnten die Führer der größeren ethnischen Gemeinschaft im Süden, die Yoruba und die Ibo, nichts tun, um die Hegemonie des Nordens abzuwehren. Statt dessen konkurrierten sie untereinander, auch auf Kosten des Nigerdeltas, um sich bei den künftigen Herrschern einzuschmeicheln.

Nach dem Bürgerkrieg 1970 – dem Biafra-Krieg – stand der Norden fest vereinigt da, weil die Briten es so eingefädelt hatten. Natürlich nutzten die Männer aus dem Norden ihre neue Autorität zu ihrem Vorteil. Sie wußten genau, daß der Norden des Landes allein nicht lebensfähig war, daß sie das Öl aus dem Delta brauchten. Darum wurde die Verschmelzung von Nord und Süd gefördert. Schon bald zogen sich die Mächtigen des Nordens aus den immer schwächer werdenden Industrien für Nußverarbeitung und der Weißblechproduktion zurück und konzentrierten sich darauf, die Ressourcen des Nigerdeltas zum eigenen Nutzen auszubeuten.

Leider hat der Bürgerkrieg kein Problem des Landes gelöst. Man hatte geglaubt, das Schaffen vieler neuer Staaten sei ein Allheilmittel gegen die Konflikte. Doch auch nachdem man drei Regionen Nigerias nach und nach in sechsunddreißig Staaten unterteilt hatte, gingen die Konflikte immer weiter, und zwar mit wachsender Intesität.

Benzinknappheit im Erdölland Nigeria. An dieser Tankstelle müssen Autofahrer bis zu zwei Tage warten, um Treibstoff zu bekommen.

Immer wieder haben uns politische und religiöse Führer gewarnt und gesagt, daß Nigeria nie eine friedliche Nation werden könne. Als Babangida das Land an den Islamischen Kongreß anschloß und zur islamischen Nation erklärte, wurde laut gewarnt, Nigeria drohe zu zerbrechen. In den darauffolgenden Unruhen kamen viele Menschen ums Leben. Die angedrohte Einführung der Sharia, des islamischen Gesetzes, brachte uns schnell an den Rand eines neuen Bürgerkriegs zwischen Nord und Süd. Die niemals endenden Streitfragen und Konflikte existieren bis zum heutigen Tag. Unlösbare Konflikte haben das Land immer weiter destabilisiert und dafür gesorgt, daß es sich heute mit großer Geschwindigkeit zurückentwickelt.

Kole Omotoso schrieb in seinem Buch »Just Before Dawn«: »Kein Volkszähler ist imstande gewesen, die Bevölkerung zu zählen; und kein Anthropologe war je fähig, all die vielen hundert Stämme und Sprachen einzustufen, die ein einzigartiges, komplexes Land, das man Nigeria nennt, ausmachen.« Man kann die Anzahl an Stämmen und Sprachen nur schätzen. Einige meinen, es seien zweihundertfünfzig, andere behaupten, es seien sogar vierhundert. Ebensowenig kann man eine akkurate Bevölkerungszahl nennen. Einige geben sie mit achtzig Millionen an, andere schätzen sie auf hundert Millionen; wieder andere versteigen sich sogar auf dreihundert Millionen. 1960, im Jahr der Unabhängigkeit, wurde die Bevölkerung mit 52 Millionen beziffert. Es kam fast zum Bürgerkrieg, als einige glaubten, der Süden habe mehr Menschen als der Norden.

Professor Adetun Philips, der 1981 für den *Nigerian Financial Times Survey* schrieb, warnte: »Solange die Bevölkerungszahl weiter als Basis benutzt wird, auf der Einkünfte dividiert werden, spielt es keine Rolle, wie groß das daran gebundene Gewicht ist. Nigeria wird auch in Zukunft niemals fähig sein, eine glaubwürdige, akzeptable Volkszählung durchzuführen.« Denn alle Budgets sind abhängig vom Öl aus dem Nigerdelta. Die daraus gewonnenen Einnahmen werden unter den lokalen und staatlichen Regierungen, »gemessen an ihrer Bevölkerung«, aufgeteilt. Doch obwohl alle Einkünfte aus dem Nigerdelta stammen, zeigt niemand das geringste Interesse am Nigerdelta.

Alle, die in Nigeria aufgewachsen sind, wissen, wie schwierig es ist, in diesem Land einen Job zu bekommen. Es ist deshalb so schwierig, weil jeder Nigerianer nur dort einen Job in einer Lokalregierung oder bei der Staatsregierung bekommt, wo seine Vorfahren ansässig waren. Und genauso schafft sich jeder Nigerianer nur in der Gegend ein Zuhause, wo auch schon seine Vorfahren lebten. Bei allem Respekt für Regierungsjobs – das sogenannte »Quotensystem« wird trotzdem durchlöchert von Stammeszugehörigkeit, Gönnerschaft und Korruption, und zwar in so hohem Maße, daß die hochqualifizierten Söhne und Töchter des Landes, insbesondere aus dem Nigerdelta, nur selten gute Jobs finden – und darum aus Verzweiflung auswandern.

Jeder, der Großbritannien besucht, kann leicht feststellen, wie tief die Menschen bei jedem Unglück, das irgendwo im Land geschieht, betroffen sind. Die schlimme Zugkatastrophe etwa in Paddington hat dies ganz deutlich gezeigt. Wer hat je gehört, daß Nigerias Bewohner schon einmal so reagiert haben? Der große Brand im Oktober 1998 verwüstete über zwölf Quadratmeilen im Ölfördergebiet des Nigerdeltas. Er tötete und verstümmelte mehr als dreitausend Menschen. Mehrere Städte und Dörfer brannten nieder, und Unmengen an Agrarprodukten wurden zerstört. Fische, Vögel und andere Kreaturen Gottes gingen zu Tausenden elend zugrunde. Aber selbst als das Feuer Eltern, Brüder und Schwestern verbrannte, sagte das Militärstaatsoberhaupt des Nordens: »Es wird keine Untersuchung durchgeführt.«

Das Delta ist wichtig, seine Menschen nicht. Seit seiner Machtübernahme hat General Obasanjo, der jetzt ziviler Präsident ist, nach alter militärischer Sitte verschiedene Untersuchungen durchführen lassen. Aber er hat nichts über die Feuer und die Umweltzerstörungen im Nigerdelta gesagt. Statt dessen schickt er lieber noch mehr Bataillone in die Gegend. Sollen die Soldaten dort ein Picknick veranstalten? Nein, sie sollen die Leute in Schach halten und sie nötigenfalls töten.

Das einzige andere Land Afrikas, das fast so viele verschiedene Stämme umfaßt wie Nigeria, ist der Kongo. Aber der Kongo trägt nicht den Fluch einander bekriegender Religionen. In Nigeria haben wir zusätzlich zur großen Anzahl ethnischer Gemeinschaften noch die beiden Religionen Christentum und Islam. Jede beherrscht ein großes Gebiet, und sie grenzen direkt aneinander. Und als reiche das noch nicht aus, geht aus beiden Religionen eine beachtliche Anzahl kriegerischer Fundamentalisten hervor, die unmöglich zum Umdenken zu bewegen sind.

Die Religion ist der sensibelste soziale Aspekt der menschlichen Gesellschaft. Religionsunterschiede sind gravierender als Sprach- oder Stammesunterschiede. Und noch schlimmer wird es, wenn sich die eine über die andere sowie über alle weiteren Aspekte des Lebens in der Gesellschaft erhaben fühlt. Über zweihundert verschiedene Stämme sind für ein einziges Land einfach zuviel, insbesondere für ein unterentwickeltes.

In einigen wenigen Ländern Afrikas leben Christen und Muslime harmonisch miteinander. In Äthiopien gibt es etwa siebzig verschiedene Sprachen, aber keine einander bekriegenden Religionsfanatiker wie in Nigeria. Südafrika hat weniger als zwanzig verschiedene ethnische Gemeinschaften, aber auch dort gibt es keine großen wetteifernden Religionsgemeinschaften mit abgestecktem eigenen Territorium im Land.

Glücklicherweise wird mit jedem Tag immer mehr Nigerianern klar, daß das Land so nicht bestehen kann. Da sein Überleben aber durch das Öl aus dem Nigerdelta weiter aufrechterhalten wird, lockt das Land auch noch Gauner, Betrüger und korrupte Geschäftsleute an, die nach Herzenslust wildern können. Wenn man wirklich eine friedliche Nation will, die sich fortschrittlich entwickelt, muß das Nigerdelta entwickelt werden. Ein für koloniale Zwecke zusammengeschustertes Konglomerat kann nie eine friedliche Nation ergeben. Denn eine Nation ist ein politisch organisiertes Land mit einer Seele sowie gemeinsamen politischen, religiösen und sozialen Werten.

Der Zamfara-Staat in Nord-Nigeria hat sich selbst zum »islamischen Bundesland« erklärt. Die Menschen in Zamfara brennen wie jede einfache Kreatur Gottes darauf, ihre religiösen und anderen Pflichten gegenüber Gott dem Allmächtigen zu erfüllen. Für sie ist die Anbetung Gottes das höchste Sehnen und Streben des Menschen.

Viele Länder in Europa lassen die christliche Religion tief in Politik und Verfassung einfließen. Das ist möglich, weil in jedem dieser Länder alle Menschen, oder zumindest achtzig Prozent von ihnen, dieselben Traditionen und Religionen miteinander teilen. Dieser Faktor trägt zur Größe, Kohärenz und Stabilität einer Nation bei. Die

Menschen lieben ihr Land, das für sie die Verkörperung aller ihrer Werte ist. Besucher und Emigranten passen sich diesen Werten an. Dasselbe geschieht in den Ländern des Mittleren Ostens und Nordafrikas. Für sie rangiert der Islam vor der wirtschaftlichen Stabilität. Nigeria ist nichts als eine riesige Stammesgemeinschaft ohne Seele. Wenn die Menschen in Zamfara eine Nation mit Seele wollen, müssen sie etwas dafür tun. Eine umfassende islamische Disziplin wird sie befähigen, ihrem Gott mit ganzer Hingabe zu dienen. Eine Nation, die sich grundsätzlich als gottergeben versteht, kann nicht zulassen, daß Geld und wirtschaftlicher Erfolg vor der Religion rangieren.

Für einige Beobachter zeigte sich in Zamfara die Schwäche und Fragilität des halbmilitärischen Regimes von Präsident General Obasanjo. Dieser hat es nicht eilig, Truppen nach Zamfara zu entsenden. Sein Vizepräsident warnte, Truppen würden die Menschen im Nigerdelta umbringen, es sei denn, sie ließen zu, daß ihr Land ausgebeutet würde, um Geld für die zahlreichen Stämme Nigerias aufzutreiben.

Häuptling Philip Asiodu, Obasanjos Wirtschaftsberater, sagte 1980: »In Anbetracht der geringen Größe und Bevölkerung im Nigerdelta ist es keineswegs zynisch zu bemerken, daß selbst wenn der Groll der Deltabewohner anhält, weder die Stabilität des Landes noch seine weitere wirtschaftliche Entwicklung bedroht werden können.« Manchmal macht die eigene Anmaßung die Menschen blind. Es ist sehr unwahrscheinlich, daß ein Politiker in Europa oder Amerika so verachtend von einem Volk in seinem Land sprechen würde. Aber die Aussage zeigt, wie nachhaltig dieses zerbrechliche Nigeria unterteilt ist und wie schnell all das in sich zusammenbrechen kann.

François Misser

Staatliche Plünderung

Die Minen des Kongo

Als belgische Ingenieure den ungeahnten Reichtum in den Minen des Belgisch-Kongo entdeckten, sprachen sie von einem »geologischen Skandal«. Das Land birgt etwa vierzig Prozent der globalen Kobalt-Ressourcen sowie große Mengen strategisch bedeutsamer Metalle. Außerdem gibt es im Kongo die größten Vorkommen von Industriediamanten.

Als die Belgier Katanga im Süden des Landes entdeckten, erkannten sie, daß die Einheimischen große Fertigkeiten in der Kupfermetallurgie entwickelt hatten. Daraufhin wurde der Kupfer- und Kobaltriese *Union Minière* geschaffen. Diese Gesellschaft stellte auch das Uranium für die Bomben auf Hiroshima und Nagasaki bereit. Es entstand ein gut funktionierendes Bergbauimperium, das mit den für die Arbeiter gebauten Schulen und Krankenhäusern den Lebensstandard im sogenannten »Kupfergürtel« hob.

Zwar war bei der Unabhängigkeit die Riesenkluft zwischen den belgischen leitenden Angestellten und Ingenieuren auf der einen Seite und den kongolesischen Angestellten auf der anderen nicht zu übersehen, aber immerhin hinterließ Belgien dem Kongo einen starken, gut funktionierenden Bergbau. Das blieb so bis 1973, als Mobutu sese Seko beschloß, ausländische Vermögen zu verstaatlichen. Unter Mobutu wurden die Firmen ausgeplündert und Vertreter des Regimes stahlen ganze Schiffsladungen Mineralien.

Die heutige Kluft zwischen dem Reichtum des Landes und dem Elend, in dem seine Bewohner leben, ist skandalös. Heute werden die Ressourcen hemmungslos ausgebeutet von verschiedenen Kriegsparteien, Rebellenverbänden und Nachbarstaaten. Sie scheuen sich nicht, die wirtschaftliche Zukunft des Landes aufs Spiel zu setzen. Die Plünderung ist so drastisch, daß der Generalsekretär der UNO,

Kofi Annan, ein Expertengremium einberufen hat, das eine Untersuchung über »die unlautere Ausbeutung von Naturressourcen« der Demokratischen Republik Kongo (RDC) durchführen soll. Uganda unterstützt Guerillabewegungen im Kongo. Und die Behörden in Kinshasa hegen den Verdacht, daß die ugandische Invasion im August 1998 unter anderem damit zu tun hatte, daß die Konzession eines ugandischen Geschäftsmannes zum Goldabbau im Kongo annulliert worden war. Ugandas Präsident Museveni, seine Gattin und sein Halbbruder »Salim Saleh« sollen Aktionäre dieser Firma gewesen sein. Die ugandische Presse betonte den dramatischen Zuwachs an Goldexporten von einem Volumen von 23 Millionen Dollar im Jahr 1995 auf 105 Millionen Dollar im Jahr 1997. Wahrscheinlich kam das Gold aus dem Kongo.

Der Internationale Währungsfonds hat erklärt, daß der Staat Ruanda, der weder Gold noch Diamanten abbaut, im ersten Halbjahr 1998 für dreißig Millionen Dollar Edelmetalle und -steine exportiert hat. Der Schmuggel von Columbo-Tantalite hat sich nach dem August 1998 geradezu spektakulär intensiviert: Im Laufe der ersten neun Monate des Jahres 1999 hat der ruandische Export ein Volumen von 255 Tonnen erreicht; das entspricht der sechsfachen Menge von 1995.

Die Behauptungen der *Daily Mail* von Daressalam, daß Ruandas Präsident Paul Kagame an einer Vielzahl von Minengesellschaften Anteile besitzen soll, bleiben bislang unbestätigt. Angeblich wurde bereits vor den beiden letzten Kongokriegen hemmungslos Schmuggel in die benachbarten Länder betrieben. Schon 1992 hat der kongolesische Bergbauminister Mutombo Bakafwa Sende den Betrug beim Goldexport ins benachbarte Burundi, der ungefähr zehn Tonnen pro Jahr betrug, angezeigt. Drei Jahre später gestand Tony Goetz, Chef der Firma *Affimet* in Bujumbura, die Gold verfeinert und exportiert, daß achtzig Prozent der burundischen Goldexporte aus dem Kongo stammten. Der Schmuggel und die Plünderung durch ruandische und ugandische Akteure in der Demokratischen Republik Kongo haben immens zugenommen. Der Zerfall des Staates und der Zollverwaltung in Kinshasa erleichtert diese Geschäfte.

Die militärischen Verbündeten des Kongo, also die Länder Angola, Namibia und Simbabwe, plündern die kongolesischen Industrien.

Willkürlich werden Verträge und Bergbaulizenzen annulliert, die *de facto* bereits an andere Firmen vergeben worden waren. Das hat ein juristisches Chaos heraufbeschworen. Nur einige wenige alte Füchse wie der Belgier George Forrest schaffen es, Bergbauprojekte in Katanga im Süden durchzuführen.

Es hat auch eine Plünderung der größten Kupfer- und Kobalt-Produktionsgesellschaft des Landes, des Staatsunternehmens *Gecamines*, stattgefunden. Bis zu Beginn der neunziger Jahre hatte die *Gecamines* mehr als die Hälfte der Devisen für das Land verdient. Doch später ging es bergab: Die Maschinen, der Treibstoff, das Dynamit wurden von den Angestellten einfach weiterverkauft. Die Finanzabteilung der Gesellschaft wurde regelmäßig von Mobutu »punktiert«, nicht nur um den opulenten Lebensstil des Diktators zu sichern, sondern auch, um die Kosten für die zaïrischen Streitkräfte zu decken.

Die Barone des Regimes betrieben Kobalthandel. Es gab keine Investitionen mehr, die dringend notwendigen Arbeiten im Tagebau und die Wartung der Maschinen fanden nicht mehr statt. Die Pogrome 1992 und 1993 haben Tausende leitender Angestellter, Ingenieure und Bergleute zu einem Exodus gezwungen. Der ethnische Haß, geschürt von einheimischen Politikern gegen die Luba-Kasai, förderte den Niedergang der *Gecamines*.

Die ohnehin schon schlechte Lage wurde nach der Machtübernahme Kabilas im Mai 1997 noch schlimmer. Denn als Ruanda und Uganda im August 1998 wiederum den Krieg gegen Kabila, der im Januar 2001 selbst einem Anschlag zum Opfer fiel, begannen, witterte das Establishment in Simbabwe seine große Stunde: Für die militärische Kooperation und den Schutz des Regimes Kabila erhielten sie Schürfrechte im Kongo. So führte Emmerson Mmangagwa, Justizminister seines Landes, eine schillernde Persönlichkeit namens Billy Rautenbach bei Präsident Kabila ein. Der ehemalige Sportpilot aus Simbabwe, Chef der LKW-Firma *Wheels of Africa* und der Montagefabrik *Hyundai Motors* in Botswana schloß mit *Gecamines* einen Vertrag ab.

Der Vertrag war ungerecht. Die simbabwischen Partner erhielten achtzig Prozent der Anteile, während nur zwanzig Prozent im Besitz der *Gecamines* bleiben, also des kongolesischen Staates. Rautenbach wurde im Januar 1999 zum Präsidenten des Verwaltungsrats und Generaldirektor des Staatsunternehmens ernannt.

Das ganze Unterfangen war von Mißerfolg gezeichnet. Im November 1999 übernahm der Belgier George Forrest als Verwaltungsratspräsident Rautenbachs Position. Im März 2000 wurde der Vertrag zwischen *Ridgepoint* und *Gecamines* annuliert und Rautenbach seines Postens als Generaldirektor enthoben. Rautenbach hatte versprochen, 1999 die Kupferproduktion von 36 000 auf 240 000 Tonnen und die Kobaltproduktion von 3 400 auf 6 000 Tonnen zu erhöhen. Statt dessen lagen die Volumina 1999 um 22 beziehungsweise 38 Prozent unter denen des Jahres 1998.

Die Geschäftsführung des Simbabwers Rautenbach war fragwürdig. Seine Entscheidung, dem Londoner Unternehmen MRG im Januar 1999 das Vertriebsmonopol für die Produkte von *Gecamines* zu bewilligen, war für das Unternehmen verhängnisvoll. MRG verfolgte eine spekulative Strategie: Monatelang wurde der Verkauf von *Gecamines*-Kobalt zurückgehalten, um die Kurse anzuheizen; damit verzögerten sich die Deviseneinnahmen, die das kongolesische Unternehmen so dringend brauchte, um seine immer ungeduldigeren Zulieferer zu bezahlen.

Die folgende Absetzung Rautenbachs bedeutet aber keinesfalls das Ende der Interessenkonflikte unter den Verwaltern von *Gecamines*. Der belgische Nachfolger aus Simbabwe ist Präsident des Verwaltungsrats und zugleich Generaldirektor einer Gesellschaft, die vertraglich mit dem Staatsunternehmen verbunden ist; zuständig für den Haldeabbau von Luiswishi und Lubumbashi.

Seit September 1999 gibt es im Kongo ein Joint Venture zwischen *Comiex*, einer von Kabila zur Zeit des Guerillakampfes gegründeten Gesellschaft, deren Hauptaktionär er selbst war, und *Osleg*, einem Privatunternehmen aus Simbabwe, das vier Aktionären gehört: dem Generalstabschef Vitalis Zvinavashe, dem ständigen Sekretär des Verteidigungsministeriums sowie zwei Generaldirektoren von halbstaatlichen Unternehmen. Nach Aussagen des Verteidigungsministers von Simbabwe, Moven Mahachi, sollen genügend Einkünfte erwirtschaftet werden, um den Krieg Simbabwes zu finanzieren.

Doch im Laufe der Monate erwiesen sich die Gewinne der Handelsniederlassung von *Comiex-Osleg* (*Cosleg*) als unzureichend. Den neuen Kaufleuten in Simbabwe mangelt es im Vergleich zu den Kongolesen und den Indo-Pakistanern oder Libanesen an Sachverstand. So beschloß am 23. Februar 2000 der Bergbauminister Frédéric Kibassa Maliba, vertraut mit der Direktion von *Minišre* aus Bakwanga (*Miba*), dem einzigen Industrieunternehmen der Branche, seine Rechte einer Filiale von *Cosleg* zu überlassen. Die Angestellten von *Miba*, dessen Kapital zu achtzig Prozent in der Hand des kongolesischen Staates liegt und zu zwanzig Prozent bei der belgischen Firma Sibeka, meuterten, weil sie um ihre Zukunft bangten. Nach der Enteignung ihrer LKWs und anderer Fahrzeuge durch die wechselnden Militärs unter Mobutu im April 1997 hat die *Miba* weitere Beschlagnahmungen von Fahrzeugen unter dem neuen Regime hinnehmen müssen.

Überdies geht *Miba* die Puste aus, nachdem es gezwungenermaßen die Wohnungen der hohen Staatsfunktionäre, die in die Region versetzt worden waren, mit Elektrizität versorgen mußte und 1999 nicht in der Lage war, die Produktionsanlagen amortisierend zu nutzen. Wegen Strommangels mußten einzelne Verarbeitungsbereiche die Produktion immer öfter unterbrechen. Es überrascht daher nicht, daß die Produktion von 500000 auf 300000 Karat pro Monat gefallen ist. Zum Teil ist dieser Rückschlag nach Ansicht von Gewerkschaftern darauf zurückzuführen, daß das technische Gerät, das man zum Schutz des Minengeländes genutzt hatte, monatelang eingesetzt wurde, um die Ausbauarbeiten am Flughafen voranzutreiben.

Des weiteren muß *Miba* regelmäßige Beschlagnahmungen durch die Behörden aus Katanga erdulden, sowohl von Treibstoff als auch von Fisch- und Mehllieferungen, die eigentlich für die Arbeiter gedacht sind. Deren Motivation wiederum läßt immer mehr nach. Früher wurden sie in Devisen ausgezahlt, seit 1999 erhalten sie kongolesische Francs, was eine Dezimierung der Kaufkraft um 75 Prozent bedeutet. Da kann es nicht überraschen, daß seit Anfang 2000 eine nie erlebte Häufung an Diebstählen von Edelsteinen über einem Karat registriert wird. Kabilas damaliger Finanzberater Michel Rudatenguha, der im August 1998 zu den Rebellen überwechselte, erklärte, daß einer von Kabilas Ministern vom Konto der *Miba* mehrmals Summen von über einer Million Dollar für das Präsidentenkonto abgehoben hatte. Hatte Mobutu sich durch das Zurückhalten von

Renten hervorgetan, so vollendete sein Nachfolger das Werk, indem er das Aktivvermögen selbst veräußerte.

Der Alliierte Angola hat dafür, daß er das Regime in Kinshasa militärisch unterstützte, ebenfalls Dividenden kassiert. Tatsächlich hat Präsident Kabila im September 1998 die staatliche angolanische Erdölfirma Sonangol ermächtigt, durch die Einrichtung einer Filiale im Kongo den Treibstoffmarkt zu übernehmen.

Die wichtigsten Akteure im Kongo investieren nicht mehr. Die Firmen haben gespürt, wie unsicher die kongolesischen Rebellenbewegungen sind, die, mit Ausnahme des *Mouvement pour la Libération du Congo*, alle von ihren ausländischen Alliierten abhängen und deren Politik so unberechenbar ist wie jene der Regierung. In Katanga haben sich die südafrikanische *Anglo-American* oder die belgische *Union Minière* eine Option auf die wichtigsten Vorkommen gesichert, aber vor Beendigung des Krieges wird sicher nicht mit der Arbeit begonnen werden. Politische Stabilität und eine verbesserte Infrastruktur, mit denen erst in etwa zwanzig Jahren zu rechnen ist, sind unerläßliche Voraussetzungen für das Engagement gewichtiger Investoren.

Kein Wunder also, daß neben den Generälen aus Uganda und Simbabwe Abenteurer in Scharen in die Republik Kongo strömen. In den kongolesischen Kriegsherren, die nach Bargeld gierten, fanden sie Partner, die zu allen Schandtaten bereit waren. Einer davon ist *Global Exploration Corp. (GXC)* aus Kanada, der im Juni 1999 verkündete, er habe drei Konzessionen im Osten erhalten. Den Hauptaktionär, den thailändischen Geschäftsmann Rakesh Saxena, sucht die thailändische Justiz per Haftbefehl.

Währenddessen hat Ernest Wamba dia Wamba, Präsident des von Uganda unterstützen Flügels *Rassemblement Congolais pour la Démocratie*, am 15. Juni 1999 einen umstrittenen Vertrag mit einer *Off-shore*-Firma, der *First International Bank of Grenada (FIBG)* mit Sitz in einem Steuerparadies, unterzeichnet, der es ihm ermöglicht, in Kisangani die Zentrale einer Privatbank zu eröffnen. Ziel dieses Übereinkommens ist es, eine starke Währung in Umlauf zu bringen, die auf Gold- und Diamantenhandel basiert. Aber die *FIBG* ist aufgrund ihrer Verwicklung in unseriöse Pyramidensysteme – sie boten den ersten Anlegern sehr vorteilhafte Zinssätze an, finanziert aus den Einlagen von Sparern, die wiederum Gefahr liefen, ihre Anlagen zu verlieren – Gegenstand einer FBI-Ermittlung geworden.

Auch Kabila traf immer öfter Übereinkünfte mit zweifelhaften und instabilen Partnern. So wurde Ende Juli 2000 der israelischen Firma *IDI-Diamonds* ein Exklusivvertrag über die Verwaltung der gesamten Diamantenindustrie gewährt. Aber schon im September 2000 war diese israelische Firma nicht liquide genug, die nötigen zehn Millionen Dollar zusammenzubekommen, um die *Miba*-Produktion vom Monat August aufzukaufen.

Der Kongo ist und bleibt zweifellos ein geologischer Skandal. Seine Bewohner laufen Gefahr, von den Bodenschätzen des Landes noch lange Zeit keinen Nutzen zu haben.

Hans-Joachim Preuss

Palmschnaps statt Gin

Von den Schwierigkeiten, in Afrika Bauer zu sein

Etwas anders waren sie schon, die Mitschülerinnen und Mitschüler vom Christinenhof und der Margarethenhöhe, Aussiedlerhöfen im Dorf. Während andere fast den ganzen Sommer im Schwimmbad verbrachten, halfen sie zu Hause beim Einbringen des Getreides. In den Herbstferien – sie hießen Kartoffelferien und wurden immer so gelegt, daß sie mit dem Erntebeginn zusammenfielen – ließen sie nicht Drachen steigen, sondern holten Kartoffeln und Rüben aus den Äckern.

Bei Wind und Wetter kamen sie fünf Kilometer zur Schule, bei Regen und Schnee oft zu spät, manchmal gar nicht. Einmal schickte der Lehrer – nach dem Krieg aus Berlin in die Peripherie abkommandiert – gar einen Polizisten: Schulbesuch war Pflicht, und die wurde von der Obrigkeit auch gegen bäuerliche Interessen durchgesetzt. Beim Erntedankfest standen sie dann im Mittelpunkt des Interesses, in der Schule wie in der Kirche: Bauern mochten für Kinder von Industriearbeitern und Angestellten irgendwie exotisch sein, aber es war immer klar, daß sie es waren, die für das tägliche Brot sorgten.

Das ist in Afrika kaum anders. Eine Dorfschule im Norden Benins – es ist Sonntag, und außer drei Schweinen befindet sich niemand in dem niedrigen Gebäude. An die Wandtafeln in den zwei Klassenräumen sind die sechs Jahrgänge geschrieben, getrennt nach Jungen und Mädchen. Die Mädchen sind in den ersten Schuljahren mit dreißig Prozent deutlich unterrepräsentiert und fehlen in den oberen Jahrgängen völlig: »zéro filles« steht an der Tafel. Auf der Tafel ist auch noch zu lesen, daß zur Zeit fast zwei Drittel der Schüler fehlen. Vermutlich sind sie nicht da, weil die Regenzeit naht und vorher die Felder bestellt werden müssen.

In zwei Wochen werden die Ferien beginnen, zur gleichen Zeit wie in Frankreich und Europa. Dann wird es in Benin regnen. Die

Bauernfamilien werden in ihren Hütten sitzen und hoffen, daß die Saat aufgeht. Erst ein paar Wochen später – nach den Schulferien – muß gehackt werden. Auch die Vögel müssen verjagt werden, die sich an der heranreifenden Hirse gütlich tun wollen. Die Frucht ist zu wertvoll, um sie den gefiederten Plagegeistern zu überlassen; und so gehen die Jungen statt in die Schule aufs Feld, um Unkraut zu jäten und Vögel zu verscheuchen, und die Mädchen kümmern sich um ihre kleinen Geschwister, während die Mutter auf dem Acker arbeitet.

Die Planung der Sommerferien zuhause in den Bundesländern wird nicht mehr von agrarklimatischen Erfordernissen bestimmt, sondern vom Versuch, Staus auf den Autobahnen und in den Pensionen zu vermeiden. Doch obwohl nur noch zwei Prozent der werktätigen Bevölkerung Bauern sind, gibt es viele Beispiele dafür, wie der Rhythmus der Landwirtschaft bis heute das Leben prägt: Markttage, Feste und ein erstaunlich lebendiges lokales Brauchtum sind Beispiele für die Erinnerung an bäuerliche Traditionen. Und die Subventionen der Europäischen Gemeinschaft für die Landwirtschaft lassen sich nicht nur durch die Notwendigkeit zur Hilfe für den weiter schrumpfenden Agrarsektor erklären – sie sind auch Ergebnis einer öffentlichen Aufmerksamkeit für die Anliegen der Bauern.

In Afrika sind die Bedürfnisse der Bauern schon in der Kolonialzeit ignoriert worden. Die europäischen Kolonialstaaten waren darauf bedacht, aus ihren Kolonien möglichst viel zu exportieren. Die für Landwirtschaft zuständigen Abteilungen der Kolonialadministration waren damit überfordert, unter den völlig anderen physischen, ökonomischen, sozialen und kulturellen Gegebenheiten in Afrika die gewünschte Steigerung der Produktion zu bewirken.

Nach der Unabhängigkeit änderten sich weder der Aufbau noch die Ziele dieser für die Landwirtschaft zuständigen Verwaltungen. Lediglich Spitzenbeamte wurden ausgetauscht. Sonst gab es kaum Veränderungen, denn die Staatseliten waren (und sind) meist auf die ehemaligen europäischen »Mutterländer« ausgerichtet. Die in Europa üblichen Ideen von den Aufgaben einzelner Wirtschaftszweige bestimmen das Verhältnis zwischen Regierenden und Bauern in afrikanischen Ländern. Daß fast jede afrikanische Regierung die Landwirtschaft sträflich vernachlässigt, ist Ergebnis dieser Vorgeschichte.

Dabei ist die Landwirtschaft nach wie vor die Einkommensquelle für mehr als zwei Drittel der Afrikaner. In Afrika wächst jedes Jahr die Zahl der Menschen um zwei Prozent, die von der Landwirtschaft leben. Natürlich werden andere Erwerbsquellen auch in Afrika wichtiger werden; doch es wird mindestens noch zwei Generationen dauern, bis ein solcher Prozeß greift. Die Landwirtschaft ist wichtiger Lieferant der benötigten Nahrungsmittel; sie stellt die Rohstoffe und Exportgüter, mit denen Devisen erwirtschaftet werden. Gleichzeitig ist die Landwirtschaft ein willkommener Markt. Doch Afrikas Landwirtschaft ist noch zu sehr auf sich selbst bezogen und keine moderne Landwirtschaft.

Ein Großteil der zum Leben notwendigen Dinge wird selbst hergestellt – mit Ausnahme etwa des Maggi-Würfels, dessen geschmackliche Spuren sich in fast jeder afrikanischen Mahlzeit finden und der auf allen afrikanischen Dorfmärkten angeboten wird. Konsumgüter, die größer und schwerer sind, kommen wegen der mangelhaften Infrastruktur kaum in die ländlichen Regionen. Und auch die landwirtschaftlichen Erzeugnisse gelangen, mit Ausnahme der Exportprodukte, nicht über lokale Wirtschaftskreisläufe hinaus.

Die geringe Markteinbindung der Produzenten führt dazu, daß sich viele lokale Eigenheiten herausbilden: Die angebauten Sorten, die Koch- und Verzehrgewohnheiten, die Ausformung von Hacken, Macheten und anderen Werkzeugen, dementsprechend die Anbautechniken und nicht zuletzt die Hohlmaße, Flächeneinheiten und Gewichte variieren sehr von einer Region zur nächsten. Das ist typisch für eine vorindustrielle Landwirtschaft: Auch in Deutschland gab es regional sehr unterschiedliche Vorstellungen darüber, wie viele »Morgen« ein Bauer in einem »Tagwerk« pflügen kann und wie viele »Scheffel« Getreide bei dem für den Einzug des »Zehnten« verantwortlichen Vogt abzugeben waren.

Die Agrarverwaltung ist in den meisten afrikanischen Ländern zentral aufgebaut. Sie strebt nach Einheitlichkeit, ihr fehlt jegliches Verständnis für die Ursachen der landwirtschaftlichen Heterogenität. Die Mitarbeiter solcher Administrationen, afrikanische Agraringenieure, die kaum Kontakt zu Bauern haben und die praktische Arbeit nicht kennen, sind nicht in der Lage, Instrumente zur Förderung der als rückständig angesehenen Subsistenzwirtschaft und zur Marktintegration der Produzenten zu entwickeln. So bleibt es häufig bei Zufallstreffern, wenn zum Beispiel für die Förderung der Baumwollproduktion in Westafrika Beratungsstellen eingerichtet, Agrarforschungszentren ausgestattet, Wege gebaut, Vermarktungs- und Verarbeitungskapazitäten geschaffen, Kreditlinien eröffnet und Produktionsmittel bereitgestellt werden. In den Gebieten, in denen heute Baumwolle angebaut wird, profitierte auch der Nahrungsmittelsektor, weil die Bauern die Düngemittel auch für ihren Mais, die neuen Vermarktungswege auch für ihren Yams und die Kreditlinien teilweise für den Gemüsebau genutzt haben.

Afrikanische Bauern sind durchaus in der Lage, auf Chancen zu reagieren, wenn sie sich ihnen bieten. Sie haben es – mit Ausnahme von extremen Situationen wie der Dürre im Sahel Mitte der siebziger Jahre – verstanden, sich den widrigen Rahmenbedingungen anzupassen. Sie bauen verschiedene Produkte an, um den Risiken von Produktionsausfall und unbeeinflußbaren Preisentwicklungen zu begegnen. Oder sie nehmen eine alternative, auch nur zeitweilige Beschäftigung an. Denn je ärmer ein Haushalt ist, desto größer ist die Vielfalt seiner Einkommensquellen.

Es hat nicht an Versuchen gefehlt, Produktion und Produktivität der afrikanischen Landwirtschaft zu erhöhen. Doch gingen diese Versuche oft an den Möglichkeiten vorbei und ignorierten den Bauern. Es hat lange gedauert, bis man verstanden hat, warum die Produzenten ab einem bestimmten Einkommensniveau nicht mehr danach strebten, dieses weiter zu erhöhen. Die Antwort leuchtet ein: Ihre weniger erfolgreichen Verwandten wüßten sofort Wege, dieses Einkommen umzuverteilen, indem Kinder und Kindeskinder zumindest zeitweise dem prosperierenden Teil der Großfamilie zugewiesen werden, die dann nicht nur für die Ernährung, sondern auch für Kleidung, Ausbildung und Gesundheit der Sippschaft zu sorgen hat.

Selbst Einrichtungen, deren Aufgabe die Unterstützung kleinbäuerlicher Betriebe ist, arbeiten häufig an den Interessen der Produzenten vorbei. So wurde in Benin und Togo lange versucht, die Bauern von den Vorteilen neuer Maissorten zu überzeugen. Sie brachten mehr Ertrag pro Hektar, und sie waren weniger anfällig für Krankheiten. Doch nur wenige Pilotbetriebe übernahmen die Neuerung, und viele Fachkräfte in der Verwaltung fühlten sich in der Überzeugung bestätigt, daß die Bauern eben »noch nicht so weit« waren. Nach Jahren erfolgloser Beratung fand man endlich heraus, daß es am Mehl der neuen – gelben - Maissorten lag. Jede Frau, die den fermentierten Maisbrei *akassa* für den Straßenverkauf zubereitete, legte Wert darauf, daß dieser Hauptbestandteil der lokalen Mahlzeiten weiß war. Aus den neuen Sorten konnten sie nur graues *akassa* herstellen – und damit brauchten sie ihren Kunden gar nicht zu kommen.

Das fehlende Wissen um die Hintergründe bäuerlicher Strategien, die Ignoranz ausländischer und nationaler Entscheidungsträger gegenüber den Präferenzen der Produzenten hat die afrikanische Landwirtschaft sowohl während der kolonialen Epoche als auch danach in eine weltweit einmalige Situation gebracht: Nach Angaben der *Food and Agriculture Organisation* der Vereinten Nationen, der FAO, hat sich die absolute Zahl der Menschen, die nicht genug zu essen bekommen, in Afrika in den letzten dreißig Jahren verdoppelt, während im globalen Maßstab ein Rückgang zu verzeichnen ist. Es wird geschätzt, daß in zehn Jahren jeder dritte Afrikaner unterernährt sein wird. Afrika wurde 1973 zum Nettoimporteur von Nahrungsmitteln. Damals wurde dies auf die Dürre im Sahel zurück geführt; niemand glaubte daran, daß hier der Beginn einer strukturellen Krise lag. Zu tief saß die Überzeugung, daß Afrika durch den Aufbau industrieller Kapazitäten innerhalb kürzester Zeit zu den europäischen Industrieländern würde aufschließen können. Ernährungsengpässe der Städte wurden durch Nahrungsmittelhilfe überbrückt, die gerne gewährt wurde. Der Kalte Krieg trug mit dazu bei, daß die führenden afrikanischen Politiker keinen Druck zu einer umfassenden Förderung der Landwirtschaft verspürten, weil es weiter Hilfe gab. Heute gehen die Beiträge bilateraler Geber und internationaler Finanziers für landwirtschaftliche Entwicklungsmaßnahmen zurück; als Grund wird gerne das geringe Interesse afrikanischer Entscheidungsträger an landwirtschaftlichen Fragen angeführt.

Kurzfristige Erfolge sind in der Landwirtschaft nicht zu erwarten. Wir werden weiterhin Nachrichten über die geringe Produktivität afrikanischer Bauern hören; es wird weiterhin über Ernährungskrisen berichtet werden. Doch es gibt auch ermutigende Anzeichen. Die Politik von Weltbank und führenden Industrienationen, die Förderung der Entwicklung zur Voraussetzung für Hilfe zu machen, trägt erste Früchte. So werden afrikanische Regierungen verpflichtet, durch den Schuldenerlaß frei werdende Mittel in die Bereiche zu lenken, die für arme Menschen in ihren Ländern am wichtigsten sind. In aller Regel sind das Gesundheit und Bildung im ländlichen Raum, also Bereiche, die mittelbar auch die Landwirtschaft begünstigen.

Es gibt einige Zeichen dafür, daß die Anliegen afrikanischer Bauern zunehmend ernst genommen werden. Unter dem Motto *Farmer First* werden in der landwirtschaftlichen Forschung und Beratung die alten Verfahren, die ländliche Produzenten als zu Entwickelnde ansahen, zunehmend durch Methoden abgelöst, die bäuerliche Erfahrungen und Kenntnisse ausdrücklich in den Mittelpunkt ihrer Arbeit stellen. Doch das allein genügt nicht. Die Einstellung muß sich ändern. In Afrika bekommen Ehrengäste nicht etwa den köstlichen Palmschnaps aus der lokalen Destille kredenzt, sondern sie kriegen den im nächsten Ort gekauften Gin aus der Flasche. Dahinter steckt das tief sitzende Minderwertigkeitsgefühl der ländlichen Bevölkerung. In Deutschland freut sich noch heute jeder hochgestellte Gast, wenn er den bäuerlichen Hausbrand zur Begrüßung erhält. Es ist eine Geste der Wertschätzung, für den Gast wie für das eigene Produkt. Wichtig wäre es, daß afrikanische Führungskräfte in Politik und Verwaltung mit Gesten und praktischem Handeln die Bedeutung der eigenen Landwirtschaft anerkennen.

Christoph Plate

Brain drain

Das akademische Leben blutet aus

Weit abgeschlagen ist die afrikanische Wissenschaft nach Jahren der Vernachlässigung und Gängelung. Gäbe es da nicht einige aufrechte Akademiker, die zurückkehren oder der Versuchung wegzugehen widerstehen, wäre es um den Nachwuchs sehr schlecht bestellt. Einer dieser Aufrechten, Ismail Haidara, lebt ausgerechnet in Timbuktu, jener sagenhaften Stadt am Rande der Sahara, die vor Jahrhunderten als eines der wichtigsten Zentren der Gelehrsamkeit auf der Welt galt.

Im 16. Jahrhundert lebten 100 000 Menschen in den braunen Lehmhäusern dieser Stadt, heute sind es nur noch 30 000. Handel wurde getrieben mit Gold aus Ghana, Tuch aus Italien und mit Salz aus der algerischen Wüste, das auf wochenlangen Reisen in Karawanen hierher gebracht wurde. Damals besuchten 25 000 Studenten die Universität. »Timbuktu ist das Drama der Geschichte«, sagt der Theaterwissenschaftler und Historiker Haidara. »Die Stadt symbolisiert den Aufstieg, die Blüte und den Niedergang.« Nach Timbuktu waren damals Gelehrte aus Spanien, aus dem Irak und aus Syrien gekommen. Heute zieht es die wenigen Studenten der Stadt in die Hauptstadt Bamako oder aber gleich ins koloniale Mutterland Frankreich. »Timbuktu ist tragisch, weil wir Akademiker aus der einstigen Universitätsstadt zum Schreiben und Forschen woanders hinziehen müssen«, erklärt Haidara.

Als *brain drain*, als Abfluß von intellektueller Kompetenz, wird der Verfall des akademischen Lebens in Afrika bezeichnet. Die klugen Köpfe des Kontinents wandern aus, nach Europa, in die USA oder nach Südafrika. Weil sie dort ein ordentliches Gehalt bekommen, weil die Herrschenden nicht in den Forschungsbetrieb eingreifen, weil sie Zugang zu Laboratorien, vollständigen Bibliotheken und einem funktionierenden Kommunikationsnetz haben. In ihren Heimatländern wird diesen Dozenten von den Politikern unpatriotisches Verhalten vorgeworfen, doch zu verdenken ist es ihnen nicht, daß sie nach Wegen suchen, akademisch zu brillieren und ihren Lebensunterhalt zu verdienen. Auf manchem Campus liegt das akademische Leben brach. Selten gibt es noch Tagungen und Konferenzen mit internationaler Beteiligung. Den Fachbereichen fehlt das Geld, und die Dozenten sind zu sehr damit beschäftigt, etwas zusätzliches Geld zum Überleben zu verdienen.

Der Forscher Ismail Haidara erregte die Gemüter in Timbuktu, als er Mitte der neunziger Jahre ein Buch veröffentlichte, in dem er erklärte, daß auch jüdische Einflüsse diese Stadt geprägt hätten. Der historisierende Philosoph, ein Sohn der sagenumwobenen Stadt, bringt sich und die Familie durch Übersetzungen und Lehraufträge an spanischen Universitäten über die Runden. Früh hatte er erkannt, wie bedeutsam im Mittelalter der Transsahara-Handel war, wie wichtig die Verbindungen zwischen den Ländern des Mittelmeerraumes und dem Binnendelta des Niger, in dem auch Timbuktu liegt. Muslime, Juden und Christen, Marokkaner und Spanier, Sudanesen, ja sogar Deutsche, die 1591 als Söldner im Dienste der Marokkaner die Stadt einnahmen, ließen sich hier nieder.

Der pechschwarze Muslim Haidara hat in den Archiven Familiennamen entdeckt, die heute bekannt klingen. Der Name Cohen war in den jüdischen Gemeinden Nordafrikas sehr geläufig und ist es heute in den USA. Daß die Beweise, die Haidara für die jüdischen Einflüsse in Timbuktu vorlegt, überzeugend scheinen, interessiert in der muslimischen Stadt kaum jemanden. Haidara wird als Ketzer gegeißelt, als Unruhestifter, der die Identität der Menschen hinterfragt. Für den gewandten Mann sind die Angriffe gegen ihn wiederum Beweis für die Engstirnigkeit, mit der in Timbuktu seit einem Jahrhundert gelebt wird und die den intellektuellen Austausch so schwierig macht. »Die muslimische Theokratie, die im vergangenen Jahrhundert hier eingeführt wurde, bedeutete das Ende der intellektuellen Blüte dieser Stadt«, sagt Haidara. Aber er ist gewillt auszuhalten. Haidara wehrt sich gegen das Exil, in dem er schon mal einige Jahre während der Tuareg-Kriege gelebt hat.

Im gesamten subsaharischen Afrika gibt es nach Zählung der Vereinten Nationen gerade mal 20000 qualifizierte Wissenschaftler, das entspricht 0,36 Prozent der Wissenschaftler auf der ganzen Welt. Da ist sogar die deprimierende Wirtschaftsbilanz des Kontinents mit weniger als zwei Prozent Anteil am Welthandel noch verheißungsvoller. Nach Schätzungen der Vereinten Nationen arbeiten mehr als 30000 Promovierte aus Afrika in Übersee. Der Uno-Generalsekretär warnt vor dem stetigen Niedergang von Forschung und Entwicklung und einer drastischen Zunahme des *brain drain*.

Vor dem Hintergrund dieser Zahlen wirkt Haidara am Rande der Sahara wie eine Fata Morgana, wie das sinnbildliche Aufbegehren des Intellekts gegen das Vergessen. In seinem Studierzimmer gibt es gallig-grünen Tee, gut gegen den Durst. An der verputzten Decke baumelt eine nackte Glühbirne. Die Fenster in dem graubetonfarbenen Zimmer werden gegen die Hitze verschlossen, mit Läden aus Holz. Haidara, ein feingliedriger Mann mit Brille, läßt seinen Blick über die Bücherregale schweifen, die hier am Rande der Sahara beinahe täglich abgestaubt werden müssen. Dort steht viel Bekanntes, das man nicht unbedingt in Timbuktu vermuten würde: »Das Kapital« von Marx, ebenso Gedichte von Rilke und auch ein Band Nietzsche. An der Wand gegenüber dem Schreibtisch hängt, etwas schief, eine über zwanzig Jahre alte Weltkarte aus der DDR. Damals war die Welt noch in Oben und Unten, West und Ost aufgeteilt. Vom Regal zwischen Marx und Rilke holt Haidara einige in Leder geschlagene Stapel Papier. Das sind aus dem 13. Jahrhundert stammende Teile der Familienbibliothek, die seine jüdischen Vorfahren aus Spanien mit hierher gebracht haben.

Die meisten Juden, so auch Haidaras Vorfahren, kamen als Händler. Sein Urahn heiratete eine afrikanische Frau, und heute ist Ismail Haidara sein südeuropäisches Blut nicht mehr anzusehen. Dieser Vorfahr hieß Mahmoud Kati, der 1519 das Buch »Tarik El-Fettach« schrieb, »Das Buch des Forschers«. Wer damals hier lebte und nicht konvertieren wollte, ging ins Exil oder wurde in den Tod getrieben. Haidara wird nicht in den Freitod getrieben, aber er ist isoliert. Immer wieder reist er nach Spanien. Dort kann er frei atmen, hat Zugang zu allen wichtigen Bibliotheken und kann den Austausch mit Kollegen pflegen.

Nicht immer ging es den Akademikern und den Universitäten in Afrika schlecht. In den sechziger Jahren galten Ibadan in Nigeria oder Makerere in Uganda als Stolz der afrikanischen Wissenschaft. Die Dozenten waren gefragt, wurden als begehrte Fachkräfte abgeworben, und der Lehrkörper hatte ein Mitspracherecht bei wichtigen Entscheidungen. Afrikas Probleme – Unterentwicklung und Hunger – verlangten nach akademischen Lösungen, nach Konzepten, die auf die afrikanische Realität angepaßt waren. Die landwirtschaftliche Produktion sollte gesteigert werden, die Leichtindustrie weiter entwickelt werden.

Doch bereits in den siebziger Jahren, durch den wirtschaftlichen Niedergang noch vehementer in den achtziger Jahren, setzte der *brain drain* ein. Der Geschichtsprofessor Ali Mazrui in New York, der in den sechziger Jahren als Dozent an der Universität Makarere begonnen hatte, gilt an den Hochschulen seines Heimatlandes Kenia nichts. Niemand lädt ihn – einen der klügsten Köpfe seines Landes – zu einer Gastprofessur ein. Kein Offizieller läßt ihn auf einer Tagung sprechen. Mazrui wird ausgeblendet, nicht weil man seine Gedanken besonders fürchtet, sondern weil Bildung und Intellekt von den Herrschenden nicht geachtet werden. Es ist lange her, daß Intellektuelle Afrika regierten, Neto in Angola und Senghor im Senegal. Weil der Bildungsstand der Politiker drastisch sank, müssen in Uganda alle Parlamentarier einen Hauptschulabschluß vorweisen, und es wird erwartet, daß sie verständlich Englisch sprechen können. Es ist nicht so wichtig, was man weiß, sondern wen man kennt, mit welchem Politiker und Regierenden man einen Handel treiben kann.

Ali Mazrui ist seit Jahren ein gefragter Dozent an Universitäten in den USA. Vor dem Hintergrund seiner eigenen Erfahrungen und jener ungezählten akademischen Exilanten, berühmten wie dem kenianischen Romancier Ngugi wa Thiongo oder dem nigerianischen Literaturnobelpreisträger Wole Soyinka und weniger berühmten, warnt Mazrui vor dem »intellektuellen Suizid«, den dieser Kontinent begehe. Wie sollen Studenten und Dozenten reüssieren, wenn sie auf Fachliteratur aus den sechziger Jahren zurückgreifen müssen? Wenn Fachzeitschriften nicht mehr ankommen, weil das Geld, um sie zu bezahlen, zwar im Budget ist, aber in den Taschen korrupter Verwaltungsbeamter verschwindet?

Kisangani war einmal eine blühende Stadt. In den achtziger Jahren florierte der Handel mit Diamanten und Gold. Auch Edelhölzer wurden von dort exportiert. Die Stadt am Kongofluß war in zwei Tagen mit dem Auto von der Hauptstadt Kinshasa aus zu erreichen. Der Diktator, der dieses Land, das drittgrößte in Afrika, regierte, hieß Mobutu Sese Seko.

Dieser Herrscher hatte sich in den Kopf gesetzt, daß Universitäten in seinem Land mindestens genauso gut sein sollten wie jene in Brüssel, Paris oder London. Durch viel und gute sowie preiswerte Bildung sollte die Loslösung von den Kolonisierern auch in den Köpfen der ehedem Kolonisierten stattfinden. Geld hatte Mobutu genug. Und so baute er die Universität von Kisangani aus. Große Vorlesungsgebäude wurden in den Urwald geklotzt. Dozenten aus Übersee wurden eingeladen, um die Studenten aus dem gesamten Zaïre, das heute Demokratische Republik Kongo heißt, und auch solche aus afrikanischen Nachbarstaaten zu unterrichten.

Doch diese glorreichen Zeiten sind nur noch eine vage Erinnerung. Den Fortschritt durch Bildung voranzutreiben blieb ein Traum. Denn solche Bildung war für ein unterentwickeltes Land unbezahlbar. Und weil Mobutu andere Prioritäten entwickelte, weil die Eliten es chic fanden, die Kinder nach Brüssel zum Studium zu schicken, versiegten allmählich die Gelder. Die unermeßliche Korruption im Lande tat ihr übriges, ebenso der opulente Lebensstil des Diktators, der schon mal aus Frankreich ein kaltes Buffet für die Gattin einfliegen ließ.

Auch Khasu Bangu hatte damals begonnen, an der Universität Kisangani zu studieren.»Heute können sich die Dozenten gar nicht mehr auf die Vorlesungen vorbereiten«, klagt er. Nicht daß sie keine Zeit hätten: Die Professoren leiden unter Hunger. Denn in Kisangani müssen sich die Universitätslehrer von den Studenten bezahlen lassen. Deren Familien schicken die Kinder zur Universität in der Hoffnung, daß es ihnen später einmal besser geht. Die Studenten sind arm, und ihre Dozenten sind es auch. Wenn der Lehrbetrieb leidet, dann kümmert sich niemand mehr um Äußerlichkeiten. Darum holt sich in Kisangani der Urwald die schmucken Unigebäude aus der Mobutu-Ära zurück. Das Gras wird nicht mehr geschnitten, Lianen und andere Dschungelgewächse sprengen in der tropischen Schwüle das Mauerwerk. Durch die Dächer regnet es herein.

Jene, die es sich leisten können, schicken ihre Kinder auf Universitäten in den USA oder in Europa, manche gehen auch zum Studium nach Indien, weil es da billiger ist. Wenige haben das große Glück, ein Stipendium zu bekommen, das von Universitäten und Stiftungen im jeweiligen Gastland bezahlt wird. Viele Studenten bleiben nach dem Studium in ihren Gastländern, denn daheim gibt es kaum Jobs, und wenn, dann sind sie so schlecht bezahlt, daß der akademische Ruf zwangsläufig leiden muß. Die Mehrheit der Studenten, die einmal gehen, kommen nur noch auf Besuch wieder in die Heimat. Ihre Briefe und E-mails aus Atlanta und Amsterdam füllen die Leserbriefspalten afrikanischer Zeitungen. Sie verfechten ein anderes, offeneres Leben, sie fordern den geistigen Austausch, und sie mahnen politische Reformen an.

Viele Dozenten gehen einen ähnlichen Weg, weil sie die Einmischungsversuche leid sind und weil sie um ihren akademischen Ruf fürchten, wenn auf wichtigen akademische Posten lediglich Statthalter der Mächtigen plaziert werden. An den meisten afrikanischen Universitäten verdient ein altgedienter Professor nicht mehr als tausend Mark im Monat. An manchen Universitäten, wie an jener von Kisangani im Kongo, haben Dozenten seit Monaten, manchmal seit Jahren kein Gehalt mehr bekommen. Und wenn sie in Kisangani ihren Lohn bekommen würden, wäre dieser lediglich einige Dollars wert. In Nairobi oder Abidjan, in Dakar oder Harare müssen Dozenten so oft wie möglich Freisemester nehmen. Dann können sie in Europa oder in den USA Gastvorlesungen halten. Dort verdienen sie in einem Semester ein Vielfaches ihrer afrikanischen Jahresgehälter.

Daheim in Afrika nehmen Professoren nebenher Lehraufträge an Privatschulen wahr. Andere erledigen Forschungsaufträge für die Industrie. Wieder andere versuchen, als Berater für internationale Hilfsorganisationen tätig zu werden. Für solche Arbeiten mögen die Dozenten überqualifiziert sein, aber sie bringen gutes Geld. Die Sprachdozenten an der Universität Makerere in Kampala etwa übersetzen die Kraftfahrzeugbriefe importierter japanischer Gebrauchtwagen ins Englische. Obendrein bauen viele afrikanische Dozenten in den Gärten hinter ihren Wohnungen Gemüse an, damit die Familie über die Runden kommt.

Regierungen in Afrika scheren sich nicht um das in westlichen Ländern längst etablierte Grundrecht der Freiheit von Forschung und Lehre. Den Potentaten im Präsidentenamt ist unheimlich, was sich da an den Universitäten zusammenbrauen könnte. Sie fühlen sich bedroht in ihrem mittelalterlich anmutenden Autoritätsgebaren. Warum, so fragt sich mancher Herrscher, soll man auch noch jene finanzieren helfen, die einem später die Herrschaft streitig machen wollen? Viele Bildungsminister, so stellt ein kenianischer Kolumnist fest, würden nicht mal den Unterschied zwischen einem Modem und einem Totem kennen. Die Mißachtung afrikanischer Herrscher gegenüber der Bildung zeigt sich schon in der Ausstattung der Primarschulen. In Sambia gibt es nur in drei von vier Schulklassen eine Schultafel. In Mosambik müssen sich statistisch 20 Kinder ein Schulbuch teilen.

Forschung ist teuer. Lehre auch. Und der Gedanke, daß akademisches Leben in einem Land ein Fundament für die Zukunft schafft, ist nicht weit verbreitet. Die Herrschenden wollen Ergebnisse während ihrer Amtszeit. Was nach ihnen kommt, interessiert sie nicht. So erstaunt es kaum, daß in den drei ostafrikanischen Ländern Kenia, Tansania und Uganda lediglich 0,3 Prozent des Staatshaushalts für Forschung und Lehre ausgegeben werden. Über 60 Prozent aller Forschungsetats in Kenia werden von ausländischen Institutionen finanziert. Einzelne Fachbereiche organisieren Forschungsprojekte mit westlichen Universitäten. So forschen seit Jahren kenianische und kanadische Mediziner nach einem Impfstoff gegen die Immunschwächekrankheit Aids. Die ausländischen Budgets garantieren den Forschern funktionierende Computer, die Möglichkeit, an internationalen Symposien teilzunehmen und den Austausch mit ausländischen Kollegen zu pflegen.

Der Wunsch der Mächtigen nach Jahren der Vernachlässigung des akademischen Lebens, wissenschaftliche Glanzleistungen präsentiert bekommen zu wollen, führt in Kenia, aber nicht nur dort, zu grotesken Auswüchsen, die den Ruf der afrikanischen Wissenschaft nachhaltig schädigten. So setzte es sich Kenias Präsident Daniel arap Moi in den Kopf, ein kenianischer Wissenschaftler müsse ohne Hilfe aus Übersee ein Medikament gegen Aids entwickeln können.

Professor Obel hieß der Mann, der bald darauf eine Flüssigkeit präsentierte, die wie Hustensaft aussah. Er behauptete, dies sei das lange ersehnte Wundermittel gegen Aids. Vorbei an allen staatlichen Stellen sollte diese Flüssigkeit dann auch noch in den Handel gelangen. Daß sein Medikament keiner Prüfung standhielt, ignorierte

Obel. Kritik wehrte er mit dem Totschlagargument ab, hier neide die weiße Wissenschaft dem afrikanischen Kollegen den Erfolg. Als die Geschichte schließlich so peinlich wurde, daß sich manche kenianische Wissenschaftler öffentlich davon distanzierten und die Regierung baten einzugreifen, wurde die Produktion stillschweigend eingestellt. Heute spricht niemand mehr darüber, auch nicht über Professor Obel.

Khasu Bangu hat übrigens seine literaturwissenschaftliche Dissertation an der Universität Kisangani nie beendet. So sehr ihn die akademische Laufbahn gereizt haben mag, sie im Kongo anzustreben lockte ihn nicht. Die Universität sollte doch in seinen Augen ein Kosmos sein, mit unbeschränkten Möglichkeiten des Denkens und Forschens, sagt er. Und dann schaut er traurig auf den träge dahin fließenden Kongo hinaus.

Henning Christoph

Asen und Egungun

Ahnenkult in Afrika

Von Kindestagen an leben viele Afrikaner mit dem Wissen, daß ihr Dasein dreigeteilt ist und daß davon ihr Menschsein und Wohlbefinden abhängt: Es ist ein Leben mit den verstorbenen Ahnen, den Lebenden und den ungeborenen, folgenden Generationen.Traditionell wird in afrikanischen Kulturen dieser Beziehung durch Tanz und Maskenkult gehuldigt oder durch die Anfertigung und Verehrung von Skulpturen.

Viele Afrikaner glauben, daß der Erfolg einer Familie oder Gesellschaft davon abhängt, wie sie ihre Beziehung zu den Ahnen in Ehren halten und kultivieren. Die Lebenden erfüllen die traditionellen Ehrerbietungen und Gaben gegenüber freundlich gestimmten Ahnen, um sich Glück, Gesundheit, Kinderreichtum oder ertragreiche Ernten zu sichern. Dürren, Krankheiten, unerwartete Todesfälle oder andere Schicksalsschläge werden meist auf eine Mißachtung des Ahnenkults zurückgeführt, mit der man bei den Ahnen in Mißgunst fiel. Diese Welt ist auch im westafrikanischen *Vodun*-Glauben tief verwurzelt.

Oft wird der Fehler begangen, den Ahnenkult bloß als Totenkult anzusehen.Aber es bedeutet sehr viel, Ahn zu sein, und es ist ein langer Weg dorthin. Zwar erhält man durch den Abschied vom Leben und den Eintritt ins Totenreich den Ahnen-Status, doch ist der Ahnenkult eher eine Ältesten-Verehrung. Nicht jeder Verstorbene wird nämlich zum Ahnen. Um diesen Status zu erlangen, muß er zu Lebzeiten den Ältesten angehört haben, denen es alleine gebührt, sich im Totenreich von den anderen unsterblichen Seelen und Geistern abzuheben. Einem »gewöhnlichen« Verstorbenen bleibt nur für den Fall einer Wiedergeburt und nach einem ehrbaren Leben als Ältester der Übergang zum Ahnentum.

Die Ältesten sind angesehene Persönlichkeiten höheren Alters, die ein nach den Werten und Regeln der jeweiligen sozialen Gruppe moralisch und spirituell wertvolles Leben hinter sich haben. Die Ältesten übernehmen die intellektuelle Führung, sie überwachen, bewerten und bestimmen das Geschehen innerhalb ihrer Gesellschaft. Die Ältesten haben organisatorische und kommunale Aufgaben, aber vor allem sind ihre Meinung und ihr Rat ein gewichtiges Kriterium für die Handlungen eines jeden Individuums. Außerdem stehen die Ältesten auf der den Ahnen am nächsten stehenden Kommunikationsstufe und werden somit von der gesamten Gemeinschaft respektiert und verehrt. So ist der Tod eines Ältesten zwar nie ein willkommenes Ereignis, aber dennoch ein besonderer Moment, da die Seele des Verstorbenen den Körper wieder verlassen kann, um in das Ahnenreich zu gelangen.

Der Stamm der *Ga* im westafrikanischen Ghana zelebriert den Tod einer geschätzten Persönlichkeit auf besondere Art: Die Verstorbenen werden in aufwendigen und sehr kostspieligen – oft entspricht der Preis einem Jahreseinkommen – Phantasiesärgen beigesetzt. Die Form des Sarges soll den Verstorbenen darstellen und repräsentieren, damit er auch im Totenreich respektvoll empfangen wird. So ist es zum Beispiel üblich, einen Fischer nach seinem Tod in einem geschnitzten und buntlackierten Fisch zu beerdigen.

In Ghana lebte ein 72jähriger Fischer, Ernest Tagoe. Der konnte zwar nicht lesen, doch hörte er mit Hingabe Nachrichten im Radio, oder er ließ sie sich vorlesen und diskutierte sie anschließend mit der Dorfgemeinschaft. Sein Sohn las ihm jeden Tag aus der ghanaischen Tageszeitung *Daily Graphic* vor, damit Tagoe von Tür zu Tür gehen konnte, um der Nachbarschaft die Neuigkeiten zu berichten. Ernest Tagoe verdiente sich mit dieser Angewohnheit den Spitznamen *Daily*.

Als *Daily* starb, richtete ihm sein Sohn eine würdige Totenwache aus, während die hiesigen Schreiner in seinem Auftrag einen Sarg in Form einer gefalteten Zeitung anfertigten, in der *Daily* nach einer umfangreichen Totenfeier zu Grabe getragen wurde.

Der Abschied für einen Toten ist eine äußerst wichtige Aufgabe in Afrika, damit der Verstorbene sein Ahnendasein mit Würde anzutreten vermag und der Weg ins Ahnenreich dem Toten nicht verwehrt bleibt, was bei einer unzureichend ausgerichteten Beerdigungsfeier der Fall sein soll. *Dailys* Verwandten erhofften sich zudem im Gegenzug dessen Hilfe und Rat aus dem Ahnenreich.

Die Ahnen sind in die lebende Familie eingeschlossen, und sie sollen ähnliche Aufgaben wahrnehmen wie die Ältesten. Sie sollen aber vor allem die Tradition der Gemeinschaft schützen und über sie wachen. Begeht zum Beispiel ein Lebender – von den anderen unbemerkt – ein Unrecht, so greifen die Ahnen in die Welt der Lebenden ein und verhängen eine Strafe. Krankheiten, Mißernten, Unfruchtbarkeit und ähnliche Ereignisse werden auf eine Mißachtung der Traditionen zurückgeführt.

Fehlender Respekt der Lebenden für die Ältesten und die Ahnen kann auch einen exekutiven Akt der Ahnen auslösen. Aus diesem Grund findet eine stetige Kommunikation und Verehrung der Verstorbenen statt, um die Ahnen zu besänftigen, sich gut mit ihnen zu stellen, um ihren Rat und ihre Hilfe einzuholen. In Zeiten der Krise wendet man sich an die Ahnen, aber auch vor Heiraten, nach Geburten und vor wichtigen Ereignissen wie einer Reise oder einer Prüfung. Die Ahnen werden dabei beschenkt und gefüttert, etwa mit der Lieblingsspeise des Verstorbenen, alkoholischen Getränken oder Kolanüssen. Die Anrede der Ahnen ist oft sehr formal und immer höflich, die Bitten und Fragen sind sich wiederholende Monologe.

Die westafrikanischen Länder Benin und Ghana bieten Beispiele für den afrikanischen Ahnenkult, der einen großen Teil des *Vodun*-Glaubens ausmacht. So facettenreich der Kontinent Afrika mit seinen verschiedenen Gesellschaften und Gesichtern ist, so unterschiedlich manifestiert sich auch der Ahnenkult.

Der Stamm der *Fon* in Süd-Benin leistet seine Verpflichtungen und Huldigungen an die Ahnen an sogenannte *asen* – Metallskulpturen, welche das Leben des Verstorbenen repräsentieren –, von denen man glaubt, daß sich die Seelen der Ahnen zu bestimmten Anlässen in ihnen niederlassen. Ein *asen* ist ein plateauartiger Sockel, der mit einer langen Eisenstange in der Erde verankert wird. Die runde Plattform, die sich nach unten kegelartig verschmälert, trägt verschiedene kleine Metallfiguren, die in ihrer Symbolik die Bedeutung der Verstorbenen nachstellen. Zudem kann ein *asen* auf andere Weise geschmückt werden, etwa mit Holzstückchen, Perlenschmuck oder Stoffsäckchen mit Pflanzen und Kräutern. Oft fügt der Kunstschmied der Skulptur seine individuelle Signatur in Form von anhängenden Metallplättchen zu. Die Verstorbenen werden immer in einer autoritären und ehrwürdigen Haltung dargestellt, oft auch der Stifter des *asen*, der sich als kleine Metallfigur immer in einer dankbaren, huldigenden Position befindet.

Die *asen* stellen den Beruf des Verstorbenen und seine Bedeutung für die Gemeinschaft dar. Manchmal wird noch ein Sprichwort auf Metall dargestellt. Ein häufig gewähltes Motiv ist eine Schlange, die einen Frosch im Maul hält, um ihn zu verschlingen. Hier wird an ein altes Sprichwort erinnert, daß eine unsichtbare Hand den Frosch vor dem Tode retten wird. Die rettende Hand symbolisiert auch den Schutz der Ahnen für ihre Hinterbliebenen.

Zu Zeiten des Dahomey-Königreiches in Abomey um 1900 waren die *asen* ausschließlich den Adeligen vorbehalten, wobei kostbare Materialien wie Silber zur Anfertigung verwendet wurden. Aus dem wurden die bis zu anderthalb Meter großen Metallskulpturen hergestellt. Heutzutage können auch sozial schwächere *Fon* sich verehren lassen, und darum finden sich in den zeitgenössischen *asen* Materialien wie Aluminium, aus dem eindimensionale Figuren ausgeschnitten werden.

Weil ein *asen* für den Außenstehenden so viele unterschiedliche Dinge bedeuten kann, sagen die *Fon*, daß der Sinn eines *asen* oft nur dem Ahnen, dem Stifter des *asen* und dem Kunstschmied bekannt ist. *Gu*, der Gott des Eisens, wacht über die Herstellung der *asen*. *Gu* wird im *Vodun* charakterisiert als energische, aufbrausende Gottheit, die aber auch mit der Friedfertigkeit der Ahnen unvereinbar ist. Deshalb ist wichtig, das Eisen spirituell auf den Eintritt der Ahnenseele vorzubereiten. In einer Zeremonie, in welcher das Eisen gekühlt und *Gu* mit Opfergaben wie Geld und Tierblut beschwichtigt wird, bittet man *Gu*, sich aus dem *asen* zurückzuziehen. Erst wenn diese Zeremonie vollbracht ist, wird der neue *asen* auf der Totenfeier des Verstorbenen aufgestellt und dem Ahnen zum Einzug geweiht und angeboten.

Mit der Einrichtung eines *asen* verpflichten sich die Angehörigen, die Ahnen weiterhin zu umsorgen, ihnen Opfer zu bringen und die *asen* als Stätte der Kommunikation zwischen Leben und Tod zu erhalten. So hat fast jede Familie einen kleinen *asen*-Altar in einem hauseigenen Tempel, in welchem die Ältesten mit den Ahnen zusammentreffen, um sie zu konsultieren, Neugeborene und auserkorene zukünftige Ehepartner vorzuführen und vor jeder Aussaat die Samen segnen zu lassen.

Anders gestaltet sich die Verehrung der Ahnen beim *Egungun*-Kult der *Yoruba* in Benin. *Egungun* ist ein Männer-Geheimbund, dessen Ahnenkult sehr viel aktiver ist als jener der *asen*. Die Yoruba verehren die Ahnen in der Gestalt von Masken und Kostümen auf einer Art Maskerade, welche einmal jährlich im frühen Sommer stattfindet. Das *Egungun*-Fest zu Ehren der Ahnen wird aber auch in Ausnahmefällen zu Krisenzeiten abgehalten, beispielsweise beim Tod eines Ältesten oder wenn es den Verdacht der Hexerei oder eines Verbrechens gibt.

Die Masken der *Egungun* gelten als die physische, wenn auch anonyme Manifestation der Ahnen. Darum tragen die Ahnen auch preisende Namen wie *Owelewa*, was soviel heißt wie »Reichtum – Bringe Schönheit!«. Die Träger der Masken – nur ausgewählte Männer des *Egungun*-Geheimbundes – müssen harte Proben bestehen, bevor sie eine Ahnenmaske tragen können.

Die Identität der Tänzer ist ein Geheimnis, das auch während des Maskenumzuges mit einer aufwendigen Kostümierung mit Netzbehang und vielschichtigem Stoffgewand bestehen bleibt. Jedes Jahr werden den Kostümen neue Stoffteile hinzugefügt, so daß sich aus dem Gewand der *Egungun* auch der Status innerhalb der Geheim-Gesellschaft erkennen läßt.

Die Maskenträger tanzen begleitet von Trommlern durch das Dorf, um die Anwesenheit der Ahnen anzukündigen. Während des Tanzes geraten die *Egungun* in einen tranceartigen Zustand, in dem – nach dem Glauben der *Yoruba* – die Ahnen Besitz von der Maske ergreifen, um in sie einzudringen. Da die Seelen der Ahnen immer autoritär im Leben der Hinterbliebenen vertreten sind und das Weiterleben in einer anderen Welt nach dem Ableben für den Afrikaner selbstverständlich ist, gelten die Masken als entscheidendes Kommunikationsmedium zwischen Leben und Tod.

Die Ahnen nutzen auf diese Weise die *Egungun*-Festivitäten, um in pfeifenden, nasalen Stimmen zu den Lebenden zu sprechen, Ratschläge zu erteilen und zu richten. Die *Egungun* tragen als Vermittler die Verantwortung für die Harmonie innerhalb ihrer Gesellschaft. Immerhin ermöglichen sie es auch den Lebenden, den Ahnen nah zu sein.

Und sie ermöglichen es den Ahnen, auf Fehler und Mißverhältnisse aufmerksam zu machen, so daß die Lebenden die Situation ändern können und ein Unglück frühzeitig abgewendet oder beseitigt wird.

Während der Maskerade werden die Tänzer die gesamte Zeit von Trommlern und Gesängen der Frauen begleitet, welche den Ahnen dadurch ihren Dank und Respekt erweisen. Die Ahnen werden reichhaltig von der Dorfgemeinschaft beschenkt, vor allem mit *Olele*-Kuchen aus Bohnen und Palmöl.

Trotz aller Freude und Festivitäten gibt es strenge Regeln: Fremde dürfen nicht die *Egungun*-Kostüme und Masken berühren. Die Ahnen sind mit einer unermeßlichen Energie geladen, und eine Mißachtung des Abstandes könnte zum Tod des Uneingeweihten führen. Deshalb werden die Maskenträger von jungen Tänzern umringt, welche das Publikum mit langen Ruten auf Distanz halten.

Nach dem Einzug der Ahnenmasken folgt meist eine Maskenaufführung unterhaltsamer Art, die Atmosphäre wird entspannt. Das Dorf versammelt sich zum gemeinsamen Fest, um den Einzug der satirischen Masken zu sehen, die ihren Auftritt mit akrobatischen Darbietungen zum Spektakel machen. Die *Agbegijo* – die Komödianten – karikieren gesellschaftliche Defizite wie Korruption, Arroganz oder Untreue in Figuren wie betrunkenen Polizisten, dicken Marktfrauen oder Prostituierten. Eine besonders beliebte Figur seit dem Ende der Kolonialzeit ist der Europäer, der häufig mit überdurchschnittlich spitzer Nase und glattem Haar aus Mantelaffenfell dargestellt wird. Das alljährliche Fest dauert eine Woche, nach der die Kostüme und Masken an geheiligten Orten bis zur nächsten Maskerade versteckt werden.

Ähnlich wie die Ahnen können auch die Geister verstorbener Zwillinge über das Wohlbefinden und Glück der Lebenden wachen. Im *Vodun* kommt den Zwillingen eine besondere Bedeutung zu. Nach ihrem Tod werden sie in Holz geschnitzt, und die Familie ist verpflichtet, sich weiterhin um die Zwillinge zu kümmern. Zwillinge sind den Hinterbliebenen meist wohlgesonnen, und sie üben aus dem

Reich der Toten eine schützende Funktion aus. Allerdings sind sie mitunter auch launisch, und wenn sie mißachtet werden, sind sie schnell verstimmt und bereit, die Familie für ihr respektloses Verhalten zu bestrafen.

Die Natürlichkeit, mit der in Afrika mit dem Tod und dem Leben danach umgegangen wird, ermöglicht es auch, zu Gegenständen wie den Zwillingsfiguren eine tiefe, bedeutungsvolle Bindung einzugehen. So wurde der Autor selbst einmal mit den verstorbenen Zwillingsschwestern einer befreundeten *Vodun*-Priesterin vermählt, da sie das zukünftige Glück ohne den Schutz der Zwillinge gefährdet sah.

Claudia Thiel

Behinderung und Wahnsinn

Unterernährung und mangelnde Hygiene

Als ihr erstes Kind geboren wurde, wußten sie nicht so recht, wie sie reagieren sollten. Der Säugling war anders als die übrigen Babys. Also gingen sie zum Zauberheiler. Er sah sich das Kind an und gab den Eltern den Rat, es lebendig zu begraben – anderenfalls würden ihre nächsten Kinder auch so werden. Der Vater ging los, fand einen geeigneten Platz und begann, ein Grab zu schaufeln. Als er schließlich das Neugeborene beerdigen wollte, war seine Frau mit dem Säugling weggelaufen. Sie ging nach Mombasa, und dort erfuhr sie, daß ihr Kind behindert sei.

Heute, erzählt Hubert Seifert, gehe dieses Kind zur Schule und entwickle sich gut. Seit mehr als zehn Jahren kämpft der nationale Direktor der Küstenzweigstelle der Gesellschaft für Körperbehinderte in Kenia (APDK) für die Rechte von Behinderten. Er will, daß sie akzeptiert und in die Gesellschaft integriert werden. »Das größte Problem dabei«, sagt Seifert, »sind die glaubensbedingten Vorurteile der Leute, die sich nur schwer abbauen lassen.« Vor allem in den ländlichen Gebieten und an der Küste des ostafrikanischen Landes ist Aberglaube noch immer stark verbreitet. Für viele Kenianer bedeutet die geistige oder körperliche Behinderung eines Menschen nichts Gutes, es ist ein schlechtes Omen, und oft macht es ihnen Angst.

So glaubt die Volksgruppe der *Kamba*, daß Kinder deshalb behindert geboren werden, weil ihre Eltern während der Schwangerschaft ein Tabu gebrochen haben. Die Behinderung ist die für alle sichtbare Strafe dafür. Bei den *Pokot* und den *Turkana* gelten Behinderte als verhext, ihre Familien schämen sich für sie und halten sie in der dunkelsten Ecke ihrer Hütte versteckt. Wegen des bösen Fluchs, der auf ihnen lastet, werden sie weder zur Schule geschickt noch dürfen sie heiraten. Bei den *Suba* hingegen wird die Ehe eines Behinderten mit

einem nicht behinderten Partner ausdrücklich erwünscht. Diese Volksgruppe ist überzeugt, daß aus einer solchen Verbindung ein *Omwa-
mi*, ein König, hervorgeht. Daß zwei Behinderte heiraten, lassen sie
aber nicht zu.

Die *Luo* wiederum benutzen Behinderte, um Rituale durchzuführen, für die sich sonst niemand findet. Ein solches Ritual ist etwa das
Tero Buru: Stirbt eine Witwe, bevor sie an einen anderen Mann wei-
tervererbt werden konnte, muß oft ein Behinderter die Vererbungs-
zeremonie vornehmen – indem er bei oder sogar mit der Leiche
schläft. Auch Bucklige gelten bei den *Luo* als behindert. Sterben sie,
dann dürfen sie erst begraben werden, wenn ihnen der Höcker vorher mit einer Axt gespalten wurde.

In Gateki, einem abgelegenen Dorf auf dem kenianischen Hochland, lebt Patricia Katunge. Die 43jährige glaubt, daß sie an einer
seltsamen Krankheit leidet, weil die meisten ihrer Kinder nicht lebensfähig sind. Ihr erstes Kind starb acht Monate nach der Geburt an
einer »schweren Grippe«, wie sie sagt. Das zweite zeigte ähnliche
Krankheitssymptome und starb im Alter von zehn Monaten. Als
1980 ihr drittes Kind, Moses Muli, zur Welt kam, entwickelte er sich
zunächst normal, bis er sechs Monate alt war. Doch dann wurde
auch er krank, und die Eltern rechneten täglich mit seinem Tod. Aber
Moses Muli starb nicht. Heute ist er zwanzig Jahre alt und schwer
behindert. Seine Beine haben sich nicht richtig ausgebildet, sie sind
verkümmert und verdreht. Um sich fortzubewegen, zieht er seinen
verkrüppelten Körper mühevoll mit beiden Händen über den Sand-
boden, längere Strecken muß er getragen werden. Er kann nicht sprechen, selbständig zur Toilette gehen oder essen und muß wie ein Baby
versorgt werden.

Drei weitere Kinder hat Patricia Katunge noch geboren, eines davon ist ebenfalls behindert. Natürlich will die Mutter, daß ihre Kinder geheilt werden. Sie war schon in allen Krankenhäusern der Region, doch nirgends, sagt sie, habe man ihr Problem verstanden. Kein
Arzt konnte ihr erklären, warum ihre Kinder nicht gesund sind.

Als sie nicht mehr weiter wußte, suchte sie schließlich bei traditionellen Heilern Hilfe. Insgesamt acht Zauberer und Hexen haben
in ihrem Haus Reinigungsrituale durchgeführt. »Einer sagte, Muli sei
verflucht worden. Er nahm ein Horn, fuhr damit über sein Genick

und behauptete, mein Sohn sei jetzt geheilt«, erzählt Patricia Katunge. Ein anderer habe die Krankheit angeblich von Moses Muli genommen, indem er sie in eine kleine, schwarz bestickte Tasche »gesteckt« und mitgenommen habe. Tatsächlich hat keiner der Heiler Patricia Katunges Sohn kurieren können. Hoffnung auf Heilung hat sie mittlerweile nicht mehr. Alles, was ihr geblieben ist, sagt sie, seien die hohen Schulden, die sie in den nächsten Jahren abbezahlen muß.

Armut ist die Hauptursache für körperliche und geistige Behinderungen in Afrika. Besonders betroffen sind ungeborene und unterernährte Kinder. Für eine gesunde Entwicklung brauchen sie eine ausgewogene Ernährung, Kohlenhydrate, Eiweiß, Vitamine und Mineralstoffe. Mangelernährung verzögert häufig die geistige und körperliche Entfaltung der Heranwachsenden, sie kann Fehlentwicklungen nach sich ziehen und erhöht die Infektionsgefahr. Zusammen mit mangelnder Hygiene lösen sie nicht nur Krankheiten aus, die bei bereits behinderten Menschen nicht selten zum Tod führen, sie verursachen auch Behinderungen. Zu den häufigsten Beeinträchtigungen gehören Blindheit, Taubheit, Gelenkverformungen, zerebrale Lähmungen – eine leichte Form des *Down Syndroms* – und andere Arten von Gehirnschäden. Allein in Kenia sind nach Schätzungen der Weltgesundheitsorganisation etwa drei Millionen Menschen betroffen – das sind zehn Prozent der Gesamtbevölkerung.

In den Städten wissen viele Ärzte, wie Behinderungen entstehen. Sie informieren schwangere Frauen, wie wichtig die richtige Ernährung für die Gesundheit ihres Kindes ist. Hier sind die Menschen aufgeklärter, Behinderte müssen sich nicht länger verstecken, ihr Anblick gehört zum Alltag: Zusammen mit Straßenkindern und alten Leuten stehen sie an Kreuzungen oder vor Einkaufszentren, wo sie sich in abgerissenen Kleidern und mit mitleiderregendem Blick ihren Lebensunterhalt erbetteln. Die Regierung sieht das nicht gerne und vertreibt sie. Am nächsten Tag sind sie aber alle wieder da und halten den Vorbeikommenden ihre verkrüppelten Arme und Beine hin.

»Die Behinderten in Nairobi«, sagt Charity Chahasi, »die sind ganz arm dran. Was können diese Menschen anderes tun außer betteln? Sie sind ausgestoßen, haben keinen Job und wissen nicht, was sie am Abend essen sollen.« Charity Chahasi ist Rezeptionistin im Körperbehindertenzentrum Bombolulu in Mombasa, Kenias größter

Werkstätte für Behinderte, die 180 Mitarbeiter beschäftigt. »Da kann jemand noch so gut ausgebildet sein – wenn er behindert ist, bekommt er keinen Job«, sagt sie.

Ihre Kollegin Rehema Suleman, die im Rollstuhl sitzt und als Kontrolleurin in der Schmuckwerkstatt arbeitet, sieht das etwas anders: »Ich finde es nicht gut, wenn Behinderte einfach auf die Straße gehen und betteln. Das Leben ist für jeden von uns hart, ob man nun behindert ist oder nicht.« Die 44jährige ist in Mombasa geboren und ging dort zur Schule. »Danach hing ich bloß zu Hause rum, weil ich dachte, als Behinderte kriege ich eh keine Arbeit.« Ihre Schwester hat ihr dann geholfen, den Job in Bombolulu zu bekommen. Rehema Suleman zog kurze Zeit später in ein eigenes Haus, heiratete und bekam drei gesunde Kinder. »Wir können ein normales Leben führen,« sagt sie, »wir brauchen bloß etwas Hilfe.« Sie starrt eine Weile auf die Holzketten und Ohrringe, die vor ihr auf dem Tisch liegen. Dann sagt sie: »Die Regierung sollte uns endlich helfen. Die sagt zwar immer, daß sie was für uns tut, aber das ist gelogen. Die würden uns doch am liebsten alle verschwinden lassen, wenn sie könnten.«

Die kenianische Regierung hat alle Hände voll zu tun mit Arbeitslosigkeit und steigender Kriminalität, mit Dürre und Hungersnöten, mit Aids und Korruption oder Energie- und Wasserknappheit. Angesichts dessen rutscht die Misere der drei Millionen Behinderten auf der Problemliste weit nach unten. Ganz untätig ist die Regierung allerdings nicht. Sie hat landesweit 13 Rehabilitationszentren eingerichtet, in denen verschiedene Kurse speziell für Behinderte angeboten werden; dazu gehören Schneidern, Zimmern, Stricken, Lederverarbeiten, Schreibmaschineschreiben oder Drucken. Was sie dort lernen, soll ihnen helfen, einen Job zu bekommen und ihren Lebensunterhalt selbst zu verdienen, ohne betteln zu gehen oder der Familie auf der Tasche zu liegen. Von den über siebenhundert verfügbaren Plätzen sind jedoch oft weniger als die Hälfte belegt: Viele können sich die hohen Gebühren für die Schulungen nicht leisten.

Neben diesen staatlichen Maßnahmen gibt es eine wachsende Zahl an Nichtregierungsorganisationen, die Kliniken, Kinderheime, Werkstätten und Schulen betreiben. Zu ihnen gehören Institutionen wie APDK, die Kenianische Gesellschaft für Körperbehinderte (KSPH), das Kenia-Programm der Behinderten (KPDP) oder die Vereinigung behinderter Menschen in Kenia (UDPK). Sie klären die Betroffenen und ihre Familien über Ursachen und Behandlungsmöglichkeiten von Behinderungen auf, bekämpfen abergläubische Ansichten, bieten Therapien und Ausbildungen an und setzen sich für eine Gesetzesänderung ein, die Rechte für Behinderte fordert. Um auch Menschen in weit abgelegenen Gebieten zu helfen, schickt APDK sogar mobile Kliniken los. Deren Mitarbeiter operieren vor Ort, sie passen orthopädische Hilfen an und bilden Mütter aus, damit die ihre behinderten Kinder später selbst therapieren können.

Wer sein Kind nicht selbst versorgen kann oder will, gibt es meist in ein Heim. »Eines unserer Kinder wurde kurz nach der Geburt auf den Friedhof gelegt – zum Sterben; ein anderes haben wir im Straßengraben gefunden, weggeworfen wie Müll«, erzählt Jonathan Mboya vom *Dagoretti Children Center* in Nairobi, das 250 behinderte Kinder betreut. Obwohl Polio in den letzten dreißig Jahren durch breit angelegte Impfaktionen internationaler Hilfsorganisationen in vielen afrikanischen Ländern stark zurückgegangen ist, leiden die meisten der *Dagoretti*-Kinder noch immer an Kinderlähmung.

In dem Heim, das vor allem durch die amerikanische Organisation *Feed the Children* finanziert wird, lebt Catherine Nyawira Wangui. Als sie dreijährig hier her kam, litt das viel zu kleine Mädchen unter Spasmen. Sie war es gewohnt, den ganzen Tag mit krummem Rücken und verdrehtem Kopf auf dem Boden zu liegen, während sie ins Leere starrte und ihr der Speichel aus dem Mund lief. Heute ist das Mädchen sechs Jahre alt und so klein wie eine Zweijährige. Obwohl sie noch immer die gekrümmte Stellung bevorzugt, hat sich ihr Zustand durch tägliche Physiotherapie wesentlich verbessert: Catherine kann mittlerweile sitzen, ganze Sätze sagen, selbständig die Zähne putzen und die Haare bürsten, Tee trinken und Bescheid geben, wenn sie zur Toilette muß. »Wenn sie sich auf einen Tisch stützt, kann sie sogar alleine stehen«, sagt Jonathan Mboya, der Catherine betreut.

Zu einem maßgeblichen Bestandteil ihres Fortschritts ist die wöchentliche Reittherapie geworden, an der sie mit neun anderen *Dagoretti*-Kindern teilnimmt. Catherine ist die einzige, die sich wegen ihres krummen Rückens nicht alleine auf dem Pferd halten kann. Deshalb sitzt sie vor dem Sattel und wird von einer Reiterin hinter ihr festgehalten. Ihre nackten Füße liegen auf dem warmen Fell des Pferdes, das von einem Helfer geführt wird. Musik ertönt, das Pferd setzt sich in Bewegung, Catherine wird hin und her geschaukelt und beginnt unwillkürlich zu lachen.

»Gerade für diejenigen Kinder, die nicht laufen können, ist das Reiten eine wichtige Erfahrung: Es ist eine Bewegung, die dem Gehen sehr ähnlich ist«, sagt Sue Anderson, die die Vereinigung Reiten für Behinderte 1997 ins Leben gerufen hat. Die Bewegung des Pferdes verlangt von den Kindern, ihre Balance zu halten. »Das stärkt die Muskeln, die sie sonst nicht gebrauchen«, sagt die Krankenschwester und Reitlehrerin. Sie beginnt mit verschiedenen therapeutischen Übungen und setzt dabei Bälle, Spielsachen und bunte Reissäckchen ein, so daß die Kinder spielerisch beweglicher werden. Während sie Hubschrauber spielen, ihre Hüften drehen und mit den Armen rudern, trainieren die Kinder schwache Gelenke und Körperpartien. Die ehrenamtlichen Helfer überprüfen die Fortschritte, ermutigen und unterstützen die Kinder bei der für sie oft schwierigen Koordination von Sehen, Greifen und Balancehalten.

»Nach der Reittherapie«, sagt Jonathan Mboya, »sind die Kinder mindestens zwei Tage lang ruhig und konzentriert, sie werfen keine Sachen herum, hören besser zu, ihr Selbstvertrauen ist größer und in der Schule sind sie fleißiger.« Am stolzesten ist er aber auf Duncan. »Stellen Sie sich vor: Vor einem Jahr kam er auf Krücken daher, aber die hat mittlerweile ein anderes Kind bekommen.« Duncan kann jetzt nämlich ohne Krücken laufen.

Volker Riehl

Steinzeit im Staat?

Vom Leben und Überleben traditioneller Gesellschaften

In Afrika gehen unterschiedliche Ethnien (früher nannte man sie Stämme) sehr verschieden mit dem Versuch von Regierungen um, sie in das Staatswesen zu integrieren. Die *Tallensi* in Ghana widersetzen sich der Vereinnahmung, während die *Baganda* in Uganda in den Staat eingegliedert werden. Die *Tallensi* in der westafrikanischen Savanne haben mit den ostafrikanischen *Baganda* der Großen Seen in etwa soviel zu tun wie die Bayern mit den nordafrikanischen Berbern. Doch sagt ein Vergleich viel aus über die Wahrnehmung dieser Ethnien. Die *Tallensi* gelten als unterentwickelt und rückständig, während die *Baganda* als modern angesehen werden.

Am 27. August 1999 heiratet in Kampala Ronald Muwenda Mutebi II., der König der *Baganda*, Sylvia Nagginda Luswata Ssebugwawo. Der Hügel um den Königspalast *lubiri* ist bunt von Zuschauern und Gästen aus dem In- und Ausland. Zurückhaltende Schätzungen sprechen von einer halben Million Besuchern. Das entspricht der Hälfte der Einwohner Kampalas. Pressevertreter aus vielen Ländern sind anwesend, das ugandische Fernsehen überträgt die Hochzeit live. Die neue Königin im weißen Brautkleid (*made in India*) mit einer zwölf Meter langen Schleppe verzieht keine Miene, ganz feudale Seriosität.

Ronny, wie der König liebevoll von seinen Untertanen genannt wird, leidet sichtlich unter seinem dicken Zeremonialgewand und der zwei Kilogramm schweren zylindrischen Goldkrone. Es ist heiß in der Mittagssonne am Äquator. Vor fast genau einem Jahr trauerte Uganda um Lady Diana. Man munkelt, daß der Pomp der Zeremonie der Traumhochzeit von Di und Charles nachempfunden wurde. Rede reiht sich an Rede, die Stunden vergehen in gähnender überzeremonieller Langeweile. Doch dann erreicht die afrikanische Märchenhochzeit ihren Höhepunkt. Ein ohrenbetäubender Aufschrei geht durch die Menge, als der König die mehrere Meter hohe Hochzeitstorte anschneidet. Die riesige Zuckertorte wird in kleinste Stücke geschnitten und an die Besucher verteilt.

Völkerkundler streiten sich noch, wo genau dieser Ritus einzuordnen ist: irgendwo zwischen Entjungferungs- und Opferritual. Bei einer bürgerlichen ugandischen Hochzeit würde sich das Paar jetzt gegenseitig füttern, um so die Verantwortung füreinander symbolisch zu bekräftigen, doch ein König der *Baganda* ißt nicht in der Öffentlichkeit.

Die fünf Millionen *Baganda* leben in Zentraluganda am Viktoriasee. Das Klima könnte nicht idealer sein. Es erinnert an einen durchgehend warmen österreichischen Sommer: nie zu heiß oder zu kalt und immer genug Regen. Das Land ist so fruchtbar, daß das Grundnahrungsmittel der *Baganda*, die grüne Kochbanane, ihnen sprichwörtlich in den Mund wächst. Hungersnöte hat es hier noch nicht gegeben.

Die Dynastie der *Kabaka*, der Könige von Buganda, reicht bis ins 15. Jahrhundert zurück; vermutlich ist sie noch viel älter. Noch bis zur vorletzten Jahrhundertwende lebten die *Baganda* in ihrem primären Staat mit einem absolutistischen, erblichen Königtum. Ganz Buganda war überzogen mit einem hierarchischen System voneinander abhängiger und tributpflichtiger Häuptlingsreiche, die sich in Clans aufteilten. Ganz im Sinne einer klassischen Staatsorganisation gab es ein Kabinett, eine Berufsarmee, die, falls nötig, mit Reservisten aufgestockt werden konnte, Gerichtshöfe, Gefängnisse und eine Staatsverwaltung. Alljährlich wurden Kriegszüge organisiert, mit dem Ziel der Unterwerfung anderer Königstümer, seiner Menschen und Ländereien.

An der Spitze stand der *Kabaka*, der absolute politische und religiöse Herrscher. Alle politische, religiöse, judikative und exekutive Macht kulminierte in seinem Amt und seiner Person. In der langen Ahnenreihe gab es moderate und kluge, aber auch überaus brutale und grausame Herrscher, die mit einer Handbewegung den Befehl zur Exekution Tausender von Menschen gaben. Der Urgroßvater von Ronald Mutebi II., dem heutigen *Kabaka*, war noch solch ein Killerkönig. Wie paßt, fragt man sich, ein feudales Königstum in ein junges, ostafrikanisches Uganda, in einen klassischen Staatsaufbau?

Doch gehen wir zunächst nach Tenzug in Ghana, zum Fruchtbarkeitsfest der *Tallensi*, *golib* genannt. Es ist der 27. März 1989, und
das Fest nähert sich dem Höhepunkt. Die entlegene Hochebene in
den Hügeln glüht vor Hitze. Tausende von Menschen umgeben die
Tanzkreise der Clans der *Tallensi*. Ekstatische Gesänge, beißender
Schweißgeruch und der von den Tänzern aufgewirbelte Staub erfüllen jetzt, am Ende der Trockenzeit, die Luft. Die Atmosphäre ist
gespannt – trotz der ausgelassen wirkenden Stimmung. Plötzlich halten Tänzer und Zuschauer inne. Eine lange Reihe von Erdpriestern,
würdevoll mit den Häuten von Wildtieren bekleidet, schreitet in die
Mitte. Sie verteilen symbolische Mengen von Hirsekörnern an die
Vorsteher der Clans. Diese gesegnete Ursaat wird später mit dem übrigen Saatgut gemischt.

Auch hier zerreißt ein massenhafter Aufschrei den meditativen
Zauber dieser esoterischen Zeremonie. Zwei Kultobjekte, das männliche *sakpatur* (Federbündel) und das weibliche *sakpatur* (weibliche
Holzstatue mit den gebündelten Schwänzen von Säugetieren) werden
von den Tänzern der jeweiligen Clans als tanzendes Paar auf und
nieder bewegt, bis sie sich verbinden und die heilige Kopulation voll-
führen. Die rituelle Befruchtung der vorher verteilten Hirse ist vollzogen. Ohne diesen Vereinigungsakt würde es in der folgenden An-
bauperiode keine Hirse geben. Wie jedes Jahr fällt an diesem Tag der
erste Regen.

Die *Tallensi* sind ein Volk von nur hunderttausend Menschen. Sie
leben im entlegenen Norden von Ghana, tausend Kilometer nördlich
der Hauptstadt Accra in einem Gebiet so groß wie Hamburg. Diese
Ackerbauern im Halbwüstenklima der Sahelzone bauen meist Hirse
an. Technologisch stehen sie auf dem Stand der älteren Steinzeit: Einfache Hacken werden zur Bodenauflockerung benutzt, die Hirse auf
Granitfelsen gemahlen. Die Ernte reicht kaum zum Überleben. Jedes
Jahr gibt es Hungerzeiten.

Das politische System der *Tallensi* wird als *akephal* (»kopflos«)
bezeichnet. Es gab und gibt keine Könige oder Häuptlinge, die politische Macht besitzen. Die höchste Form des politischen Ausdrucks
sind die Ältestenräte der Clans, die nicht gewählt werden, sondern
durch Konsensbeschluß ins Amt kommen. Sie sind es, die Strafen gegen Normbrecher festlegen und bei Disputen beraten.

Bei den *Tallensi* gibt es keine Gefängnisse oder Polizei, keine stehenden Armeen, keine Erbfolge, es existiert keine Verwaltung und keine Bestechung. Krieg gibt es weder als Begriff in der Sprache noch als Tatbestand. Die *Tallensi* leben herrschaftsfrei in einer staatslosen Gesellschaftsform, obwohl sie ja im Staat Ghana leben. Man nennt diese Lebensform »regulierte Anarchie«.

Die Kolonialmächte in Afrika konnten schon aus verwaltungstechnischen Gründen während der Aufteilung des Kontinents mehr mit einem Königtum anfangen als mit einer herrschaftsfreien Gesellschaft wie jener der *Tallensi*. So war das Bewußtsein, unterworfen zu werden, bei den *Baganda* wesentlich stärker entwickelt als bei den *Tallensi*.

Antikolonialen Widerstand zur Verteidigung einer Lebens- und Gesellschaftsform gab es bei den *Baganda* so gut wie nie. Die Briten unterwarfen den *Kabaka,* und der befahl die Unterwerfung seiner Untertanen. Das neue Protektorat Uganda wurde um 1900 Teil des britischen Empire. Nach der Unabhängigkeit Ugandas hieß der erste Präsident des Landes Mutesa I., der Vater des jetzigen *Kabaka*. Das rief erhebliche Kritik bei den 38 anderen Ethnien Ugandas hervor. Denn hier verband sich zum ersten Mal traditionell-absolute mit staatlicher Macht.

Ende der sechziger Jahre wurde dieser Zustand beendet. Der Präsidentenkönig floh ins Exil. Für 25 Jahre gab es keine Könige mehr in Uganda. Heute ist das anders. Denn bereits 1993 wurden vom Präsidenten Ugandas, Yoweri Kaguta Museveni, drei der fünf Königtümer wieder zugelassen. Die Könige sollten ihre kulturelle Macht zurückerhalten. Und Musevenis Strategie ging auf. Der König und der Präsident kommen einander nicht ins Gehege.

Höflich stehen Präsident und First Lady beim Hochzeitsphoto neben dem glücklichen Brautpaar, und der *Kabaka* gratuliert dem Präsidenten am Jahrestag der Machtübernahme. Die *Baganda* haben sich mit der Staatsmacht arrangiert, sie sind, wenn man so will, reif für den Staat geworden.

Die *Tallensi* waren die letzte Ethnie, die von den Briten im Zuge der Eroberung der früheren Goldküste besiegt wurden. Solche herrschaftsfreien Gesellschaften waren immer zutiefst antikolonial eingestellt. Die Briten holten sich bei der Unterwerfung eine blutige Nase.

Da es bei den *Tallensi* keine Könige und Häuptlinge gibt, konnten die Briten auch keine ins Exil schicken. Also deportierten sie gleich alle Menschen. Für 25 Jahre lebten alle *Tallensi* im Exil im Nachbarland. Sie durften erst zu Beginn der 1930er Jahre in das Land ihrer Ahnen zurückkehren.

Manche Völkerkundler behaupten, daß staatslose Gesellschaften wie die der *Tallensi* unterentwickelt seien und nicht die Kapazität besitzen würden, zentrale Herrschaftsformen zu entwickeln. Diese Meinung ist in etwa so richtig, wie die, daß man vom Küssen schwanger wird. Die *Tallensi* sind sich sehr wohl ihres politischen und gesellschaftlichen Systems als Wert und positive Lebensform bewußt und paßten es den veränderten Staatsbedingungen an.

Würden die *Tallensi* am Viktoriasee in Uganda leben, wäre von ihrem politischen System nichts mehr übrig, als Geschichten am Kochfeuer. Dann wäre das Fruchtbarkeitsfest *golib* abendliche Touristenattraktion vor dem Sheraton-Hotel. Der Ort, besser die geografische Lage zu Metropolen und staatlichen Machtzentren, war in Afrika wichtig für die Zerstörung oder den Erhalt politischer Identität.

Politische Herrschaft ist sehr häufig gekoppelt mit wirtschaftlicher Macht. Obwohl der ugandische *Kabaka* keine politische Macht besitzt, ist er doch reich, sehr reich sogar. Doch ein afrikanischer Staatschef könnte niemals einen gleichrangigen *chief* neben sich dulden. Also verbannt Präsident Museveni das Königtum in das Reich der Folklore, in einen ähnlichen Zustand, in dem sich auch die Windsors in Großbritannien befinden.

Die *Baganda* haben es heute sicher schwerer, ihr Königtum zu erhalten als die *Tallensi* ihre regulierte Anarchie. Denn ein primärer Staat stellt immer eine real existierende Konkurrenz zum afrikanischen Staat dar. Herrschaftsfreiheit und Staatslosigkeit bei den *Tallensi* kann dagegen schnell als unterentwickelt, primitiv und rückständig verunglimpft werden.

Afrikanische Königtümer sind in ihrem Anpassungsstreben an die neuen staatlichen Gewalten, wenn man so will, monolithisch-behäbig, wie nach einem schweren Mittagessen von Kochbananen in der zentralafrikanischen Mittagshitze. Die *Tallensi* dagegen reagieren auf staatliche Einflußnahmen eher pfiffig und flexibel, wie nach einem leichten Mangofrühstück.

Ein Relikt der britischen Kolonialpolitik ist die Kopfsteuer, in der Sprache der Tallensi *lanpu*. Bei einem Versuch der Finanzamtsmitarbeiter in Ghana, die Kopfsteuer einzutreiben, wurden dieselben mit von Zwillen abgefeuerten Geschossen vertrieben. Als daraufhin die ghanaische Polizei anrückte, verließen alle ihre Gehöfte, bis auf die Kinder und die Alten, die steuerfrei waren. Nur jeweils ein steuerpflichtiger Erwachsener bezahlte die Steuerschuld. Seine Steuerbescheinigung wurde dann immer an denjenigen weitergereicht, der sich auf Reisen begab, um bei möglichen Kontrollen nachweisen zu können, daß er Steuern gezahlt hatte.

Peter Ripken

Heimatländer der Phantasie

Wer keine Literatur hat, vergißt die Zukunft

Afrikas vielfältige Literaturen haben weltweit Anerkennung gefunden, afrikanische Autoren viele Auszeichnungen erhalten. Auch in
Deutschland finden Romane und Erzählungen aus Afrika begeisterte
Leser. Doch mehr als bei Büchern aus anderen Kontinenten wird immer wieder gefragt: Was erzählt uns afrikanische Literatur eigentlich
von afrikanischer Wirklichkeit heute? Wo finden in afrikanischer Literatur die großen kulturellen Traditionen des Kontinents ihren Wi-
derhall? Warum schreiben Afrikas Autoren vorwiegend in Englisch,
Französisch oder Portugiesisch, aber nicht in afrikanischen Sprachen?

»Afrika gibt es nicht!« So lautete vor Jahren der Titel eines Buches
einfühlsamer Reportagen eines Schweizers nach vielen Jahren als
Auslandskorrespondent. In der Tat: Viele Menschen in Europa haben
den Kontinent Afrika abgeschrieben, weil es einfach mehr Krisen,
Katastrophen und Kriege in vielen Regionen Afrikas gibt, als man ge-
meinhin in Europa verkraften kann. Politisch und wirtschaftlich ist
Afrika seit langem im Abseits.

Gerade gegen diesen Status quo schreiben die meisten Autoren
Afrikas an. Sie wehren sich vehement gegen falsche Zuschreibungen,
gegen Mißverständnisse, leiden darunter, daß Europa so viele eigen-
artige Vorstellungen auf Afrika und auch auf Afrikas Literaturen
projiziert. Ihre Aufgabe wird nicht eben leichter dadurch, daß das
Buch in den meisten Ländern einen schweren Stand hat. Afrika ist
der Kontinent mit der geringsten Buchproduktion pro Kopf der Bevölkerung. Nur 2,5 Prozent der Bücher weltweit werden in Afrika
gedruckt. Das Verlagswesen darbt in vielen Ländern, in manchen
Staaten Afrikas gibt es nur kleine Schulbuchproduzenten. »Läuft die
Wirtschaft«, so der nigerianische Autor Ben Okri, »dann folgt bald

ein gutes Verlagswesen, und dann beginnen die Menschen zu lesen. Wenn sich die Menschen aber vor allem darum kümmern müssen, ihr tägliches Brot zu bekommen und einen Platz zum Wohnen, dann ist das Lesen von Büchern eine unwichtige Angelegenheit für sie. Lesen verbindet man mit Luxus, betrachtet man noch nicht als ernsthaften Bestandteil der Kultur.«

Die Wohlhabenderen, die sich Bücher leisten könnten, haben andere Werte, so wie in Nigeria, wo nicht mehr Bildung, Wissen, Kultur und Kreativität gesellschaftliche Leitvorstellungen symbolisieren, sondern Besitz, Macht und die Strategie des *get rich quick*. Und trotzdem gibt es Millionen junger Menschen, die nicht nur für die Schule oder Examina lesen, die »ihre« Autoren verehren, selbst wenn sie sich deren Bücher nur unter Mühen beschaffen können, etwa aus oft vernachlässigten oder zufällig bestückten Bibliotheken. Das Wort *book famine*, das in der afrikanischen Diskussion immer wieder ins Feld geführt wird, bedeutet eben auch, daß die Leute lesen wollen, aber ihren Lesehunger nicht unbedingt befriedigen können.

Die zeitgenössische Literatur Afrikas ist in einer geradezu pervers entfremdeten Lage. Nicht nur die Autoren, die nicht in ihrer Heimat leben (wie Soyinka, Farah, Okri, Monénembo) lassen ihre Bücher in Verlagen in Paris oder London erscheinen. Auch für viele Autoren in afrikanischen Ländern ist es erstrebenswert, in Europa in großen Verlagen verlegt zu werden. So finden sie ihre Leser überwiegend in Europa und Nordamerika. Selbst der Roman »Knochen« von Chenjerai Hove, zuerst in Hoves Heimat Simbabwe erschienen, erreichte nur ein Zehntel seiner Gesamtauflage auf dem afrikanischen Kontinent. Doch derlei bedrückende Lagebeschreibungen lassen leicht übersehen, wie lebendig der literarische Kontinent trotz allem ist.

Seit Hegels Diktum von der Geschichtslosigkeit Afrikas ist die Vorstellung, Afrika besitze keine geistigen Schätze, in Europa selbst bei Gebildeten immer noch im Schwange. Afrikas Intellektuelle erschöpften sich – so heißt es immer wieder – in der Kritik der verhängnisvollen Folgen von Sklavenhandel und Kolonialismus. Die Misere des Kontinents sei Ergebnis des Kolonialismus und seiner Spätfolgen. Einst sei in Afrika nach Gold gegraben, nach Elfenbein gejagt worden, Afrika hätte billige Arbeitskraft geliefert. Aber es gab halt nur Kulturen ohne Schriftlichkeit, und die galten als primitiv.

Mündliche Überlieferung – manche sprechen von Oratur oder oraler Literatur – ist wichtiger Quell für geschriebene Literatur, die sich auch aus anderen Quellen speist. Traditionelle Überlieferung sprach vom ganzen Menschen, über seine Beziehung zu den Göttern und zu den Ahnen, über die Beziehungen der Menschen untereinander, über die Intimität zwischen Mensch und Natur, über die Zyklen des Lebens, über den Raum, den die Lebenden und die Toten miteinander teilen. Sie bewahrte Geschichte, lehrte Tugend und sprach Recht. Noch heute gilt: Das Wort ist magisch, und besonders ein Alter, der eine im Grunde bekannte Geschichte auf neue, interessante Weise erzählen kann, wird hochgeschätzt. »Mit jedem Greis, der stirbt, verbrennt eine Bibliothek.« Dieser Satz des großen Weisen der afrikanischen Literatur, dem um 1900 im westafrikanischen Mali geborenen Amadou Hampâté Bâ, der nach einem Leben voller Arbeit an der Sammlung von Geschichten und Legenden, den oralen Traditionen der westafrikanischen Völker, 1991 starb, ist auch heute noch programmatisch für einen wichtigen Zweig der Literaturen Afrikas.

Doch Afrikas Autoren beziehen sich nicht nur auf orale Traditionen. Immer wieder steht die Frage im Raum: »Warum schreiben Sie in der Sprache der kolonialen Vergangenheit, die die meisten Menschen in Ihrem Lande kaum sprechen, geschweige denn lesen?« Typisch die Antwort des Sängers und Romanciers Francis Bebey, der das Französische verteidigt: »Seien wir ehrlich: Meine Muttersprache Duala wird von dreihunderttausend Menschen gesprochen. Wenn ich in Duala schriebe, hätte ich kaum zweihundert Leser. Wenn ich Französisch benutze, trage ich dazu bei, unsere Welt der übrigen Welt bekanntzumachen.«

Die Frage bleibt: »Wie aus einer afrikanischen Sprache übersetzen?« Ngugi wa Thiong'o aus Kenia schreibt seit langem in seiner Muttersprache Kikuyu. Aber wer übersetzt aus dem Gikuyu ins Deutsche oder Französische? Seinen eminent politischen Roman »Matigari« (Wuppertal 1991) über eine messianische Heldenfigur können wir nur lesen, weil der Autor die Übersetzungen seiner Romane ins Englische fördert. Es ist kein Wunder, daß die meisten Bücher afrikanischer Autoren, die wir hierzulande wahrnehmen, aus dem Englischen, Französischen oder Portugiesischen übersetzt sind.

Besonders der Roman – das Genre, das Europas Literatur groß gemacht hat – verdankt in Afrika wesentliche Impulse dem realistischen Roman Europas des 19. Jahrhunderts, zumal die wichtigsten Romane afrikanischer Autoren erst in den letzten vierzig Jahren entstanden sind. Ist der afrikanische Roman, nachlesbar etwa in den Werken von Wole Soyinka, Chinua Achebe, Sembène Ousmane, Ngugi wa Thiong'o oder Nuruddin Farah, also Produkt einer Art »nachholender Modernisierung«? Oder ist »afrikanisches« Erzählen doch nur eine Variante der mündlichen Überlieferung, des Geschichtenerzählens unter dem *Baobab*-Baum? Der weise Alte, der den jungen Menschen im Dorf das erzählt, was erzählens- und aufbewahrenswert ist: Das ist heute in vielen afrikanischen Gesellschaften nur noch Erinnerung, hat seine Bedeutung längst an Fernsehen und Radio abgetreten.

Wie erzählen also heute Afrikas Autoren von einem Afrika, das keineswegs heil ist und seine Traditionen vergißt? Die wichtigsten Autoren erzählen heute nicht mehr »geschichtenförmig«; auch in Afrika hat die »Geschichtendestruktion«, die den modernen Roman seit Musil kennzeichnet, ihren Ort. Wo sich »Geschichte« zersetzt, als Zerfall von Ordnung hervortritt, lassen sich eben nicht mehr so einfach »Geschichten« wie unter dem *Baobab*-Baum »erzählen«, wie das früher möglich gewesen sein mag. »Zeit der Gesetzlosigkeit« (Berlin 1986) ist der programmatische Titel eines wichtigen Romans des Nobelpreisträgers Wole Soyinka: Es läßt sich wohl nur parabelhaft von einer Zeit der »Gesetzlosigkeit« erzählen, die in Afrika wütet. Sony Labou Tansi kann in dem Roman »Verschlungenes Leben« (Zürich 1981), der wie kaum ein anderer stilbildend war und Nachahmer fand, nur in phantasmagorisch-allegorischer Übertreibung erzählen, was Diktatur bedeutet. Ahmadou Kourouma baut seinen Roman »Die Nächte des großen Jägers« (Wuppertal 2000) um die großen Diktatoren Afrikas so auf, daß er traditionelle Barden und Hofschranzen in sechs Nächten in geradezu grotesker Mündlichkeit die verwickelten Geschichten noch einmal nacherzählen läßt.

Viele Texte afrikanischer Autoren kennzeichnet die komplexe Mischung von erzählenden Elementen mit lyrischen Einsprengseln, die oft aus der Bilderwelt afrikanischer Kosmogonien stammen, eine Verfahrensweise, die als durchaus »modern« erscheint. Bezeichnend ist dabei, wie mit der Volksweisheit aus oraler Tradition umgegangen

Der kenianische Bibliotheksdienst liefert Bücher im Norden Kenias per Kamel in entlegene Dörfer aus. Die Kamele sind widerstandsfähiger und günstiger im Unterhalt als ein Bibliotheksbus.

wird: Sie erscheint oft als Sentenz, als zitiertes Sprichwort, als aufgesetzt auf einen Text, der in gepflegter Literatursprache daherkommen mag. Aufregend wird es dort, wo etwa in Chenjerai Hoves Romanen »Knochen« (München 1991) und »Schattenlicht« (München 1996) die »fremde« Literatursprache gewissermaßen gereinigt und die Muttersprache *chiShona* künstlerisch genutzt wird:

Herausgekommen ist in »Knochen« durch die Verbindung von Geschriebenem und Gesprochenem (Oratur) ein neuer Rhythmus. Es sind aufgeschrieben die Stimmen derjenigen, die die Heldin Marita, eine einfache, aber starke Frau und Landarbeiterin, auf der Suche nach ihrem einzigen Sohn, der sich den Befreiungskämpfern angeschlossen hat, beschwören. Volksweisheit wird nicht als Sentenz nur zitiert, sondern in die Erzählweise so eingebaut, daß in der Erinnerung kaum Vergangenes zu Neuem gerinnt: Geschichte nicht als Schilderung der Abfolge von Ereignissen, sondern als vielfältige Brechung der Erfahrung von Menschen. Auch Yvonne Vera (Simbabwe) schafft in ihren Romanen »Nehanda« (Eggingen 2000) und »Frau ohne Namen« (München 1997) eine neue poetische Sprache, indem sie auch aus traditionellen Bilderwelten schöpft.

Anders als in Frankreich oder Deutschland, wo Innerlichkeit, Ich-Bezogenheit und Personenzentriertheit die Literatur der letzten Jahrzehnte prägte, ist die Literatur Afrikas eng an den Gang der neueren Geschichte gebunden. Die bedeutendsten Autoren Afrikas haben die Unabhängigkeit vom kolonialen Joch mit herbeigeschrieben, haben auch den Aufbruch neuer Staaten und Gesellschaften literarisch vorweggenommen; viele Autoren haben früh verhängnisvolle Fehlentwicklungen der neuen Staaten und Gesellschaften in Romanen, Gedichten oder Essays aufgezeigt. Exemplarisch Ayi Kwei Armah (Ghana) mit »Die Schönen sind noch nicht geboren«, einer schonungslosen Abrechnung mit der Diktatur Kwame Nkrumahs. Eine vorübergehende Allianz mit der Politik hat sich längst aufgelöst in mehr oder minder freiwilliges Exil, in dem viele afrikanische Autoren einen neuen Ort ihrer literarischen Betätigung zu finden haben.

Immer wieder haben sie sich dabei den »großen« Themen zugewandt. Dazu gehört der Platz, der europäischer Zivilisation, die den meisten Afrikanern nur als brutale Kolonisierung entgegentrat, in Afrika zukam und zukommt. In den frühen Romanen von Chinua

Achebe (»Okonkwo oder das Alte stürzt«), bei Cheikh Hamidou Kane (»Der Zwiespalt des Samba Diallo«), bei Ahmadou Korouma in seinem Roman »Der schwarze Fürst« (Wuppertal 1980) geht es immer wieder in der Auseinandersetzung um Kolonialismus und seine Folgen letztlich um den Zusammenprall epochaler Kräfte.

So übt der Filmemacher und Romancier Sembène Ousmane in »Xala« und »Guelwaar« (beide Wuppertal 1997) scharfe Kritik an afrikanischem Obskurantismus und der Intoleranz zwischen den verschiedenen Religionsgruppen. Der kenianische Autor Meja Mwangi, der schon früh einen kritisch-ironischen Blick auf die Großstadt richtete, wendet sich mit »Die achte Plage« (Wuppertal 1997) einem der wichtigsten zeitgenössischen Probleme Afrikas zu: Auf spannende Weise erzählt er vom Kampf gegen Aids. Dem 1995 gehängten Ken Saro-Wiwa geht es in seinem Roman »Sozaboy« (München 1998) um nichts weniger als eine falsche naive Kriegsbegeisterung, die das Unglück Nigerias noch beschleunigte. Auch der Kampf gegen Apartheid oder weißen Siedlerkolonialismus ist immer wieder zentraler Stoff, wie bei Shimmer Chinodya mit »Dornenernte« (Bad Honnef 1991) oder Chenjerai Hove mit »Knochen«, die beide jeglicher Heroisierung abhold sind.

Die vielleicht wichtigste Tendenz des neuen Schreibens in Afrika verläuft eher quer zum von Politik dominierten Diskurs: Mehr und mehr schaffen Frauen sich selbst die Bedingungen dafür, sich auch literarisch auszudrücken. Tsitsi Dangarembga mit »Der Preis der Freiheit« (Reinbek 1991) und Yvonne Vera aus Simbabwe und Zaynab Alkali »Tot geträumt und still geboren« (Zürich 1991) aus dem Norden Nigerias sind dafür beredte Beispiele. Sie schreiben aus einer besonderen Perspektive, erzählen vom Schicksal von Frauen. Doch wird die allgemeine Perspektive von zerstörerischen Gesellschaftsordnungen und Werthaltungen immer deutlich. Auch Buchi Emecheta, die weltweit wohl erfolgreichste afrikanische Autorin, erzählt lebendig von starken Frauen, gerade wenn diese etwa im heutigen England hart kämpfen müssen. Und Ama Ata Aidoo (Ghana) scheut sich nicht, mit »Die Zweitfrau« (Göttingen 1998) einen ironischen, ja feministischen Liebesroman vorzulegen. Noch immer ist für viele Männer in Afrika und Europa die gebildete, selbstbewußte Afrikanerin, die auch noch schreibt, eine Provokation: So wurde die in

Paris lebende Kamerunerin Calixthe Beyala (»Jenseits von Duala«, Bern 1998) ganz einfach des Plagiats (bei Ben Okri) geziehen, als sich die Kritiker ihren Erfolg beim französischen Lesepublikum nicht so recht erklären konnten.

Die achtziger Jahre sind oft als Zeit der literarischen Dürre in Afrika beschrieben worden; viele Autoren schwiegen, neue Talente waren kaum in Sicht. Doch in den neunziger Jahren gab es plötzlich neue Stimmen. Ben Okri nähert sich mit seinen Romanen »Die hungrige Straße« (Köln 1994) und »Verfängliche Liebe« (Köln 1996) dem in Lateinamerika erfolgreichen Rezept eines »magischen Realismus« an, greift aber auch auf seinen Landsmann Amos Tutuola zurück, für den die Lebenden und die Toten im Reich der Geister wichtiger sind als die schnöde Realität.

Syl Cheney-Coker (Sierra Leone) geht in seinem Roman »Der Nubier« (Wuppertal 1996) mit mehrhundertjähriger Geschichte so um, daß Wirklichkeit und Magie zu einer eigenen literarischen Einheit werden. Emmanuel Dongala findet in »Kinder von den Sternen« (Wuppertal 2000) für die Übergänge seines Heimatlandes Kongo von einer marxistisch-leninistischen Diktatur zu einer Art Demokratie, also einem eher klassischen politischen Thema, wieder ganz neue Bilder, witzig, kritisch, satirisch.

Kojo Laing aus Ghana erfindet in dem Roman »Die Sonnensucher« (München 1995) über die Stadt Accra gar eine neue Sprache: In sein Englisch mischen sich Elemente des Pidgin und vom Autor selbst geschaffene Neologismen, eine Herausforderung für den Übersetzer und ein Vergnügen für den Leser. In ähnlich souveräner Weise geht der Mosambikaner Mia Couto in seinem Roman »Das schlafwandelnde Land« (Frankfurt 1994) mit dem Portugiesischen um: In einem schonungslosen Psychogramm des Krieges in Mosambik läßt Mia Couto Personen auferstehen, die sich ihre Träume nicht zuletzt dadurch bewahren, daß sie sich in einer neuen Sprache mit der schrecklichen Wirklichkeit auseinandersetzen.

Heute beschreiten die literarischen Enkel der großen Alten wie Achebe, Senghor, Camara Laye oder Amadou Hampâté Bâ neue Pfade, stellen sich der Aufgabe, die neuen Wirklichkeiten, die vielleicht auch die alten sind, literarisch zu erfassen. In der Diskussion über Afrikas Literaturen, so wie sie in Europa und Nordamerika eifrig blüht, werden für diese »neuen alten Unübersichtlichkeiten« passende Schlagwörter gesucht. Abdurahman Waberi, Erzähler skurriler Geschichten aus Djibouti (»Legende von der Nomadensonne«, München 1998), der seit zehn Jahren in Frankreich lebt, spricht von einer »Bastardgeneration«, andere von der »Generation nach der Dekolonialisierung«.

Eines ist vielen der Jungen gemein: Sie leben im Ausland und fiktionalisieren die ferne Heimat, erarbeiten sich eine eigene literarische Heimat, die von der Erinnerung und nicht von einem geteilten und miterlebten Alltag lebt. Das Bestreben, solche »Heimatländer der Phantasie« (Salman Rushdie) zu erschaffen, das Bedürfnis, das Eigene in die allseits dominante eurozentrische Kultur einzuschmuggeln, befreit diese Autoren von der Besessenheit mit Tagespolitik, der ihre Väter und Großväter oft genug erlegen waren. Utopische Erwartungen, die von der Realität der ersten Jahrzehnte der Unabhängigkeit so bitter enttäuscht wurden, haben sie nicht mehr. Auch die einfachen klaren Geschichten und sozial engagierten Dokumente der Vergangenheit sind ihre Sache nicht mehr. So drückt der junge Nigerianer Biyi Bandele-Thomas (»Bozo David Hurensohn«, Frankfurt 1991; »kerosin mangos«, Frankfurt 1993; »In London keine Regenzeit«, Frankfurt 1997) in seinen vielschichtig erzählten Romanen das Lebensgefühl entwurzelter nigerianischer Jugendlicher aus, die nur ein völlig anarchisch-»modernes« Nigeria und allenfalls noch ein ebenso kaputtes London kennen.

Viele jüngere Autoren versuchen sich an Formen, die der komplexen, quirligen, vielfältigen und vielsprachigen Realität des modernen Afrika entsprechen. So mischen sich bei zornigen *Rap*-Poeten wie Lesego Rampolokeng (Südafrika) Anklage mit einem höchst bewußten Rückgriff auf traditionelle Formen, während Chirikure Chirikure aus Simbabwe seine Lyrik in seiner Muttersprache *chiShona* auf witzige Weise mit Gesang vorzutragen versteht. Viele dieser literarisch neuen Pfade gelangen schon aufgrund der Sprachbarriere kaum über die Landesgrenzen hinaus. Doch für die Entwicklung einer neuen poetischen Sprache Afrikas sind sie unabdingbar, so wie Ende der sechziger Jahre Okot p'Bitek mit seinem ursprünglich in Acholi geschriebenen Epos »Lawinos Lied« (Wuppertal 1998) die afrikanische Literatur um eine neue Dimension bereicherte.

Auch wenn immer noch ein wichtiger Teil der neueren Literatur Afrikas an den politischen Diskurs des Kontinents gebunden ist: Als Freibrief, Literatur auf politische Aussagen zu reduzieren, ist dies nicht zu verstehen. Romane und Gedichte afrikanischer Autoren sind nicht vornehmlich Dokumente des Emanzipationsprozesses, um den Afrika sich müht; sie lassen sich eben nicht lesen als Nachschlagewerke für Befreiungskämpfe oder politische Auseinandersetzungen. Zwar sind die bedeutenden Romane von Nurrudin Farah aus Somalia (»Maps«, Zürich 1992, und »Geheimnisse«, Frankfurt 2000), einem der wichtigsten afrikanischen Autoren, auch Bücher über die somalische Gesellschaft; aber mehr noch sind sie Romane über psychologische Befindlichkeiten universeller Art.

Viele afrikanische Autoren sind es leid, als literarische Botschafter ihrer Länder angesehen zu werden. Das ist freilich keine unpolitische Haltung. So mancher Autor mischt sich ein; Wole Soyinka etwa kümmerte sich um die Sicherheit auf den Straßen Nigerias und engagierte sich gerade im Exil gegen die nigerianische Militärdiktatur und für Demokratie. Chenjerai Hove, für den die Aufgabe des Autors darin besteht, neue Formen zu finden, um Freiheit und Realität zu beschreiben, nimmt heftigen Anteil an der Debatte um den Niedergang der politischen Kultur in seiner Heimat. In seinen Kolumnen »Stadtgeflüster« (Frankfurt 1995) ging es ihm darum, durch Literatur ein gewisses Maß an gesundem Menschenverstand (*sanity*) ins Leben zu bringen. Eine solche Hoffnung teilt er mit fast allen Autoren Afrikas. Und als Aufgabe für Literatur ist das schon einmal nicht wenig.

Chinua Achebe, der Doyen der afrikanischen Literatur, hat afrikanische Literatur unter das Leitwort *celebration* (Feier) gestellt; die moderne afrikanische Literatur sei eine Rückkehr der Feier, was freilich nicht Lob, Preis oder Zustimmung bedeute, da Afrikas Autoren nicht den Herrschenden schmeichelten. »Die neue Literatur in Afrika ist sich der Möglichkeiten bewußt, Menschlichkeit (*humanity*) auf unserem Kontinent zu feiern. Sie ist sich auch bewußt, daß unsere Welt sich immer mehr verschränkt mit den Welten der anderen. Oder wie es eine der Figuren in Cheik Hamidou Kanes »Der Zwiespalt des Samba Diallo« zu einem Franzosen sagt: ›Sie und ich, wir haben nicht dieselbe Vergangenheit gehabt, aber wir werden gewiß dieselbe Zukunft haben. Das Zeitalter der einzelnen Schicksale ist vorbei.‹«

Klaus Töpfer

Ungeklärte Umstände

Wachsende Wasserknappheit auf dem
Kontinent der großen Flüsse

In ganz Afrika wird das Wasser von der Natur genauso ungerecht
verteilt wie vom Menschen. Afrika ist nicht nur Heimat des längsten
Flusses der Welt, des Nil, der Kontinent verfügt auch über eine Fülle
von Wasserquellen in Form großer Flüsse und Seen, ausgedehnter
Feuchtgebiete und eines begrenzten, aber weit verzweigten Grund-
wassernetzes. Dennoch mangelt es zurzeit in 15 Ländern Afrikas an
Wasser, und Schätzungen zufolge sind ungefähr 400 Millionen Menschen von dieser Knappheit betroffen.

Nach den Gründen für dieses scheinbare Paradox braucht man
nicht lange zu suchen. Ein Grund sind die zeitlich und räumlich extrem schwankenden Regenfälle sowie die Konzentration der größten
Flüsse und Seen in der feuchten Äquatorzone, wo insgesamt 95 Prozent von Afrikas Wasser fließen. In großen Teilen Nordafrikas hingegen, beispielsweise in Ländern wie Libyen, Tunesien, in Teilen
Algeriens und Marokkos sowie in einigen Ländern Südafrikas, wie
Botswana, Namibia und Simbabwe, deckt die Bevölkerung ihren
Wasserbedarf aus dem Grundwasser.

Der mit durchschnittlich 670 Millimeter Niederschlag pro Jahr
reichliche Regen speist in Afrika 17 riesige Ströme mit Reservoirge-
bieten von über hunderttausend Quadratkilometern und mehr als
160 Seen mit einer Fläche von über 27 Quadratkilometern. Aber nur
einer begrenzten Anzahl von Ländern kommt dieser Überfluß zugute.
Einer Studie zufolge bleiben in 13 von 46 untersuchten Ländern
80 Prozent des gesamten Wasservorrats, während in 12 Ländern nur
1 Prozent des vorhandenen Wassers zur Verfügung steht. Hinsichtlich der Pro-Kopf-Verfügbarkeit von Wasser gibt es also erhebliche
Unterschiede. In Gabun beispielsweise stehen pro Kopf 136000 Ku-
bikmeter pro Jahr zur Verfügung, in Libyen dagegen nur 200.

In zunehmendem Maße wird davon Notiz genommen, daß vielen Ländern auf dem afrikanischen Kontinent eine Wasserknappheit bevorsteht, die viel größer ist, als man bisher angenommen hat. Allein durch das Bevölkerungswachstum hat sich die Wassermenge, die dem einzelnen zur Verfügung steht, zwischen 1960 und 2000 auf ein Drittel verringert. Auch weltweite Klimaveränderungen haben ernste Auswirkungen auf die Wasserressourcen des Kontinents. In einigen Studien ist von einer möglichen drastischen Reduzierung der Wassermenge sowohl des Nil als auch des Sambesi-Flusses infolge von Klimaveränderung die Rede. Es wird geschätzt, daß sich die Anzahl der von Wasserknappheit betroffenen Länder innerhalb der nächsten 25 Jahre verdoppeln wird. Von den 65 Ländern, die 2050 an der Schwelle zum Wassermangel stehen, werden 32 in Afrika liegen.

Es gibt ungefähr 80 internationale Flüsse und Seen in Afrika, die weltweit ein Drittel aller geteilten Wasserressourcen ausmachen. So gut wie jedes südlich der Sahara liegende Land teilt sich einen größeren Fluß oder See mit einem anderen Land; einige größere Flüsse fließen durch mehrere Länder, Kongo und Niger durch neun, der Sambesi durch acht, der Volta durch sechs und der Tschad durch fünf Länder.

Durch die extreme Konzentration der Regenfälle in den oberen Gebieten dieser Flußläufe sind die am unteren Lauf liegenden Länder von den jeweiligen politischen Regelungen der am Oberlauf liegenden abhängig. Dasselbe gilt für gemeinsam genutzte Grundwasserressourcen, die zunehmend übermäßig ausgeschöpft werden, hauptsächlich weil hier, im Gegensatz zu den Flußläufen, der Raubbau nicht so ersichtlich oder politisch brisant ist.

In dem Maße, in dem die Wasserknappheit zunimmt, erweisen sich die bestehenden internationalen Gesetze als immer unzulänglicher, wenn es darum geht, potentiellen Konflikten zu begegnen; zudem hat die unkoordinierte Ausbeutung gemeinsamer Wasserressourcen bereits verheerende Auswirkungen auf Umwelt, Wirtschaft und Gesellschaft der Anrainerländer. Es muß dringend zu einer gemeinsamen Verwaltung gefunden werden sowie zu effizienteren Abkommen über eine gerechte gemeinsame Nutzung des Wassers und den Schutz der Umwelt.

In steigendem Maße sind Abwässer für die Wasserkrise Afrikas verantwortlich. Die unsachgemäße Entsorgung von Abwässern aus

In den meisten afrikanischen Ländern (unten in der Elfenbeinküste)
müssen sich die Frauen um die Wasserversorgung kümmern.
Oben: Frauen aus dem Dorf Bimbina im Südwesten Eritreas auf dem
Heimweg von der Wasserstelle.

Haushalten, Industrieanlagen und der Landwirtschaft hat nicht nur eine Verringerung der vorhandenen Wasserressourcen zur Folge, sondern erschwert und verteuert auch die Wiedernutzung und Rückgewinnung. So verkommen die Flüsse rasch zu Kloaken. Auch Grundwasser wird so verunreinigt.

Der Viktoriasee wird beträchtlich durch ein übermäßiges, schädliches Wachstum von Wasserpflanzen bedroht; der Grund ist die Verschmutzung, die überwiegend von den ständig wachsenden urbanen Siedlungen wie Kisumu (Kenia), Jinja (Uganda) und Mwanza (Tansania) ausgeht. Hauptursachen für die Zunahme an Nährstoffen und damit das Pflanzenwachstum sind ungeklärte Abwässer, chemischer Dünger sowie Abwässer aus Brauereien, Gerbereien, Papier- und Fischfabriken, um nur einige zu nennen. Die Menge der eingeleiteten Abwässer hat sich seit 1950 verdreifacht, das damit verbundene Algenwachstum hat sich seit 1960 verfünffacht.

Auch unsachgemäß deponierter Festmüll verunreinigt Grundwasser. Bestimmte Industrien wie beispielsweise Goldbergwerke, die in vielen Teilen Afrikas eine wichtige Rolle spielen, können durch Zyanid- und Quecksilbervergiftungen verheerende Schäden im Grundwasser anrichten. Die Konsequenzen für Gesundheit und Umwelt haben einen erheblichen Einfluß auf die Wirtschaft.

Auch die Erhaltung der Umwelt ist massiv bedroht, wenn die Ökosysteme auf dem Land und im Wasser bei der Gesamtverteilung der Wasserressourcen nicht berücksichtigt werden. Beispielsweise bleibt die Bedeutung von Feuchtgebieten in der Landwirtschaft bei der Bereitstellung von Acker- und Weideland sowie bei der Deckung des Bedarfs an Fisch und Brennholz häufig unberücksichtigt. Wenn die Pläne zur vermehrten Wasserentnahme aus dem Okavango-Fluß in Namibia unsachgemäß umgesetzt werden, kann das zu schweren Schäden im Okavango-Delta in Botswana führen, das eine der größten Attraktionen für Touristen darstellt.

Über dreihundert Millionen Menschen in Afrika haben heute keinen vernünftigen Zugang zu sauberem Wasser. An sanitären Anlagen mangelt es sogar noch mehr. In den ländlichen Gegenden südlich der Sahara, wo ungefähr 65 Prozent der Bevölkerung nicht ausreichend mit Wasser versorgt werden und über 70 Prozent unter unzureichenden hygienischen Verhältnissen leben, ist die Situation besonders kritisch. In den Städten ist über die Hälfte der Bevölkerung, besonders der ärmere Teil, nicht an das städtische Versorgungsnetz angeschlossen. Zwischen 1990 und 1994 hat sich der Anteil der Stadtbevölkerung, der an das allgemeine Versorgungssystem angeschlossen war, von 82 Prozent auf 64 Prozent verringert.

Wie auch in anderen Regionen sind auf dem Land wie in der Stadt besonders die Armen von der mangelhaften Wasser- und Sanitärversorgung betroffen. Die Folge gehen zu Lasten der Bevölkerung: schwere Krankheiten, eine zunehmende Belastung des Gesundheitswesens, reduzierte Produktivität und Verseuchung der knappen Wasserressourcen. Von den verantwortlichen Politikern wird häufig vertuscht, daß aufgrund dieser Unzulänglichkeiten das Land insgesamt leidet, wie kürzlich in Ostafrika, wo der Ausbruch einer Choleraepidemie schwere wirtschaftliche Verluste im Export- und Tourismussektor nach sich zog.

»Ich kann Ihnen sagen, wie es zu Hause aussieht! Seit fast drei Wochen haben wir jetzt kein fließendes Wasser gehabt. Ich kann es mir gerade leisten, mich mit einem Glas Wasser zu waschen, mehr ist für die Sauberkeit nicht übrig. Manchmal müssen wir das Wasser im Supermarkt oder von Wasserhändlern kaufen. In vielen Supermärkten ist eine Literflasche Wasser teurer als ein Liter Öl«, berichtete die 12jährige Lisa Ochola aus Nairobi, Kenia, auf dem *World Water Forum* in Den Haag im April 2000.

Rasches Bevölkerungswachstum, das schnellste überhaupt, und stagnierende (oftmals verringerte) Zuteilungen von seiten der Regierungen sind die beiden Faktoren, die die heutige Situation im Wasser- und Sanitärsektor maßgeblich bestimmen. Genauso wichtig ist die Notwendigkeit, die Gemeinden an der Bereitstellung der Dienstleistungen zu beteiligen und den Wasserpreis angemessen anzusetzen, so daß er die realen Kosten widerspiegelt, gleichzeitig die Armen geschützt werden müssen.

Wahrscheinlich ist dieses Problem nirgendwo komplexer und drängender als in den rasant anwachsenden Städten Afrikas. Mit einer Zuwachsrate von fünf Prozent pro Jahr vollzieht sich in Afrika heute weltweit die schnellste Verstädterung. Die städtische Bevölkerung wird sich von 138 Millionen im Jahr 1990 bis zum Jahr 2020 auf 500 Millionen vervierfacht haben. Aufgrund der sich konzentrie-

renden Nachfrage stehen Großstädte unter enormem Druck, Wasserressourcen zu sichern. In Städten wie Johannesburg, Gaborone und
Dakar muß Süßwasser bereits über große Entfernungen herange-
schafft werden. Andere Städte wie Abidjan, Addis Abeba und Lusaka
verbrauchen ihr Wasser aus den Aquädukten schneller, als diese ge-
speist werden können.

Die Wasserknappheit in den Städten Afrikas ist auch eine potentielle Quelle sozialer und politischer Konflikte. Über die Hälfte der
städtischen Bevölkerung ist nicht an das öffentliche Versorgungsnetz
angeschlossen, und die Armen in den Städten sind gezwungen, bei
Straßenverkäufern für einen Liter Wasser fünf- bis zwanzigmal so
viel zu bezahlen wie ihre Nachbarn mit Anschluß an die städtische
Wasserleitung. Es ist unglaublich, aber wahr, daß ein Bewohner der
Kibera-Siedlung in Nairobi mit niedrigem Einkommen für einen Liter Wasser fünfmal so viel bezahlt wie ein durchschnittlicher US-Bür-
ger. Paradox erscheint, daß im Hintergrund dieser Knappheit oftmals
über fünfzig Prozent des teuer aufbereiteten Wassers in den Städten
unter »ungeklärten Umständen« abhanden kommen, weil Rohre
lecken oder illegal angezapft werden. Durch Instandsetzung der Lei-
tungen und eine verbesserte Verwaltung der städtischen Wasserversorgung können solche Verluste beträchtlich verringert werden.

Im Jahr 1990 wurden rund um die Welt ungefähr 70 Prozent des
Wassers für Bewässerungszwecke verwendet, 23 Prozent in der Industrie, der Rest in den Haushalten. In Afrika verschieben sich die Pro-
portionen: Insgesamt 88 Prozent werden zur Bewässerung genutzt,
dazu 5 Prozent in der Industrie und 7 Prozent in den Haushalten. Das
für die Landwirtschaft verwendete Volumen überrascht vielleicht, da
in Afrika proportional nur 7 Prozent des Bodens bewässert werden
(im Vergleich zu 17 Prozent weltweit). Um Nahrung zu sichern oder
ein Nahrungsdefizit auszugleichen, muß die Produktion in der Landwirtschaft um 3,3 Prozent im Jahr ansteigen. Die heutigen Bewässe-
rungsmethoden sind mit ihren Verlusten von bis zu 50 Prozent nicht
mehr effizient. Es besteht ein dringender Bedarf an effizienten Be-
wässerungstechniken, um die Verschwendung in der Landwirtschaft
zu reduzieren.

Die industrielle Komponente ist zwar klein, expandiert aber
schnell, besonders im Verhältnis zur Energieerzeugung. Es sind auf

dem Kontinent nur 3,4 Prozent der gesamten potentiellen Kapazität erschlossen; ein riesiges Potential, um den Bedarf von sich industrialisierenden Nationen zu decken, liegt brach. Es gibt beachtliche Möglichkeiten, wie Länder innerhalb einer Unterregion Wasserkraft gemeinsam nutzen können; das haben erfolgreiche Versuche in Süd- und Westafrika gezeigt.

Bei genauer Analyse zeigt sich, daß das Problem, der Wasserknappheit in Afrika Herr zu werden, vor allem ein Verwaltungsproblem ist. Auf regionaler Ebene verlangt die Entwicklung gemeinsam genutzter Ressourcen eine verbesserte Kooperation auf der Grundlage von Kontrolle. Einige vielversprechende Initiativen können dabei Vorbild sein: das *South African Development Community Protocol on Shared Water Course Systems*, die *Nile Basin Initiative*, das *Lesotho Highlands Water Project* (zwischen Lesotho und Südafrika) und das *Kosmati Basin Project* (zwischen Südafrika und Swasiland). Die Erfolge dieser Initiativen müssen analysiert und in den Ländern der Region verbreitet werden.

Auf nationaler Ebene müssen die Managementkapazitäten gesteigert werden, um die konkurrierenden Forderungen verschiedener Sektoren und sozioökonomischer Gruppen in gerechter und durchzuhaltender Weise zu erfüllen. Damit dies geschieht, werden Mechanismen eingesetzt werden müssen, die es ermöglichen, die ökologischen, wirtschaftlichen und sozialen Auswirkungen von Entscheidungen zu koordinieren.

Auf städtischer Ebene sollten in erster Linie öffentlich-private Partnerschaften gefördert sowie die Kommunen dazu gebracht werden, die Bedürfnisse der Armen zu berücksichtigen. Als erstes müssen die Regierungen Bedingungen schaffen, unter denen Veränderungen möglich sind, mit variablen Rahmenbedingungen für alle Partner. Der Privatsektor kann dem Wassersektor einen bedeutenden Leistungszuwachs und die dringend benötigten Investitionsfonds bringen. Eine aktive Teilnahme der Kommunen an den Projekten wird das Gefühl von Besitz und Eigentum stärken und eine größere Bereitschaft hervorbringen, für Dienstleistungen zu zahlen.

Im neuen Jahrtausend sollte die Entwicklung menschlicher Ressourcen an oberster Stelle stehen. Integrierte Wasserressourcen-Verwaltung wird nur ein Schlagwort bleiben, bis Politiker, Manager und andere Partner in Schlüsselpositionen in der Wasserwirtschaft über hinreichend Ausbildung und Erfahrung in Planung und Management verfügen und die Institutionen modernisiert und dafür gerüstet sind, dieses Konzept in die Praxis umzusetzen. Besondere Aufmerksamkeit muß der Kapazitätenbildung für die Trinkwasserbesteuerung gelten, und es sollten Überwachungs- und Warnmechanismen eingesetzt werden, um Schwachstellen frühzeitig zu erkennen.

Weltweit gibt es viele gute Ideen zum Wasserschutz. Die Stadt Windhuk in Namibia hat gezeigt, daß effiziente Maßnahmen zur Steuerung der Nachfrage eine exzessive Wassernachfrage eindämmen und kostspielige Investitionen um mehrere Jahre aufschieben konnten. Der Lebenslinientarif in Durban versetzt Gemeinden mit geringem Einkommen in die Lage, täglich ein festgelegtes Wasservolumen zu erhalten, für das sie einen zumutbaren Betrag entrichten. Informations- und Erfahrungsaustausch können zur Nachahmung dieser guten Praktiken anregen. Auch Technologie kann den Wasserschutz fördern, etwa Methoden sparsamer Bewässerung, Wassersammelstellen, Wiederaufbereitung und Wiederverwendung von Abwässern in der Industrie oder die Verwendung von qualitativ minderwertigem Wasser für Nichtverbraucherzwecke.

Afrika beginnt das neue Jahrtausend als Kontinent des Übergangs. Mit der politischen und wirtschaftlichen Liberalisierung, die sich über den ganzen Kontinent ausbreitet, und dem Hervortreten einer gestärkten Staatsbürger-Gesellschaft können viele Länder Afrikas in den letzten Jahren vielversprechende wirtschaftliche Leistungen vorweisen. Die Entwicklungsbestrebungen afrikanischer Länder sind jedoch zunehmend durch eine steigende Wasserknappheit bedroht. Um diesen Trend umzukehren, werden gemeinschaftliche Bemühungen sowohl von seiten der Länder der Region als auch von seiten der internationalen Gemeinschaft notwendig sein.

Glücklicherweise wurden hinsichtlich der Wasserprobleme in Afrika während der letzten Jahre einige neue Initiativen gestartet: die *United Nations System-wide Special Initiative on Africa (UNSIA Water Cluster)*, die *Inter-agency Group of Water in Africa (IGWA)*, die *Africa Group of the Water Supply and Sanitation Collaborative Council* und die *Africa Water Vision*, die kürzlich auf dem *Second World Water Forum* vorgestellt wurde, um nur einige wenige zu nennen. Diese und andere Initiativen leisten einen gewichtigen Beitrag, doch sie haben ein Manko gemeinsam: Weder die nationalen Führungskräfte in der Wasserwirtschaft – die *African Water Ministers* – noch die Führungskräfte des privaten Sektors nehmen aktiv an ihnen teil.

Es ist vielleicht an der Zeit, über eine globale Koalition für Afrika auf dem Wassersektor nachzudenken, in der alle Schlüsselinteressen berücksichtigt sind. Eine solche Koalition könnte eine neue Entschlossenheit und Solidarität der Länder Afrikas demonstrieren, sich dem Problem der Wasserknappheit zu stellen. Sie würde einen langen Weg zurücklegen müssen, um innerhalb der Region einen breit gefächerten Konsens über alle mit dem Wasser in Zusammenhang stehenden Fragen herzustellen und politischen Überblick sowie Richtlinien für eine koordinierte Unterstützung durch die internationale Gemeinschaft zu gewährleisten.

Maritta Tkalec

»Wir sind weder schwul noch Fixer«

Aids trifft die Starken und die Schwachen der Gesellschaft

Matt und mager, in regloser Krümmung liegt Susana Makuza unter ihrem zerschlissenen bunten Sonnenschirm. Spitz treten die Wangenknochen aus dem Gesicht der wahrscheinlich jungen, kurz vor ihrem Tode aber alterslosen Frau. Eitrige Geschwüre bedecken die dunkle Haut ihrer dürren Arme und Beine. Vor Tagen schon haben Familienangehörige sie an der Mauer des Gesundheitspostens Gazisa abgelegt, weit im Nordwesten Ruandas. Sie selbst scheint nicht mehr die Kraft zu haben, auf irgend etwas zu warten. Doch ihre Schwester hockt neben ihr, hofft auf Medizin, auf Rat, auf irgendeine Art Hilfe. Hat Susana Aids? Die Krankenpfleger zucken mit den Schultern. Sie werden es nicht feststellen können, niemand kann hier getestet werden.

Doch selbst das Wissen würde weder der Infizierten noch den Pflegern weiterhelfen – 27,63 Dollar konnte Ruanda 1996 im Durchschnitt für die Behandlung jedes – entdeckten – Falles aufwenden. Die kleine Klinik in Gazisa hat keinen Arzt, aber sie muß 73 000 Menschen versorgen, über 16 000 Familien. Viele von ihnen sind gerade heimgekehrt nach Wochen, Monaten, manche nach Jahren angstvollen Umherirrens durch den Dschungel des Kongo.

Der Nordwesten Ruandas ist Jahre nach dem Völkermord an den Tutsi, noch ein unsicheres Gebiet. Die Region ist voller Soldaten; 30 000 Hutu-Banditen sollen in den nahe liegenden gewaltigen Vulkanbergen umherziehen. Lauter junge, ungebundene, kräftige und adrenalingeladene Männer, denen der Genozid von 1994 und das Leben im Busch die sozialen Normen zerstört hat. Orte wie Gazisa gibt es in viele in Afrika. Überall dort, wo Krieg, wirtschaftlicher Verfall oder der ersatzlose Verlust alter Werte und Lebensformen die Gesellschaft zersetzen, gedeiht die Seuche besonders gut. Die Menschen, die vor der Klinik von Gazisa ausharren, leiden an Bronchitis, Malaria,

Dürre, Wassermangel und Landknappheit zwingen das Nomadenvolk der Massai, das in Kenia und Tansania siedelt, immer weiterzuziehen. Die Massai gehören zu den Stämmen mit der höchsten Aids-Quote.

Durchfall, Hautkrankheiten – so steht es in der abgegriffenen Kladde der Pfleger.

An diesen Krankheiten sterben auch die meisten ihrer Patienten. An Aids? Vielleicht. Wie kann man das wissen? Und doch liegt es nahe: Zu viele junge Frauen und Männer, die eigentlich Starken einer Gesellschaft, die die Felder bestellen, Kinder und Alte versorgen, siechen in den Tod. Auf 33 Prozent wird die Aids-Durchseuchungsrate in der Hauptstadt Kigali geschätzt, bei 15 Prozent soll sie in den ländlichen Gebieten liegen. Je enger Menschen beieinander leben, desto näher kommen sie sich; die Sitten werden loser. Außerdem leben in Kigali seit dem Ende des Genozids viele ehemalige Flüchtlinge aus Uganda, dem Land, das lange einer der höchsten Aids-Raten auf dem Kontinent hatte.

Fast alle Gestorbenen hinterlassen Waisen, drei, fünf oder auch sieben. Die Geburtenrate Ruandas gehört zu den höchsten der Welt. Etwa 500000 ruandische Kinder leben in Familien, zu denen kein Erwachsener mehr gehört. 400000 Minderjährige machten die Völkermörder im Jahr 1994 zu Waisen. Doch 94000 Kinder haben ihre Eltern auch schon an die Seuche verloren. Es ist absehbar, daß Aids bald mehr Leben vernichten wird, als es die Macheten des Genozids vermochten.

Im benachbarten Uganda, wo sich das Immunschwäche-Virus schon zu Beginn der neunziger Jahre rasant schnell ausgebreitet hatte, leben heute über eine Million Aids-Waisen. Fast überall in Afrika ist die Immunschwäche längst zur Todesursache Nummer eins geworden. 19 Millionen Menschen starben bisher weltweit an Aids. In Europa traf es seit 1981, dem Jahr des Ausbruchs der Epidemie, 210000 Menschen, aus dem subsaharischen Afrika, das etwa ebensoviele Einwohner hat wie das gesamte Europa, werden 14 Millionen Aids-Todesfälle gemeldet. 14 Millionen Tote, das entspricht der gesamten Bevölkerung Bayerns und des Saarlandes. Möglicherweise liegt die Zahl noch höher, denn Susana wie die anderen, die an vielen tausend afrikanischen Orten an Bronchitis sterben, hinter der sich eine Tuberkulose oder eben Aids verbergen, gehen nur als grober Schätzwert in diese Statistik ein.

Nach jüngsten wissenschaftlichen Erkenntnissen verließ das bis dahin nur im Tierreich bekannte Aids-Virus 1959 sein angestammtes

Revier irgendwo in einer – wahrscheinlich kongolesischen – Schimpansengemeinschaft. Ausgerechnet ein Symbol des Fortschritts steht im Verdacht, dem Erreger den Sprung in die Menschenwelt ermöglicht zu haben: ein Polio-Impfstoff, der Schimpansenserum enthielt. Er wurde in jenen Gebieten zur Immunisierung von Kindern eingesetzt, in denen später gehäuft Aids-Fälle auftauchten. Buchstäblich im Fluge fand der Erreger seinen Weg in die USA, nach Europa, etwas später nach Asien. Überall löste er Ängste, aber – früher oder später – auch intensive Abwehrmaßnahmen aus. Das harte Schicksal des einzelnen Betroffenen verdeckt nicht die enormen Erfolge, die infizierten Amerikanern oder Europäern das Leben mit der Erkrankung erleichtern oder es verlängern.

Zehn Jahre nach seiner Verbreitung in Übersee, Anfang der neunziger Jahre, war die Seuche zurück in Afrika. Sie traf auf einen geschwächten Kontinent, geschwächte Staaten, geschwächte Körper. Wo das Immunsystem der Gesellschaft unter dem Befall von Krieg, Mißwirtschaft, Ausbeutung, Armut und Korruption bereits kollabiert war, gab es keine Gegenwehr gegen Aids. Vor allem entlang der Überlandstraßen, wo Händler, Arbeitsuchende oder Soldaten nach Prostituierten suchten, breitete sich das Virus rasant schnell aus, drang schließlich auch in die Dörfer ein, tötete die Elterngeneration, hinterließ Großeltern mit zehn, zwanzig oder dreißig verwaisten, oft ebenfalls infizierten Enkeln. Die Starken, Gebildeten, Mächtigen fielen zuerst ihrem arroganten Glauben an die eigene Unverletzlichkeit (»Wir sind weder schwul noch Fixer«), dann auch der Krankheit selbst zum Opfer.

Den Präsidenten Ugandas, Yoveri Museveni, schreckte – so wird berichtet – eine Nachricht aus Kuba auf. Etwa zwanzig junge Offiziere, der Stolz seiner Armee, waren nach Havanna zur Ausbildung geschickt worden. Die Kubaner machten den Test; er fiel für über die Hälfte der jungen Männer positiv aus. Und Fidel Castro ließ anfragen, ob es wirklich noch lohne, mit der Ausbildung zu beginnen. Museveni ahnte, daß der Test repräsentativ für sein Land sein könnte. Das Militär, die Stütze seiner Macht, war bedroht!

Kurze Zeit später tauchten überall in Uganda *Safer Sex*-Plakate auf, der staatliche Rundfunk redete über den Spaß am Kondom. Der Erfolg überzeugt: Trugen 1997 noch 13 Prozent der Ugander das

Virus in sich, waren es zu Beginn des Jahres 2000 noch 9,5 Prozent. In Simbabwe lag die Infektionsrate zu diesem Zeitpunkt bei erschreckenden 26 Prozent. Als wäre der zu erwartende Tod von einem Viertel der erwachsenen Bevölkerung zu ignorieren, verweigerte die Staatsspitze ihrem Land ein nationales Programm zur Aids-Bekämpfung. Nicht der Mangel an natürlichen Ressourcen oder die Boshaftigkeit eines äußeren Feindes, auch kein zermürbender Rebellenkrieg machen Simbabwe zum tragischen Fall, zum Menetekel. Verantwortungslosigkeit und Verkommenheit einer einheimischen Führungskaste machen das Land zum ersten der Welt, das ein Gleichgewicht zwischen Geburten- und Sterbezahl erreicht, indem es seine Menschen sterben läßt, statt die Zahl der Geburten zu senken. Im Jahr 2002 ist dieses »Stadium demographischer Stabilität« erreicht. Ein zu hohes Bevölkerungswachstum ist dann nicht mehr länger das Problem Simbabwes. Dem Land werden die ausgebildeten Ingenieure und Lehrerinnen ebenso fehlen wie die Landarbeiter und Tabakpflückerinnen.

Die Lebenserwartung der Simbabwer sinkt auf mittelalterliche Werte. Lag sie 1993 noch bei 61 Jahren, war sie im Jahr 2000 schon auf 49 Jahre gefallen und wird, daran ist nur noch wenig zu ändern, 2003 nur noch 40 Jahre betragen. Hohe Infektionsraten und mangelhafte Aids-Programme werden auch anderen Ländern in absehbarer Zeit das tödliche Bevölkerungsgleichgewicht bescheren: Botswana (25 Prozent Infizierte), Namibia (20 Prozent), Sambia (19 Prozent) sind die nächsten Kandidaten. Die menschlichen Verluste werden die Gesellschaften verheeren. Bildungs- und Gesundheitssysteme, aber auch die Wirtschaft werden zwangsläufig in sich zusammenfallen.

Die Folgen des großen Sterbens im Mittelbau der Gesellschaft werden andere sein als jene der Pestepidemien, die in Europa zwischen dem 14. und 17. Jahrhundert bis zu einem Drittel der Bevölkerung hinwegrafften. Die Pest traf unterschiedslos Menschen jeden Alters. Aids rafft die wirtschaftlich Aktiven dahin. Immerhin konnten die Statistiken die durch menschliche Schicksale allein schwer zu rührende internationale Politikerwelt alarmieren. Im Dezember 1999, kurz nachdem die Wut der Globalisierungsgegner während der Welthandelskonferenz in Seattle erstmals medienwirksam zum Ausbruch gekommen war, dachte US-Präsident Bill Clinton erstmals öffentlich darüber nach, ob man nicht Lizenzen für die Produktion von

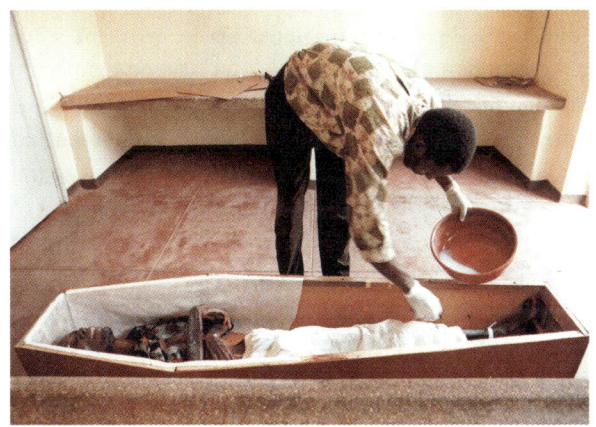

Die Geißel Afrikas: Durch die Prostitution verbreitet sich das HI-Virus unter Lastwagenfahrern besonders schnell. Die langen Routen durch Ost- und Zentralafrika werden darum auch Aids-Highways genannt. Ein Mitarbeiter eines Bestattungsunternehmens in Bulawayo/ Simbabwe streut Desinfektionsmittel über einen Aids-Toten.

Medikamenten an arme Länder »flexibler« vergeben sollte. Dann könnten Anti-Aids-Präparate billiger hergestellt werden. Und in größeren Mengen. Und dort, wo sie am meisten gebraucht werden.

Im Januar 2000 beriet der Weltsicherheitsrat erstmals in seiner Geschichte über ein Gesundheitsproblem, das längst als kontinentales Existenzproblem gilt. Im April beschlossen Weltbank und Internationaler Währungsfond den Kampf gegen die Immunschwäche in den Entwicklungsländern aufzunehmen, erschwingliche Medikamente zu entwickeln und ein Verteilersystem aufzubauen. Im Mai erklärte die US-Regierung die weltweite Ausbreitung der Immunschwächekrankheit erstmals zur »Bedrohung für die nationale Sicherheit«.

Mitte des Jahres 2000 präsentierten Pharmakonzerne während eines Welt-Aidsgipfels in Südafrika erstmals Vorschläge, bereits existierende Medikamente, die bislang aber nur den Kranken in den reichen westlichen Staaten zugänglich waren, auch den Armen zur Verfügung zu stellen. Dennoch mußte man auch Ende des Jahres weiter davon ausgehen, daß sich die Habenden der unterlassenen Hilfeleistung im fortgesetzten Fall an den Habenichtsen schuldig machen. Im bürgerlichen Recht ist das ein Straftatbestand.

Die 12jährige Eileen aus Freetown in Sierra Leone wird mit einiger Wahrscheinlichkeit zu den Opfern dieser Unterlassung gehören – weil sie im Januar 1999 schon einmal Opfer eines anderen, nur scheinbar gewalttätigeren Vergehens wurde. Junge Männer hatten ihr Viertel am Rande der Hauptstadt überfallen. Eine Horde sozial verwahrloster Kindersoldaten goß Benzin in die Hütten, schoß sie in Brand und trieb den brutalen Spaß zum Höhepunkt, indem sie unter den fliehenden Menschen die Mädchen herausfing. Die Älteren wurden auf der Stelle vergewaltigt, die Jüngeren aufgehoben, der Kommandeur des Rebellenhaufens erhob Anspruch auf sie.

Auch auf Eileen. Vor der Schule, auf dem staubigen Platz und vor aller Leute Augen, steckte ihr eine Frau in Rebellenuniform den Finger tief in die Vagina. Eileen war Jungfrau und wurde dem Chef zugeführt. Im Glauben an die Kraft eines alten Reinigungsrituals verging sich der Mann an ihr. Mehrfach. Früher glaubten manche Afrikaner, Beischlaf mit einer Jungfrau heile Tripper und Syphilis. Jetzt ist Aids dazugekommen. Eileen hat, kaum daß sie dreizehn Jahre alt war, ein Baby geboren. Es könnte ein weiteres Opfer sein.

Stefan Mair

Wettlauf um knappe Ressourcen

Die neuen Kolonialherren

Für mehr als hundert Jahre war Afrikas Geschichte eine Geschichte der Fremdherrschaft. Was mit dem Abschluß von Schutzverträgen zwischen europäischen Mächten und afrikanischen Herrschern Mitte des 19. Jahrhunderts begann, endete erst mit der Auflösung des Ost/ West-Konflikts Ende der achtziger Jahre. Bis in die Mitte des 20. Jahrhunderts wurden die Geschicke Afrikas weitgehend von den Kolonialmächten bestimmt. Frankreich und Großbritannien kontrollierten in Afrika Besitzungen, die die Fläche ihres eigenen Staatsgebietes um ein Vielfaches überstiegen. Aber auch die beiden Kleinstaaten Belgien und Portugal hatten mit Kongo, Angola und Mosambik enorme Flächenstaaten als Kolonien eingegliedert. Demgegenüber und im Verhältnis zur politischen Stellung des Deutschen Reiches im Europa des späten 19. und frühen 20. Jahrhunderts nahm sich dessen Kolonialbesitz gerade zu bescheiden aus.

Bis auf wenige Reste wurden fast alle afrikanische Staaten im Verlauf der fünfziger und sechziger Jahre des 20. Jahrhunderts dekolonisiert. Die Begeisterung über die neu gewonnene Freiheit war jedoch nur von kurzer Dauer. Die neuen Herrscher erwiesen sich als kaum weniger autoritär als die alten Kolonialregierungen. Und an die Stelle der Kolonialreiche trat die Aufteilung Afrikas in Einflußzonen zwischen den beiden Blöcken des Ost/West-Konflikts. Dabei waren es im Falle des Westblocks weniger die USA, die direkten Einfluß auf afrikanische Staaten ausübten; vielmehr spielten diese Rolle die beiden alten Kolonialmächte Frankreich und Großbritannien. In Fortführung der kolonialen Traditionen war dabei die Einflußnahme Frankreichs im frankophonen Afrika sehr viel unmittelbarer und unverhüllter als die Großbritanniens in seinen früheren Kolonien. Die USA begrenzten ihre Interventionsversuche auf Staaten von zentraler strategischer Bedeutung, die nicht oder nur kaum unter dem Einfluß der alten Kolonialmächte standen: Sudan, Äthiopien, Südafrika, Zaïre, Angola, Nigeria. Ähnlich agierte die Sowjetunion: weitgehender Verzicht auf direktes Eingreifen bei gleichzeitiger Beauftragung Kubas, der DDR, der Tschechoslowakei und Bulgariens mit der Wahrnehmung der Interessen des Ostblocks.

Schon in der Phase der umfassendsten und intensivsten kolonialen Durchdringung Afrikas – als Gouverneure die Geschicke riesiger Territorien bestimmten, eine kleine Gruppe von Kolonialoffizieren das schwarze Fußvolk nicht nur gegen die eigene Bevölkerung, sondern auch in den beiden Weltkriegen in Europa dirigierte, Distriktvorsteher sich in das Dorfleben einmischten, Missionare die Welt der Götter und Geister auskehrten und europäische Unternehmer die Ausbeutung der Ressourcen monopolisierten – konnten einige afrikanische Gemeinschaften ein großes Maß an Autonomie wahren. Die Macht des Gouverneurs und der Offiziere reichte wenig über die Hauptstadt und wirtschaftlich interessanten Gebiete hinaus.

Die Distriktbeamten konnten zwar das Dorfleben stören, es aber nie strukturieren. Christentum und Islam wurden in die traditionelle Glaubenswelt integriert, kleinräumige Wirtschaftskreisläufe bestanden fort. Selbst dort, wo sich Afrikaner den formalen Kolonialstrukturen fügen mußten, gelang es ihnen, deren Funktionsweise an ihre Wertvorstellungen anzupassen.

In der Phase des Ost/West-Konflikts waren nicht nur viele der kolonialen Instrumente der Dominierung verschwunden. Die Konkurrenz zwischen den Blöcken gab den afrikanischen Regierungen Gelegenheit, diese gegeneinander auszuspielen, ihre Einnahmen aus Entwicklungs- und Militärhilfe zu vergrößern und damit ihre meist autoritäre Herrschaft zu stabilisieren. Die neuen Machthaber arrangierten sich nicht nur mit den verbliebenen Resten kolonialer Macht, sie bedienten sich ihrer auch. Ölkonzerne, Minengesellschaften und Plantagenbesitzer entrichteten ihren Obolus in die Staatskasse und in die Geldbeutel der Politiker, wobei das eine von dem anderen oft nicht zu trennen war. Regierungs-, Militär-, Polizei- und Geheimdienstberater bemühten sich, den Staat und seine Sicherheitskräfte effizienter zu machen, und nahmen billigend in Kauf, daß diese Effizienz vor allem dem Machterhalt diente.

Entwicklungshilfe wurde instrumentalisiert, um mit Prestigeobjekten dem Glanz des Herrschers zu huldigen, die Loyalität des Gefolges zu belohnen und das Versagen des Staates in Straßenbau, Wasserversorgung, Bildungs- und Gesundheitswesen zu übertünchen. Lief alles schief und drohte der Umsturz, wandte man sich an Frankreich, die USA, Belgien und Großbritannien um Militär- und Waffenhilfe.

Unter diesen Umständen ist mehr als verständlich, daß mehr afrikanische Regierungen das Ende des Ost/West-Konflikts bedauerten, als daß sie den Abschied der Supermächte bejubelten. Der Rückzug der Sowjetunion aus Afrika war vollständig. Die USA konzentrierten sich noch mehr als zuvor auf wenige Kerngebiete: Angola, Zaïre, Südafrika, Sudan und Uganda. Großbritannien blieb seiner Strategie der indirekten Einflußnahme treu, reduzierte aber den diplomatischen und materiellen Aufwand immer weiter. Allein Frankreich brauchte einige zusätzliche Jahre, bis es den internationalen Bedeutungsverlust Afrikas politisch nachvollzog und die Kosten seines Afrikaengagements immer mehr dem geringen realen Nutzen anglich.

Der Rückzug der USA und Europas aus Afrika war allerdings keineswegs vollständig. Es blieben natürlich die Diplomaten, mehrere hundert britische und amerikanische Militärberater, einige tausend französische Soldaten, ebenso viele Entwicklungshelfer, die großen Konzerne und eine nicht geringe Schar von Kleinunternehmern, Missionaren, Söldnern, Abenteurern, Lebenskünstlern und Journalisten.

Je mehr sich das Maß offizieller Einflußnahme über Diplomatie und Entwicklungshilfe reduzierte, desto mehr stieg der relative Einfluß dieser Schar, während die Bedeutung der internationalen Großunternehmen gleich blieb. Nach wie vor bestimmen internationale Ölkonzerne über das Schicksal der Regierungen in Angola, der Republik Kongo und Gabun mit, finanzieren Minengesellschaften Bürgerkriegsparteien in der Hoffnung auf lukrative Schürfrechte.

Neu ist jedoch, daß die Vielzahl der von Europäern und Amerikanern gepäppelten und angeleiteten Nichtregierungsorganisationen die Macht afrikanischer Regierungen herausfordern können, daß die in Afrika ansässigen Auslandsmedien entscheidend Einfluß haben, worauf sich das Interesse der internationalen Öffentlichkeit richtet und ob oder wie die internationale Gemeinschaft auf Krisen reagiert.

Neu ist auch, daß der fortschreitende Zusammenbruch staatlicher Strukturen wagemutigen Investoren die Abschöpfung von Monopolgewinnen und die Errichtung eigener Fürstentümer ermöglicht.

Gerade dieses letzte Phänomen ist es, das zum sich verschärfenden innerafrikanischen Wettlauf um knappe Ressourcen beiträgt. Es war naiv zu glauben, das Ende der externen Stabilisierung afrikanischer Diktatoren durch die Supermächte und deren Bündnispartner wäre gleichbedeutend mit dem kontinentweiten Ausbruch von Demokratie. Demokratische Konsolidierung ist nur in wenigen Staaten Afrikas gelungen. In anderen führte die Einschränkung von Militär- und Entwicklungshilfe entweder – wie in Somalia und Sierra Leone – zum völligen Zusammenbruch staatlicher Strukturen und der Etablierung von Kriegsherren. Oder die Machthaber sahen sich zur Erschließung neuer Einkommensquellen gezwungen. Noch die mildeste Form dieser einkommensschaffenden Maßnahmen ist die Übertragung von Staatsunternehmen in den Privatbesitz der Machtelite. Schon kritischer ist die Beteiligung von Präsidenten, Ministern sowie Polizei- und Armeeoffizieren an Waffenhandel, Drogenschmuggel und organisierter Kriminalität.

Die Regierung Burkina Fasos versorgt via Liberia die Banden der sierra-leonischen *RUF* mit Waffen, Togos Präsident Eyadema organisiert den Nachschub für die angolanische *Unita*. Minister in Sambia und Elfenbeinküste werden verdächtigt, eine zentrale Rolle im Drogenschmuggel zu spielen. Zum Drogensyndikat der *Ibo* in Nigeria gehören hochrangige Zollbeamte, Obristen und Generäle sowie Polizeichefs.

Das extreme Modell der Einkommensbeschaffung ist der Zugriff auf lukrative Ressourcen jenseits der Grenzen. Der liberianische Präsident Charles Taylor kontrolliert über seine Waffenbrüder von der Rebellenbewegung *RUF* die sierra-leonischen Diamantenfelder. Die simbabwische Armee hat mit der nur noch auf dem Papier bestehenden kongolesischen Armee ein Gemeinschaftsunternehmen zur Ausbeutung der Minen im Süden des Kongo beschlossen. Aus dessen Gewinnen sollen wiederum die Kosten des Engagements im Bürgerkrieg bezahlt werden. Ugandische Offiziere und der Bruder des Präsidenten plündern die Kaffeefelder sowie die Diamanten- und Goldminen des Ostkongo.

Ein Vorarbeiter in der Kupfermine Chingola in Sambia dirigiert riesige Bagger und Lastwagen im Tagebau.

Wo die Mittel und das Wissen fehlen, um diese Einkommensquellen im Alleingang zu erschließen, bedient man sich osteuropäischer Fluggesellschaften sowie südafrikanischer und britischer Sicherheitsunternehmen. Die Minengesellschaften aus den erprobten *frontier societies* Südafrikas, Australiens, Kanadas und den USA mischen ebenso mit wie Kleinunternehmer und Halbkriminelle jeglicher Herkunft. In einigen Regionen des Kontinents, vor allem in Zentral- und Westafrika, scheint es so, als habe ein neuer Wettlauf um Afrika begonnen. Die Konkurrenz um die Ressourcen wird allerdings diesmal nicht wie zu Zeiten des Kolonialismus mit kulturellem Sendungsbewußtsein, Missionierungseifer und Entwicklungsidealen verbrämt. Territoriale Kontrolle durch Kriegsherren und Nachbarstaaten ist in Gebieten, wo die Zentralmacht jegliche Bedeutung verloren hat, auch keineswegs auf Dauer angelegt. Sind die Ressourcen aufgezehrt, erschöpft sich auch das Beherrschungsinteresse.

Die Vorstöße Ugandas, Ruandas, Angolas und Simbabwes in den Kongo bedeuten deshalb auch nicht einen neuen, diesmal innerafrikanischen Kolonialismus. Der Vergleich ist verführerisch, denn die koloniale Aufteilung Afrikas Ende des 19. Jahrhunderts entstand ebenfalls aus dem Streit um die Kontrolle des Kongos. Und die gegenwärtigen Bündnisse zwischen den Interventionsstaaten und den Bürgerkriegsparteien des Kongo ähneln den Schutzverträgen zwischen Kolonialmächten und lokalen Herrschern. Aber die gegenwärtige grenzüberschreitende politische Neuordnung Afrikas gleicht vielmehr einem Zurück in die vorkoloniale Zukunft, in der einige wenige Zentralstaaten Vasallengemeinden als Pufferzonen und Tributpflichtige an sich banden.

Weder die alten Kolonial- und Supermächte noch die anderen in Afrika engagierten Staaten sind bereit, die personellen und materiellen Mittel einzusetzen, um den politischen Neuordnungsprozeß zu begleiten. Angesichts der Erfahrungen mit den bisherigen Versuchen, die Geschicke Afrikas von außen zu bestimmen, scheint ein derartiges Engagement auch in keiner Weise wünschenswert. Dennoch können sich diese Staaten nicht vollständig ihrer historischen Verantwortung für Afrika entziehen. Diese gebietet in der gegenwärtigen Phase zweierlei: die negativen Exzesse des Neuordnungsprozesses einzudämmen und die wenigen Stabilitätskerne zu stärken.

Eine solche Eindämmungsstrategie muß vier Elemente umfassen:
Die Kriegsherren der Region müssen konsequent politisch isoliert
werden. Diplomatische Ehrbezeugungen gegenüber Bandenführern
wie Foday Sankoh in Sierra Leone dürfen sich nicht wiederholen.
Jene Unternehmen, die durch Kooperation mit Kriegsherren diesen
die Mittel zur Herrschaftsausübung beschaffen, müssen unter Druck
gesetzt werden. Die Kampagne gegen den Handel mit Blutdiamanten
ist ein Beispiel für den Erfolg einer solchen Druckausübung. Der
Waffenhandel in die Region ist einzudämmen, wenn die Erfolgsaus-
sichten auch begrenzt erscheinen. Schließlich müssen Menschenrechtsverletzungen von Regierungen jenseits der Grenze – hierzu
gehört Kriegführung – ebenso sanktioniert werden wie Menschenrechtsverletzungen im Inland: mit der Einschränkung oder gar Aus-
setzung der Entwicklungszusammenarbeit. Die Einrichtung von Pufferzonen und Extraktionsgebieten ist nicht tolerierbar.

Diese Gegenmaßnahmen sind durch die konsequente Unterstützung demokratischer, reformorientierter Stabilitätskerne zu ergänzen. Diese Stabilitätskerne können positiv auf eine ganze Region aus-
strahlen. Nur wenige Staaten in Afrika kommen für eine solche Rolle
in Frage. Neben ihrer Reformorientierung müssen sie vor allem groß
genug sein, um regionale Ausstrahlungskraft zu entwickeln. Diese
Bedingungen treffen gegenwärtig nur auf Südafrika und mit Ein-
schränkungen auf Ghana sowie Senegal zu. Bei Überwindung der jeweiligen Demokratieblockaden könnten sich für eine derartige Rolle
noch Kenia, Simbabwe und Elfenbeinküste qualifizieren.

Dominic Johnson

Mit Gewalt in die Moderne

Die neuen Entwicklungsdiktatoren

Ugandas Präsident Yoweri Museveni gehört nicht zu der Sorte Präsidenten, die ihre Länder ausplündern und ihre Völker in finsterer Unterdrückung halten. Er sieht sich als aufgeklärten Modernisierer, der Uganda einen dauerhaften Fortschritt bescheren und Afrika ein leuchtendes Vorbild bieten will. So riet er den ugandischen Bauern im Sommer 2000 bei einer Festveranstaltung, moderne landwirtschaftliche Methoden anzuwenden, um die Produktivität zu steigern. Wer dies nicht tue, fügte er hinzu, der gehöre ausgepeitscht.

Die Zuhörer des Präsidenten lachten freundlich, und der Regierungszeitung *New Vision* war die Bemerkung am nächsten Tag bloß eine Kurzmeldung wert. Natürlich meint Museveni es gut mit seinen Bauern. Hat seine Regierung nicht erst vor wenigen Jahren begonnen, das Landrecht zu reformieren, um die Macht der traditionellen Feudalherren zu verringern und den Kleinbauern mehr Rechte zu geben? Zu dumm nur, daß die Reform im Parlament steckengeblieben ist. Aber jeder soll wissen: Wenn es darum geht, eine moderne Landwirtschaft einzuführen, scheut der Staatschef keine Mühen.

Afrika mit Gewalt in die Moderne zu treiben – oder in das, was für die Moderne gehalten wird –, ist ein altes und beständiges Ziel der Herrscher des Kontinents. Die europäischen Kolonisatoren, die sich Afrika Ende des 19. Jahrhunderts gewaltsam aneigneten und bis Mitte des 20. Jahrhunderts regierten, begriffen sich als Vollstrecker einer historischen Mission, »die Dunkelheit zu durchbrechen, die ganze Völker umschlingt«, wie sich Belgiens König Leopold II. einmal ausdrückte. Das Vorhandene wurde nicht gesehen, oder wenn man es sah, wurde es bekämpft und zerstört. In König Leopolds Kongo-Kolonie fielen zehn der zwanzig Millionen Einwohner dieser belgischen Erleuchtung zum Opfer.

Selbst humanitär gesinnte imperiale Verwalter handelten als Diktatoren – gerade weil sie meinten, ihre Weisheit über den Kontinent ausschütten zu müssen. Der Deutsche Wilhelm Solf faßte die Methode moderner Kolonialverwaltung 1919 so zusammen: »Unkultivierte Menschen, die weder arbeiten können noch den inneren Wert der Arbeit zu erfassen imstande sind, müssen an regelmäßige Arbeit gewöhnt werden. Es müssen ihnen Bedürfnisse anerzogen werden, deren Befriedigung für sie wieder den Zwang zur Arbeit bedeutet. Ihr sittliches Niveau muß auf eine höhere Stufe gehoben werden, kurz, ihr ganzes Menschsein muß erst entwickelt werden.« Afrikas Modernisierer von heute hätten es nicht schöner ausdrücken können, auch nicht jene Marktwirtschaftsexperten, die mit fertig ausgearbeiteten Strukturanpassungsprogrammen durch die Ministerien eilen.

Diktatoren sind eben nicht nur jene, die ihre Bevölkerungen durch Terror erniedrigen. Es sind auch diejenigen, die Afrika nach eigenem Gutdünken erheben wollen. Das gilt in den unabhängigen Staaten Afrikas von heute nicht weniger als unter der Kolonialherrschaft. Zu oft wird Diktatur im zeitgenössischen Afrika gleichgesetzt mit Gewaltherrschaft, Menschenrechtsverletzungen und Rechtlosigkeit, so daß die Abwesenheit dieser Zustände im Umkehrschluß als Beweis von Demokratie gilt. Dies ist ein Irrtum, der von kurzem historischem Gedächtnis zeugt.

Afrikas eigenes Gedächtnis ist länger. Es ist nur wenige Jahrzehnte her, daß die afrikanischen Staaten reihenweise in die Unabhängigkeit entlassen wurden. Die Staaten, die da als formell gleichberechtigte Mitglieder der Weltgemeinschaft auf das diplomatische Parkett traten, hatten mit den traditionellen afrikanischen Staatswesen nichts gemein. Sie führten die kolonialen Verwaltungen weiter und wechselten lediglich das leitende Personal. Dessen Ehrgeiz bestand darin, seine Aufgabe mindestens so gut zu machen wie die weißen Vorgänger. Der komplette Bruch mit den bisherigen Herren war der Ausnahmefall, ein Instrument von Strafe und Liebesentzug mit dem Ziel, den neuen Staat zu ruinieren, wie es im Falle Guineas nach dessen Verstoß aus Französisch-Westafrika 1958 auch gelang. Guinea ist noch heute das Armenhaus der Region

Bereits 1961 kritisierte der radikale antikoloniale Kritiker Frantz Fanon Afrikas neue Herrscher, die glaubten, daß das Volk »ein Hindernis sei für das Florieren der zahlreichen Privatgeschäfte«; jene, die meinten,»man könne ein Land regieren, ohne daß das Volk seine Nase hereinsteckt«, und »das Volk bringe allein durch seine Anwesenheit das Spiel durcheinander, halte es auf oder sabotiere es durch seine natürliche Unwissenheit«.

Die Fortdauer der kolonialen politischen Strukturen sowie das Postulat, daß man sich nicht in die inneren Angelegenheiten des Nachbarn einzumischen habe, waren Charakteristika der politischen Ordnung und ermöglichten es den Diktatoren, über Jahrzehnte zu herrschen. Sie begriffen sich als Entwicklungsdiktatoren mit der Mission, ihre von den Kolonisatoren in finsterster Dunkelheit belassenen Völker an das Licht der Freiheit zu führen. Schriftsteller aus allen Ecken Afrikas haben darauf bitterböse Satiren geschrieben. Die Realität hat die literarischen Vorbilder zuweilen übertroffen, zum Beispiel in der Krönung von Jean-Bedel Bokassa zum »Kaiser des Zentralafrikanischen Reiches« in der Zentralafrikanischen Republik bei einer von Frankreich finanzierten Mammutfeier 1977. Zwei Jahre später wurde er in einem von Frankreich organisierten Putsch gestürzt. Auch der Nachbau des Petersdoms durch Felix Houphouet-Boigny, den Präsidenten der Elfenbeinküste, in seinem Geburtsort Yamoussoukro mitten im westafrikanischen Busch illustrierte, wie die Realität die Fiktion übertrifft. Weniger sichtbar, doch nachhaltig schädlicher waren ökonomische Gewaltakte in Form von Enteignungen und Zwangsumsiedlungen. Oder die durchgängige Korrumpierung der politischen Kultur durch den organisierten Diebstahl der Militärherrscher Nigerias und das organisierte Denunziantenwesen in der Einheitspartei von Mobutu Sese Seko in Zaïre.

Gemein war all diesen Systemen die Bereicherung der Mächtigen auf Kosten der Machtlosen sowie eine weitverbreitete Günstlingswirtschaft. Die Herrscher betrachteten es als ihr Privileg, die Ressourcen des Landes, die Devisen und lukrative Lizenzen verteilen zu können. Zuerst kam das eigene familiäre, ethnische und regionale Umfeld dran. Die Verteilung ging dann so lange weiter, wie noch etwas übrig war. In schlechten Zeiten waren dann die letzten die ersten, die wieder etwas abgeben mußten.

Die Welle der Demokratisierung, die Afrika in den neunziger Jahren erfaßte und zeitweise als »zweite Befreiung« bejubelt wurde, hat an diesen Systemen nur die Fassaden, nicht aber die Struktur verändern können. Dort, wo Mehrparteiensysteme entstanden, war das Ergebnis zumeist, daß sich die vorherigen Diktatoren ein demokratisches Mäntelchen zulegen konnten, indem sie bei »freien« Wahlen ihren Sieg organisierten. Wo das nicht klappte, waren die Ergebnisse nicht viel besser. Die wenigen afrikanischen Präsidenten, die Anfang der neunziger Jahre aus der Opposition heraus freie Wahlen gegen diktatorische Vorgänger gewannen und dann ihr Amt tatsächlich antreten durften – Frederick Chiluba in Sambia, Ange-Felix Patassé in der Zentralafrikanischen Republik, Nicephore Soglo in Benin und Albert Zafy in Madagaskar – brillierten allesamt durch ökonomische Mißgriffe, durch undurchsichtige Herrschaftsmethoden und eine polarisierende Innenpolitik. Soglo und Zafy verloren beide die nächsten Wahlen an ihre Vorgänger; Patassé hielt sich mit Hilfe einer UN-Blauhelmtruppe an der Macht, Chiluba dadurch, daß er seinen Vorgänger Kenneth Kaunda von den Wahlen ausschloß. Keines dieser vier Länder kann heute auf herausragende Fortschritte im Laufe des letzten Jahrzehnts verweisen.

Aus den enttäuschten Hoffnungen der Demokratisierung in der ersten Hälfte der neunziger Jahre ist gegen Ende des Jahrzehnts ein neuer Trend gewachsen: Demokratischer Machtwechsel bezieht seine Legitimation aus dem nostalgischen Rekurs auf die siebziger Jahre, jener im Rückblick goldenen Ära, als die Entkolonisierung weithin vollzogen war, die große Wirtschaftskrise erst bevorstand und die autoritären Regime Afrikas im Glanze des eigenen Glückes blühten. Die Präsidenten, die 1999 und 2000 in freien Wahlen an die Macht kamen, sind alle Vertreter dieser alten Generation: Olusegun Obasanjo in Nigeria, Militärdiktator 1976–1979 und jetzt gewählter Präsident, sowie Abdoulaye Wade in Senegal und Mamadou Tandja in Niger, deren politische Sozialisation aus den siebziger Jahren kommt und die ihre Länder jetzt als Demokraten regieren.

Aus derselben Ecke, aber ohne Wahlen an die Macht gekommen, war General Robert Gueï in der Elfenbeinküste, der sich als politische Reinkarnation des toten Landesvaters Felix Houphouet-Boigny sieht. Denis Sassou-Nguesso in Kongo-Brazzaville ist ein ehemaliger marxistischer Militärdiktator, der jetzt als autoritärer Herrscher ganz ohne Ideologie auskommt. Laurent-Désiré Kabila in der Demokratischen Republik Kongo, Guerillaführer aus den sechziger Jahren und ideologisch diesem Zeitalter nicht entwachsen, gehörte ebenfalls zu jener Gruppe, bis er im Januar 2001 einem Anschlag zum Opfer fiel. Im August 2000 einigten sich die Clanchefs des zerrissenen Somalia auf einen prominenten Vertreter der neun Jahre vorher gestürzten Diktatur von Siad Barre als zukünftigen Präsidenten ihres Landes. Daneben dominieren im frankophonen Afrika nach wie vor die alten Figuren der aus der Kolonialzeit herübergeretteten Tradition eines gaullistischen Absolutismus. Unterdessen herrschen im südlichen Afrika, in der Region der Großen Seen und am Horn von Afrika die militärischen Führer ehemaliger Rebellen- und Befreiungsbewegungen unangefochten. Und sie bekriegen sich ebenso lustvoll wie hundert Jahre vorher ihre kolonialen Vorbilder.

Es ist kein Ruhmeszeugnis für die vielbeschworene neue Generation weltoffener und pragmatischer junger Führer in Afrika, daß jetzt ihre Väter ein solches Comeback erleben und offenbar den Begriff »afrikanische Renaissance« etwas zu wörtlich nehmen. Die jungen Demokraten haben den Marsch durch die Institutionen nicht geschafft oder wurden dabei undemokratisch – jetzt kommen die Alten zurück.

Der Hang Afrikas zu bewährten Führern mit weitreichenden Vollmachten ist kein Beweis stabiler und starker politischer Strukturen, sondern die Kehrseite einer andauernden Schwäche der Institutionen. Schon zur Kolonialzeit bewog die vermeintliche Abwesenheit vernünftiger einheimischer gesellschaftlicher Kräfte die fremden Herren dazu, möglichst viel selber zu entscheiden, höchstens die Ausführung von Befehlen zu delegieren und nur in Ausnahmefällen über »indirekte Herrschaft« Macht abzugeben. Die postkolonialen Entwicklungsdiktatoren gingen ebenfalls davon aus, ihre Gesellschaften bedürften erst der modernen Prägung, bevor man ihnen Verantwortung überlassen könne. Noch heute gilt es als entwicklungspolitischer Gemeinplatz, daß die sogenannte »Zivilgesellschaft«, Heil für alles Übel, erst durch äußere Förderung herangezogen werde und nicht schon existiere. Der Staat muß also stark und kompetent sein, weil die Gesellschaft schwach und inkompetent ist.

Paradoxerweise hat die Einführung von Mehrparteiensystemen Afrikas starke Führer gestärkt, indem sie ihnen ein zusätzliches Instrument zur sozialen Verankerung politischer Macht in die Hand gibt und es ihnen möglich macht, in regelmäßigen Abständen das Volk mehr oder weniger hart an seine Loyalitätspflicht zu erinnern. Nie saßen die erfahrenen und gerissenen Herrscher von Ländern wie Togo, Gabun oder Kamerun so fest im Sattel wie heute, wo sie ihre Gegner in unfairen Wahlen schlagen können statt sie schikanieren oder umbringen zu müssen wie früher. Für Südafrikas *ANC* oder Namibias *SWAPO* gibt es keine bessere Garantie für die ewige Herrschaft als regelmäßige Wahlen, bei denen die institutionalisierte Rassenloyalität das Ergebnis festschreibt.

Selbst der Sonderfall Uganda, Bastion der »Nichtparteienherrschaft« auf dem Kontinent, geht in diese Richtung: Eigentlich lehnt Präsident Museveni ein Mehrparteiensystem aus Angst vor tribalen Spaltungen ab. Das könne es erst geben wenn infolge von Industrialisierung Klassenloyalitäten an die Stelle von Stammesloyalitäten getreten seien. Doch inzwischen stehen die herrschenden Kreise in der Versuchung, ihre regierende *National Resistance Movement* doch zur Partei zu erklären und ihren Gegnern das gleiche zu erlauben, weil so politische Konflikte in institutionellen Räumen ausgetragen werden können.

Die Art, wie Robert Mugabe in Simbabwe vor den Parlamentswahlen 2000 das Land mit einer Terrorkampagne überzog, um die Opposition einzuschüchtern, zeigt, daß formale Demokratie skrupellosen Präsidenten Gelegenheiten zur Stärkung autoritärer Herrschaft bietet. In vielen Ländern wird mittlerweile im Vorlauf von Wahlen die Chancengleichheit im Wahlkampf mißachtet, die Wählerregistrierung je nach politischer Neigung des betroffenen Bevölkerungsteils eifrig oder schleppend betrieben und die Parteienlandschaft nach ethnischen Kriterien gespalten. In Zeiten der Ökonomisierung der Politik, wo althergebrachte Loyalitäten hinter neuen Profitbanden verblassen, kann die politische Macht mit dem gezielten Einsatz finanzieller Anreize wie Im- und Exportlizenzen, staatlichen Krediten und Ausschreibungen genauso gut erhalten werden.

Es gibt natürlich Länder, in denen der Staat weder stark ist noch kompetent. In weiten Teilen Zentralafrikas und einigen Regionen Westafrikas hat ein Staatszerfall eingesetzt – Konsequenz der Ausbreitung von Kriegen, bei denen Akteure aus mehreren Ländern um die Macht in einem unter ihnen kämpfen und dafür multinationale Armeen und grenzüberschreitende Allianzen ins Feld führen. Die Demokratische Republik Kongo und Sierra Leone sind die Epizentren solcher Konflikte, die eine regelrechte Zersetzung staatlicher Institutionen mit sich bringen. Hier ist mittlerweile die Frage gerechtfertigt, ob es sich lohnt, die aus der Kolonialzeit übernommenen Staaten, die im Krieg zerschlagen worden sind, wiederaufzubauen.

Wer diese Frage bejaht, muß die Gründung neuer, noch härterer Entwicklungsdiktaturen als Mittel zur staatlichen Neugründung in Kauf nehmen. Viele Bewohner der von Staatszerfall betroffenen Länder äußern inzwischen unverhohlene Sehnsucht nach der Kolonialzeit: Damals herrschte noch Ordnung, damals bekam man regelmäßig sein Gehalt, es gab Schulen und Straßen, Ärzte und Gouverneure. Keiner scheint einen Weg zu wissen, wie man ein kaputtes Staatswesen wiederaufbauen soll, ohne zu diktatorischen Mitteln zu greifen. Im Kongo entdecken manche Entwicklungsplaner, die in kriegszerstörten Gebieten die Selbstversorgung mit Nahrungsmitteln fördern wollen, die Methoden der belgischen Kolonialzeit wieder, indem sie vertriebene Bauern mit mehr oder weniger autoritären Mitteln in neue landwirtschaftliche Strukturen führen. In Sierra Leone befürworten Teile der politischen Klasse ein autoritäres Regime anstelle der relativ schwachen Regierung des Präsidenten Ahmed Tejan Kabbah, um der *RUF*-Rebellion den Garaus zu machen und den Wildwuchs unkontrollierbarer Milizen einzudämmen.

Anders als es die offizielle Rhetorik der internationalen Politik vermuten läßt, ist eine solche autoritäre Wendung möglich, ohne auf Widerspruch zu stoßen. In Angola hält die einst kommunistische Staatspartei *MPLA* ihre Diktatur problemlos aufrecht und begründet dies mit dem Kampf gegen die international geächteten Unita-Rebellen. Ruandas Tutsi-dominierte Regierung verweist auf die Notwendigkeit, eine Wiederholung des Völkermordes an 800000 Tutsi im Jahr 1994 zu verhindern, um den weitgehenden Ausschluß der Hutu-Mehrheit von der politischen Macht zu rechtfertigen. Und sollte Nigerias Zentralregierung bei einem Fortdauern ethnisch-religiöser Erschütterungen zu restriktiven politischen Maßnahmen greifen, um die Einheit des Landes zu retten, gäbe es auch dafür sicherlich internationales Verständnis.

Die Zeit der Diktatoren ist in Afrika also lange nicht vorbei. Vielmehr haben die letzten zehn Jahre gezeigt, daß diktatorische Strukturen viele Formen haben können. Ein Diktator muß kein Clown sein, der der Welt die dumme Fratze zeigt. Besser paßt das Bild vom Dompteur, der seine wilden Bestien in Schach hält und mit der Peitsche zu Weltbürgern erzieht.

Peter Winkler

Gastgeber und Gäste

Feste sind in Afrika nicht immer unbeschwert

Es ist Februar, also Sommer in Ostafrika, und im lauschigen Garten des Brautpaars sind Festzelte aufgebaut. In einem der Zelte biegen sich lange Tische unter der Last eines Buffets. Hochzeitsgäste tummeln sich in der Abenddämmerung und schielen verstohlen zu den kalten und warmen Platten hinüber oder lassen sich an der Bar mit Getränken versorgen. Familien treffen sich und auch Freunde, die sich seit langem aus den Augen verloren hatten.

Die Braut ist Afrikanerin, der Bräutigam Deutscher. Sie haben viel Zeit und viel Geld in diesen Abend investiert, lange darüber nachgedacht, wie zwei verschiedene Welten auf einen gemeinsamen Nenner gebracht werden können. Sie haben sich für das Buffet entschieden mit teils europäischen, teils afrikanischen Speisen, in der Hoffnung, der Zusammensetzung der Festgemeinde gerecht zu werden. Das Brautpaar und einige Helfer gehen langsam durch die Schar der Gäste, unterbrechen die Gespräche oder das stumme Warten höflich und weisen darauf hin, daß das Buffet nun eröffnet sei: »Bitte bedient Euch selber!«

Ich verziehe mich nach der Begrüßung des Brautpaars und seiner Familien und dem »Boxenhalt« an der Bar an einen Tisch, an dem bereits einige meiner Freunde sitzen. Es gibt, wie üblich, viel zu erzählen, und den freundlichen Hinweis des Bräutigams, das Essen sei nun fertig, quittieren wir mit einem nachsichtigen Nicken. Wir sind nicht in Eile, die Nacht ist lang, und zuerst will noch dieses Ereignis diskutiert und jener Klatsch weiter verbreitet werden. Sollen sich die ganz Hungrigen doch zuerst bedienen; das Buffet ist ja von einer beruhigenden Größe.

Vielleicht eine halbe Stunde verstreicht, bis sich eine Tischnachbarin mit dem Vorsatz erhebt, nun mal eine Vorspeise holen zu gehen.

Nach längerer Zeit kommt sie mit einem Teller Suppe und einem Laib des einheimischen Fladenbrots zurück. Sie wirkt etwas verstört und flüstert auf die Fragen der Umsitzenden nur: »Das müßt Ihr mit eigenen Augen sehen.«

Im Buffet-Zelt bietet sich ein Bild der Verwüstung. Das Buffet ist nicht mehr. Das heißt, die Tische stehen noch da, und im schweren Tontopf dampft die sansibarische Fisch- und Kokosnuß-Suppe. Um den Topf herum liegen etwas verloren noch einige weitere Laibe Fladenbrot herum. Der Rest sind leere Schüsseln und Platten. Speisereste auf den Tischen zeugen davon, daß schnell, ja hektisch zur Sache gegangen wurde. Nichts wurde dem Zufall überlassen, wie ein Blick auf die turmhoch beladenen Teller jener Gäste beweist, die wußten, warum sie zuerst ans Bufffet drängten. Da liegen auf rohem Gemüse und aufgeschnittenem Fleisch aus der Vorspeisenplatte enorme Haufen von Maispampe, Fleischstücke, Hühnerbeine und Gemüseeintopf. Zuoberst balancieren Erdbeeren und einige Cremerollen in prekärem Gleichgewicht. Natürlich sind uns ähnliche Bilder aus den großen Ferienhotels an der Küste des Indischen Ozeans durchaus bekannt, mit europäischen Touristen in der Hauptrolle, die mit ihrer schieren Leibesfülle unterstreichen, daß sie keineswegs am Verhungern sind. Doch die Konsequenz, mit der hier ein Festbuffet für hundert Personen innerhalb weniger Minuten von einem Viertel der Gäste förmlich niedergemacht wurde, verschlägt sogar dem Brautpaar die Sprache. Der Bräutigam murmelt bleich und undeutlich Entschuldigungen, bevor er ans Telefon eilt, um Nachschub zu ordern.

Wer von Festen in Afrika berichtet, erzählt meistens von Tanz und Musik, von Ausgelassenheit und Flirts, von intensiven Begegnungen und endlosen Geschichten, vor allem aber vom Lachen, diesem Grundelement des Lebens, von dem Afrika so unerschöpfliche Vorräte zu haben scheint. Es gibt freilich auch andere Seiten; die Ausgelassenheit von Festen in Afrika täuscht häufig darüber hinweg, daß diese zumeist minuziös vorbereitet werden, daß rigide Verhaltensregeln gelten und daß die Organisation, beispielsweise von Hochzeiten oder Begräbnissen, Knochenarbeit ist. Das Essen und Trinken vor allem ist auf afrikanischen Festen ein Punkt, der nicht auf die leichte Schulter genommen wird. Essen und Trinken sind das zentrale Thema. Es geht nicht nur darum, daß häufig die Mehrheit der Anwesenden nicht weiß, wieviel Nahrung am nächsten Tag auf dem Teller liegen wird. Es geht auch um einen wahren Teufelskreis von ungeschriebenen Regeln, denen Gastgeber ebenso wie Gäste nachzukommen haben.

Die Gastgeber sind – etwa auf Hochzeiten oder noch mehr auf Begräbnissen – dazu verdammt, ihren gesellschaftlichen Status mit der Menge der angebotenen Speisen und Getränke zu beweisen. Ganze Familien verschulden sich oft auf mehrere Jahre hinaus. Selbst wenn das Schicksal in der Form mehrerer Todesfälle in der gleichen Familie innerhalb kürzerer Frist zuschlägt, wird ein Nachlassen der Großzügigkeit der Gastgeber nicht geduldet, nicht von den Gästen, aber auch nicht von den Gastgebern. Daß Verstorbene in Afrika oft wochen- und monatelang in den Leichenhallen liegen, hängt häufig damit zusammen, daß ihre Familien das Geld für das aufwendige Begräbnis noch nicht auftreiben konnten.

Wenn das Ereignis dann schließlich stattfindet, ist ein Erfolg trotz der Mühen keineswegs garantiert. Das Scheitern kann weitaus dramatischer sein als bei der oben beschriebenen Hochzeit. Da kann es bei einem Begräbnis eines verheirateten Mannes passieren, daß unvermittelt eine zweite Frau auftaucht, die behauptet, sie sei ebenfalls Witwe des Verstorbenen. Wer die Leiche begräbt, ist in Afrika häufig erbberechtigt, weshalb oft gerichtlich um diese traurige Pflicht gekämpft wird. In solch strittigen Fällen beendet nicht selten die Polizei ein Trauerfest gewaltsam. Sollte der Verstorbene ein prominenter Politiker gewesen sein, droht das Begräbnis zum Schlachtfeld der Nachfolgekämpfe zu werden. So zum Beispiel im Westen Kenias, wo eine Trauerfeier für einen Oppositionspolitiker in Tränengas erstickt wurde, nachdem die Anhänger von zwei anderen Politikern mit Stökken, Steinen und Messern aufeinander losgingen.

Beim Scheitern des Hochzeitsessens war das einzige Problem, daß das kleine, aber um so feinere Buffet eines Gourmet-Restaurants eindeutig fehl am Platz war, auch wenn es wohl mehr kostete als eine ganze Lastwagenladung typischer afrikanischer Gerichte. Aber auch wer für angemessene Mengen sorgt, ist gegen Mißverständnisse, die häufig durch das Zusammentreffen verschiedener Kulturen entstehen, nicht gefeit. Wie zum Beispiel an jenem Abschiedsfest, das europäische Angestellte einer Hilfsorganisation im Südsudan für ihre einheimischen Kollegen und Kolleginnen gaben.

Drei Tage lang war ein Heer von Frauen mit den Vorbereitungen beschäftigt gewesen: mit dem Einkauf, dem Rüsten und dem Kochen der Speisen für rund fünfhundert Gäste. Das Essen mußte schließlich mit einem Lastwagen von den vielen, in der ganzen Stadt verstreuten Küchen an den Festplatz gebracht werden, wo sich bald riesige Töpfe mit Mus aus Rollgerste, Bohnen sowie Rind-, Ziegen- und Schaf-Fleisch an Gemüsesauce stapelten. Ein winziger Generator trieb eine kleine Musikanlage an, es wurde getanzt, gelacht und viel geredet. Auch einige Abschiedsgeschenke wurden ausgetauscht. Nach einer halben Stunde beschloß der Zeremonienmeister, das Essen ausgeben zu lassen – man sollte ja nicht mit knurrendem Bauch herumsitzen. Die gesamte Lastwagenladung fand mühelos den Weg in die weit über fünfhundert Mägen, denn auch Freunde und Familienmitglieder der Geladenen waren mit von der Partie. Eine halbe Stunde später, als es eben gemütlich werden sollte, brachen die sudanesischen Gäste gruppenweise auf, verabschiedeten sich bei den europäischen Helfern und gingen frohgemut und satt nach Hause. Es war gerade 15 Uhr vorbei, und man hatte doch damit gerechnet, daß die ersten Gäste, jene mit einem langen Nachhauseweg, gegen 17 Uhr aufbrechen würden, um noch vor Einbruch der Dunkelheit in ihre Häusern zu kommen. Die alleine gelassenen Gastgeber schauten sich bestürzt an. »Was haben wir bloß falsch gemacht?« fragten sie einander immer wieder.

Des Rätsels Lösung wurde am nächsten Tag geliefert, als die Honoratioren der Stadt ihrerseits die europäischen Helfer mit einem Fest verabschiedeten. Mittags sollte die Party steigen. Doch außer den Gästen war um diese Zeit noch niemand da. Die Gastgeber und andere Geladene trafen während der nächsten vier Stunden ein. Getränke wurden ausgeschenkt und Höflichkeiten ausgetauscht. Die ersten Standespersonen setzten zu weitschweifigen Reden an. Die Gäste, mit knurrenden Mägen gegen Ermüdungserscheinungen ankämpfend, erwiderten mit eher kurzen Dankesworten. Dann endlich bat der ranghöchste Gastgeber zu Tisch.

Die Schar strömte in den Hof hinaus, wo die Gerichte auf einer langen Tafel lagen, von riesigen Leintüchern gegen die Fliegen abgeschirmt. Während man sich die Hände wusch, lüfteten Frauen die Laken, und Gäste wie Gastgeber machten sich, langsam um den Tisch herumgehend, über die einheimischen Leckereien her. Geredet wurde nun nicht mehr: Man hatte nicht nur alle Hände voll zu tun, sondern auch meist das Maul voll. Auch hier war man ganz konzentriert bei der Sache. Vielleicht zwanzig Minuten dauerte es, bis der Tisch leergeräumt war. Und dann war Schluß. Gegessen, merkten die Europäer, wird im Sudan am Ende des Fests. Es ist der Höhepunkt, bevor der Vorhang fällt.

Als Fremder ist man für solche Mißverständnisse oder Fehlleistungen besonders anfällig, nicht nur dann, wenn es sich um formelle Anlässe handelt, sondern auch, wenn Feste spontan gefeiert werden. Zum Beispiel an jenem Tag im Jahr 1999, an dem in Nigeria, dem bevölkerungsreichsten Land Afrikas, Präsidentenwahlen angesagt waren. Die Behörden hatten den Wahltag zum verkehrsfreien Tag erklärt, um Mehrfachwählern, die oft in ganzen Autobus-Ladungen von einem Wahllokal zum nächsten gekarrt werden, das illegale Handwerk zu legen. Da der Tag auch arbeitsfrei war, drängte sich für Familienangehörige die Rückkehr ins Elternhaus oder mindestens ins elterliche Dorf auf.

Mein Kollege Census – der Name stammt vom Umstand, daß er in einem Volkszählungsjahr zur Welt kam – begleitete mich auf meinen Wunsch hin zu einer Wahlbeobachtung zu ihm nach Hause in den tiefsten Südosten Nigerias, da, wo sich außer dem Rohöl in den Pipelines und den Ölpalmen und Maniokstauden im Wind nicht eben viel bewegt. Als Journalisten, so hatten wir uns ausgerechnet, würden wir trotz des offiziellen Fahrverbots allfällige Straßensperren der Polizei passieren können.

Von Uyo, der Hauptstadt des Gliedstaats Akwa Ibom, brauchte das sehr klapprige Taxi noch eineinhalb Stunden bis in Census' Heimatdorf Ikot Udo Ossiom. Dem Gerücht nach verdankt das Dorf seinen Namen einem Gründervater namens Udo. Das ehemals deutsche Kamerun ist zwar in der Tat nicht weit, aber einige Zweifel an dieser Ursprungserklärung sind wohl dennoch angebracht.

Census hatte keine Zeit mehr gehabt, unsere Ankunft anzumelden; Telefon gibt es in seinem Dorf nicht. Er führte mich, laute Begrüßungsformeln rufend, in die Umfriedung seines Elternhauses. Antwort gab zunächst ein älterer Bruder. Auch er war von seinem Arbeits- und Wohnort Port Harcourt nach Hause gekehrt und saß nun, morgens um halb neun, vergnügt mit zwei Jugendfreunden in seinem

Schlafzimmer. Die Drei nuckelten zufrieden und abwechselnd an einer Flasche Cognac und zwei Flaschen einheimischen Fusels.

»Censoooos!« krähte der Bruder, bevor sein Blick bei meinem Eintreten einen kurzen Moment lang erstarrte. »Oh, du hast einen Besucher?« brachte er schließlich heraus, versucht eilig und mit wenig Erfolg, einen Anschein von Ordnung in sein Zimmer und sein eigenes Aussehen zu bringen. Dann gab er sich einen inneren Ruck, scheuchte einen seiner Freunde aus dem Stuhl, um diesen dem ausländischen Besucher anzubieten, und streckte mir die Cognac-Flasche hin: »Wir haben's hier bescheiden, aber wenn Sie das nicht stört, seien Sie herzlich willkommen!« Census warf sich für mich in die Bresche und schlug vor, man möge doch zuerst die ganze Familie begrüßen und sich dann im Wohnzimmer niederlassen. Der Bruder und seine Freunde stimmten erleichtert zu. Das verschaffte ihnen einige Minuten, um sich wieder zu fassen. Später hat mir Census gestanden, daß es schon lange her war, seit zum letzten Mal ein Weißer in seinem Heimatdorf kam. So lange, daß auch er sich nicht mehr ans Datum erinnern kann.

Allmählich versammelte sich die Familie im Wohnzimmer. Boten wurden ausgeschickt, um weitere Freunde einzuladen und um Nachschub an Eß- und Trinkbarem heranzuschaffen. Die Cognac-Flasche hatte den Weg hierher gefunden, während der billige Fusel im Schlafzimmer blieb. Ein Zehn-Liter-Kanister mit Palmwein – »Palmie« – wurde hereingeschafft, und kleine grüne Früchte, die entfernt an frische Feigen erinnerten. Reihum wurde ein Trinkspruch ausgebracht, ein kleiner Schluck für die Ahnen auf den Boden gegossen und dann je ein großes Glas Cognac geleert. »Meine Ahnen sind zwar nicht hier begraben«, sagte ich, als ich an der Reihe war »aber ich kann ihrer auch von hier aus gedenken und gleichzeitig Ihren Ahnen und Ihrer Gastfreundschaft meinen Respekt bezeugen.« Census' Mutter begann sofort zu schluchzen, als einer ihrer Söhne meinen Trinkspruch übersetzte. Auch mir stiegen die Tränen in die Augen, aber nur darum, weil ich das Glas in einem Zug leeren mußte – und das morgens um neun Uhr.

Als nächstes wurde der Palmie ausgeschenkt. Die Runde schaute konzentriert nicht in meine Richtung. »Laßt uns trinken«, meinte schließlich der Onkel, der seit dem Tod des Vaters das nominelle Familienoberhaupt war. Alle hatten ihre vollgefüllten Zwei-Deziliter-Gläser zum Mund erhoben, und zwei Dutzend Blicke aus den Augenwinkeln verfolgten, wie auch ich den Inhalt meines Glases entschlossen in die Kehle stürzte. Ein Dutzend lachender Gesichter nahm freudig zur Kenntnis, daß dem Besucher die Regeln der Gastfreundschaft wichtiger waren als die Möglichkeit eines ernsten Durchfalls. Census' Mutter hatte wieder feuchte Augen, doch diesmal mochte das vom Palmie herrühren.

«Nimm, Herr Peter«, hieß es nach der zweiten Runde, und ein jüngerer Cousin streckte mir eine der feigenähnlichen Früchte hin. »Wir nennen es Alligator-Pfeffer, ist aber gar nicht scharf, sondern paßt ausgezeichnet zum Palmie.« Die grüne Schale verhüllte rötliches Fleisch, das im ersten Moment kühl und erfrischend wirkte. Aber nur in einem ganz kleinen ersten Moment. Diesem folgte ein viel intensiverer zweiter Moment: Die Geschmacksnerven im Mund wurden umgehend gelähmt, und fast ebenso schnell wurden Schweißperlen aus den Poren der Stirn getrieben. Die Lektion lautet: Alligatorpfeffer kann nur gegessen werden, wenn man ihn sofort mit größeren Palmie-Mengen ertränkt. Die Runde lachte, erzählte sich gegenseitig, wie sie mich erwischte, schenkte nach, kaute Pfeffer und bittere Kolanüsse, spülte mit Palmie und noch stärkerem Palm-Branntwein nach, berichtete von diesem und jenem Ereignis und dieser und jener Person – das Fest war in voller Fahrt.

Normalerweise hätten wir dagesessen und getrunken und gelacht und erzählt, bis die Mutter ein Festessen gekocht hätte. Doch der Besucher machte einen bösen Strich durch die Rechnung. Er erinnerte daran, daß er den weiten Weg auch zum Arbeiten gekommen sei und darum zum Aufbruch mahnen müsse. Die Männerrunde – die Frauen waren in die Küche abgerückt – schaute ungläubig und ratlos umher. Census meldete sich freiwillig für die Aufgabe, der Mutter die neue Lage schonend beizubringen. Die Brüder nickten wie unter Schock. Ein Mark durchdringender Schrei aus der Küche unterstrich, daß es bei dieser Verletzung der Regeln keine Schonung geben konnte. Ein Haus zu verlassen, ohne das Essen der Gastgeberin gekostet zu haben, ist in Afrika ein schweres Vergehen. Afrikaner leisten sich so etwas im Normalfall nicht.

Ilija Trojanow

Auf selten begangenen Pfaden

Vom herben Charme des Reisens

Als ich den Niger kennenlernte, war er so klein wie eine eingegrabene Steppenschlange und ich so verängstigt wie ein Zivilist in einer ausgemusterten Militärmaschine. Ich befand mich an Bord einer Antonow, die den Afghanistankrieg überlebt hatte, um nun Beamte, Händler, Entwicklungshelfer und seltene Touristen wie mich durch Guinea zu fliegen. Die Besatzung stammte aus Alma Ata, und der Flugingenieur, ein Mondgesicht namens Nikolai, hatte sich meiner angenommen. Er entnahm seiner Hemdtasche ein abgegriffenes Papier, das sich als zigfach zusammengefaltet erwies: sein Notizbuch, an den Falten eingerissen, an den Ecken zerfranst. Eine Miniaturschrift verzeichnete links von der Mitte das Einmaleins der Höflichkeit auf Russisch – *zdrastwuite, spasiba, dosvidanije* – und rechts die Entsprechung auf Bambara, Wolof, Malinke, Kissi, Fula, Soussou. Das Mondgesicht lächelte mich an.

Mit wenigen Worten kannst du lange Gespräche führen. Das wichtigste Wort auf Bambara heißt *Antjie*. Merk dir das, das wird dir nützlich sein. *Antjie*. Mal auf der ersten, mal auf der zweiten Silbe betont. Dazu lächeln und leicht mit dem Kopf nicken. Du wirst dich mit jedem verständigen können.

Man hätte Nikolai für verrückt erklären können, aber die nächsten Monate sollten zeigen, wie sehr er recht hatte. Kommunikation beginnt mit den kleinsten Gesten. In Afrika vielleicht mehr als anderswo. Wie man hineinlächelt, so lacht es heraus. Vor allem auf dem Land, wo Freundlichkeit, Höflichkeit, Offenheit im Umgang miteinander noch hochgeschätzte Werte sind. Und Geduld. Man fällt nicht gleich mit seiner Absicht ins Haus. Selbst wenn man nur eine Handvoll Erdnüsse kaufen möchte.

In Siguiri, unserem ersten Halt, eilten die Russen hinaus, um Larry zu begrüßen, einen kanadischen Missionar, der in dem islamischen Norden seit vier Jahren Dienst leistete. Larry war unter den Weißen in Guinea eine legendäre Figur, denn zuvor hatte er sechs Jahre lang in Kankan gewirkt, in der islamischen Hochburg des Landes. Der Weg ins Innere Afrikas führt oft über andere Weiße, Liebhaber des Kontinents, Opfer einer unwahrscheinlichen und unheilbaren Faszination. Manche nennen sie »verbuscht« und vermuten, daß sich Termiten in ihre Gehirnwindungen eingenistet haben, daß ihre europäische Sozialisation überwuchert ist von dornigem Gestrüpp. Doch haben manche dieser Menschen gelernt, Realitäten aus mehr als einer Perspektive zu betrachten. Diese Fähigkeit hat sie öfter versoffen als glücklich gemacht, aber ein Abend mit ihnen kann zu den eindringlichen Erlebnissen einer Reise in Afrika gehören.

Auf dem Rollfeld war es unerträglich heiß, aber Sarah, Larrys Tochter, strahlte vor Glück. Die Russen hatten ihr einen Hasen mitgebracht. Auf der anderen Seite des Flugzeuges, vor dem Flughafengebäude, lehnte ein einsamer Korb voller Baguettes an einer hüfthohen Absperrung, die Brote ordentlich und aufrecht aneinandergereiht, als wären sie französische Soldaten, die der Kolonialismus zurückgelassen hat. Über die Laderampe im offenen Hinterteil der Maschine wurden Säcke ausgeladen. Die Russen betrachteten das Treiben und die Hektik um sie herum mit stoischer Ruhe, als hätten sie jeden Anspruch darauf, eigene Vorstellungen durchzusetzen, längst aufgegeben.

Es ist hart, wir versuchen die Stellung zu halten, erklärte mir Larry sparsam. Nikolai versuchte derweil, Sarah begreiflich zu machen, daß der Hase Schatten braucht. Sie streichelte das Fell. Wir schlenderten zur Laderampe und betrachteten das schweißtreibende Beladen. Nikolai schüttelte den Kopf. Schon wieder zuviel. Das Flugzeug ist immer überladen. Neulich warteten in Siguiri 21 Passagiere, jeder mit einem Ticket in der Hand. Wir hatten nur acht freie Plätze. Was sollten wir tun? Jeder von ihnen hatte einen triftigen Grund, mitfliegen zu müssen. Wir haben alle mitgenommen. Wer keinen Platz bekam, saß auf dem Gang.

Wir stiegen wieder ein und flogen ab. Dimitri, der Pilot, folgte weiterhin dem Lauf des Niger, der durch flaches, trockenes Land schlich. Gelegentlich tauchte der Schatten der Antonow ins braune

Wasser. Siedlungen waren selten zu sehen, die wenigen – Gruppen von dreißig, vierzig Behausungen mit Kornspeichern wie bewohnte Champignons – waren durch keine Piste und keinen Weg mit der Außenwelt verbunden.

Kankan, der zweite Halt. Ich hörte die Stewardeß schreien. Dann sah ich den weißhaarigen Herrn mit offenem Mund, in seinem Stuhl zusammengesunken. Die Russen kamen aus dem Cockpit heraus. Dimitri fühlte den Puls des Mannes. Tod. Schwaches Herz.

Was tun? Die Leiche wurde nach draußen getragen und unter die rechte Tragfläche gelegt. Auch in Kankan war es heiß, so heiß, daß ich nach wenigen Minuten dem Toten sein schattiges Plätzchen neidete. Eine ausgiebige Diskussion entfaltete sich; Arme sprangen aus den weiten Ärmeln der *Boubous*, Stimmen flammten auf und erloschen so schnell wie die einheimischen Streichhölzer. Die Besatzung stand still daneben, während alle Passagiere, die Angestellten des Flughafens Kankan, ein Brothändler und ein Taxifahrer ihre Stimme erhoben. Der Weiterflug verzögerte sich erheblich. Die Situation gestaltete sich nicht gerade einfach, denn der Mann war nach Kissidougou unterwegs. Er stammte von dort. Wer sollte sich in Kankan um ihn kümmern?

Er hat doch ein Billet nach Kissidougou gelöst? fragte jemand. So war es. Also hat er ein Anrecht darauf, nach Kissidougou gebracht zu werden, ob lebendig oder tot. Allgemeine Zustimmung. Die Menge wußte eine gute Lösung auf Anhieb zu erkennen. Schnell wurde eingeladen, den neuen Passagieren der Platz zugeteilt und die Leiche zwischen die Säcke im Lagerraum gebettet.

In Kissidougou verabschiedete ich mich herzlich von den Russen und gesellte mich zu den anderen Passagieren, die mitten auf dem Rollfeld standen. Von der anderen Seite des Flugzeugs waren klagende Verwandte zu vernehmen, vor mir schimpften mehrere Frauen wie *Bulbuls*, immer wieder unterbrochen von einer Stimme, die nur zu jemandem gehören konnte, der mit Autorität ausgestattet war.

Das merkt man in Afrika wie auch anderswo sofort. Schimpfend (es war das Jahr einer kurzzeitigen Demokratisierung in diesem Weltteil) zwängten sich Passagier um Passagier an dem kontrollierenden Polizisten vorbei, dessen größtes Problem darin bestand, daß er nicht erklären konnte, wieso er kontrollierte. Mehrere gewichtige »Mamas«

erlaubten ihm einfach nicht, ihre riesigen Säcke anzufassen. Sie ließen es darauf ankommen – und gewannen.

Als der Polizist mich erblickte, hellten sich seine Gesichtszüge auf. Mit mir würde er gewiß leichtes Spiel haben. Als erstes stach er mit einem dominanten Zeigefinger in meinen Zeltsack.

Was haben sie da drin versteckt?

Ich habe nichts versteckt.

Ich will es wissen.

Es ist nur ein Zelt. Sehen Sie.

Ein Zelt? Ein Zelt! Wozu brauchen Sie ein Zelt?

Ich werde lange unterwegs sein.

Sie brauchen in unserem Land kein Zelt. Wir sind ein gastfreundliches Land. Glauben sie das etwa nicht?

Doch, doch. Aber für den Notfall, wissen Sie.

Was für einen Notfall? Überall werden sie eine Unterkunft bekommen. Oder vermuten Sie etwa, daß Sie in Guinea keine Unterkunft kriegen?

Ich reise noch weit, auch nach Mali und ...

Aha! Sie müssen noch nach Mali. Alles klar. Da brauchen Sie ein Zelt. Weiter gehen, schnell, die Leute warten. Beeilen Sie sich.

Ob der Verkehrspolizist in Sambia, der eine Erklärung verlangte, wieso ich gerade an einem Sonntag auf der offenen Ladefläche des Pickups von Petauke nach Chipata fuhr, oder der simbabwische Soldat, der mit vorgehaltener Waffe einen Beweis forderte, daß ich kein südafrikanischer Spion sei – Leuten mit Autorität begegnet man am besten mit geistiger Flexibilität. Versteift man sich auf Rechte oder Prinzipien, lernt man schnell eine andere Seite des Landes kennen, das Gefängnis. Zwar kann man dort mehr über Afrika lernen als in jedem Hotel, aber aufgrund der fehlenden psychischen Vorbereitung dürfte ein solches Erlebnis vielen die gesamte Reise vermiesen.

In Guinea winkten die Kinder, in Mali riefen sie: *cadeau, donnez-moi un cadeau, il faut donner un cadeau!* Ihre Sprache war einfach zu erlernen. Jeder Satz begann mit *donnez* und endete mit einem gewünschten Objekt. Beispiel: *Donnez-moi un bic!*

Das Betteln ist ihnen zur Routine geworden. Denn weiße Menschen, das ist allseits bekannt, haben Geld, und, was noch schwerer wiegt, sie verteilen gelegentlich welches. So wird das Fordern von Geschenken als Pflege internationaler Kontakte verstanden. Länder wie Mali sind von der Entwicklungshilfe abhängig oder haben sich abhängig machen lassen, je nachdem, wie man es betrachtet. Zudem soll der Tourismus laut herrschender Meinung eine Segnung für das Land sein, und kein Zuständiger versäumt zu betonen, wieviel Geld die Touristen ins Land bringen. Klar, daß auch die Kinder an der »sozio-ökonomischen Entwicklung« teilhaben wollen. Aber bei allem Verständnis, nach einiger Zeit verweigert man sich dieser Rolle als Melkkuh und verflucht jene Touristen, die in unschuldigen Zeiten mit vollen Händen Kugelschreiber austeilten. Sicherlich mit den besten Absichten, das Bildungsniveau des Landes zu heben. Statt dessen haben sie nur ein neues Idiom der Begrüßung geschaffen. *Donnez-moi un bic!*

In Mopti, einem Ort, dessen Reiz zwischen paradiesisch und verbraucht schwankt, sah ich mehrere große Reisegruppen, die es schwer hatten, durch die Gassen zu schlüpfen, ohne den klirrenden Schmuck an den Ohren und den Armen der *Pheul*-Frauen zu hören. Und die nahe zusammenrückten, um sich in der milchigen Luft des Harmattan nicht zu verlieren. Ich mußte an Mungo Park denken. Bei seiner ersten Expedition entlang des Niger hatte er an seiner Seite nur einen Dolmetscher und einen Diener. Es war eine erlebnis- und erfolgreiche Reise, über die er einen aufregenden Schmöker verfaßt hat. Bei seiner zweiten Expedition führte er dreißig britische Soldaten ins westafrikanische Inland. Er kehrte nie wieder zurück.

Am *Lac Horo*, der Sahara trocken nahe, stieß ich auf ein selbstgemachtes Wunder. Es war Sonntag, und Sonntag ist in dem Städtchen Tonka Markttag. Nach tagelanger Bootsfahrt von Süden her hatte ich mich an den Anblick sandiger Ebenen gewöhnt. Doch in Tonka blühte ein Markt, auf dem sich Händler aus Mauretanien und Südalgerien trafen, die Hunderte von Wüstenkilometern durchquert hatten, um ihr Vieh und Kunsthandwerk feilzubieten und Nahrungsmittel zu erstehen. In den staubigen engen Gassen, zwischen grellem Licht und tiefen Schatten, tummelten sich *Fulbe*-Frauen mit schwarzbemalten Mündern und goldfarbenem Ohrenschmuck, *Bella*-Bauern mit Turbanen, *Songhai*-Frauen mit Kleidern, die die Farben feiern.

Jedes Produkt hatte seinen Platz auf dem Markt. Der weitläufige Eingang beherbergte den Kamel- und Ziegenbasar. Weiter innen führte ein Pfad durch Säcke hindurch voller Reis, Hirse, Sorghum und Kartoffeln. Tomaten, Okra, Bohnen, Zwiebeln und Kohlköpfe waren auf Matten gehäuft. Etwas weiter, in einem anderen Geruchsrevier, wurde Fisch angeboten, getrocknet und geräuchert. In überdachten Ständen türmten sich eine Vielzahl von Gewürzen zu bunten Kegeln auf.

Das erstaunlichste am Markt von Tonka war, daß das Getreide und Gemüse vor Ort angebaut wurde, um den *Lac Horo* herum. Dieses Wunder der Fruchtbarkeit, dem rund hunderttausend Menschen drei reiche Ernten pro Jahr verdanken, erwies sich allerdings nicht als gottgegeben. Zwei künstliche Kanäle verbinden den *Lac Horo* über einen Staudamm mit dem Niger; ein um den gesamten See herumgezogener Graben speist vierzig Schleusen und ermöglicht durch Bewässerung ganzjährigen Anbau. Daß dieses System noch funktioniert, daß es nicht politischen Wirrungen und persönlichen Irrungen zum Opfer gefallen ist, ist einigen jungen Malern zu verdanken, die ich am Abend kennenlernte.

Soulé Traoré war ein einfacher Ingenieur bei einem großen deutschen Entwicklungshilfeprojekt, als Tonka im Frühjahr 1991 von Tuaregs überfallen wurde. Die Tuareg, die sich weigern, seßhaft zu werden und der malischen Regierung seit Jahrzehnten vorwerfen, nicht genügend Gelder in den Norden zu leiten, nahmen alle fünf Mercedes-Geländewagen mit. Da die Regierung die Sicherheitslage nicht unter Kontrolle bekam, verließen die deutschen Experten den Ort. Es schien, als habe das Projekt keine Zukunft mehr. Anstatt jedoch ebenfalls die Koffer und Säcke zu packen, harrte Soulé Traoré mit 23 Kollegen aus allen Landesteilen aus. Obwohl sie keine Unterstützung und auch keine Gehälter mehr erhielten. Obwohl jeder, der etwas Geld besaß und mobil war, sich aus dem Staub machte.

»Am Anfang war das ganze Team noch sehr optimistisch und motiviert, aber mit der Zeit setzte uns die Ungewißheit schon zu und die Bevölkerung war am Verzweifeln«, erzählt Soulé. »Wir mußten mit den Bauern auf den Feldern arbeiten, um uns zu ernähren. Aber die Beharrlichkeit unseres Teams hat gewissermaßen die Region gerettet. Wären wir gegangen, wäre es zu einem Exodus der örtlichen Bevölkerung gekommen.« Auf meine Frage, wieso er als ortsfremder Beamter ohne Mittel und Lohn dageblieben sei, antwortete Soulé Traoré: »Das Projekt ist unser Kind, und man kann sein Kind doch nicht alleinlassen. Wir konnten nicht erlauben, daß es Schaden nimmt, zerstört wird. So dachten alle von uns.«

Das Gespräch mit Soulé Traoré war das beeindruckendste Erlebnis auf einer langen Reise. Weil es mir zeigte, was die gebildeten Schichten Afrikas erreichen könnten, wenn sie ihre Verantwortung ernst nehmen würden. Und weil es auch ein kleines Wunder des Reisens darstellte, des Reisens auf selten begangenen Pfaden.

Irgendwo zwischen Tonka und Timbuktu trieben wir die Pinasse ans Ufer und spazierten in das nahe Dorf. Die Sonne rollte wie ein Ball über die Düne. Die meisten Männer des Dorfes saßen auf Matten im Sand und lauschten – ermattet nach einem langen Arbeitstag – einem Lehrer, der mit Bambusstock auf eine Schiefertafel zeigte. Die Männer, darunter einige mit spitzen weißen Bärten, sprachen zuerst die aufgeschriebenen Wörter nach, zerlegten sie dann in ihre Silben und schließlich in die einzelnen Buchstaben, um sie am Ende wieder zu Wörtern zusammenzusetzen. Die Bauern bestimmen selbst, wann und wo der Unterricht stattfinden soll. Sie geben sich mehrfach pro Woche in der Stunde des Sonnenuntergangs alle Mühe. Ihre eigenen Kinder schicken sie aber nicht in die Schule, aus Angst, daß diese eines Tages in die Stadt ziehen und dort als Arbeitslose hausen werden.

Timbuktu mag verfallen und vergessen sein, aber in dieser fast unwirklichen Stadt wird das schriftliche Gedächtnis des Sahel in dem Centre Ahmed Baba, dessen Sammlung inzwischen an die zehntausend Dokumente in arabischer Schrift (aber in unterschiedlichen Sprachen, in *Fula, Songhai, Tamashek*) aufbewahrt. Schrifterzeugnisse aller Art: Verträge, Familiengeschichten, religiöse Texte, Rezepte, Briefe, Diploma sowie kleine Cartoons aus jener mittelalterlichen Zeit, als die Universität in Timbuktu zu den gelehrtesten auf der ganzen Welt zählte. Die Herkunft der Schüler reichte von Senegal bis zum Tschad.

Die Katalogisierung ist einfach. Jedes Dokument befindet sich in einer Mappe. Auf der Mappe ist der Titel, der Name des Verfassers sowie eine Kurzbeschreibung des Werkes notiert. Auch ein Mikrofichegerät ist vorhanden. Kommunikation mit der Außenwelt erweist sich allerdings als sehr schwierig: aus Timbuktu führt keine direkte Telefonverbindung heraus. Man fühlt sich in diesem Gebäude, hinter dessen Hof die Sahara beginnt, wie am Ende der Welt. Außerhalb unserer Zeit. Das ist auch gut so. Deswegen ist man schließlich losgefahren.

Afrika von A bis Z

ALLGEMEINE STANDARDWERKE

Dieses Kompendium will dem Leser mit interessanten Websites und der wichtigsten Literatur zu bestimmten Stichwörtern eine weiterführende Beschäftigung mit dem Thema »Afrika« erleichtern.

www.africaonline.com
Internetnachrichten vom ganzen Kontinent, zusammengestellt vom erfolgreichsten Provider auf dem Kontinent.
www.africa-confidential.com
Vierzehntägiger Informationsdienst, der sich auf zahlreiche Geheimdienstquellen stützt. Erscheint in Großbritannien, ist sehr teuer, aber im Internet wird eine Kurzversion präsentiert.
www.Africaintelligence.com
Gegen eine Gebühr kann hier der sehr informative *Indian Ocean Newsletter* abgefragt werden. Der *Newsletter* mit Informationen zu Regierungsumbildungen, Wirtschaftsabschlüssen und anderen Ereignissen erscheint wöchentlich und berichtet aus 16 Ländern in Ost- und Südafrika.
www. economist.com
Der Economist Intelligence Unit (EIU) gibt vierteljährlich, in einigen Fällen monatlich, sehr spezifische und genaue *Country Reports* heraus, in denen die neuen politischen Entwicklungen eingeschätzt und unerläßliches Zahlenmaterial geliefert wird. Der EIU ist auch über das Internet abzurufen, wenn man das teure Abonnement gezeichnet hat.
www.oau-oau.org
Die Website der Organisation Afrikanischer Einheit, jenes nach der Dekolonisation gegründeten kontinentalen Verbandes mit Sitz in Addis Abeba. Die OAU wird häufig kritisiert, weil sie als bürokratisch und ineffizient gilt. Trotzdem hat sie bei zahlreichen Konflikten in Afrika zu vermitteln versucht. Auf dieser Website wird der Aufbau vorgestellt, und es werden Publikationen der OAU präsentiert.

Die besten Suchmaschinen zu Afrika sind:

www.nai.uu.se/links/
Die Suchmaschine des Nordischen Afrika-Instituts mit Sitz im schwedischen Uppsala. Dort werden weitere Suchmaschinen vorgestellt, länderspezifische

Websites, Publikationen, Radio- und Fernsehanstalten und Universitäten. Alle Hinweise sind mit kurzen Bemerkungen versehen. Eine ausgezeichnete Hilfe.

www.docker.library.uwa.edu.au
An A-Z of African Studies on the Internet. Die umfangreichste Sammlung von Adressen, wenn auch gelegentlich etwas wenig übersichtlich gestaltet. Nach Ländern und Themen alphabetisch geordnet. Dort findet sich die Verfassung von Kenia ebenso wie die Homepage der Universität zu Addis Abeba und der Hinweis auf eine Zeitung in der Elfenbeinküste.

www.odci.gov/cia/publications/factbook/
Das Factbook-Archiv des amerikanischen Geheimdienstes CIA bietet länderspezifische Reports zu allen Staaten Afrikas an. Diese Berichte werden laufend aktualisiert, man findet den Namen des Ministers für Landwirtschaft ebenso wie Angaben darüber, wie viele Straßenkilometer im Kongo eigentlich noch asphaltiert sind.

www.lib.utexas.edu/Libs/PCL/map_collection/africa.html
Eine umfangreiche Sammlung von Landkarten und Stadtplänen aus Afrika, erstellt vom amerikanischen Geheimdienst. Die Karten und Angaben werden ständig aktualisiert, sehr hilfreich.

www.politicalresources.net/africa/html
Hinweise auf zahlreiche Websites von Regierungen. Außerdem Analysen zu jedem Land.

www.irin.reliefweb.int
Die *Integrated Regional Information Networks* sind eine Uno-Organisation. In Büros in Abidjan, Johannesburg und Nairobi werden täglich Nachrichten zusammengestellt, die kostenlos zugänglich sind. Im Archiv von IRIN kann man alle Nachrichten der vergangenen Jahre zu allen Ländern Afrikas nachlesen.

www.oneworld.org
Stellt Nachrichten aus der Dritten Welt ins Internet, Berichte von Korrespondenten internationaler Zeitungen und Radiostationen.

Literatur
Ki-Zerbo, Joseph: Die Geschichte Schwarzafrikas. Frankfurt/M. 1981
Iliffe, John, Geschichte Afrikas, München 1997
Ansprenger, Franz: Politische Geschichte Afrikas im 20. Jahrhundert, München 1999
Harding, Leonhard: Geschichte Afrikas im 19. und 20. Jahrhundert, München 1999
Africa South of the Sahara 2001, London 2000. Sehr teuer (ca. 1000 DM), jährlich aktualisiertes Standardwerk mit Aufsätzen zu historischen, politischen, wirtschaftlichen, kulturellen Entwicklungen der einzelnen Länder
Fischer Weltalmanach 2001, Zahlen, Daten, Fakten, Frankfurt/Main 2000, herausgegeben von Mario von Baratta
Nohlen, Dieter: Lexikon Dritte Welt, Reinbek bei Hamburg 1998

Nohlen, Dieter: Lexikon Dritte Welt. Länder, Organisationen, Theorien, Begriffe, Personen. Reinbek bei Hamburg 2000

Munzinger-Archiv, Ravensburg, 2000; internationales Länder- und Personenarchiv, Loseblatt-Sammlung (auch als CD-Rom), wird wöchentlich aktualisiert

Institut für Afrikakunde, Hofmeier, Rolf: Jahrbuch Afrika 1999, Opladen 2000

AIDS/SEXUALITÄT

www.uganda.co.ug/nadic
In Uganda gibt es eine Website des National Aids Documentation and Information Centre (Nadic) in Kampala
www.unaids.org
Die Webseite der UNO-Organisation, zahlreiche Pressematerialien, Reden, Statistiken
www.bbc.co.uk/worldservice/sexwise/
Sexualberatungsprogramm der BBC, mit Hinweisen auf lokale Radioprogramme und Aufklärungsinstitutionen, die Beratung zu Geschlechtskrankheiten anbieten und vor allem, wie man sich davor schützt.
www.who.org
Die Website der Weltgesundheitsorganisation.

Literatur
Adewale, Toyin (Nigeria): Die Aromaforscherin. Gedichte und Short Stories. Stuttgart 1998
Adewale, Toyin (Nigeria): Flackernde Kerzen. Frauengeschichten aus dem Nigeria von heute. Stuttgart 1998
Aidoo, Ama Ata (Ghana): Die Zweitfrau. Eine Liebesgeschichte. Göttingen 1998
Mwangi, Meja: Die achte Plage. Aus dem Englischen von Susanne Köhler. Wuppertal 1997
Mungoshi, Charles (Simbabwe): Von Frauen und anderen Geliebten. München 1999

Auf Märkten in Afrika und in den Dörfern preisen sich Heiler auf großen handgeschriebenen Tafeln an: sie können Impotenz heilen, Gicht und Asthma. Manche dieser Heiler haben tatsächlich großes Wissen um die Kraft von Kräutern und Knochen. Doch manche versprechen dem gutgläubigen Hilfesuchenden, der auf kein Versicherungssystem zurückgreifen kann, Mittel gegen Aids.

Auch unter den Gebildeten gibt es solche Quacksalber, die erschreckend großen Zulauf haben: so erklärte der kenianische Professor Arthur Obel 1996, er habe eine Wundermedizin entwickelt, Pearl Omega, die gegen Aids vorbeuge und Aids heile. Obel präsentierte der Presse sogar angeblich Geheilte, und er begann die Produktion seiner Medizin, mit stillschweigender Duldung der Regierung. Erst als kenianische Ärzte sich wehrten und um das Ansehen ihrer Berufsgruppe fürchteten, wurde Obel zurückgepfiffen. Wie viele Patienten Obel durch sein Verhalten in den Tod geschickt hat, ist nicht ermittelt.

Im Slum Majengo, in Kenias Hauptstadt Nairobi, arbeiten drei Dutzend Prostituierte, die sich nicht infizieren, obwohl sie ständig dem HI-Virus ausgesetzt sind. Viele der Prostituierten sind miteinander verwandt, sie kommen aus dem Norden Kenias. Wissenschaftler aus England und Kenia hoffen darauf, in langen Versuchsreihen einem Serum auf die Spur zu kommen. Doch einige der »commercial sex workers« entwickeln Aids, sobald sie aus dem horizontalen Gewerbe aussteigen.

Obwohl es an den meisten Kiosken Afrikas Kondome zu kaufen gibt, haben Hilfsorganisationen oft Schwierigkeiten, den Gebrauch auch zu propagieren. Religiöse Gründe verbieten es in vielen muslimisch geprägten Ländern, überhaupt über Sexualität zu sprechen oder gar über Kondome und Geburtenkontrolle. Die katholische Kirche rät offiziell zur Enthaltsamkeit. Aids hat auch einem sehr repressiven Weltbild Vorschub geleistet: in vielen Ländern Ostafrikas haben sich Jugendgruppen gegründet, die propagieren, dass niemand vor der Ehe Geschlechtsverkehr haben sollte, um Aids zu verhindern. Dass der dann gewählte Partner trotzdem Aids haben kann, wird dabei ausgeblendet.

Bis zum Jahr 2000 sind 19 Millionen Menschen an Aids gestorben. Weitere 24 Millionen sind infiziert. Tag für Tag sterben 6000 Afrikaner an Aids und 11000 weitere Afrikaner infizieren sich mit dem Virus. Das sind zweimal so viele Tote wie im Ersten Weltkrieg.

Das wichtigste Mittel gegen Aids ist Aufklärung, denn das Wissen um die Übertragung ist nach wie vor mangelhaft. Studien der deutschen Gesellschaft für technische Zusammenarbeit (GTZ) in Westkenia ergaben, daß in der sexuell sehr aktiven Gruppe der Zwanzigjährigen immer noch viele glauben, auch Moskitomücken und Küsse könnten die Immunschwächekrankheit übertragen.

In Kenia gibt es erst seit dem Jahr 2000 Aufklärungsunterricht an den Schulen, in dem auch über Aids gesprochen werden soll.

Im Majengo-Slum in Nairobi wurde der Gebrauch eines Kondoms lange an einem ausgestreckten Finger demonstriert. Als die Besucher eines Familienplanungs-Seminars sich beschwerten, daß sie trotz Kondomgebrauch schwanger wurden, schaffte man einen Holzdildo an, an dem nun der fachgerechte Gebrauch gezeigt wird.

Infizierte Eltern lassen Aids-Waisen zurück. Kinderhilfswerke sehen sich dem Problem nicht mehr gewachsen. Viele Kinder werden wiederum in die Prostitution gezwungen, sie vegetieren als Straßenkinder in Nairobi, Lagos oder Lusaka.

Jeder achte Mensch in Afrika hat Aids. Die Mehrheit der Infizierten sind Frauen. Ende 2001 sollen nach Angaben des Magazins Newsweek 13 Millionen Kinder in Afrika ihre Mutter oder beide Eltern durch Aids verloren haben. Bis zum Jahr 2010 werden 40 Millionen Aids-Waisen in Afrika erwartet.

ALTE

Ba, Amadou Hampaté (Mali): Jäger des Wortes. Eine Kindheit in Westafrika. Wuppertal 1993
Christoph, Henning; Klaus E. Müller, Ute Ritz-Müller: Soul of Africa. Magie eines Kontinents. Köln 1999
Diop, Birago (Senegal): Geistertöchter. Die Geschichten des Amadou Koumba. Mit einem Nachwort v. Janos Riesz. Wuppertal 1998
Hove, Chenjerai: Guardians of the Soil: with Ilija Trojanow. Interviews with Zimbabwe's chiefs and elders, compiled, translated (from Shona and Ndebele) and edited by Chenjerai Hove. München/Harare 1995
Hove, Chenjerai: Ancestors. Harare 1996
Kitereza, Aniceti: Die Kinder der Regenmacher. Herr Myombekere und seine Frau Bugonoka. Aus dem Suaheli von Wilhelm J.G. Möhlig. Wuppertal 1991

ARCHITEKTUR

Davidson, Basil: Africa in History, London 1974
Vansina, Jan: Art History in Africa, London 1984
Mazrui, Ali A.: The Africans: A Triple Heritage, London 1986
Elleh, Nnamdi: African Architecture, London 1986

BEHINDERUNG

Action on Disability and Development (ADD)
Email: ADD@GN.APC.ORG

Disability Awareness in Action (DAA), London
Email: DAA_ORG@compuserve.com

Pan-African Federation of Disabled People (PAFOD), 1 Crescent Court, 130 Herbert Chitepo Street, 12th Avenue, Bulawayo, Simbabwe
Tel. 263 9 69356 Fax 263 9 74398

East African Federation of the Disabled (EAFOD)
P. O. Box 563, Zanzibar, Tanzania
Tel. 255 54 33719 Fax 255 54 31730

Die häufigsten Ursachen für Behinderung in Afrika sind:
    Krieg und Unfälle; allein in Angola und Mosambik sind 95 000 Menschen durch Minenexplosionen behindert
    Unterernährung, Mangel an Vitamin A haben zur Behinderung von etwa zehn Millionen Menschen in Afrika geführt;
    Infektionskrankheiten wie Polio, Tuberkulose und Masern

Andere Krankheiten, die aus Armut, mangelnder Hygiene und einer Tradition herrühren, die zur Verstümmelung führen kann

In zahlreichen afrikanischen Ländern haben sich Behinderte in Verbänden zusammengefunden, um gemeinsam gegen die Diskriminierung vorzugehen. So organisieren sich in Südafrika die Taubstummen, in Simbabwe die Albinos und auf Sansibar die Körperbehinderten.

In Uganda werden behinderte Kandidaten in die Regionalverwaltungen gewählt. Im nationalen Parlament sitzen ebenfalls Behinderte, es gibt sogar eine Ministerin, die sich der Belange der Behinderten annimmt.

Lawrence Nyaga ist Albino. Und er ist Afrikaner. Also ein weißer Schwarzer. Normal zu sein, so wie die anderen, oder wenn möglich besser als die anderen zu sein, ist das oberste Ziel. Nyaga hält nichts von Behindertenverbänden. Er war jahrelang auf einer Blindenschule, wurde dort gehätschelt. Lawrence Nyaga wurde 1966 in Meru, am Fuße des Mount Kenya geboren. Der Buchhalter trägt einen billigen dunklen Anzug und ein gelbes Hemd, das ein bißchen schmuddelig ist. Wenn er sich im Sitzen vorbeugt, zeigt sich am Nacken seine empfindliche schrumpelige Haut. Auch am Hals sieht der Mittdreißiger aus wie ein alter Mann. Nyaga hat helle, fast rosafarbene schuppige Haut und sein afrikanisches Kraushaar ist nicht schwarz, sondern rotblond. In Kenia gibt es gerade einmal 2000 Albinos. Jeder 17000. Mensch in Afrika südlich der Sahara ist ein Albino, einer, der von den anderen Kindern geneckt wird und dem »Weißer, Weißer« hinterhergerufen wird. Einige afrikanische Albinos haben es zu Ruhm und Reichtum gebracht. Einer von ihnen ist Salif Keita. »Die goldene Stimme Malis« ist einer der ganz großen Stars der afrikanischen Popmusik, und er feiert auch in Europa Erfolge. Wenn Keita öffentlich auftritt, wird das Bühnenlicht so geschickt genutzt, daß man nur bei genauerem Hinschauen wirklich erkennen kann, daß dieser Superstar ein afrikanischer Albino ist. »Ich kam auf eine Sonderschule, obwohl gleich neben dem Haus meiner Eltern eine gewöhnliche Primarschule war, auf die ich gerne gegangen wäre. Lawrence Nyaga aber versucht Normalität zu leben, weil er gemerkt hat, daß Mitleid, wie es in den Sonderschulen praktiziert wird, nur in die Abhängigkeit führt. Wenn man auf eine solche Spezialschule für Blinde gehe, werde einem eingeimpft, daß man bestimmte Dinge angeblich nicht tun könne, daß man ein Anrecht habe auf gewisse Privilegien wie Essen, Kleidung und Ausbildung. Auch Lawrence Nyaga hatte sich eingerichtet in dieser Versorgungserwartung. »Als ich zum Gymnasium ging, hier in Nairobi, und im Sportunterricht Geländelauf auf dem Programm stand, ging ich zum Trainer und sagte: Ich kann das nicht, ich bin doch ein Albino. Der hat mich ohne mit der Wimper zu zucken auf die Laufbahn gejagt.«

BESCHNEIDUNG

www.intact-ev.de
Intact, Saarbrücken, Tel. 0681-32400
PRO ASYL, Frankfurt/Main, Tel. 069/230688
www.uni-koeln.de
Terre des Femmes, Tübingen, Telefon 07071-79730
Katholische, evangelische Frauengruppen; Pro Familia etc.

Literatur
Beck-Karrer, Charlotte: Löwinnen sind sie, Gespräche mit somalischen Frauen und Männern über Frauenbeschneidung, Bern 1996
Denniston, George C. Milos und Marilyn Fayre: Sexual Mutilations – A Human Tragedy, New York 1997
Dirie, Waris: Wüstenblume, München, 1998
Dorkenoo, Efua: Tradition! Tradition!, London 1992
Dorkenoo, Efua: Cutting the Rose, Female Genital Mutilation, The practice and its prevention, London 1994
Dareer, Asma El: Women, why do you weep? Circumcision and its consequences, London 1985
Gilman, Sander L: Rasse, Sexualität und Seuche, Hamburg 1992
Hosken, Fran P: The Hosken Report, Genital and Sexual Mutilation of Females, Lexington/USA 1997
Kassindja, Fauziya: Niemand sieht dich, wenn du weinst, München 2000
Keita, Fatou: Die stolze Rebellin. Roman (La Rebelle, aus d. Franz. v. Sigrid Groß) München 2000
Lightfoot-Klein, Hanny: Das grausame Ritual. Sexuelle Verstümmelung afrikanischer Frauen, Frankfurt/Main 1993
Mernissi, Fatema: Die vergessene Macht. Frauen im Wandel der islamischen Welt, Berlin 1993
Nagel, Inga: Die kleinen Frauen Afrikas – Mädchen in Burkina Faso, Horlemann 1993
Saadawi, Nawal el: Gott stirbt am Nil, Hamburg 1994
Thiam, Awa: Die Stimme der schwarzen Frau, Hamburg 1989
Walker, Alice und Pratibha Parmar: Narben oder Die Beschneidung der weiblichen Sexualität, Hamburg 1996

DIKTATOREN

www.iiss.org
Website des Londoner International Institute for Strategic Studies. Analysen zu aktuellen militärischen und strategischen Entwicklungen.

www.hrw.org
Die Menschenrechtsorganisation Human Rights Watch mit Sitz in New York
veröffentlicht Länder- und Regionalstudien. HRW hat unterdessen einen Grad
der Glaubwürdigkeit erreicht, wie ihn Amnesty International vor 20 Jahren
hatte.
www1.umu.edu./humanrts/africa/index.html
Zahlreiche Dokumente zu Menschenrechten in Afrika. Das Archiv wird in Zusammenarbeit zwischen der Makarere Universität in Ugandas Hauptstadt
Kampala sowie der Universität von Minnesota verwaltet.

Literatur
Armah, Ayi Kwei (Ghana): Die Schönen sind noch nicht geboren. Wuppertal
    1999
Kapuscinski, Ryszard : König der Könige, Eine Parabel der Macht, Köln 1984
Kourouma, Ahmadou: Die Nächte des großen Jägers. Roman. (En attendant
    le vote des bêtes sauvages, aus d. Franz. v. Cornelia Panzacchi.) Wuppertal
    2000
Museveni, Yoweri Kaguta: Sowing the Mustard Seed. The Struggle for Free-
    dom and Democracy in Uganda, London 1997
Sow Fall, Aminata (Senegal): Der Sonnenpräsident. Göttingen 1997
Tansi, Sony Labou (Kongo): Verschlungenes Leben. Zürich 1981

Viele der neuen demokratischen Politiker in Afrika kommen aus dem alten System. Sie haben über Jahrzehnte die Privilegien genossen, zum Einparteiensy-
stem zu gehören, jetzt sehen sie ihre Chance, an den Herrschenden vorbei in
die Zentralen der Macht einzuziehen. Programmatische Differenzen zwischen
Opposition und Regierung gibt es nur selten.
    In einigen Ländern Afrikas kostet nach einem Bericht des amerikanischen
State Department eine AK47-Maschinenpistole nicht mehr als 6 US-Dollar.
Die Diktatoren und Tyrannen des Kontinents bedienen sich bei der Lieferung
von Waffen meist der Dienste von Flugzeugen und Mannschaften aus Osteuropa. Die große Antonov 76 kann man auf den Flughäfen von Kinshasa, Kigali und Monrovia sehen. Sie kann sogar Panzer transportieren.

ENTWICKLUNG

www.europa.eu.int/comm/development/publicat/courier/index-eu.htm
Der *Courier* ist die Zeitschrift des Entwicklungsprogramms der Europäischen
Union. Es gibt in jeder Ausgabe zwei Länderanalysen, auch monothematische
Darstellungen, und es werden Projekte der Entwicklungszusammenarbeit vor-
gestellt. Den *Courier* kann man auch im Internet lesen. Auf der Development-
Website der EU werden Länderportraits und Statistiken zu Afrika präsentiert.
Die EU schafft auch Links zu den Websites afrikanischer Regierungen.

Literatur
Edwards, Michael/Hulme, David (Hg.): Non-Governmental Organisations. Performance and Accountability, London 1996
Tetzlaff, Rainer: Perspektiven einer nachhaltigen Entwicklungspolitik am Beginn des 21. Jahrhunderts. Dieter Senghaas' entwicklungspolitische Lehren im Spiegel alter und neuer Theorien, in: U. Menzel (Hrsg.), Vom ewigen Frieden und vom Wohlstand der Nationen, Frankfurt 2000
World Bank: Entering the 21st Century. World Development Report 1999/2000. Washington 1999
Nuscheler, Franz (Hrsg.): Entwicklung und Frieden im 21. Jahrhundert, Bonn 2000
Deutsche Welthungerhilfe/terre des hommes: Die Wirklichkeit der Entwicklungshilfe: Jährlicher »Schattenbericht« zum offiziellen OECD-Bericht zur deutschen Entwicklungshilfe

FLUCHTGELD

Literatur
Bayart, Jean-Francois, Stephen Ellis, Beatrice Hibou: The Criminalization of the State in Africa, Bloomington 1999
Harvey, Charles (Hrsg.): Constraints on the Success of Structural Adjustment Programmes in Africa, London 1996
Reno, William: Warlord Politics and African States, London 1998
Soyinka, Wole: The Open Sore of a Continent, New York 1996
World Bank: Sub-Saharan Africa: From Crisis to Sustainable Growth, Washington 1989
World Bank: Adjustment in Africa, New York 1994

Der nigerianische Diktator Sani Abacha soll bis zu drei Milliarden Dollar auf ausländischen Konten deponiert haben, einen erheblichen Teil davon in der Schweiz. Die Schweizer Banken-Kommission untersuchte neunzehn Banken. Drei Konsortien wurde fehlerhaftes Verhalten nachgewiesen: die Credit Suisse (Credit Suisse, Banque Hofmann und Banque Leu), die Credit Agricole Indosuez (Switzerland), die Union Bancaire Privee und M.M. Warburg Bank. Allein die Credit Suisse soll 214 Millionen Dollar des Diktators akzeptiert haben.

FLÜCHTLINGE

www.unhcr.org
Die Website des Uno-Flüchtlingswerkes.

Literatur
Bley, Helmut und Gesine Krüger (Hrsg.): Überleben in Kriegen in Afrika, Leipzig 1998
Grosse Oetringhaus, Hans-Martin (Hrsg.): »Ich will endlich Frieden.« Kinder im Krieg, Münster 1998
Hutter, Franz-Josef (Hrsg.): Menschen auf der Flucht, Opladen 1999
Koller, Michaela (Hrsg.): Migration aus Nordafrika. Ursachen und Probleme. Neuwied 2000
Schneeberger, Roger, Christian Mehr, Markus Lohr (Hrsg): Migration, Flucht, Asyl : Ursachen, Probleme und Lösungen, Bern-Wabern 1999
UNHCR: Erzwungene Migration – eine humanitäre Herausforderung, Bonn 1997
Rosen, Klaus-Henning (Hrsg.): Flucht: Afrika - Kontinent in Unruhe. Berlin, Bad Honnef 1997
Flucht – 50 Millionen Menschen ohne Heimat. Fotografien von Signum. Zürich 1997

GRENZEN

www.lib.utexas.edu/Libs/PCL/map_collection/africa.html
Eine umfangreiche Sammlung von Landkarten und Stadtplänen aus Afrika, erstellt vom amerikanischen Geheimdienst. Die Karten und Angaben werden ständig aktualisiert, sehr hilfreich.

Literatur
Brownlie, Ian: African Boundaries. A Legal Diplomatic Encyclopedia. London, Berkeley 1979.
Diop, Cheikh Anta: Les fondements économiques et culturels d'un Etat fédéral d'Afrique noire. Paris 1960
Ganslmayr, Herbert (Hrsg.): Protocoles et Acte Général de la Conférence de Berlin,1884-1885, Bremen 1984
Farah, Nuruddin (Somalia): Maps. Roman. (Maps, aus d. Engl. v. Inge Uffelmann.) Zürich 1992
Gatter, Frank Thomas: Teilen und Herrschen. Die Teilung Afrikas und die Berliner Kongo-Konferenz 1884/85, in: *Der Überblick*, 1(1984), S. 4–8.
Jentgen, P.: Les frontières du Congo Belge. Bruxelles, Mémoires de l'Institut Royal Colonial Belge, 1952
Kake, Ibrahim (Hrsg.): Centenaire de la Conférence de Berlin,1884
Kodjo, Edem: Et demain l'Afrique. Paris 1985
Kopytoff, Igor (Hrsg.): The African Frontier. The Reproduction of African Traditional Societies. Bloomington and Indianapolis 1986
McEwen, A. C.: International Boundaries of East Africa. Oxford 1971

Meyer, Reinhold: Die Bürde des schwarzen Mannes: Grenzen in Westafrika«, in: *Der Überblick*, 1, (1984), S. 44–46.
Prescott, J. R. V.: The Geography of Frontiers and Boundaries. London 1965
Stoecker, Helmut: La conférence de Berlin sur le partage colonial de l'Afrique vue sous l'optique d'aujourd'hui, in: Centenaire de la Conférence de Berlin 1884–1885, Edité par Ibrahima Kake, Paris 1987, S.153–159
Widstrand, C. G. (Hrsg.): African Boundaries Problems. Uppsala 1969

HILFSWERKE

www.alertnet.org
Von der Nachrichtenagentur Reuters gesponserte Website mit Nachrichten zu humanitären Katastrophen, nützlichen Satellitenbildern zur Frühwarnung sowie Stellenangeboten bei den Hilfswerken.
www.reliefweb.int
Das Office for the Coordination of Humanitarian Affairs (OCHA), eine UNO-Organisation, informiert über aktuelle humanitäre Entwicklungen, betreibt ein Frühwarnsystem und eine Bibliothek. Auch hier finden sich Stellenangebote.
www.welthungerhilfe.de
Die Website der Deutschen Welthungerhilfe, mit zahlreichen Hinweisen zu Programmen und Projekten in Afrika, Asien und Lateinamerika.
www.icrc.org
Die Website des Internationalen Komitees vom Roten Kreuz. Hinweise zu Aktivitäten und laufenden Maßnahmen in Krisengebieten.
www.unsystem.org
Auf dieser Website ist zu sehen welche Uno-Organisation wo vertreten ist. Die einfachen Links führen dann zu den Organisationen, die für Afrika und die Beschäftigung mit Afrika interessant sind, wie etwa: Unep, FAO, UNHCR und WFP.

Der Wunsch zu helfen: Care Deutschland schickte Mitte 1994 einige Hundert Ärzte und Schwestern nach Goma, im Osten des Kongo. Die Aktion zur Hilfe an über einer Million Flüchtlinge aus Ruanda endete in einem Desaster: die Ärzte und Schwestern waren auf die Kurzeinsätze nicht vorbereitet, sie wußten nichts oder wenig über Land und Leute, sprachen oft nicht einmal die Kolonialsprache Französisch.

Die Helfer der Hilfswerke machen oft nicht nur die Erfahrung ihres Lebens, sondern sie riskieren auch ihr Leben: während der UNO-Intervention in Somalia sind einige Dutzend Mitarbeiter von Hilfsorganisationen bei Gefechten der Milizen getötet worden. Andere kamen ums Leben, weil einheimische Mitarbeiter sich mit Gewalt Fahrzeuge oder Gelder der Hilfswerke aneignen wollten. Das IKRK, das Internationale Komitee vom Roten Kreuz, hat in den neunziger Jahren Mitarbeiter in Burundi verloren. Die Arbeit des IKRK in Kata-

strophengebieten und Kriegsregionen zeichnet sich durch strikte Überpartei-
lichkeit und eine hohe Effizienz aus: so half das IKRK sehr professionell 1994
während des Genozids in Ruanda, während viele andere Hilfswerke erst nach
dem Ende des Krieges nach Ruanda kamen.

Die Arbeit der Hilfswerke wie dem IKRK und der Deutschen Welthungerhilfe in Kriegs- und Krisengebieten ist notwendiger denn je: noch im Ersten
Weltkrieg waren lediglich 5 Prozent der Opfer Zivilisten. Bei heutigen Kriegen
sind es über 90 Prozent.

Die NRO's – die Nichtregierungsorganisationen, oder ONG oder NGO's –
leisten einen erheblichen Teil der Hilfe in Krisengebieten und engagieren sich
in langfristigen Projekten der Entwicklungshilfe. Sie sammeln Spenden in ihren
Herkunftsländern, meist Europa oder den USA, sie treiben Gelder von ihren
nationalen Regierungen oder von der Europäischen Union ein, aus denen die
Arbeit finanziert wird.

Die Anwesenheit von Ausländern von Hilfswerken ist für die einheimische
Elite ein gutes Geschäft: Häuser können zu exorbitanten Preisen vermietet
werden, die Hilfswerke brauchen Autos, Fahrer, Großhändler – all das kann
die Elite vermitteln.

In ländlichen Gegenden Kenias erwarten die Bürgermeister gar nichts mehr
vom Staat, dessen administrative Strukturen praktisch zerfallen sind. Wenn
eine Schule gebaut werden soll, eine Baumschule angelegt werden soll oder der
Hunger bekämpft werden muß, rufen die Chiefs nach einer NRO anstatt nach
der Regierung.

Die Vereinten Nationen und ihre verschiedenen Unterorganisationen haben
sich auch der Hilfe in Afrika verschrieben: das World Food Program liefert
Nahrungsmittel in Hungergebiete (und leistet so seinen Beitrag, wie Kritiker
bemängeln, zum Abbau des Getreideüberschusses in der EU und den USA), das
UNO-Flüchtlingswerk, UNHCR, kümmert sich um Flüchtlinge, zunehmend
auch um IDP's, die Internally Displaced People, also die im eigenen Land durch
Krieg oder ethnische Auseinandersetzungen Vertriebenen.

Wenn Hunger aus einem Land wie Äthiopien oder Kenia gemeldet wird, bedeutet das, daß eine Gruppe von Menschen nur in einer bestimmten Region
hungert. Äthiopien wird trotz des Hungers weiter Kaffee exportieren und kenianische Schnittblumen und Bohnen werden weiter auf deutschen Märkten zu
bekommen sein. Wenn die Blumenfarmer und die Bohnenbauern nun auf ihren
Feldern andere Produkte anbauen würden, würde das nichts gegen den Hunger bewirken, der in anderen Landesteilen herrscht. Da staatliche Verteilstellen
als ineffizient und korrupt angesehen werden, sind Organisationen wie das
Welternährungsprogramm der Vereinten Nationen dazu übergegangen, eigene
Mitarbeiter mit der Verteilung von Hilfsgütern zu beauftragen.

IDEOLOGIEN

Literatur
Armah, Ayi Kwei (Ghana): Die Schönen sind noch nicht geboren. Wuppertal 1999
Davidson, Basil: The Black Man's Burden. Africa and the Curse of the Nation-State. London 1992
Makgoba, William (Hrsg.): African Renaissance. Kapstadt 1999
Mbembe, Achille: African Modes of Self-Writing, in: Codresia Bulletin, Nr. 1/2000
Melber, Henning: Der Weißheit letzter Schluß. Rassismus und kolonialer Blick. Frankfurt 1992
Pepetela (Angola): Der Hund und die Leute von Luanda. Bonn 1987
Soyinka, Wole (Nigeria): Zeit der Gesetzlosigkeit. Berlin 1986

KATASTROPHEN

Literatur
Harden, Blaine: Africa. Dispatches from a fragile continent. London 1993
Lamb, David: Afrika Afrika. Menschen, Stämme, Länder. München 1989
Munnion, Christopher: Banana Sunday – Datelines from Africa, Rivonia, 1995
Richburg, Keith B: Jenseits von Amerika, Berlin 1999

KOLONIALISMUS

Literatur
Achebe, Chinua (Nigeria): Termitenhügel in der Savanne. Frankfurt 1991
Blixen, Tania (Karen): Briefe aus Afrika, Stuttgart 1988
Griggs, Richard A.: African Boundaries – Reconsidered, in: *Internationales Afrikaforum*, 11 (1995) 1, S. 56–62
Kabou, Axelle: Weder arm noch ohnmächtig. Eine Streitschrift gegen schwarze Eliten und weisse Helfer. Basel 1991
Katz, Mark N.: Africa's Dilemma: European Borders, Contested Rule, in: *Current History* 94 (April 1995) 591, S. 182–186
Kourouma, Amadou (Elfenbeinküste): Der schwarze Fürst. Wuppertal 1980
MacCormick, Shawn H.: The Lessons of Intervention in Africa, in: *Current History* 94 (April 1995) 591, S. 162–166
Mair, Stefan: Staatszerfall und Interventionismus: Determinanten grenzüber-schreitender politischer Neuordnung in Afrika. Stiftung Wissenschaft und Politik Ebenhausen/Isartal. SWP AP 3114, Dezember 1999
Naipaul, V. S.: An der Biegung des großen Flusses, Köln 1980
Ngugi wa Thiong'o (Kenia): Matigari. Wuppertal 1991

Ngugi wa Thiong'o (Kenia): Verbrannte Blüten. Wuppertal 1989
Ousmane, Sembène (Senegal): Xala. Die Rache des Bettlers. Wuppertal 1997
Philombe, René: Der weiße Zauberer von Zangali. Frankfurt am Main 1980
Reed, Cyrus: The New International Order: State, Society and African International Relations, in: *Africa Insight* 25 (1995) 3
Reno, William: Warlord Politics and African States, London/Boulder 1998
Schmidt, Siegmar: Wie ist in Afrika wieder »Staat zu machen«? Überlegungen und Thesen zur aktuellen Diskussion um den Staat in Afrika, in: *Internationales Afrikaforum* 35 (1999) 3
Stanley, Henry M.: Wie ich Livingstone fand. Stuttgart 1995
Tetzlaff, Rainer: Der Wegfall effektiver Staatsgewalt in den Staaten Afrikas, in: *Die Friedens-Warte* 74 (1999) 3

KOMMUNIKATION

www.africantelecosm.com
Gebührenpflichtiger Informationsdienst über neue Entwicklungen auf dem Telekomsektor.
http://www.itu/africaninternet2000/conclusions.html
ITU (International Telecommunication Union) über »The African Internet 2000« auf einer Konferenz im Mai 2000. Mit zahlreichen Links zur Konferenz, zu ITU und Publikationen.
article19@gn.apc.org
Die Menschenrechtsvereinigung ARTICLE 19 warnt, daß das Internet Afrika weiter in eine Klassengesellschaft spaltet: Da sind jene wenigen Afrikaner, die durch den Zugang zum Internet am Prozeß der Demokratisierung teilnehmen können. Unterdessen hat jedoch die Mehrheit keinen Zugang zum Telefon und ist für Informationen auf die staatlich kontrollierten Nachrichtensendungen angewiesen.

Literatur
Aktar, Shahid; Steve Song, The Internet in Africa: Global Forces, African Challenges, in: *African Development Review*, Vol. 10, Nr 1, Juni 1998
E-Conomy, E-Business – E-Commerce – E-Services. Eine Verlagsbeilage der *Frankfurter Allgemeinen Zeitung*, Dienstag, 13. Juni 2000
Evaluation of African-Related Internet Resources, in: *African Affairs*, Vol. 97, Nr. 318, Juli 1998
Humbert, Bernard; Christoph Quentel: L'Internet et l'Afrique. Listes de diffusion et groupes de discussion, in: *Afrique Contemporaine*, Nr. 185, 1 trimestre 1998
Simonet, Marie Christine: La Francophonie à l'heure des informations, in: *Marchés Tropicaux* – 1239 – 6. Juni 1997
The right to Communicate, The Internet in Africa, Article 19, Februar 1999

Nach wie vor verläßlich und nicht abhängig von Satelliten und Telefonleitungen sind die Trommeln der Azande im Südsudan. Dieses Waldvolk lebt im Grenzdreieck von Sudan, dem Kongo und der Zentralafrikanischen Republik. Die Azande haben an öffentlichen Plätzen, wie dem Markt oder der Kirche, große Baumtrommeln aufgestellt, etwas so groß wie ein Ölfaß. Der Trommler hat sein Handwerk meist vom Vater gelernt, und er trommelt wichtige Mitteilungen: so wird vor der Ankunft kriegerischer Soldaten gewarnt, die Geburt eines Kindes angezeigt oder die Arbeiter einer stillgelegten Fabrik zur Arbeit gerufen, weil es wieder etwas zu tun gibt. Während nur wenige die Trommel spielen können, werden doch die wichtigsten Mitteilungen von den meisten verstanden.

KÖNIGREICHE & MODERNE

Literatur
Mafeje, A.: Kingdoms of the Great Lakes Region: Ethnography of African Social Formations. Kampala 1998
Riehl, Volker: Natur und Gemeinschaft: Sozialanthropologische Untersuchungen zur Gleichheit bei den Tallensi in Nordghana. Frankfurt/M. 1993

KORRUPTION

www.transparency.de
Die Website der Anti-Korruptions-Organisation Transparency International.

Literatur
Chabal, Patrick ; Jean-Pascal Daloz: Africa Works: Disorder as a Political Instrument, African Issues series, London, 1999
MacGaffey, Janet; Remy Bazenguissa-Ganga: Congo-Paris: Transnational Traders on the Margins of the Law. 2000 African Issues series, London, 2000
Pope, Jeremy: Transparency International Source Book, Berlin, 1996
Tangri, Roger: The Politics of Patronage in Africa. Kampala, Oxford, o. J.
Thurop, David; Charles Hornsby: Multi-Party Politics in Kenya. Oxford, Ohio, Athens 1998

Korruption im Kleinen: Ein kenianischer Polizist erklärte anonym, warum er und seine Kollegen korrupt sind, Bestechungsgelder nehmen und sogar mit Kriminellen zusammenarbeiten:
Er verdiene 4000 Schilling im Monat, das sind etwa 120 Mark. Davon muß er die Schulgebühren für die Kinder zahlen, einmal in der Woche wenigstens etwas Fleisch kaufen und auch noch die Busfahrten von zu Hause zur Schule zahlen. Das reiche einfach nicht, erklärt der Mann in seiner blauen Uniform. Und warum es denn so schlimm sei, daß er Bestechungsgeld von Tagedieben und

kleinen Räubern nehme, während die Regierenden in seinem Land bei Tageslicht Milliardenbeträge stehlen und ungestraft davon kämen, fragte er.

Transparency International hat darauf hingewiesen, daß gerade Vertreter großer internationaler Firmen sich an der Korruption beteiligten. Wenn Afrika so korrupt sei, wer bezahle dann all die Bestechungsgelder?

Nigerias Staatschef Olusegun Obasanjo war bis zu seiner Wahl Vorsitzender des Beratungsgremiums von Transparency International. Als Staatschef war er mit der Realität konfrontiert: er mußte mit einer durch und durch korrupten Administration zusammenarbeiten, er konnte einige korrupte Politiker nicht verfolgen, weil die ihn im Wahlkampf unterstützt hatten und seine Vorlage für ein Anti-Korruptions-Gesetz wurde lange vom Parlament blockiert. Im ersten Jahr seiner Amtszeit rückte Nigeria sogar auf Platz 1 auf der Liste der korrupten Staaten vor.

KUNST

www.unil.ch/gybn/Arts_Peuples/Exfrica/ex-Af-museu.htm
Diese Website führt zu allen europäischen Staaten und Städten mit Museen afrikanischer Kunst und, sofern vorhanden, zu den entsprechenden Homepages dieser Museen.
www.smb.spk-berlin.de/mv/africa/index.html
Die Adresse der afrikanischen Abteilung des Berliner Völkerkundemuseums. Hier ist auch ein ausführlicher Text über afrikanische Kunst zu finden.
www.lib.virginia.edu/dic/exhib/93.ray.aa/African.html
Unter dem Titel »African Art: Aesthetics and Meaning« wird der Online-Katalog mit Texten und Bildbeispielen zu einer Ausstellung, die 1993 gezeigt wurde, geboten.
www.uiowa.edu/~africart/toc/index.html
Unter dem Motto »Art and Life in Africa online« werden sowohl die Kunst verschiedener Gebiete wie auch einzelner Völker vorgestellt.
www.si.edu/nmafa
Die Website des National Museum of African Art, Washington

Literatur
Förster, Till: Kunst in Afrika, Köln 1988
Hahner-Herzog, Iris; Maria Kecskési, László Vajda: Afrikanische Masken aus der Sammlung Barbier-Mueller, München/New York 1997
Littlefield Kasfir, Sidney: Contemporary African Art, New York, 1999
Phillips, Tom: Afrika – Die Kunst eines Kontinents, München/New York: 1996
Rubin, William (Hrsg.): Primitivismus in der Kunst des zwanzigsten Jahrhunderts, München 1984
Vansina, Jan: Art History in Africa, London/New York 1984

LANDWIRTSCHAFT

www.maraboutech.com/ICIPE
Email: icipe@users.africaonline.co.ke
Icipe – Internationales Institut, das versucht, mit natürlichen Pflanzenbekämp-
fungsmitteln, beziehungsweise mit Insekten gegen Schädlinge vorzugehen. Icipe
steht für The International Centre of Insect Physiology and Ecology
www.fao.org/food
Webseite der Food and Agriculture Organization of the United Nations, der
Landwirtschaftsorganisationen der UNO

Literatur
Chambers, Robert; Arnold Pacey, Lori Ann Thrupp (Hrsg.): Farmer First. Far-
mer Innovation and Agricultural Research, London 1989
Duncan, Alex; John Howell (Hrsg.): Structural Adjustment and the African
Farmer, London, Portsmouth 1992
Elwert, Georg; Roland Fett (Hrsg.): Afrika zwischen Subsistenzökonomie und
Imperialismus, Frankfurt/Main, New York 1982
Elwert, Georg: Bauern und Staat in Westafrika. Die Verflechtung sozioökono-
mischer Sektoren am Beispiel Benin, Frankfurt/Main, New York 1983
Healey, John; Mark Robinson: Democracy, Governance and Economic Policy.
Sub-Saharan Africa in Comparative Perspective, London 1992
Körner, Heiko (Hrsg.): Zur Analyse von Institutionen im Entwicklungsprozeß
und in der internationalen Zusammenarbeit, Berlin 1989
Krings, Thomas: Agrarwissen bäuerlicher Gruppen in Mali, Westafrika. Stand-
ortgerechte Elemente in den Landnutzungssystemen der Senoufo, Bwa, Do-
gon und Somono, Berlin 1991
Meillassoux, Claude: Die wilden Früchte der Frau. Über häusliche Produktion
und kapitalistische Wirtschaft, Frankfurt 1976
Pitschas, Rainer; Rolf Sülzer (Hrsg.): Neuer Institutionalismus in der Entwicklungspolitik. Perspektiven und Rahmenbedingungen der Verwaltungsent-
wicklung im Süden und Osten, Berlin 1995
Spittler, Gerd: Verwaltung in einem afrikanischen Bauernstaat. Das koloniale
Französisch-Westafrika 1919-1939, Wiesbaden 1981

LITERATUR

www.hanszell.co.uk
The Electronic African Bookworm. Das Verlagshaus Hans Zell hat Websites
und Bezugshinweise zu Büchern aus und über Afrika zusammengestellt. Man
kann diese Bücher auch per Internet bestellen. Eine hilfreiche Website für an
Literatur Interessierte, Verleger, Journalisten und Autoren.

Literatur
Achebe, Chinua (Nigeria): Okonkwo oder das Alte stürzt. Roman
(Things fall apart, aus dem Engl. von Dagmar Heusler und Evelin Petzold.)
Frankfurt am Main 1998
Ama Ata Aidoo (Ghana): Die Zweitfrau. Eine Liebesgeschichte. (Changes, aus
d. Engl. v. Anita Jörges-Djafari.) Mit e. Nachw. v. Al Imfeld. Göttingen,
2. Aufl. 1999
Armah, Ayi Kwei (Ghana): Die Schönen sind noch nicht geboren. Roman aus
Ghana. (The Beautiful Ones are Not Yet Born, aus d. Engl. v. Hugo Loet-
scher u. Franz Z. Küttel.) Wuppertal, 1999
Bâ, Amadou Hampâté (Mali): Jäger des Wortes. Eine Kindheit in Westafrika.
Roman. (Amkoullel, L'enfant peul, aus d. Franz. v. Heidrun Hemje-Olt-
manns.) Wuppertal 2. Aufl. 1995
Bâ, Amadou Hampâté (Mali): Oui, mon Commandant! In kolonialen Diensten,
Erinnerungen. (Oui, mon Commandant! aus d. Franz. v. Karin Boden u.
Monique Lütgens.) Wuppertal 1997
Bandele-Thomas, Biyi (Nigeria): Bozo David Hurensohn. Roman. (The Man
Who Came in from the Back of Beyond, aus d. Engl. v. Gabriele Cenefels.)
Frankfurt a. M. 1991
Bandele-Thomas, Biyi (Nigeria): kerosin mangos. Roman. ((The Sympathetic
Undertaker and other Dreams, aus d. Engl. v. Gabriele Cenefels.) Frank-
furt a. M. 1993.
Bandele-Thomas, Biyi (Nigeria): In London keine Regenzeit. Roman. (Incan-
tations on the eve of executions, aus d. Engl. v. Susanne Gittel.) Frank-
furt a. M. 1997
Becker, Friedrich (Hrsg.): Afrikanische Märchen, Frankfurt 1969
Beyala, Calixthe (Kamerun): Jenseits von Duala. Roman. (Les honneurs per-
dus, aus d. frankophonen Franz. Giò Waeckerlin Induni.) Bern 1998
Bitek, Okot (Uganda): Lawinos Lied/Ocols Lied. Ein Streitgesang. (Song of La-
wino/Song of Okol, Neuübers. aus d. Engl. v. Raimund Pousset.) Mit Glos-
sar u. Nachw. v. Raimund Pousset u. Philip Ijait Aluku. Wuppertal 1998
Cheney-Coker, Syl (Sierra Leone): Der Nubier. Roman aus Sierra Leone. (The
Last Harmattan of Alusine Dunbar, aus d. Engl. v. Thomas Brückner.) Mün-
chen 1998
Chinodya, Shimmer (Simbabwe): Dornenernte. Roman. (Harvest of Thorns,
aus d. Engl. v. Beate Horlemann.) Unkel/Bad Honnef 1991
Couto, Mia (Mosambik): Unter dem Frangipanibaum. Roman. (A Varanda
do Frangipani, aus d. moçambiq. Portug. v. Karin v. Schweder-Schreiner.)
Berlin 2000
Diop, Birago (Senegal): Geistertöchter. Die Geschichten des Amadou Koumba.
(Les Contes d'Amadou Koumba; Les Nouveaux Contes d'Amadou Koumba,
aus d. Franz. v. Christel Dobenecker, Horst Schulz u. Sabine Müller-Nord-
hoff, bearb. v. Gudrun Honke.) Mit e. Nachw. v. János Riesz. Wuppertal
1998

Dongala, Emmanuel B. (Republik Kongo): Kinder von den Sternen. Roman. (Les Petits Garçons naissent aussi des Étoiles, aus d. Franz. v. Sigrid Groß.) Wuppertal 2000

Ehling, Holger; Peter Ripken (Hrsg.): Die Literatur Schwarzafrikas. Ein Lexikon der Autorinnen und Autoren. München 1997

Farah, Nuruddin (Somalia): Geheimnisse. Roman. (Secrets, aus d. Engl. v. Eike Schönfeld.) Frankfurt a.M. 2000

Farah, Nuruddin (Somalia): Maps. Roman. (Maps, aus d. Engl. v. Inge Uffelmann.) Zürich 1992

Farah, Nuruddin (Somalia): Tochter Frau. Roman. (Sardines, aus d. Engl. v. Klaus Pemsel.) München 2001

Farah, Nurudddin (Somalia): Vater Mensch. Roman. (Close Sesame, aus d. Engl. v. Klaus Pemsel.) München 2001

Hove, Chenjerai (Simbabwe): Ahnenträume. Roman. (Ancestors, aus d. Engl. v. Thomas Brückner.) München 2000

Hove, Chenjerai (Simbabwe): Knochen. Stimmen der Ahnen. Roman. (Bones, aus d. Shona-Engl. und mit e. Nachw. v. Ilija Trojanow.) München 2000

Hove, Chenjerai (Simbabwe): Schattenlicht. Roman. (Shadows, aus d. Engl. v. Thomas Brückner.) München 1996

Kane, Cheikh Hamidou (Senegal): Der Zwiespalt des Samba Diallo. Erzählung aus Senegal. (L'Aventure ambiguë, aus d. Franz. v. János Riesz u. Alfred Prédhumeau.) Hg. v. Ulla Schild, Gerhard Grohs u. Peter Schunck. Frankfurt a.M. 1980

Keïta, Fatou (Elfenbeinküste): Die stolze Rebellin. Roman. (La Rebelle, aus d. Franz. v. Sigrid Groß.) München, 2000

Kourouma, Ahmadou (Elfenbeinküste): Die Nächte des großen Jägers. Roman. (En attendant le vote des bêtes sauvages, aus d. Franz. v. Cornelia Panzacchi.) Wuppertal, 2000

Kourouma, Ahmadou (Elfenbeinküste): Der schwarze Fürst. Roman (Le Soleil des indépendances, aus d. Franz. v. Hans Lothar Teweleit.) Wuppertal 1980

Ngugi wa Thiong'o (Kenia): Matigari. Roman. (Matigari, aus d. Engl. v. Susanne Koehler.) Mit e. Nachw. v. Thomas Brückner. Wuppertal, 1991

Okri, Ben (Nigeria): Die hungrige Straße. Roman. (The Famished Road, aus d. Engl. v. Uli Wittmann.) München 2000

Okri, Ben (Nigeria): Verfängliche Liebe. Roman. (Dangerous Love, aus d. Engl. v. Uli Wittmann.) München 1999

Ousmane, Sembène (Senegal): Guelwaar. Ein Held der Zukunft. Roman aus dem Senegal. (Guelwaar, aus d. Franz. f. Sigrid Gross.) Wuppertal, Neuaufl. 1997

Ousmane, Sembène (Senegal): Xala. Die Rache des Bettlers. Roman aus dem Senegal. (Xala, aus d. Franz. v. Karin Boden u. Monique Lütgens.) Mit e. Nachw. v. Heinz Hug. Wuppertal, 1997

Rampolokeng, Lesego (Südafrika): Blue V's. Rap-Poems, Gedichte. (Engl./dt., aus d. Engl. v. Thomas Brückner.) Stuttgart 1998

Saro-Wiwa, Ken (Nigeria): Sozaboy. (Sozaboy, aus d. Engl. v. Gerhard Grot-
jahn-Pape.) München, Neuaufl. 1998
Tansi, Sony Labou (Republik Kongo): Verschlungenes Leben. Roman. (La vie
et demie, aus d. Franz. v. Bettina Kobold.) Zürich 1981
Tutuola, Amos (Nigeria): Mein Leben im Busch der Geister. (My Life in the
Bush of Ghosts, aus d. Engl. v. Wulf Teichmann.) Mit e. Nachw. v. Ulli Beier
u. einem Interview m. Amos Tutuola. Berlin 1991
Vera, Yvonne (Simbabwe): Eine Frau ohne Namen. Roman. (Without a Name,
aus d. Engl. v. Hilde Schruff.) München 1997
Vera, Yvonne (Simbabwe): Nehanda. Roman. (Nehanda, aus d. Engl. v. Maria
von der Ahé u. Kate Reiner.) FL Triesen 2000
Waberi, Abdourahman A. (Djibouti): Die Legende von der Nomadensonne.
Kurzgeschichten. (Aus: Le pays sans ombre und Cahier nomade, aus d.
Franz. v. Brigitte Kautz.) München 1998
Zell, Hans M.; Carol Bundy, Virginia Coulon: A New Readers Guide to Afri-
can Literature, London 1983

MÄRKTE

www.wto.org
Die Website der Welthandelsorganisation

www.afdb.org
Die Website der African Development Bank in Abidjan. Diese Bank soll als Ab-
leger der Weltbank und des Internationalen Währungsfonds durch Kredite und
Programme die wirtschaftliche Entwicklung in afrikanischen Ländern anschie-
ben helfen. Auf der Website kann man sich über Aktivitäten und einzelne Länder informieren.

Literatur
Laing, Kojo (Ghana): Die Sonnensucher. Roman. München 1995

MEDIEN

www.africaonline.com
Die website des wichtigsten Internetprovider auf dem Kontinent. Mit einem
aktuellen Nachrichtendienst und Links zu wichtigen Zeitungen in sechs afrikanischen Ländern.
www.gret.org/mediapartner/
Informationen zu neuen Entwicklungen in afrikanischen Medien.
www.amnesty.de
Die Website der Gefangenenhilfsorganisation.

www.rog.at
Deutsche Website der Reporter ohne Grenzen.
www.rsf.fr
Zentrale Website der Reporter ohne Grenzen auf französisch, englisch und spanisch.
www.aupa-ev.de
Aktion für die unabhängige Presse in Afrika (AUPA) e.V.
www.cpj.org
Committee to Protect Journalists (CPJ), New York
www.wan.org
Weltverband der Zeitungen / World Association of Newspapers
www.misanet.org
Media Institute of Southern Africa (MISA), Windhuk, Namibia
www.ifex.org/members
Weitere Adressen von regionalen und nationalen Organisationen, die sich für Pressefreiheit einsetzen, finden sich auf dieser Webseite, International Freedom of Expression eXchange (IFEX)

Literatur
Maja-Pearce, Adewale: Directory of African Media. International Federation of Journalists. With the support of the commission of the European Union. Brüssel 1996

In Afrika verbringt ein Mensch durchschnittlich 3,8 Minuten pro Tag am Fernseher oder Radiogerät. In den Industrieländern sind es immerhin 96 Minuten am Tag. Für viele Afrikaner ist der Besitz eines Kurzwellenradios ein großer Traum: denn per Kurzwelle sind jene Radiostationen zu empfangen wie die BBC, die Voice of America, Radio Vaticano, die unparteiische Informationen auch über das eigene Land senden. Jene, die nur ein UKW- oder Mittelwellengerät besitzen, sind meist auf die Nachrichten und die Propaganda der staatlichen Rundfunksender angewiesen.

Es hat Versuche gegeben, gegen diese Abhängigkeiten von staatlich kontrollierter Information vorzugehen: so wurde von einem britischen Tüftler ein Radio entwickelt, das ohne Batterien funktioniert und lediglich mit einer Handkurbel bedient werden kann, das sogenannte Freeplay Radio. Wenn man 20 Sekunden die Kurbel bedient, kann man 40 Minuten Radio hören.

Revolutionär ist das Worldspace-System. Noah Samara, ein Amerikaner äthiopischer Herkunft, hatte die Idee und die Kreativität, drei Satelliten im All platzieren zu lassen, die Radio- Digital- und CD-Programme auf die Erde senden. Dort kann man die an jedem Ort Afrikas mit einem speziellen Radiogerät empfangen. Afristar war der erste Satellit, und das System erfreut sich großer Popularität. Die Preise für die Empfänger, bis zu 300 Mark, schließen bisher allerdings den Normalverdiener aus. WorldSpace kann 432 Mono- und 216 Stereo-Kanäle bedienen.

Die nationalen Fernsehprogramme in Afrika werden dominiert von Importen: Derrick auf Zulu oder Swahili gibt es zu sehen. Und viele Telenovelas aus den USA, Mexiko und Indien. Bei einem Besuch in der sagenumwobenen Stadt Timbuktu in Mali kann man dank moderner Satellitentechnologie Euronews sehen, die das Wetter in Paris und Berlin bekanntgeben, gefolgt von einer Ausgabe der deutschen Kriminal-Serie Tatort.

MEDIZIN

www.who.org
Die Website der Weltgesundheitsorganisation.

Literatur
Loth, Heinrich (Hrsg.): Altafrikanische Heilkunst. Europäische Reiseberichte des 15. bis 19. Jahrhunderts. Leipzig 1984

Schimpansen in den Nationalparks von Tansania sind Forschern dadurch aufgefallen, dass sie bei Magenverstimmungen, Erbrechen und Schwächeanfällen ganz bestimmte Rinden und Blätter fressen. Ganz so, als hätten sie den Informationszettel eines Medikaments gelesen, suchen die Tiere nach einer bestimmten Pflanze und bedienen sich.
Auf Märkten in Afrika und in den Dörfern preisen sich Heiler auf großen handgeschriebenen Tafeln an: sie können Impotenz heilen, Gicht und Asthma. Manche dieser Heiler haben tatsächlich großes Wissen um die Kraft von Kräutern und Knochen. Doch manche versprechen dem gutgläubigen gebeutelten Hilfesuchenden, der auf kein Versicherungssystem zurückgreifen kann, auch Hilfe gegen Aids.

MILITÄR

www.child-soldiers.org
Hat sich die Aufgabe gestellt, den Einsatz von Kindersoldaten zu beenden.
www.crin.ch
Child Rights Information Network

Literatur
Ali, Taisier M., Robert O. Matthews: Civil Wars in Africa: Roots and Resolution, Montreal 1999
Ayittey, George B. N.: Africa Betrayed, New York 1992
Ayittey, George B. N.: Africa in Chaos, New York 1999
European Centre for Conflict Prevention: Searching for peace in Africa, Utrecht 1999

Lock, Peter: Privatisierung der Sicherheit oder private Militarisierung, in:
Afrika Jahrbuch 1997, herausgegeben vom Institut für Afrika-Kunde,
Hamburg
Mazrui, Ali A.: Soldiers and Kinsmen in Uganda, Beverly Hills/London
1975

Afrika ist ein beliebter Markt der Waffenhändler und Söldner. Im Krieg zwischen Äthiopien und Eritrea kämpften beide Seiten mit Waffen aus Bulgarien und Rußland, auch mit Hubschraubern und MIG-Jets aus der ehemaligen Sowjetunion. Einem Waffenboykott schloß sich Russland erst an, als der Krieg fast vorbei war und die Waffenlager gefüllt waren. Die Waffenschmieden verkaufen ihre Waren über Zwischenhändler in Israel.

Für den Genozid in Ruanda gebrauchten die ruandische Armee und die Milizen Waffen, die aus China, Frankreich und Südafrika geliefert worden waren. Die Agenten dieser Waffenverkäufe residierten in Großbritannien. Tschechische Pistolen, italienische Gewehre, rumänische AK47 – Maschinenpistolen, ägyptische Minen und chinesische Panzerfäuste sind auf Afrikas Schwarzmärkten problemlos zu organisieren.

Befördert durch den Staatszerfall in manchen Regionen Afrikas stützten sich die Herrscher auf die Dienste von Söldnern, oder wie es offiziell heißt, »Militärberatern aus befreundeten Staaten«, was nichts anderes sind als Söldner in Diensten ihrer Heimatländer. Als Mobutu Sese Seko, der Diktator im Kongo, gegen die Rebellen kämpfte, wurden serbische Söldner nach Kisangani eingeflogen, die von einem alten französischen Offizier kommandiert wurden. Chinesische Militärberater versuchten Mobutus Niederlage zu verhindern, während auf der anderen Seite der Front bei den Rebellen ebenfalls chinesische Militärberater dienten.

Die offiziell aufgelöste Firma Executive Outcome aus Südafrika hat in Sierra Leone und Angola gewirkt und im Gegenzug lukrative Minenverträge erhalten. Im Kongo und auf den Komoren gab es seit der Unabhängigkeit Putsche, die meist von geheuerten weißen Söldnern angeführt wurden, einer der bekanntesten von ihnen ist der Franzose Bob Denard. Diese Söldner agieren ebenso wie die Waffenhändler oft auch noch als Geheimdienstagenten, und genießen darum besonderen Schutz, der es ihnen erlaubt, Strafverfahren zu entgehen.

Kenia, Uganda und Simbabwe haben eigene Munitionsfabriken, die lukrative Verträge mit den Armeen von Nachbarstaaten unterhalten.

Die wichtigste Waffenschmiede auf dem Kontinent ist der südafrikanische Konzern Armscor. Die Firma wurde zu Zeiten der Apartheid gegründet, beschert aber auch dem neuen Regime in Pretoria satte Gewinne. So finden Armscor-Produkte auch ihren Weg in afrikanische Krisengebiete, etwa in die Region der Großen Seen.

In Angola, dem Kongo, Somalia und Sudan sind unbekannt viele Minen gelegt worden. In Somalia hat man mühsam versucht, die Minen zu räumen. Doch es gibt in Afrikas Kriegen keine Pläne darüber wo Minen gelegt wurden.

Manche Hilfsorganisationen haben inzwischen in Äthiopien und Angola eine eigene Fabrik, in der Prothesen für Minenopfer hergestellt werden. Nach Angaben der Vereinten Nationen sind in Afrika mehr als 120000 Kindersoldaten unter Waffen, darunter auch viele Mädchen.

MINEN/BERGBAU

Literatur
MacGaffey, J.: The Real Economy of Zaire: an anthropological study, London 1991
MacGaffey, J.; V. Mukohya: The Real Economy of Zaire: The contribution of Smuggling and Other Unofficial activities to National Wealth, London 1991
Misser, Francois; Olivier Vallee: Les Gemmocraties, l'economie politique du diamant africain, Paris 1997

Die Bodenschätze Afrikas halten die Kriege am Laufen: in Sierra Leone, Angola und dem Kongo greifen die verschiedenen Kriegsparteien und die hinter ihnen stehenden Regierungen oder Firmen auf die Bodenschätze zurück, vor allem, um Waffen zu kaufen.
Insbesondere Diamanten sind sehr leicht zu transportieren und zu schmuggeln. Man sieht ihnen auch ihre Herkunft nicht an. Und es gibt in Kisangani, Kigali, Freetown und Angola genügend Diamanten- und Waffenhändler, die bedenkenlos von den Kriegsparteien kaufen und an sie weiterverkaufen. Versuche der Vereinten Nationen, den Vertrieb von »blutigen Diamanten« zu unterbinden, sind in den vergangenen Jahren in Gang gekommen. Doch in Sierra Leone sind es nigerianische UNO-Offiziere, die sich am lukrativen Handel mit den kleinen Steinen beteiligen.

MODE UND MODELS

www.seekenya.com
Hier findet sich die Website der African Heritage von Alan Donovan. Über die Geschichte des Unternehmens, über Schmuck und Models kann man sich hier informieren.

Literatur
Beckwith, Carol, Angela Fisher: African Ceremonies. New York/London 1999

Alek Wek, geboren in den Flüchtlingslagern des Südsudan, hat eine große Diskussion unter Modemachern ausgelöst: ist Frau Wek nun hübsch oder nicht, denn sie hat einen großen Mund und sie ist sehr schwarz. Sie erobert die Laufstege, und außerdem ist Schönheit bei den Dinka, ihrem Volk, in seiner Ganzheit wahrgenommen.

Afrikas Zeitungen, auch die seriösen, sind voll mit Geschichten über hübsche Mädchen, die es auf den Laufsteg geschafft haben, die zu etwas Geld, manche auch zu Reichtum gekommen sind. »Is modelling a rewarding career?« fragt die Daily Nation in Nairobi. Oder sie preist »Queens of the catwalk« an und rät »What it takes to be a good model.«

MUSIK

www.weltmusik.de
Iwalewa-Magazin
www.mediaport.net/AfricaArt
An introduction in african music – 100 CD's
www.rootsworld.com/rw/feature/afrodisc.html:Afrodisc-Magazin
von Opiyo Oloya

Literatur
Ewens, Graeme: Die Klänge Afrikas. Zeitgenössische Klänge von Kapstadt bis
    Kairo. München 1995
Broughton, Simon; Mark Ellingham, Richard Trillo (Hrsg.): World Music. The
    Rough Guide. Volume 1: Africa, Europe and the Middle East. The Rough
    Guides, 1999
Hudson, Mark: The music in my head (Roman), London 1998
Gary Stewart: Rumba on the River. Verso 2000
Magnin, André: Malick Sidibé: Die Clubs von Bamako. Mit CD, Zürich 1998
Panzacchi, Cornelia: Mbalax Mi. Musikszene Senegal, Wuppertal 1996
Williams, Michael (Südafrika): Crocodile burning. (Crocodile burning. Aus d.
    Engl. v. Susanne Rudloff) Wuppertal 1998

CD-Anthologien
New African Worldbeat (Polymedia) – aktuelle Musik aus allen Ecken des Kon-
    tinents, Schwerpunkt Pop
Ambiances du Sahara – Desert Blues (Network) – aktuelle Musik aus Nord-
    afrika, vom Sudan bis zum Senegal
The Music in my Head (Stern's/TIS) – aus der Blütezeit des afrikanischen Pop,
    den Siebzigern und frühen Achtzigern, vor allem aus dem Senegal und dem
    Kongo
Club Africa (Strut/Groove Attack) – Afro-Funk, Afro-Jazz und Afro-Beat aus
    den Siebzigern

Ein großes Problem für Afrikas Musiker sind die illegalen Kopieranstalten, die mit einer Kreativität Cassetten und CD's kopieren, daß viele Musiker vollkommen ohne Tantiemen aus den Verkäufen ausgehen. Lediglich Live-Auftritte oder Tourneen in Übersee oder Werbeverträge bringen den Musikern Geld. Die Verstöße gegen das Urheberrecht in Afrika sind mannigfaltig, und oft genug haben die Regierungen kein Interesse daran, gegen Piraten vorzugehen. Nach Schätzungen der International Federation of the Phonographic Industry (IFPI) sind Dreiviertel aller in Afrika verkauften Cassetten Raubkopien. Es gibt eine Art »institutionalisierter Piraterie«, an der alle, außer den Musikern, verdienen.

NIGERIA

www.reliefweb.int/IRIN/Nigeria
Das Archiv des UNO-Informationsdienstes zu Nigeria.

Literatur
Achebe, Chinua: The trouble with Nigeria. London 1984
Alkali, Zaynab (Nigeria): Tot geträumt und still geboren. Zürich 1991
Saro-Wiwa, Ken: Sozaboy. München 1998
Saro-Wiwa, Ken: Die Sterne dort unten. Erzählungen. München 1998
Soyinka, Wole: Ibadan. Streunerjahre 1946-1965. Zürich 1998

NORDAFRIKA

Literatur
Brunold, Georg: Afrika gibt es nicht. Korrespondenzen aus dreißig Ländern. Frankfurt/M. 1994, TB Reinbek 1997
Clark, Peter B.: Westafrika and Islam. A Study of Religious Development from the 8th to the 20th Century. London 1982
Manning, Patrick: Francophone Sub-Saharan Africa 1880–1945. Cambridge 1988

REISEN

Literatur
Conrad, Joseph: Herz der Finsternis, Zürich 2000
Greenblatt, Stephen: Wunderbare Besitztümer. Die Erfindung des Fremden: Reisende und Entdecker. Berlin 1994
Joris, Lieve: Mali Blues. Ein afrikanisches Tagebuch. München 1998
Leo <Africanus>: Beschreibung Afrikas. Leipzig 1984
Naipaul, V. S.: Dunkle Gegenden. Sechs großes Reportagen. Frankfurt/M. 1995
O'Hanlon, Redmond: Kongofieber. Frankfurt/M. 1998.
Schweinfurth, Georg: Im Herzen von Afrika. Reisen und Entdeckungen im zentralen Äquatorial-Afrika während der Jahre 1868-1871. Leipzig 1986

RELIGIONEN

Literatur
Blakely, Thomas D., ven Beek, Walter E. A. und Thomson, Dennis L. (Hrsg.): Religion in Africa, London 1994
Christen und Muslime in Afrika, Beziehungen, Daten, aktuelle Entwicklungen. Materialdienst des Evangelischen Missionswerks, Hamburg 1991, No. 93
Clasquin, M., (Hrsg.): Buddhism in Africa, Pretoria 1999
Cox, James L. (Hrsg.): Rites of Passage in Contemporary Africa: Interaction between christian and african traditional religions. Cardiff (Wales) 1998
Damann, Ernst: Die Religionen Afrikas, Stuttgart 1963
Jedrej, M. C. und Shaw, Rosalind (Hrsg.): Dreaming, Religion and Society in Africa, Leiden 1992
King, Noel Q.: Religions of Africa, New York 1970
Magesa, Laurenti: African Religion, Maryknoll, New York 1997
Mbiti, John S.: Afrikanische Religion und Weltanschauung, Berlin 1974 (Revidierte 2. Ausgabe, African religions and philosophy, Oxford 1991)
Mbiti, John S.: Concepts of god in Africa, London 1978
NZZ-Fokus: Islamismus, Juni 1998, Nr. 4
Okri, Ben (Nigeria): Verfängliche Liebe. Köln 1996
Olupona, Jacob K. und Nyang, Sulayman S. (Hrsg.): Religious plurality in Africa. Essays in Honour of John S. Mbiti, Berlin 1993
Ousmane, Sembène (Senegal): Guelwaar. Ein Held der Zukunft. Roman. Wuppertal 1997
Platvoet, Jan, Cox, James und Olupona, Jacob K. (Hrsg.): The study of religions in Africa: Past, present and prospects. Cambridge 1996
Spiegel Special No. 1/2 1998, Weltmacht hinterm Schleier, Rätsel Islam

Religiöser Fanatismus in Afrika wird zumeist von christlichen Erweckungskirchen und klerikalen Vereinigungen wie dem »Christ for all Nations« des deutschen Predigers Bonnke an den Tag gelegt. Bonnke stellt sich an die Quellen des Nils am Viktoria-See in Uganda und kündigt in einem Werbevideo an, daß das Land in seinem Rücken, der muslimische Sudan, auch noch die frohe Botschaft zu hören bekommen werde.

Der Senegal ist ein Hort der religiösen Toleranz: über 90 Prozent der Senegalesen sind Muslime. Doch sie wurden Jahrzehnte von einem Katholiken, dem Dichter Leopold Senghor, regiert. Sein Nachfolger war ein Muslim, aber mit einer Katholikin verheiratet. Zu hohen muslimischen Festen schickte der Präsident Diouf seinen katholischen Minister, zu katholischen Festen in Frankreich oder Italien fuhr der Muslim Diouf selbst, als Ausdruck des Respekts für die andere Religion.

SPORT

An der St. Patricks High School in Iten, nahe der kenianischen Stadt Eldoret, wurden seit 1961 Schüler von irischen Missionaren ausgebildet. Viele der Stars der vergangenen Jahre lernten hier, beim irischen Pater Colm O'Connell, wie sie ihre Kondition stählen und sich richtig ernähren können.

Afrikanische Sporttalente sind derart begehrt, daß der europäische Club Ajax Amsterdam eine Filiale im südafrikanischen Kapstadt eröffnet hat. Dort sollen Nachwuchskicker entdeckt und gefördert werden, bevor sie dann nach Europa kommen.

Das deutsche Auswärtige Amt finanziert seit mehreren Jahrzehnten aus seinem Kulturbudget deutsche Trainer, die afrikanische Fußball-Nationalmannschaften trainieren. Einer der bekanntesten Vertreter ist Peter Schnittger, der in 25 Jahren auf dem Kontinent bereits auf Madagaskar, in Äthiopien, Kamerun, der Elfenbeinküste und dem Senegal erfolgreich trainiert hat. Seine wichtigste Entdeckung war der kamerunische Superstar Roger Milla.

Eines der wichtigsten Sportereignisse des 20. Jahrhunderts fand 1974 im Dschungel von Zaïre statt: Muhammed Ali boxte gegen den Schwergewichtsweltmeister George Foreman und besiegte ihn, angefeuert von Zehntausenden Zaïrern, die ihn über Wochen beim Training am Ufer des Kongo-Flusses beobachtet hatten. Der Kampf, für den es fünf Millionen US-Dollar pro Boxer gab, sollte Zaïre und die Hauptstadt Kinshasa ins Bewußtsein der Weltöffentlichkeit bringen. Das gelang – immerhin für einige Wochen. Heute leidet die Metropole mit ihren fünf Millionen Bewohnern wieder unter einer Diktatur und unter allgemeinem Verfall. Doch in den Bars der Stadt reden immer noch einige der Älteren von jenem legendären Kampf in einer tropisch-schwülen Nacht im Jahr 1974.

SPRACHEN

www.sil.org/ethnologue
Internet-Version von B. F. Grimes, Ethnologue. Languages of the World.
www.sas.upenn.edu/African_Studies/Aboutfricanww_langsofw.html

Literatur
Bamgbose, Ayo: Language and the Nation. The Language Question in Sub-Saharan Africa. Edinburgh 1991
Cyffer, Norbert et al. (Hrsg): Language Standardization in Africa. Hamburg 1991
Grimes, Barbara F. (Hrsg.): Ethnologue: Languages of the World. 13th Edition. Dallas 1996
Heine, Bernd: Sprache: Gesellschaft und Kommunikation in Afrika: Zum Problem der Verständigung und sozio-ökonomischen Entwicklung im subsaharischen Afrika. München 1979

Middleton, John (Hrsg.): Encyclopedia of Africa South of the Sahara. 4 Bde.
New York 1997
Ngugi wa Thiong'o: Decolonising the Mind : The Politics of Language in African Literature. London 1986
Reh, Mechthild: Sprachpolitik in Afrika. Hamburg 1982

STÄDTE UND GEWALT

www.unchs.org
Das United Nations Centre for Human Settlements, Habitat, ist an die Umweltorganisation Unep angeschlossen. Habitat kümmert sich mit zahlreichen Programmen darum, Ideen zu entwickeln, wie die Städte, gerade auch die Megastädte Afrikas, regierbarer gemacht werden können. So gibt es Initiativen zur Verbesserung der Wasserversorgung, ein städtisches Management-Programm und ein Programm, in dem Bürgermeister und Stadtverwaltungsbeamte auf die wachsenden Herausforderungen vorbereitet werden können.

Doch Habitat hat Probleme mit der Umsetzung und der Präsentation seiner Vorhaben: die Organisation ist keine »implementing agency«, sondern gibt Anregungen und entwickelt Konzepte. Für den Interessierten gibt es also wenig anzuschauen und anzufassen. Überdies hat Habitat wie viele UNO-Organisationen ein großes Problem mit der Eigendarstellung, die nach außen verständlich sein soll.

Das United Nations Crime and Justice Resarch Institute hat errechnet, daß 42 Prozent der Bewohner afrikanischer Städte mindestens ein Verbrechen innerhalb von fünf Jahren erleben. Immerhin 38 Prozent der Stadtbewohner haben schon einmal einen Einbruch erlebt. In Nairobi soll es nach diesen Angaben allein 180 Wachfirmen geben.

Die wirtschaftliche Not senkt auch die Preise für Kriminalität. Ein Auftragsmord ist in Kenias Hauptstadt Nairobi schon für umgerechnet 10000 Mark zu bekommen, und zwar auf folgende Art: Will eine Ehefrau ihren Ehemann beseitigen lassen, kann sie in einigen Cafes in der Innenstadt von Nairobi eine Nachricht beim Wachmann hinterlassen. Der arrangiert dann einen Termin mit einem Mittelsmann. Fotos des Mordopfers werden übergeben, auch eine Anzahlung ist fällig. Am einfachsten ist der Mord während eines vorgetäuschten Überfalls auf das Auto des Opfers. Das habe sich gewehrt, wird es dann im Polizeibericht heißen, und sei darum von den Autoräubern erschossen worden.

SÜDAFRIKA ALS MOTOR FÜR DEN REST?

Mitte der neunziger Jahre setzte ein neuer Großer Trek aus Südafrika ein, der an die Wanderung der Buren im 19. Jahrhundert erinnerte: Südafrikanische Geschäftsleute gründeten Filialen und Firmen im restlichen Afrika, das bis zum

Ende der Apartheid für sie *terra incognita* gewesen war. So kauften sich die South African Breweries in Tansania ein und gründeten sogar eine eigene Brauerei in Kenia. Doch in manchen Ländern wächst der Unmut über die unausgeglichene Handelsbilanz mit Südafrika. Staaten wie Sambia und Tansania haben große Opfer gebracht, als sie in den Jahren der Apartheid Exilanten aufnahmen. Nun drohen die gerade erst liberalisierten Märkte in diesen Ländern von Billigimporten aus Südafrika überflutet zu werden.

TOD UND BEERDIGUNG

Literatur
Flegel, Cordula: Ghanaian Funeral. Accra 1996

TRANSPORT

Literatur
Best, Nicholas: Happy Valley, London 1996
Buckoke, Andrew: Fishing in Africa, London 1991
Conrad, Joseph: Heart of Darkness, London 1995
Hibbert, Christopher: Africa Explored, Europeans in the Dark Continent, London 1988
Hill, M. F.: Permanent Way. The Story of the Kenya & Uganda Railways, The Story of the Tanganyika Railways Volume I & II. Nairobi 1949
Miller, Charles: Lunatic Express. The Building of an impossible 600 mile railway across East Africa. Nairobi 1971
Naipaul, Shiva: North of South, London 1979

Es existiert kein umfassendes Flugüberwachungssystem in Afrika. Die meisten Beinahezusammenstöße werden über Nigeria und dem Tschad gemeldet. Seit dem Ende der Apartheid hat sich der Flugverkehr aus Europa nach Südafrika verdreifacht. Piloten berichten, sie könnten den gesamten Kongo überfliegen, so groß wie Westeuopa, ohne auch nur einmal mit einem Fluglotsen kommunizieren zu müssen.

Als die britischen Kolonialherren Ende des 19. Jahrhunderts die Eisenbahn von Mombasa am Indischen Ozean nach Kampala in Uganda bauten, heuerten sie zahlreiche indische Handwerker an, auch Köche sowie Bauern, die auf ihren Feldern die Nahrungsmittel für all die Arbeiter zogen. Um 1896 wurden die Arbeiten im heutigen Tsavo-Park empfindlich gestört, weil eine Gruppe von Löwen immer wieder Arbeiter anfiel und fraß. Insgesamt 130 Mann wurden von den »Man eating lions of Tsavo« verspeist. »Ghost« und »Darkness« hießen die beiden Löwen, die am meisten gefürchtet waren und die schlußendlich von Jägern zur Strecke gebracht wurden.

TRIBALISMUS

Literatur
Keane, Fergal: Season of Blood. A Rwandan Journey. London 1995

Auf der Berliner Konferenz 1895/96 wurden 60 Prozent der Grenzen Afrikas mit dem Lineal am Reißbrett gezogen, ohne große Rücksicht auf ethnische und historische Gegebenheiten. Viele afrikanische Präsidenten meinten nach der Unabhängigkeit, daß sie selbst der Staat seien.

Der Kolonialismus und die Grenzziehung teilte die Mandingo auf vier Länder auf, nämlich Elfenbeinküste, Guinea, Mali und Senegal. Die Yoruba mußten nun in Benin, Nigeria und Togo leben. Der Stamm ist – gerade in Zeiten der geringen Ressourcen – eine Art Interessenverband, der sich auch in Zeiten der Not um einen kümmert.

Ethnische Konflikte werden oft von interessierten Parteien geschürt: ein Regionalpolitiker der Massai schürt den Haß auf die zugewanderten Kikuyu, die als Händler und findige Unternehmer den Massai die Preise diktieren. Oder ein Rebellenkommandant im Kongo schürt die Uneinigkeit zwischen den Hema und den Lendu, einem Volk, das Ackerbau betreibt und einem weiteren, das Rinder hält. Wenn die Hema und die Lendu sich gegenseitig umbringen, kommt es zu Vertreibungen, und die Rebellenkommandanten können die Reichtümer der Region plündern.

In der Elfenbeinküste werden ethnische Auseinandersetzungen zwischen den Ivoirern und den zugewanderten Gastarbeitern geschürt. Und zwar nicht, weil die Gastarbeiter zu viele wären, sondern weil mit dem Haß auf die anderen gut Politik zu machen ist.

TRINKEN

Literatur
Amos Tutuola: Der Palmweintrinker. Roman. Aus dem Englischen von Walter Hilsbecher. Zürich 1994

Mit Bier kann man Kriege gewinnen. Zumindest in Afrika. Wenn im Kongo den Bürgern demokratische Rechte verweigert werden, dann wird gemurrt. Wenn aber eine der Brauereien nicht mehr die Kneipen und die Kasernen versorgen könnte, käme es zu einem Volksaufstand. Die Versorgung mit Bier funktioniert so gut, daß während des Genozids in Ruanda geschickte Händler tatsächlich Bier von einer Seite der Front auf die andere bringen konnten. Und in der Demokratischen Republik Kongo organisieren findige Unternehmer den Biertransport auf Straßen, auf denen sonst niemand mehr fahren mag, weil sie in solch einem schlechten Zustand sind. Oft werden die mit Bier beladenen Lastzüge von bewaffneten Soldaten begleitet, um Überfälle zu verhindern.

Weil Bier sehr teuer ist, trinken viele Afrikaner illegal gebrautes Bier oder Schnaps. Um die Wirkung zu verstärken, werden Substanzen hinzugefügt, die wiederum schwere gesundheitliche Folgen haben können. So werden in Kenia oder Lesotho gebrauchte Batterien aufgeschnitten und der Inhalt in illegal gebrautes Bier gegeben. Auch Formaldehyd, das normalerweise zur Konservierung von Leichen in den Leichenhallen benutzt wird, findet seinen Weg in das Bier. Immer mal wieder kommt es zu tragischen Unfällen: im Dorf Kirere, nördlich von Nairobi, starben 24 Menschen, nachdem sie versetztes Bier getrunken hatten. Einige Dutzend Überlebende wurden blind.

Auf den etablierten Biermärkten in West- und Ostafrika toben zum Teil heftige Kämpfe um Marktanteile. Etwa zwischen der East African Breweries in Kenia und der zugewanderten Castle Breweries aus Südafrika. Oft werden die Gerichte beschäftigt mit Klagen, weil der Konkurrent angeblich die eigenen Werbetafeln verunzieren ließ. Die Biere in Ostafrika haben phantasievolle Namen: Tusker – in Erinnerung an einen der Brauereigründer, der von einem Elefanten getötet wurde, oder White Cap – in Anspielung an den schneebedeckten Mount Kenya oder Kilimandjaro.

UNIVERSITÄTEN UND DER BRAIN DRAIN

www.unesco.org
Hinweise zur Bildungssituation in afrikanischen Ländern
www.oxfam.org/education
Bericht der britischen Organsiation Oxfam über das afrikanische Bildungswesen: Education Now

Studenten aus armen Familien bekommen in machen Ländern ein Stipendium, das allerdings zurückzuzahlen ist. Die Rückzahlung wird dann schwierig, wenn die Universitätsabsolventen keine Arbeit finden. An staatlichen kenianischen Universitäten haben die Studenten bis heute keinen Zugang zum Internet. Die Bibliotheken sind mangelhaft ausgerüstet. Semesterarbeiten oder Abschlußarbeiten müssen viele in einem Schreibbüro abschreiben lassen, da sie selbst nicht einmal Zugang zu einer Schreibmaschine haben.

Afrika hat nach Angaben der Europäischen Union zwischen 1985 und 1990 etwa 60000 Ärzte, Dozenten und Ingenieure verloren. Jetzt gehen 20000 pro Jahr. In Ghana sind nach einem Bericht von UNDP 60 Prozent aller im Lande ausgebildeten Ärzte ausgewandert; im Sudan sind 17 Prozent der Ärzte und Zahnärzte fort und 30 Prozent der Ingenieure. Der Brain Drain steht im Gegensatz zur hohen Zahl ausländischer Experten, die mit gut dotierten Verträgen in Afrika arbeiten, als Experten der GTZ oder der Weltbank oder als Ingenieure der Privatindustrie im Energie- und Wasserbereich.

VOODOO

Literatur
Abiodan, Rowland: The Yoruba Artist, Washington 1994
Batt-Thompson, F. W.: West African Secret Societies. London 1929
Bay, Edna G.: Asen, iron Altars of the Fon People of Benin. Catalogue. Atlanta 1985
Beier, Ulli: Yoruba: Das Überleben einer westafrikanischen Kultur, Ausstellungskatalog. Bamberg 1991
Christoph, Henning: Soul of Africa – Magie eines Kontinents. Köln 1999
Christoph, Henning: Voodoo – Geheime Macht in Afrika. Köln 1995
Drewal, Margaret Thompson: Yoruba Ritual Performers, Play, Agency. Bloomington 1992
Drewal, Henry John: Yoruba: Nine centuries of African Art and Thought, New York 1989
Ephirim-Donkor, Anthony: African spirituality, on becoming Ancestors. Asmara 1997
Fagg, William: Yoruba sculpture of West Africa. New York 1982
Hackett, Rosalind I. J.: Art and Religion in Africa. London 1996
Quarcoopome, T. N. O.: West African Traditional Religion. Ibadan 1987
Hove, Chenjera (Simbabwe): Ahnenträume. München 1999

WASSER

www.wn.apc.org/afwater/
The African Water Page
www.un-urbanwater.net
Water for African Cities Network
www.ace-events.com/WA2000S.htm
Water Africa 2000 Sub-Sahara
www.ace-events.com/WA2000SConf.htm
Water Africa 2000 Sub-Sahara Conference
www.ce.utexas.edu/prof/maidment/gishydro/africa/afric
FAO/UNESCO Water Balance of Africa
www.silsoe.cranfield.ac.uk/iwe/waterlaw/htm
Water law, water rights & water supply in Africa,

Literatur
People and the Environment, World Resources, 1994–95
Sub-Saharan Africa: From Crisis to Sustainable Growth, A Long-term Perspective Study, The World Bank, 1989
The Africa Water Vision for 2025: Equitable and Sustainable Use of Water for Socioeconomic Development, Second World Water Forum, The Hague, March 2000

The United Nations System-wide Special Initiative on Africa, The United Nations Partnership in the Water Sector for Cities in Africa, Report of the Cape Town Consultations, UNCHS, 1997
UNEP: Global Environment Outlook 2000. Nairobi 1999

WETTER

Literatur
FAO, State of the world's forests, Rom 1999
Food and Agricultural Organization of the United Nations (FAO): Rainfall variability and drought in sub-Saharan Africa since 1969, Rom 1996
Hughes, R. H.; J. S. Hughes: A Directory of African Wetlands. Glan/Cambridge/Nairobi 1992
Hulme, Mike: Climate Change and Southern Africa, Gland/Norwich 1996
Länder und Klima. Afrika. Wiesbaden 1983
Nicholson, S. E.; J. Kim; J. Hoopingarner: Atlas of African Rainfall and its Interannual Variability. Tallahassee 1998
Watson, R. T.; M. C. Zinyorewa; H. Moss (Hrsg.): The Regional Impacts of Climate Change: An Assessment of Vulnerability (Intergovernmental Panel on Climate Change), New York/Cambridge 1998

WILDE TIERE

www.wwf.de
Die Website des Wildschutzverbandes
www.unep.org
Our Planet, Unep-Zeitschrift mit zahlreichen interessanten Beiträgen zum Natur- und Umweltschutz

Literatur
Beard, P.: The end of the game. California 1988
Douglas-Hamilton, I. & O. Douglas-Hamilton: Wir kämpfen für die Elefanten. München 1992
Fossey, Dian: Gorillas im Nebel. Mein Leben mit den sanften Riesen. München 1989
Gleich, M.; D. Maxeiner, M. Miersch, F. Nicoloy: Life counts. Eine globale Bilanz des Lebens. Berlin 2000
Kellert, S. R.: The value of life. A Shearwater Book, 1996
Leakey, R. & R. Lewin: Der Ursprung des Menschen. Frankfurt 1993
Owens, Mark; Deliah Owens: Der Ruf der Kalahari. Sieben Jahre unter Wildtieren im Herzen Afrikas. München 1987

Organisationen

IWF Der Internationale Währungsfonds mit Sitz in Washington wurde 1944 gegründet. Der IWF (englisch IMF, International Monetary Fund) entscheidet über die Vergabe von Krediten an seine Mitgliedsländer, er fördert den Währungsaustausch und den Handel. Um seine Kredite und jene, die von der Weltbank vergeben wurden, wieder einzutreiben, werden den Regierungen oft einschneidende Sparmaßnahmen auferlegt.

NGO/NRO/Org Eine NGO ist eine Non Governmental Organization (deutsch NRO – Nicht-Regierungs-Organisation). Entstanden in den achtziger Jahren. Zahlreiche Regierungen leisten Entwicklungshilfe mittels der NGOs, da diese direkteren Zugang zu gesellschaftlichen Gruppen in den Entwicklungsländern haben. Das NGO-Wesen in Afrika ist heute ein florierender Wirtschaftszweig.

OAU Die Organisation Afrikanischer Einheit mit Sitz in Äthiopiens Hauptstadt Addis Abeba. Die OAU wurde 1963 gegründet, als Staatenbund für das entkolonisierte Afrika.

OECD Organisation für wirtschaftliche Zusammenarbeit und Entwicklung. 1961 gegründet, Sitz in Paris; koordiniert Wirtschaftspolitik der Mitgliedsländer.

SADC Southern African Development Community, 1992 gegründet, 13 Mitgliedsstaaten; koordiniert Handelswege unter den süd- und zentralafrikanischen Mitgliedern, soll einmal einen gemeinsamen Markt schaffen.

UNESCO Organisation der Vereinten Nationen für Erziehung, Wissenschaft und Kultur. 1945 gegründet, Sitz in Paris.

UNHCR Hochkommissariat der Vereinten Nationen für Flüchtlinge. 1951 gegründet, Sitz in Genf.

WFP Welternährungsprogramm der Vereinten Nationen (World Food Program). 1963 gegründet, Sitz in Rom.

Weltbank Sitz in Washington, siehe IWF

WTO Welthandelsorganisation (World Trade Organization), 1993 gegründet, soll Handelsschranken beseitigen helfen und eine Vereinheitlichung von Lizenzen und Patenten erreichen.

Die Autoren

Christiane **Averbeck**, geb. 1961, ist Biologin. Arbeitete sieben Jahre in Wildparks in Uganda und promoviert über die Integration der Landbevölkerung in Naturschutzprogramme in dem ostafrikanischen Land.

Isabelle **Baumann**, geb. 1963 in Wien, studierte Personel Management, Englisch und Italienisch in den USA und Deutschland. Seit 1989 Leichtathletik-Trainerin, u. a. für ihren Mann Dieter Baumann.

Peter **Baumgartner**, geb. 1943, Studium der Geschichte und Politischen Wissenschaft, von 1972 bis 1994 Inlandsredakteur des *Tages-Anzeigers Zürich*. Seit 1994 Afrika-Korrespondent des *Tages-Anzeigers* in Nairobi.

Daniel **Bax**, geb. 1970, Studium der Publizistik und Islamwissenschaft. Er arbeitet als Musikredakteur bei der *taz* (*die tageszeitung*) in Berlin.

Michael **Bitala**, geb. 1965, studierte in München Kommunikationswissenschaften, Politik, Geschichte und Soziologie. Seit 1999 ist er Afrika-Korrespondent der *Süddeutschen Zeitung* mit Sitz in Nairobi.

Georg **Brunold**, geb. 1953 in Arosa, ist Journalist, Schriftsteller und Übersetzer. Von 1991–1995 Afrika-Korrespondent der *Neuen Zürcher Zeitung* mit Sitz in Nairobi. Seit 1996 ist er stellvertretender Chefredakteur der Kulturzeitschrift *du* in Zürich. Buchveröffentlichungen: »Sandrosen. Orientalische Reportagen«. Reinbek 1987, Rowohlt TB 1990; (Hrsg.:) »Nilfieber. Der Wettlauf zu den Quellen«. Frankfurt/M.1993; »Afrika gibt es nicht. Korrespondenzen aus dreißig Ländern«. Frankfurt/M. 1994, Rowohlt TB 1997.

Henning **Christoph**, geb. 1944, studierte Ethnologie und Publizistik in Washington, D.C. Seit 1968 arbeitet er als Photojournalist; sechs seiner Reportagen wurden mit *World Press*-Preisen ausgezeichnet. Buchveröffentlichungen: »Voodoo – Geheime Macht in Afrika« (1995) und »Soul of Africa« (1999).

Norbert **Cyffer**, geb. 1943, studierte Afrikanistik, Allgemeine Sprachwissenschaft und Ethnologie. Lehrte als Soziolinguist an Hochschulen in Nigeria, war Professor an der Universität Mainz und ist seit 1994 Leiter des Instituts für Afrikakunde an der Universität Wien.

Alan **Donovan**, geb. 1941, ist Amerikaner. Er war Entwicklungshelfer in Nigeria, fuhr mit dem Auto von West- nach Ostafrika und lebt seit 1972 dort. Er war Mitbegründer der Galerie *African Heritage*, die heute Filialen in Ostafrika, Kapstadt, Osaka und in Paris hat. Donovan lebt in einem Haus oberhalb des Nairobi-Nationalparks, das er nach Architekturstilen aus dem gesamten Afrika selbst entworfen hat.

Aliyi **Ekineh**, geb. 1919 im nigerianischen River State. Während der Kolonialzeit wurde er in Großbritannien als Jurist ausgebildet. Er praktizierte 36 Jahre lang in Nigeria, lebt heute im Ruhestand in London als führender Intellektueller des Ijaw-Volkes. Mitglied des Internationalen PEN-Clubs. Buchveröffentlichung: »Nigeria – Foundations of Disintegration«, London 1998.

Michael **Franzke**, geb. 1938, studierte in Köln Volkswirtschaft und Politische Wissenschaft. Zeitfunkchef im Hörfunk des Westdeutschen Rundfunk, verantwortlich für die Magazine und aktuelle Sendungen. Arbeitete von 1989 – 1994 als ARD-Hörfunkkorrespondent in Nairobi, zuständig für 15 Länder in Ost- und Zentralafrika. Seit 1995 Reisekorrespondent des WDR in Afrika.

Harald **Ganns**, geb. 1935, war deutscher Diplomat, zuletzt als Botschafter in Südafrika. In den neunziger Jahren war er Beauftragter für Afrikapolitik im Auswärtigen Amt. Seit 2000 tätig als Berater für afrikanische Fragen.

John **Githongo**, geb 1965 in Kenia, studierte Wirtschaftswissenschaft und Philosophie in Cardiff/Wales. Arbeitet als Berater für die World Bank, USAID, United Nations Development Program (UNDP). Er ist Mitglied im internationalen Vorstand von *Transparency International* und seit 2000 Direktor der kenianischen Sektion von TI. Als Journalist hat er sich einen Namen gemacht durch seine Kolumne im *East African*, der einzigen internationalen Wochenzeitung Ostafrikas.

Iris **Hahner**, geb. 1956, studierte Völkerkunde, Kunstgeschichte, Soziologie und Politische Wissenschaft. Promovierte über den Elfenbeinhandel im 19. Jahrhundert in Ost- und Zentralafrika. Seit 1993 als Ethnologin und Redakteurin tätig. Autorin von Beiträgen in Katalogen zu afrikanischer Geschichte und Kunst, darunter »Das Zweite Gesicht. Afrikanische Masken aus der Sammlung Barbier-Mueller« und »Afrika – Kult und Visionen«.

Hans **Hielscher**, geb. 1936, studierte Anfang der sechziger Jahre in Nigeria. Seit 1969 ist er beim *Spiegel*. Er arbeitete als Korrespondent in London und Washington und ist nun im Auslands-Ressort des *Spiegel* für Afrika zuständig. Buchveröffentlichungen: »Gott ist zornig«; »Amerika«; »Der Aufstieg des Schwarzenführers Louis Farrakhan«, Bonn 1996.

Chenjerai **Hove**, geb. 1956 in Simbabwe, das damals noch Rhodesien hieß. Er ging auf katholische Schulen und begann als Lehrer zu arbeiten. Nach der Unabhängigkeit Simabwes wurde er Verlagslektor, später Korrespondent einer Nachrichtenagentur. Er hatte Gastprofessuren in Simbabwe, den USA und Europa. Buchveröffentlichungen: »Bones« (dt: »Knochen«) 1988; »Stimmen der Ahnen«. Roman (aus d. Shona-Engl. und mit e. Nachw. v. Ilija Trojanow) München 2000; »Ahnenträume«. Roman (aus d. Engl. v. Thomas Brückner.) München 2000.

Dominik **Johnson**, geb. 1966 als Sohn britisch-deutscher Eltern, Studium der Ethnologie und Politikwissenschaft in Cambridge. Seit 1990 Afrika-Redakteur der *taz* in Berlin. Buchveröffentlichung (mit Willi Germund): »Wie ein Floß in der Nacht – Afrikas Suche nach Zukunft«, Bonn 1996.

Wolfgang **Kunath**, geb. 1951, Studium der Politischen Wissenschaft und Publizistik in Berlin. Auslandsredakteur der *Stuttgarter Zeitung*, von 1994–1999 Afrika-Korrespondent von *Frankfurter Rundschau, Tagesspiegel* Berlin, *Stuttgarter Zeitung, Hannoversche Allgemeine, Badische Zeitung, Der Bund* und *Oberösterreichische Nachrichten* mit Sitz in Nairobi. Seit 1999 Reporter in Berlin.

Robert **von Lucius**, geb. 1949; war von 1987 bis 2001 Afrika-Korrespondent der *Frankfurter Allgemeinen Zeitung* mit Sitz in Johannesburg, seither F.A.Z.-Korrespondent in Stockholm.

Sylvia **Lyall**, geb. 1968 als Tochter schottisch-kenianischer Eltern. Arbeitete für das Welternährungsprogramm der Vereinten Nationen, studierte Journalistik und ist heute Reporterin der größten kenianischen Tageszeitung *Daily Nation*.

Stefan **Mair**, geb. 1963, Studium der Politikwissenschaft, Volkswirtschaft und Soziologie in München. Promotion zum Dr. rer. pol. (1992), seither Afrika-Referent der Stiftung Wissenschaft und Politik, Ebenhausen/Berlin. Buchveröffentlichungen: »Staatszerfall und Demokratisierung als Determinanten der Entwicklung des afrikanischen Kontinents«, in: Jens van Scherpenberg/Peter Schmidt (Hrsg.): Stabilität und Kooperation: Aufgaben internationaler Ordnungspolitik, Baden-Baden 2000, S. 161–175; »Kenia: Eine blockierte Demokratie trotz starker Opposition«, in: Gunter Schubert, Rainer Tetzlaff (Hrsg.): Blockierte Demokratien in der Dritten Welt, Opladen 1998, S. 239–265.

Mabiala **Mantuba**, geb. 1954 in Kungu Kuimba, Demokratische Republik Kongo. Studium der Geschichte und Sprachwissenschaft in Lubumbashi, Gastprofessur an der Universität Mainz und am Haus der Kulturen der Welt in Berlin. Seit 1998 Professor für Geschichte an der Universität Kinshasa und Vertreter der Konrad-Adenauer-Stiftung im Kongo.

Ali A. **Mazrui**, geb. 1933 in Mombasa, Kenia. Professor und Direktor des Institute of Global Cultural Studies an der Binghamton Universität im Staat New York. Zahlreiche Gastprofessuren in Westafrika und der Karibik. Er arbeitete als Sonderberater der Weltbank und im Vorstand des American Muslim Council in Washington, D. C. Buchveröffentlichungen: »Political Values and the Educated Class in Africa« (1978); »The Power of Babel: Language and Governance in Africa's Experience« (mit Alamin M. Mazrui), 1998.

John S. **Mbiti**, geb. 1931 in Kenia, studierte in Uganda, den USA und England. Arbeitet als Pfarrer in England und der Schweiz, lehrte als Professor der Theologie in Uganda und den USA. Gastprofessuren in Deutschland, Kanada, Australien. Bucheröffentlichungen: »Afrikanische Religion und Weltanschauung«, Berlin 1974 (»African religions and philosophy«, revidierte 2. Auflage, Oxford 1991).

Henning **Melber**, geb. 1950, kam 1967 als Sohn deutscher Einwanderer nach Namibia. Trat 1974 der Befreiungsbewegung SWAPO bei. Nach einer Fachausbildung zum Journalisten und dem Studium der Politischen Wissenschaft und der Soziologie habilitierte er sich in Entwicklungssoziologie. Von 1992 bis 2000 war er Direktor der Namibian Economic Policy Research Unit in Windhuk. Seither ist er Forschungsdirektor des Nordic Africa Institute im schwedischen Uppsala.

François **Misser**, geb. 1956 in Barcelona, ist Franzose und lebt in Brüssel. Nach dem Journalistikstudium begleitete er zahlreiche Expeditionen auf afrikanischen Flüssen. Berichtet für Radio-France Internationale, *New African* and *African Business* (London), BBC-Afrique, La Libre Belgique, *die tageszeitung* (Berlin). Seine Spezialgebiet sind das frankophone Afrika sowie die drei ehemaligen belgischen Gebiete Burundi, Kongo und Ruanda. Buchveröffentlichung: »Vers un nouveau Rwanda ? Entretiens avec le vice-president rwandais«, Brüssel/Paris 1995.

Thomas **Moesch**, geb. 1963, studierte afrikanische Geschichte, Afrikanistik und Journalistik in Hamburg und in Jaunde/Kamerun. Nach Volontariat beim Deutschlandfunk in Köln arbeitet er seit 1994 als freier Hörfunk-Journalist in Hamburg und hat sich auf Westafrika spezialisiert.

Mike **Nicol**, geb. 1951, lebt als Journalist und Schriftsteller in der Nähe von Kapstadt. Buchveröffentlichungen: »Die Feuer der Macht«, Reinbek 1989; »Seit Jahr und Tag«, Reinbek 1993; »Der Reiter«, Reinbek 1997.

Hans-Joachim **Preuss**, geb 1955, ist Kaufmann und Agrarökonom. Nach dem Studium in Gießen und Berlin arbeitete er mehrere Jahre in Westafrika. Er leitet heute den Bereich Programme und Projekte der Deutschen Welthungerhilfe.

Lesego **Rampolokeng**, geb. 1965 in Orlando West, Soweto, lebt in Kensington, Johannesburg. Arbeitet als Lyriker, Performance-Künstler, Dramatiker, Essayist und Prosa-Autor. Zahlreiche Gastspiele in Deutschland, Österreich und der Schweiz. Buchveröffentlichungen: »Horns for Hondo«, Johannesburg 1990; »Faustus in Africa«, Weimar 1995; »End Beginnings«, München 1998.

Volker **Riehl**, geb. 1956, studierte Politische Wissenschaft und Germanistik. Ab 1986 absolvierte er einen vierjährigen Feldforschungsaufenthalt bei den Tallensi in Nordghana. 1992 Promotion. Von 1993 bis 2000 war Riehl der Vertreter einer deutschen Entwicklungshilfeorganisation in Uganda und Sudan.

Peter **Ripken**, geb. 1942 in Bielsko-Biala/Polen, beschäftigt sich nach einem Studium der Sozial- und Literaturwissenschaft in Köln, Göttingen und Berlin seit Mitte der sechziger Jahre mit den Entwicklungen Afrikas. Entwicklungshelfer in Kenia, Tunesien und Tschad, Redakteur in der Afrika-Redaktion der Deutschen Welle. Seit 1987 ist er Geschäftsführer der Gesellschaft zur Förderung der Literatur aus Afrika, Asien und Lateinamerika e.V. in Frankfurt, einer für die Vermittlung und Verbreitung außereuropäischer Literaturen in Europa einzigartigen Organisation. Buchveröffentlichungen: mit H. Ehling: »Die Literatur Schwarzafrikas. Ein Lexikon der Autorinnen und Autoren«, München 1997; mit Ruth Kumpmann: »Perlen Afrikas. Das neue Afrikanissimo-Lesebuch«, München 1999.

Daniel **Stroux**, geb. 1966, Politologe, Geschäftsführer des Bureau for Institutional Reform and Democracy in München, einer Consultingfirma für Demokratieförderung und Konfliktprävention. Berater für die Europäische Kommission, die Vereinten Nationen, deutsche Stiftungen und das Bundesministerium für wirtschaftliche Zusammenarbeit.

Claudia **Thiel**, geb. 1970 in Schönau im Schwarzwald, studierte Literaturwissenschaft, Philosophie und Medienrecht in Freiburg und München. Arbeitete als Redakteurin in München, seit 1999 als freie Journalistin in Nairobi, Kenia.

Maritta **Adam-Tkalec**, geb. 1956 in Gräfenhainichen (Sachsen-Anhalt). Studierte Lateinamerikawissenschaften an der Universität Rostock. Von 1978–1979 erster Afrika-Aufenthalt als Dolmetscherin in einer FDJ-Brigade, die in Angola DDR-Lastautos reparierte. Von 1982 bis 1987 Fernstudium Journalistik; seit 1984 Außenpolitik-Redakteurin für Lateinamerika und Afrika bei der *Berliner Zeitung*.

Klaus **Töpfer**, geb. 1938 in Waldenburg, Doktor der Philosophie, Professor für Städteplanung. Forschungsaufenthalte in Ägypten, Brasilien, Jordanien und Malawi. Von 1987–1994 Bundesumweltminister der Regierung Kohl. Von 1994–1998 als Bundesbauminister verantwortlich für den Umzug von Bonn nach Berlin. Seit 1998 stellvertretender Generalsekretär der Vereinten Nationen und Exekutivdirektor des Umweltprogramms der Vereinten Nationen (Unep) in Nairobi.

Ilija Marinow **Trojanow**, geb. 1965 in Sofia, Bulgarien. 1971 Flucht über Jugoslawien nach Italien, dann nach Deutschland. Schulbesuch in Kenia und Oberbayern. Studierte Jura und Ethnologie in München. Gründete 1989 den Marino Verlag. 1995 erhielt er den Bertelsmann-Literaturpreis beim Ingeborg-Bachmann Wettbewerb in Klagenfurt, 2000 den Adalbert-von-Chamisso-Preis. Lebt seit 1998 als Schriftsteller in Bombay, Indien. Buchveröffentlichungen: »Hüter der Sonne. Begegnungen mit Simbabwes Ältesten« (zusammen mit Chenjerai Hove; Fotos: Ilija Trojanow), München 1996; »Die Welt ist groß und Rettung lauert überall«. Roman, München 1996; »Autopol. Ein Internet-Roman«, München 1997; »Hundezeiten. Heimkehr in ein fremdes Land«, München 1999.

Peter **Winkler**, geb. 1956 bei Zürich, Anglistikstudium an der Universität Zürich, seit 1983 Journalist. Als Zwischenspiel von 1988 bis 1991 Delegierter des Internationalen Komitees vom Roten Kreuz (IKRK) mit Einsätzen in Libanon, Sudan und Sri Lanka. Seit 1991 bei der *Neuen Zürcher Zeitung* und für diese seit 1995 Afrika-Korrespondent für Politik, Wirtschaft und Soziales mit Sitz in Nairobi, Kenia.

Register

Eine Afrikakarte finden Sie auf der Innenseite des Umschlages